博物館學刊 第九辑

四川博物院 | 编

巴蜀書社

图书在版编目（CIP）数据

博物馆学刊. 第九辑 / 四川博物院编. — 成都：巴蜀书社，2023.10

ISBN 978-7-5531-1968-7

Ⅰ. ①博… Ⅱ. ①四… Ⅲ. ①博物馆学刊—丛刊 Ⅳ. ①G260-55

中国版本图书馆 CIP 数据核字（2023）第 058488 号

BOWUGUAN XUEKAN

博物馆学刊 第九辑 四川博物院 编

责任编辑 童际鹏
特约编辑 张 琴 陶俊竹
封面设计 成都编悦文化传播有限公司
出 版 巴蜀书社
四川省成都市锦江区三色路 266 号新华之星 A 座 36 楼
邮编：610023
总编室电话：（028）86361843
网 址 www.bsbook.com
发 行 巴蜀书社
发行科电话：（028）86361856
经 销 新华书店
照 排 成都编悦文化传播有限公司
印 刷 四川华龙印务有限公司 （028）61778225
版 次 2023 年 10 月第 1 版
印 次 2023 年 10 月第 1 次印刷
成品尺寸 210mm×285mm
印 张 14.25
插 页 28
字 数 300 千
书 号 ISBN 978-7-5531-1968-7
定 价 160.00 元

《博物馆学刊》编委会

四川文物精品系列

——彭州金银器窖藏文物选粹

1993年11月，在彭州市西大街发现的金银器窖藏，是中国宋代考古与宋代金银器的重大发现，是当时所见规模最大的宋代金银器窖藏，出土器物包括碗、盘、盏、壶、瓶、杯等15大类，共计350余件，其中115件被评定为“国家一级文物”。器物制作年代主要集中于南宋时期，少数几件可到北宋。

这批金银器以日用器为主，有铭文者250多件，计有铭记近480款，包括工匠名、商家名、器物所有者、制作时间、器物名称、重量等内容。根据器物年代、铭文中“绍熙改元”等综合分析，这批金银器可能与南宋末年的宋蒙战争有关。

彭州金银器窖藏，堪称宋代“金银器第一窖”，如此大规模的集中出土十分罕见。这批金银器形制规整，制作精美；纹饰细腻，寓意吉祥；做工考究，工艺精湛，显示了我国宋代金银器制作的高超技艺，也反映出富庶人家日常所用金银器的面貌，是宋代金银器整体风貌的集中展示。

彭州金银器窖藏，是我国对两宋时期考古的重大发现，为宋代金银生产、制作研究提供了新的实证，是研究宋代社会生活、经济文化、政治思想极为重要的实物资料。

彭州市文物保护管理所　刘勇伟

菊瓣形金碗

菊瓣形金碗

五曲金盏

瓜棱形金盏

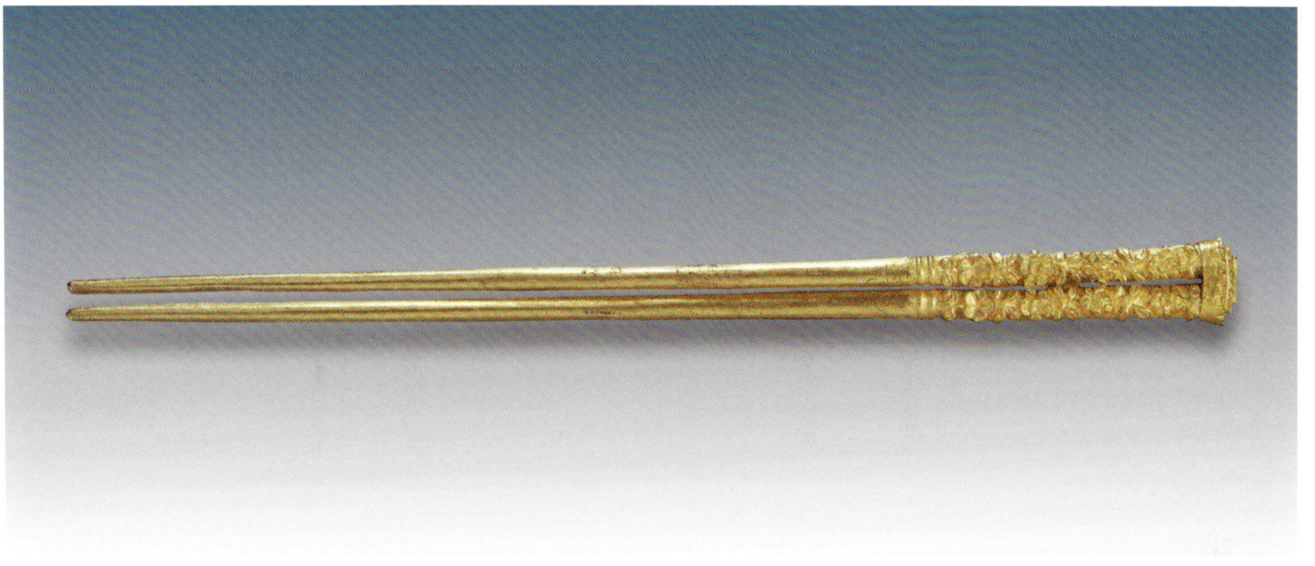

空心金钗

金簪

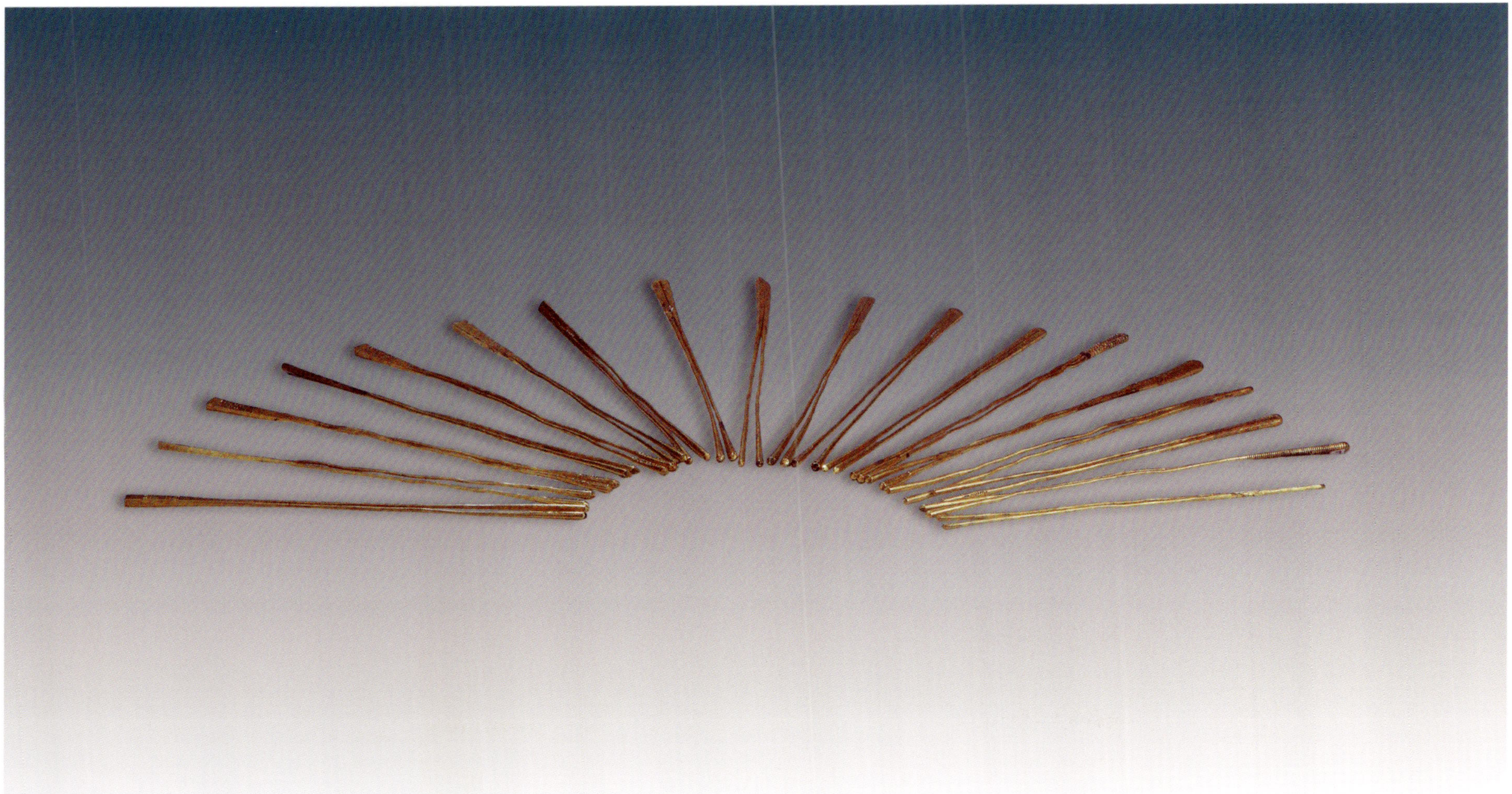

方头实心金钗

葵形银盏

莲瓣纹银杯

龙纹夹层银杯

凤鸟纹银执壶、温碗

凤鸟纹钮

凤鸟纹

莲盖银执壶

葵口银温碗

瓜棱形银壶

象钮莲盖银执壶

铺首衔环银温碗

鎏金象钮莲盖银执壶

银温碗

树叶形银茶托

花口银盘

荷叶龟纹银杯

绶带纹八角形银杯

葵形银茶托

莲花形银茶托

银熏炉

三足圆银盘

目 录

历史文化研究

考古与文物

博物馆与文化遗产

学术争鸣

名家絮语

历史文化研究

汉末宰相制度述略

首都博物馆 闫 娟

摘要： 宰相机构是中国传统政治结构中最重要的部门之一，研究中古政治制度重要组成部分的宰相制度是认识中古政治体制的关键环节。汉末时期是一个非常重要的社会变革期，其各项政治制度均可被看作是中古制度之雏形。然而，有关此时宰相制度的记载则纷纭混乱、莫衷一是。本文通过对当时史实及文献的重新分析和考辨，试图揭示出汉末三国时期宰相制度的演变过程及其特点。

关键词： 宰相；宰相制度；三公；丞相

汉末时期是宰相制度由两汉三公制①向隋唐三省制过渡、独相制向群相制发展的开始。丞相、三公、尚书、侍中、中书等职官及其机构并存于世，虽然使得后世关于这一时期宰相制度的记载纷纭混乱、莫衷一是，但也能反映出转型期的众多特点。因此，如果能够对这一时期的宰相制度做一番考察，对研究两晋②南北朝和隋唐宰相制度是非常有用的。

后汉初建，以大司马、大司徒和大司空为三公，建武二十七年（51）后改称太尉、司徒和司空。太尉“掌四方兵事功课，岁尽即奏其殿最而行赏罚”，司徒“掌人民事”，司空“掌水土事”③，并为宰相。

然而，有关后汉三公实际职权，史载：“光武皇帝愠数世之失权，忿强臣之窃命，矫枉过直，政不任下，虽置三公，事归台阁。自此以来，三公之职，备员而已。”④ 还有人说：“今之三公，虽当其名而无其实，选举诛赏，一由尚书，尚书见任，重于三公，凌迟以来，其渐久矣。”⑤ 但是，除尚书权力增强对三公制造成了一定程度上的冲击之外，笔者认为，还有一些因素影响到三公正常行使其宰相职能，以致日后成为完全意义上的尊崇之官。

---

① 确切地说，前汉前期的宰相制度是丞相制，成帝绥和改制以后直到后汉桓灵时期才是三公制。参祝总斌《两汉魏晋南北朝宰相制度研究》第二至四章，中国社会科学出版社，1990年。

② 笔者所谓之两晋从太康年间算起。西晋尚书台的执掌及尚书曹与郎曹的统属关系可以太康为界分为两个时期（参王素《三省制论略》第一章第一节，齐鲁书社，1986年），且太康前孙吴没有亡国，故仍可归入三国时期处理。

③ 〔晋〕司马彪：《续汉书·百官一》，见〔宋〕范晔撰，〔唐〕李贤等注：《后汉书》，中华书局，1965年，第3560—3561页。

④ 〔宋〕范晔撰，〔唐〕李贤等注：《后汉书·仲长统传》，中华书局，1965年，第1657页。“命”后有章怀注：“愠犹恨也。数代谓元、成、哀、平。强臣谓王莽。”“台阁”后有章怀注：“台阁谓尚书也。”

⑤ 〔宋〕范晔撰，〔唐〕李贤等注：《后汉书·陈忠传》，中华书局，1965年，第1565页。

一、上公平事制的崩溃

后汉制，除三公外，设有上公太傅一人。“世祖以卓茂为太傅，薨，因省。其后每帝初即位，辄置太傅录尚书事，薨，辄省”①。除卓茂外，后汉历任太傅者“明帝初，邓禹；章帝初，赵熹；和帝初，邓彪；殇帝初，张禹，安帝永初元年（107）九月迁；北乡侯初，冯石，免；顺帝初，桓焉，免；冲帝初，赵峻，薨。后未置。”② 后汉皇帝即位时大多年幼，由统治经验丰富的太傅先辅佐一段时间，对维持整个政治环境的稳定是非常有作用的。同时，为了避免上公平事者弄权，便有了“薨，辄省”的成例。因此，可以做一个推断，在太傅佐政的时间里，三公并不是严格意义上的宰相。三公要成为宰相，必须等到政归天子之时。所以，从某种角度上看，上公平事制度是维持后汉每朝开始政治秩序的重要措施，是每朝三公宰相制得以正常运转的重要前提之一。

但由于政治集团间的斗争加剧，上公平事制度在建宁元年（168）遭到冲击③，给三公宰相制造成了极为不利的影响：第一，上公平事者“薨，辄省”的制度遭到破坏，这就可能会出现权臣把持朝柄的局面④。一旦那样，三公是无法行使其宰相权力的。第二，太傅、三公和将军权威一落千丈。权威旁落，则其在“国有大疑大造”时谏诤的效果就颇受怀疑，甚至会不会谏诤都难以保证。三公制自此逐渐走向土崩瓦解。

中平六年（189）灵帝崩，皇子刘辩（少帝）即位。四月，后将军袁隗迁太傅录尚书事。九月，董卓废少帝、立献帝、弑何太后，并自封太尉。董卓大逆不道的行径，完全属“大疑大造”的范畴，但袁隗等人并没有激烈抗争，而是隐忍，甚至默许了董卓的所作所为。上公录事者为百官之首，尚且无法阻止权臣，三公的宰相职能，又如何行使呢？不久，董卓自封相国，建立起个人独裁统治，袁隗也随后被杀。

初平三年（192），司徒守尚书令王允和卓将吕布合谋诛杀董卓，“董卓之乱”结束。但是，三公制并没有因此而恢复。这是因为：首先，考虑到地缘政治的因素，笔者认为，王允诛杀董卓，未必是因为其司徒的职责⑤；其次，王允诛卓后，不仅不以稳定大局为重，反而屡屡试图树立自己的权威地位，激起凉州兵变；再次，李、郭之乱使得三公更连尊崇之位都谈不上，甚至和皇帝分别成为郭、李二人的互相攻伐的人肉盾牌。

总之，后汉的上公平事制度被破坏之后，原本被用来防止权臣篡政而设立的太傅不再具有其亦君亦相的双重身份，在权臣胡作非为时也无法进行有效遏制，最终形成了权臣政治。权臣政治的特点，是身为权臣者亦君亦相，有自己的行政班底，并凌驾于正常的行政秩序之上。在这样的情况下，不要说三公，就是连皇帝也不能自由行使其权力了。三公制在此基础上最终崩溃。此后二十余年，后汉宰相制度呈现出一种畸形的面貌。

---

① 〔晋〕司马彪：《续汉书志廿四·百官一》，见〔宋〕范晔撰，〔唐〕李贤等注：《后汉书》，中华书局，1965年，第3558页。

② 〔清〕王先谦：《后汉书集解（续志集解）·续汉书志集解廿四·百官一》，民国刻本。赵峻去世“后未置”，不确，如灵帝初，陈蕃，后遭诛，继以胡广；少帝初，袁隗，献帝初遭诛；献帝初，马日磾，薨。

③ 永康元年（196）桓帝崩，窦武、窦太后迎立十二岁的解渎亭侯刘宏（灵帝），改元建宁。窦武拜大将军参录尚书事。为和宦官集团争权，窦武决心起用“党人”，党人领袖陈蕃拜太傅录尚书事。窦、陈等谋诛宦官，但宦官先下手为强，中常侍曹节等诛武、蕃等，接连兴起两次“党锢之祸”。蕃亡后，司徒胡广迁太傅，录尚书事。太傅录尚书事者“薨，辄省”的制度不复存在。

④ 太傅录尚书事是一个特殊职官，它将部分的君权和相权糅杂在一起，使得君权和三公的权力在一定时期内并不完整。为避免权臣乱政（这可能正是光武在卓茂亡故后不设太傅的用意），上公平事者“薨，辄省”，从一定程度上，意味着太傅去世之后，皇帝与三公可以完整行使各自的权力。但这次事件之后，谁也不能保证会不会有人在胡广之后成为下一个太傅录尚书事。

⑤ 王允，并州人。在汉末地缘政治格局中，并州因其地处关东、关西之间，故而并州人既受关东大族排挤，又遭关西军阀压制，政治环境比较差，于是养成了一种“轻狡反复，唯利是视”（《三国志·吕布传》陈寿评语）的性格。因此，王允很可能是出于政治利益，才和同乡吕布合谋杀卓的。卓刚死，允便以司徒录尚书事，更可证明其杀卓动机是为摆脱其个人的政治不利环境。

二、建安宰相制

建安元年（196）八月，献帝都许。九月，诏以曹操为大将军，不受。太尉杨彪免，右将军袁绍迁太尉。十一月，曹操迁司空，行车骑将军事，百官总己以听。此后直到建安十三年（208）六月，曹操便是以这样的身份来行使宰相权力的。这就产生了两个问题，值得我们思考：

第一，后汉惯例，三公只有录尚书事才能具有真正的宰相职权①。但献帝都许后，曹操没有沿用这一成例，而以司空行车骑将军事，百官总己以听。倘若尚书台在后汉是真正的宰相机构，曹操只有录尚书事并以此来干预、操纵尚书台才能行使其相权，不然就无法全面控制后汉朝廷的政治中枢。但曹操并没录尚书事也一样成为当然宰相。这就表明，尚书台在后汉尽管能够出诏令②，但只是一个掌管公文上下，并通过参与某些谋议来确保统治效率和质量的办事机构③，真正的宰相机构乃是开府理政的三公府，具体到这个时期，就仅仅是指曹操的司空府。因此，我们可以看出：台官在后汉绝非宰相，宰相仍然是三公。从献帝都许开始，三公的相权开始向“一公”集中。

第二，建安元年（196）九月，右将军袁绍迁太尉。此时绍身在河北，不可能入京，迁其太尉，虽然是曹操出于暂时交好袁绍的战略考虑，但也可以反映出三公已经具有尊崇之官的味道。三公制至此，产生了无法调解的内部结构性矛盾：理应并为宰相的三公，职权轻重开始出现明显差异。在这个意义上，我们可以得出结论：成帝绥和改制以后的三公宰相制已经瓦解。

既然三公制已经瓦解，且太尉（袁绍）、司徒（赵温）对司空（曹操）行使相权仍能构成制约（至少在名义上），所以曹操只有进行某种变革才能巩固其相权。在建安初期，曹操虽然占据了政治上的制高点，然而其实力还不够强大，进行政治变革的条件还不成熟。后来他逐渐战胜了吕布、袁术、刘备、袁绍和刘表等势力，虽逢赤壁战败，但已天下三分有其二，具备了改革的条件。于是，建安十三年（208），“汉罢三公官，置丞相、御史大夫。夏六月，以公（指曹操，笔者注）为丞相”④，前汉丞相制⑤在形式上被“恢复”。之所以说它是形式上的恢复，是因为后汉丞相制在诸多方面都体现出和前汉丞相制不同的特点：

首先，前汉制，丞相“金印紫绶，掌丞天子助理万机”⑥。但其执掌有限，因为前汉还置有“金印紫绶，掌武事”的太尉。从汉平异姓王侯、平吴楚七国之乱等事来看，丞相对于军务是无权进行太多干涉的，更不能直接指挥调度部队。因此，前汉丞相只是行政、司法（军法不包括在内）等领域的最高长官，基本没有军权，它和太尉分别代表着两个不同的职官系统。但后汉则明显不同，曹操把军务视为宰相的首要权力，其主要精力几乎全部放在了军事方面。这虽然是现实情况所迫，但却可以说明，汉末丞相制的一个核心内容就是将原丞相制下的两个系统整合为一个，使丞相既掌军又主政，无所不统。

---

① 参安作璋、熊铁基《秦汉官职史稿》第一章，齐鲁书社，1984 年。

② 即台阁出诏令，然后由三公草拟政令，再由九卿等执行；但在一些特殊的情况下，台阁也可避开三公径出政令，交给九卿等直接执行。参王素《三省制论略》第一章第二节，齐鲁书社，1986 年。

③ 参祝总斌《两汉魏晋南北朝宰相制度研究》第五章第一节，中国社会科学出版社，1990 年。

④ 〔晋〕陈寿撰，〔宋〕裴松之注：《三国志一·武帝纪》，中华书局，1959 年，第 30 页。

⑤ 笔者这里所说的前汉丞相制，是指前汉高惠文景之世的宰相制度。但武帝朝起，这项制度开始发生变化，最终在经历了昭宣元成四朝的改革之后形成了三公制。可参李俊《中国宰相制度》（商务印书馆，1947 年）、祝总斌《两汉魏晋南北朝宰相制度研究》（中国社会科学出版社，1990 年）和安作璋、熊铁基《秦汉官职史稿》（齐鲁书社，1984 年）等相关著作。

⑥ 〔汉〕班固撰，〔唐〕颜师古注：《汉书·百官公卿表上》，中华书局，1962 年，第 724 页。

其次，前汉制，御史大夫“位上卿，银印青绶，掌副丞相”[①]。这就是说，御史大夫虽然地位上不及丞相，但在行政，尤其是监察领域的权力很大。然而后汉丞相制下的御史大夫却是一个几乎无执掌的闲官，在政治生活中没有体现出其旧有职能，而丞相则本隶属于御史大夫的监察职权。这表明，汉末丞相制的另一个核心内容就是架空御史大夫。

后汉丞相将前汉时太尉、御史大夫的权力都集中到自身，形成了对军事、行政、监察三大政治领域的全面控制，如果不考虑一些州郡为割据势力所把控的现实情况等因素，则后汉丞相已不仅仅是“一人之下、万人之上”了，其权力已经超过前朝“亦君亦相”的太傅录尚书事，甚至可以视之为君了。也就是说，在曹操个人专权背景下所建立起来的建安丞相制，相权可以等同于君权，在某些时候甚至盖过了君权，唯我独尊。

正因如此，才产生出两汉丞相制之间最显著的差别：后汉丞相掌有出诏令和出政令的双重职权，并且负责出令的机构都是尚书台。这时的行政程序是相府操纵尚书台出诏令征求百官意见后，再由相府出政令，并由相府负责执行之。因此，后汉尚书台的权力，在这段时期看上去非常之大，也因此才有了仲长统“事归台阁”“三公之职，备员而已”[②] 的批评。仲长统《法诫篇》虽然明面是在谴责事归台阁，但考虑到当时的历史背景，我们不难看出，他实际上是在谴责政归丞相（曹操），因为台阁此时已是处于丞相控制之下的出令机关。故而，可以推断，建安丞相制时期，整个汉廷的核心权力掌握在相府，各级官吏处理政务不是向天子负责而是在为相府负责。

下面再谈谈当时的尚书台。曹操迎天子都许后，表荀彧为侍中、守尚书令。“守”有暂代的意味，并非名正言顺的令职，但汉廷此后未新置令，且曹操不录尚书事，故而从建安元年（196）到十七年（212）间，后汉尚书台的长官一直由荀彧担任。彧“常居中持重，太祖虽征伐在外，军国事皆与彧筹焉”[③]。也就是说，在这段时期内，曹操每征战在外，汉廷的内政便暂由荀彧管理（无论是人事问题还是其他政治问题），彧有权自行处理国事（但遇到重大事件则需事先向曹操请示），并为之承担责任。可见曹操是把荀彧当作自己的副手而使用的。因此，一定程度上讲，尚书台取代了原来御史大夫“掌副丞相”的职能。所以，曹操才会在与荀彧的通信中说：“与君共事已来，立朝廷，君之相为匡弼，君之相为举人，君之相为建计，君之相为密谋，亦以多矣。”[④] 直称荀彧为相。

所以，尽管尚书台在后汉时期并没有成为真正的宰相机关，但按其权力发展情况来推断的话，曹氏一旦成为君主，则尚书台便会成为宰相机构。但是，尚书台长官向宰相转变的进程在建安十七年（212）中断了：

> 十七年，董昭等谓太祖宜进爵国公，九锡备物，以彰殊勋，密以谘彧。彧以为太祖本兴义兵以匡朝宁国，秉忠贞之诚，守退让之实；君子爱人以德，不宜如此。太祖由是心不能平。会征孙权，表请彧劳军于谯，因辄留彧，以侍中光禄大夫持节，参丞相军事。太祖军至濡须，彧疾留寿春，以忧薨，时年五十。谥曰敬侯。明年，太祖遂为魏公矣。”[⑤]

汉守尚书令荀彧因反对曹操封公加九锡而死[⑥]，汉尚书台的权力受到了极大冲击。此后，汉廷的出令权

---

① 〔汉〕班固撰，〔唐〕颜师古注：《汉书·百官公卿表上》，中华书局，1962 年，第 725 页。

② 〔宋〕范晔撰，〔唐〕李贤等注：《后汉书四九·仲长统传》，中华书局，1965 年，第 1657 页。

③ 〔晋〕陈寿撰，〔宋〕裴松之注：《三国志·荀彧传》，中华书局，1965 年，第 310—311 页。

④ 裴注引《彧别传》，见〔晋〕陈寿撰，〔宋〕裴松之注：《三国志·荀彧传》，中华书局，1965 年，第 315 页。

⑤ 〔晋〕陈寿撰，〔宋〕裴松之注：《三国志十·荀彧传》，中华书局，1965 年，第 317 页。

⑥ 关于荀彧的死亡方式，《三国志》里没有明说，可能是在为曹操回护，但从“明年，太祖遂为魏公矣”一句中的“遂”字可以看出，倘荀彧不死，曹操很难名正言顺进爵魏公。裴松之注《三国志》，搜集了有关荀彧直接死因的几种不同记载，虽然死亡方式不尽相同，但均可说明荀彧是因反对曹操封公而死的。

就完全转移到了曹操在邺的魏公（王）府中。如果我们考虑到曹操赞拜不名、入朝不趋、加九赐、位在诸侯王上、置旄头、设钟簴、有权任免地方官、可以亲耕籍田、设天子旌旗、出入称警跸、冕十有二旒等因素的话，曹操还能算作是汉相吗？他已经是君主了！

故而，笔者认为，不宜把这时的曹操当成汉相理解。这不仅是因为曹操无论是在权力上还是仪节上都已和天子无别，更因曹操已有封国，不常在许都。那这时汉廷的朝政谁来负责呢？丞相魏王不在朝，又不置太尉，则按前汉制度"掌丞相副"的御史大夫就是百官班首。但前已述及，御史大夫在汉末没有实际执掌，现在以之统领百官，似乎又有些说不过去。

然而，在这里，必须指出，御史大夫虽然近似"光杆司令"，但其仍具有一定的影响力，特别是在纠察与弹劾领域。曹操杀孔融，不正得利于御史大夫郗虑为他罗织孔融之罪吗？因此，曹操封魏王以后，为了对许都的汉廷进行更严密的监控，便自然而然地想到了主管监察百官的御史大夫，希望以之完成对许都的全面控制，而大夫的人选，曹操觉得华歆比较可靠，便在二十二年（217）把担任汉尚书令、丞相军师的华歆表为御史大夫。华歆本孙策部下，策亡故后被曹操征入许都，成为曹氏心腹，且素有高名，曹操以之操纵汉廷实在是再合适不过了。所以，笔者认为，如果单单谈论汉廷而不去考虑魏国的因素，则后汉最后几年的宰相，可以认为就是华歆。后来魏相国钟繇因魏讽事免，歆以汉官补魏相国之缺，似乎也可以说明，这时许都汉廷的长吏便是御史大夫。

综上所述，建安丞相制实行的时期内，丞相通过侵夺前汉太尉、御史大夫的职权，全面地掌控了一切政权。丞相也不再仅仅行使宰相之职，在一定程度上具备了君权的要素，特别是曹操进爵魏公之后，丞相在制度上享受的待遇已经和天子基本无异（除了文书不称"诏"、不用皇帝玉玺等几个小的方面），可以被视作是当时除孙、刘控制区域以外地区的真君主。在这个前提下加以深究，则建安时的真宰相机构是尚书台，它拥有出令权和人事权，并和相府一起监督办管执行政令。但汉尚书台后来因荀彧反对曹操封公而牴牾了曹操，权力被人为缩小。随着相府迁邺，继尚书台后实际行使许都最高行政权的便是前汉丞相制下"掌丞相副"的御史大夫。

唐山博物馆藏元代泰定三年永平路官造秤锤研究

唐山市文物古建研究所　刘　文

摘要：唐山博物馆在2013年征集到两件带有铭文的古代秤锤。其中一枚标本残断，据铭文判断为元代泰定三年（1326）永平路官造。其残断面暴露灰色非铜质芯体，使用X射线荧光（XRF）手持合金分析仪检测发现该标本为青铜外壁、铁质内芯的复合金属材质铸造。在前人研究成果的基础上，结合古代文献和图像资料，本文梳理了元以前中国古代砝码器型及对应名称的演变脉络，得出元代此类标本的确切定名。本文通过相关文献数据的统计分析，提出元代各朝官造秤锤的发行量与元政府赈灾可能具有相关性。

关键词：元代；铜权；铜铁合铸；秤锤；赈灾

近年，唐山博物馆征集到一件带有铭文的残断秤锤，原藏家称发现地为河北滦州。据铭文判断，这枚秤锤应为元代泰定三年由永平路官府监造发行。元代的秤锤在全国各地均有发现，在现著录的中国古代砝码中数量最多、分布最广，相关的资料和研究成果也较为丰富。笔者搜集到发现报道及著录类文章30余篇，研究性论文10余篇，合计收录元代秤锤300余件。结合唐山博物馆馆藏，在铭文信息确切的元代秤锤中：永平路属地机构监造4件，12件铭刻有泰定帝年号（附表二）。长期以来，学界对元代砝码的持续关注及学术成果为本文研究奠定了基础。前人研究多集中于秤锤基本文物信息的著录统计、元代衡制单位实重等表象、宏观的领域，少见从标本本体的微观层面出发联系当时历史背景的个案研究。本文选取研究一枚器身残断且铭文信息明确的元代秤锤标本，从形制质地、器物定名、铭文信息三方面考查了相关文献、图像资料，就元代砝码的铸造工艺、确切定名、发行量与政府赈灾的关系等问题略抒己见。本文的个案研究或为窥探元代衡器的铸造发行制度以及社会政治、经济状况提供一些线索。

一、形制简述

本文所研究秤锤底座缺失，存留器身及倒梯形钮。残体通高7.5厘米，腹部下缘宽4.6厘米，厚2.4厘米，腹下残存叠涩束腰一级，质量287克（图一、二）。残体上部为倒梯形四棱钮，中有近圆形穿孔，孔顶钮梁有一道磨损凹槽，应为系挂形成的使用痕迹。综合已发表的材料，元代秤锤器型大致可分为纺锤状、扁六棱柱两类[①]。该标本应为窄肩宽腹带束腰底座的塔式扁六棱柱体，此类型从北宋[②]沿用至明初[③]，其中元代的存世量最大。标本两侧可见范线，应为范铸法造。底部的残断面现露灰色非铜质内芯，外层包铸的铜质器壁（图三）。笔者使用美国尼通 Niton XL2 型 X 射线荧光光谱（XRF）合金分析仪分别对标本外壁、断面灰色内芯进行了无损检测。从检测结果（表一）得知此标本为青铜外壁与铁质内芯复合铸造，即铜铁合铸器。铜铁合铸器物理、化学性能稳定且铸造成本较低。笔者通过检视其他残断元代秤锤标本的影像发现此类器物复合铸造应是通法并非孤例。

图一 标本正面

图二 标本背面

图三 标本残断面

表一 标本外壁、内芯检测分析结果

检测部位	主要金属成分百分比
标本外壁	铜（Cu）：74.96%；锡（Sn）：12.61%；铅（Pb）：12.14%
断面内芯	铁（Fe）：68.50%；铅（Pb）：9.67%；铜（Cu）：9.65%；钛（Ti）：6.21%

图四 标本铭文拓片

① 蔡明：《元代铜权的初步研究》，《考古》2013 年第 6 期。

② 张庆久：《浅说元代铜权》，《文物世界》2012 年第 4 期。

③ 在辽阳博物馆“东北第一城——辽阳古代历史文物陈列”中可见该类型的明代洪武铜权。

器身的正反面錾刻有竖排双行汉字铭文，计 15 字（图四）。正面铭文“泰定三年，五月日造”，明确了秤锤的铸造发行时间为公元 1326 年。背面可辨识的铭文有“永平路总，府□同”。据元代秤锤铭文体例[①]及磨砺不清的字口左“丨”右“×”形痕判断释文应为“永平路总府较同”。背面铭文“永平路总府较同”明示了秤锤的铸造发行地区及校准监造机构。《元史》载：“永平路，下……置总管府，设录事司……户一万三千五百一十九，口三万五千三百。领司一、县四（卢龙、迁安、抚宁、昌黎）、州一（滦州）……县四卢龙，下。倚郭（注：宋元时州、路治所所在之县）。……州一滦州，下。”[②] 铭文中的监造校准机构“永平路总府”应是永平路总管府的简称，是元代管辖陡河以东、燕山以南地区的行政机构，治所位于卢龙县，有达鲁花赤、总管为长官[③]。《元典章·刑部·诸禁》[④] 录：“今后行铺之家，凡用斛斗秤尺，须要行使印烙官降法物。”“街市民间合用斛斗秤度，照依省部五降样（附表二：4）制成造。委本路管民达鲁花赤长官校勘相同，印烙讫，发下各处，公私一体行用。”秤锤的铭文信息正合此制度。

二、定名问题

由前文可见，元代该类型器实为铜铁复合质地，单称其质地为“铜”并不确切，而称该物为“权”亦值得商榷。“权”字本义与衡器砝码无关，而指一种树名，《说文·木部》：“权，黄华木。”孙机考证认为[⑤]，衡器名称中的“权”字应为先秦楚地等臂天平所配多枚成套重量倍数递增的环状砝码，自名“环”[⑥] 字的通假[⑦]。本文对此十分认同，不再赘述。楚式天平使用的成套环状砝码“环（权）”与北方各国不等臂天平配用的单枚整数斤带钮半球状砝码“禾石”[⑧] 是南北两套衡器系统各自配用的不同类型砝码。秦一统后，北方的不等臂天平衡秤及半球状砝码开始通行全国[⑨]。汉承秦制，沿用了此类型衡器砝码，有自名为“累”者[⑩]。但因王莽篡汉托古改制，衡制上复用楚式天平及环“权”[⑪]，“权”字在以《汉书·律历志》（以西汉末年一新

---

① 蔡明：《元代铜权的初步研究》，《考古》2013 年第 6 期。

② 〔明〕宋濂等：《元史》，中华书局，1976 年，第 1352－1353 页。

③ 李孔怀：《中国古代行政制度史》，复旦大学出版社，2006 年，第 228 页。

④ 陈高华、张帆、刘晓等点校：《元典章》，天津古籍出版社，2011 年，第 1940－1943 页。

⑤ 孙机：《关于焦作窖藏铜器与其中的杆秤》，《华夏考古》1997 年第 1 期。

⑥ 国家计量总局、中国历史博物馆、故宫博物院主编：《中国古代度量衡图集》，文物出版社，1984 年，图版 2（战国六枚一套的环权母范），图版 155（春秋·楚环四枚一套，重量倍数递增），图版 158－163（皆为战国·楚环多枚一套重量倍增），图版 160（重庆市博物馆藏，安徽寿县朱家集出土战国·楚衡及重量倍数递增铜环六枚一套，第四枚铭“官环”）。

⑦ 孙机：《关于焦作窖藏铜器与其中的杆秤》，《华夏考古》1997 年第 1 期。

⑧ 国家计量总局、中国历史博物馆、故宫博物院主编：《中国古代度量衡图集》，文物出版社，1984 年，图版 153（春秋·齐），图版 154（春秋），图版 156（战国·晋，自铭“禾石”），图版 157（战国·晋），图版 165（战国·中山，河北平山战国中山王 6 号墓出土）。

⑨ 国家计量总局、中国历史博物馆、故宫博物院主编：《中国古代度量衡图集》，文物出版社，1984 年，图版 166－194（分布于全国各地的近三十枚带纽半球砝码皆铭刻秦始皇二十六年诏书），图版 166（陕西省历史博物馆藏，阿房宫遗址出土战国·秦至秦代带纽半球砝码，铭“禾石，高奴”“高奴石”）。

⑩ 国家计量总局、中国历史博物馆、故宫博物院主编：《中国古代度量衡图集》，文物出版社，1984 年，图版 196－205，图版 209－217（皆为汉代带纽半球状砝码，其中 199，200，201 分别为中国国家博物馆、上海博物馆、旅顺博物馆藏西汉带纽半球砝码，皆自铭“官累，重斤十两”）。

⑪ a. 国家计量总局、中国历史博物馆、故宫博物院主编：《中国古代度量衡图集》，文物出版社，1984 年，图版 206－208（图版 206：湖北江陵凤凰山 168 号汉墓出土西汉环权自名为“累”。图版 207：甘肃定西秤钩驿出土新莽环权自名为“权”。两件器物的铭文内容反映出西汉至新莽时期砝码名称与器型对应关系在此期间的混乱变化）。b. 山东大学历史文化学院、山东大学文化遗产研究院、邹城市文物局：《山东邹城市邾国故城遗址 2017 年 J3 发掘简报》，《考古》2018 年第 8 期。c. 王青、马新、王子今等：《山东邹城市邾国故城遗址新莽铜度量衡器的初步研究》，《考古》2018 年第 8 期。

莽时期刘歆著《钟律书》为底本成书）为代表的东汉后期诸多文献[①]中被混用成衡器砝码名称[②]，自此误传后世。按《汉书》载“凡律、度、量、衡用铜者，各自名也”[③]，本文列举的砝码器身上的自铭名称当属可靠，但目前并无自名为“权”的带钮半球砝码发现。

孙机将中国古代衡器的发展大体归纳为“天平＋环权”“衡称＋秤锤”“杆秤＋秤砣”三个阶段。其发展趋势是称量器具及操作越发简便，单套器具可称测的量程、量度越发灵活。但这三个阶段并非是截然划分的更替关系，而是在共存中新衡器逐渐发展为主流。三国至北魏时期，衡称中央位置的提钮移近至悬物端，出现了杆秤，衡器发展进入到第三阶段[④]。山西洪洞广胜寺壁画售鱼图（图五）绘成于元代泰定元年（1324），图中称鱼者手执杆秤，所配用的砝码图像恰与本文标本器型相同。按孙机的论断及现代汉语的使用习惯，称此类型器为“秤砣”似乎并无不妥。但古器物“定名”不是根据当代知识来命名，而是依据铭文在内的各种相关古代文字和图像材料，来确定器物原有的名称[⑤]。自名有“××斤秤××斤锤”式铭文的元代砝码较为多见，此式铭文已被归纳为一类定式体例[⑥]，可理解为当时该物的官方名称即“秤锤”。元人撰《东南纪闻》卷三：“铺家用一秤锤，如冶铁，如土硃石。”[⑦] 说明元代民间也用“秤锤”二字称此物。这个名称正是当时汉语系统中一个稳定的最小单位，汇聚着一定历史时空内的集体共识[⑧]。早在东汉末年，“称锤”一词已出现在郑玄注《礼记·月令》中。两晋郭璞注《尔雅·释乐》“埙”：“大如鹅子，锐上平地，形如秤锤。”[⑨] 所用喻体“秤锤”即秦汉以来的半球状砝码。唐代包何有诗“愿以金秤锤，因君赠别离。钩悬新月吐，衡举众星随。”[⑩]，生动形象地描写出唐代衡具—杆秤与秤锤配合使用的情形。《宋史》载刘承珪制戥秤推衡制新法，仍用“锤”名杆秤砝码：“锤皆以铜为之”“其衡合乐尺一尺二寸，重一钱，锤重六分，盘重五分”[⑪]。《元史》无衡制篇节，一般认为元衡沿袭宋制[⑫]，且有相同器型的宋代砝码发现[⑬]。所以，不论从器型源流[⑭]、配杆秤使用的方法（图五）、古文献记载及中国古代衡器的发展脉络来看，本文标本都应属不等臂天平所配备的单枚带钮半球砝码类型——“禾石－累－秤锤－秤锤”一支，与环权是两类衡器体系下各自不同类型的砝码。称此物为权，从器型及衡器发展源流上看都是讹误。

“面对器物……找回它在当时生活中的名称，复原它在历史场景中的样态，在名与物的对应或不对应中抉发演变线索的关键。”扬之水认为，文物定名即从命名开始认识历史文化遗存，由器名的产生与变化便可窥探到古人类日常乃至社会生活的若干发展脉络[⑮]。孙机提出，对“权”名误用的辨析，不仅为正名，而是研究衡器发展史的需要[⑯]。

---

① a. 班固撰《汉书·律历志》：“权与物均而生衡。”b. 郑玄注《礼记·月令》：“秤锤曰权。”c. 张揖撰《广雅·释器》：“锤，谓之权。”

② 国家计量总局、中国历史博物馆、故宫博物院主编：《中国古代度量衡图集》，文物出版社，1984年，图版209（中国历史博物馆藏东汉光和二年大司农铜权，自铭“大司农以戊寅诏书，秋分之日，同度量，均衡石，捅斗桶，正权概，特更为诸州做铜称”）。

③ 〔汉〕班固：《汉书》，中华书局，1975年，第972页。

④ 孙机：《关于焦作窖藏铜器与其中的杆秤》，《华夏考古》1997年第1期。

⑤ 扬之水：《关于“定名与相知”（代序）》，《定名与相知：博物馆参观记》，广西师范大学出版社，2018年，第3页。

⑥ 蔡明：《元代铜权的初步研究》，《考古》2013年第6期。

⑦ 〔元〕佚名：《东南纪闻》卷三，《文渊阁四库全书》，上海古籍出版社，1987年，第218页。

⑧ 扬之水：《关于“定名与相知”（代序）》，《定名与相知：博物馆参观记》，广西师范大学出版社，2018年，第3页。

⑨ 转引自孙机《关于焦作窖藏铜器与其中的杆秤》，《华夏考古》1997年第1期。

⑩ 包何：《赋得秤，送孟儒卿》，《全唐诗》，中华书局，1960年，第2173页。

⑪ 〔元〕脱脱等：《宋史》，中华书局，1977年，第1495—1496页。

⑫ 丘光明、邱隆、杨平等：《中国科学技术史·度量衡卷》，科学出版社，2001年，第399页。

⑬ 张庆久：《浅说元代铜权》，《文物世界》2012年第4期，图三。

⑭ 国家计量总局、中国历史博物馆、故宫博物院主编：《中国古代度量衡图集》，文物出版社，1984年，图版165（战国）、216（东汉）、221（北魏）、222（北朝）、226（北宋）（为带纽收底球状砝码）。

⑮ 扬之水：《关于“定名与相知”（代序）》，《定名与相知：博物馆参观记》，广西师范大学出版社，2018年，第3页。

⑯ 孙机：《关于焦作窖藏铜器与其中的杆秤》，《华夏考古》1997年第1期。

综上所述，本文认为元代此类器物有必要确切更名为“元代铁芯铜秤锤”。

三、元代秤锤发行量与官方赈灾

泰定三年的永平路是个多灾的年份（附表三：3）。三月，永平路爆发饥荒，朝廷以赈钞、减租应对。五月，由永平路总管府监造发行了该秤锤。在一个三万五千余人口的行政区域内接连爆发灾荒，此时的官方作为使笔者联想到赈灾。元代的路以十万户为界，分上、中两路。至元二十年（1283）又定五万户以上为上州，三万户以上为中州，不满三万户为下州[①]。元代的永平路、治所卢龙县、发现地滦州皆为户口、赋税评级最低的地区，经济基础薄弱。但永平路地处发源元上都的滦河下游至出海[②]，南部地区为供给元皇室的屯田。从地缘政治角度看，该地区灾荒防治的紧要性不言而喻（附表三：1、7）。据笔者统计，本文搜集的12枚泰定帝纪年秤锤的发行地（附表二：5，按发现地计）铸发当年在《元史》中皆有灾荒记录（详见附表二）。

同时，元代纪年秤锤中存世量最大的“至元”“大德”“至正”[③] 三个年号恰为元代灾荒记录最多的三朝[④]。为规避各年号延用时长不同对秤锤存世量和灾荒次数统计产生的影响，笔者使用现有数据[⑤]计算出整个元代总的纪年秤锤年均分布量和年均灾荒爆发次数，再用元代各年号的纪年秤锤年均分布量、年均发灾次数与各自总年均值相减，得出各年号两项数据的离差。通过观察两项变量数据的离差是否同步波动，以验证元代纪年秤锤的铸造发行量与灾荒爆发频率之间的相关性（表二）。

表二　元代各年号灾荒与纪年秤锤数据统计

年代	年长	灾荒数	年均发灾	离差	纪年秤锤数	年均分布	离差	是否同步
中统（1260—1263）	5	16	3.25	−10.55	2	0.4	−0.9	是
至元（1264—1294）	31	277	8.9	−4.9	29	0.9	−0.4	是
元贞（1295—1297）	3	51	17	3.2	8	2.6	1.3	是
大德（1297—1307）	11	193	17.5	3.7	47	4.3	3	是
至大（1308—1311）	4	70	17.5	3.7	4	1	−0.3	否
皇庆（1312—1313）	2	23	11.5	−2.3	3	1.5	0.2	否
延祐（1314—1320）	7	87	12.4	−1.4	10	1.4	0.1	否
至治（1321—1323）	3	108	36	22.2	5	1.7	0.4	是
泰定（1324—1328）	5	172	34.4	20.6	9	1.8	0.5	是
天历（1328—1330）	3	72	24	10.2	2	0.7	−0.6	否
至顺（1330—1333）	4	110	27.5	13.7	4	1	−0.3	否
元统（1333—1335）	3	26	8.7	−5.1	3	1	−0.3	是
后至元（1335—1340）	6	63	10.5	−3.3	3	0.5	−0.8	是

① 李孔怀：《中国古代行政制度史》，复旦大学出版社，2006年，第228页。

② 谭其骧主编：《中国历史地图集·元明时期》，中国地图出版社，1982年，图版7—8。

③ 蔡明：《元代铜权的初步研究》，《考古》2013年第6期。

④ 赵经纬：《元代的天灾状况及其影响》，《河北师院学报社会科学版》1994年第3期。

⑤ 数据参见蔡明：《元代铜权的初步研究》，《考古》2013年第6期；赵经纬：《元代的天灾状况及其影响》，《河北师院学报社会科学版》1994年第3期，以及本文附表一、二、三、四。

表二　元代各年号灾荒与纪年秤锤数据统计（续表）

年代	年长	灾荒数	年均发灾	离差	纪年秤锤数	年均分布	离差	是否同步
至正（1341—1368）	28	239	8.5	－5.3	18	0.6	－0.7	是
合计	109	1507	13.8		147	1.3		9项同步

元代16个年号中，除未见“两都之战”中只存在了三四十天的年号“天顺”外，其余年号均有纪年秤锤发现，泰定帝仅用了八个月的年号“致和”（附表二：9）。由表二可知，在元代14个有效统计年号中，9个年号的两项变量数据的离差同步波动，至大、皇庆、延祐及天历、至顺两段时期的5个年号未呈现同步波动关系。但在自铭这5个年号的23枚秤锤中，有18枚的铸发地区（或发现地）当年在《元史》中有灾荒记录（附表四），逢灾率达78%。综上，统计自文献记录和考古发现皆具有偶然性的两项变量样本数据已呈现高度相关性。

元代的赈灾制度要求政府逢灾必救[①]，主要措施可归纳为免税和赈粮[②]。农耕社会遭遇需奏报中央政府的灾荒，可理解为该地区的粮食自给、例常赋税遭遇困难。元政府的赈灾举措一方面减免灾区赋税，另一方面由中央政府通过茶盐税课、认捐抵换茶盐许可及官职[③]、设义仓[④]等多种途径调集钱粮输入灾区，保障灾民的口粮供给。跨区域的钱粮调控输送促使粮食在灾区流通，元政府还通过增设米肆、投放低价官粮等手段平抑粮价[⑤]。元政府还会在灾年解禁山泽资源，准许灾民直接向自然索取，临时放宽灾民营生渠道（附表三：6、图五注b）[⑥]。此外，元代赈灾的核准、审计、监察制度完备且严格[⑦]，并在仓库设有专职的称重岗位——“秤子”[⑧]（图五注c）以防滋生腐败[⑨]。“今后各路遇有灾伤，随记申部许准，检踏是实，验元申灾地体覆相同，比及造册完备，拟合辨实损田禾顷亩分数，将实该税石权且住催听候。如此，不致透纳”[⑩]。“（至大元年六月）戊戌，大都饥，发官廪减价粜贫民，户出印帖，委官监临，以防不均之弊。”[⑪]

总之，这些赈灾举措必然会促使遭受破坏的自给自足经济灾区贸易激增，灾区灾年对贸易中的称重器具——秤锤的需求量也必然相应提高，同时赈灾物资的调集、运储、分发过程中的重量核计工作同样需要大量官制秤锤，这样看元代灾荒多发时段的秤锤存世量较大也就显得有理可循了。据上分析，本文认为元代秤锤的铸造发行量应与元政府的赈灾行为相关。

四、余论

马新认为，度量衡在中国古代社会一直就不单是经济事务，而是事关王朝的合法性，上应天命、下统四方的国运要务。王子今认为，度量衡制度的明确，是行政权威的显示，也是生产资料管理能力的体现[⑫]。丘

① 陈高华、张帆、刘晓等点校：《元典章》，天津古籍出版社，2011年，第939—943页。
② 〔明〕宋濂等：《元史》，中华书局，1976年，第2470页。
③ 〔明〕宋濂等：《元史》，中华书局，1976年，第2478页。
④ 陈高华、张帆、刘晓等点校：《元典章》，天津古籍出版社，2011年，第757—758页。
⑤ 〔明〕宋濂等：《元史》，中华书局，1976年，第2475—2476页。
⑥ 陈高华、张帆、刘晓等点校：《元典章》，天津古籍出版社，2011年，第899页。
⑦ 陈高华、张帆、刘晓等点校：《元典章》，天津古籍出版社，2011年，第939—942页。
⑧ 陈高华、张帆、刘晓等点校：《元典章》，天津古籍出版社，2011年，第326页、756页。
⑨ 陈高华、张帆、刘晓等点校：《元典章》，天津古籍出版社，2011年，第757—758页。
⑩ 陈高华、张帆、刘晓等点校：《元典章》，天津古籍出版社，2011年，第939页。
⑪ 〔明〕宋濂等：《元史》，中华书局，1976年，第499页。
⑫ 王青、马新、王子今等：《山东邹城市邾国故城遗址新莽铜度量衡器的初步研究》，《考古》2018年第8期。

光明、杨平认为，元代官方如此重视砝码器的铸造发行，除商贸所需外，更是一种政治制度的延续。各路官府将铸刻有新纪年的官造秤锤下发各处通行，无异于元帝向全国官民颁发的一道诏令，可形成广泛的政治影响①。以上几位学者的观点从理论上有力地支持了本文通过数据统计分析所得结论。

元代官方铸造发行的秤锤远不止于笔者所搜集掌握的材料。本文所用材料存在局限性与偶然性，样本数据的分析具有模糊性，本文阐述的观点还需更为系统全面的材料检验。如元代官制秤锤通用铜铁合铸，还有待对更多同类标本的科技考古实验分析来验证。本文提出元代秤锤发行量与赈灾等社会政治因素相关的观点，并不排斥元代水陆交通与商贸繁荣等社会经济类主导要素的作用。

图五 山西洪洞广胜寺水神庙明应王殿东壁北下部壁画——售鱼图②

① 丘光明、邱隆、杨平等：《中国科学技术史·度量衡卷》，科学出版社，2001年，第399页。

② a. 柴泽俊、朱希元：《广胜寺水神庙壁画初探》，《文物》1981年第5期，图版陆。b. 山西洪洞县元属晋宁路，壁画绘成当年逢饥荒、旱灾，（泰定元年六月）"晋宁、巩昌、常德、龙兴等处饥，皆发粟赈之"，"河间、晋宁……皆旱"。〔明〕宋濂等：《元史》，第三册，中华书局，1976年，第648页。c. 该图描绘了元代华北地区售鱼称重的场景。双方交易过程中，身着唐式官服、头戴硬脚幞头的买方男子正在执杆秤和秤锤进行称重，这明显与现代社会由卖方主导称重的生活经验有所相悖，值得引起注意。沈从文先生曾考释过此图中称重者的服饰，且以此判断其身份为低等级差役（参见沈从文：《中国古代服饰研究》，商务印书馆，2011年，第425－426页）。作者十分认同沈先生的观点，并在此基础上进一步推测称重者的官职为《元典章》中所述及的"秤子"。

附表一　元代永平路属地机构监造秤锤著录统计

序号	形状	通高/宽（厘米）	质量（克）	铭文	来源	出处
1	扁六棱锤	9.4	490	正“至正廿四年 重廿五斤”，左“三十一”；背“永平路总管府”，左“官造”	河北承德	刘朴：《河北承德县发现元代铜权》，《考古》1994年第10期。
2	扁六棱锤	9.5	400	正“迁安县”，左“至正二年”，背“官平”	河北承德	
3	圆纺锤	7/3.7	292.5	正“大德四年”，背“滦州路造”（逢水灾，《元史》卷五十《志三·五行一》）（〔明〕宋濂等：《元史》第四册，中华书局，1976年，第1503页）	河南	杨国庆：《河南省博物馆藏元纪铭铜权》，《中原文物》1987年第1期。
4	扁六棱锤	7.5/4.6（残断）	287	正“泰定三年五月日造”，背“永平路总府较同”（逢饥荒，《元史》卷三十《本纪第三十·泰定帝二》）（〔明〕宋濂等：《元史》第三册，中华书局，1976年，第657页）	河北滦州	唐山博物馆馆藏。

附表二　元代泰定帝年号纪年铭文秤锤著录统计

序号	形状	通高/宽（厘米）	质量（克）	铭文	来源	出处
1	六棱锤	10.8	500	正“泰定元年”，背：“益都路造”（逢水灾，《元史》卷五十《志三·五行一》）（〔明〕宋濂等：《元史》第四册，中华书局，1976年，第1056页）	山东博兴	李少南：《山东博兴发现元代铜权》，《考古》1985年第3期。
2	圆纺锤	10.4/4.8	780	“泰定元年 较勘相同”“□定路造”“‖二”（逢水灾，同1）	辽宁	都惜青：《辽宁省博物馆藏元代纪年铜权考析》，《四川文物》2017年第3期。
3	圆纺锤	6.8/4.7	360	“泰定二年 大宁路□”“较勘相同 二十五斤”“冀家造”“天字（地州）王号”及花押（逢饥荒，《元史》卷二十九《本纪第二十九·泰定帝一》）（〔明〕宋濂等：《元史》第三册，中华书局，1976年，第662页）	辽宁铁岭	
4	圆纺锤	10.6/5.5	865	正“泰定二年正月日造”，背“河南府路依尚方户部样”，侧“工徐”（逢旱灾，同3：第648页）	河南	杨国庆：《河南省博物馆藏元纪铭铜权》，《中原文物》1987年第1期。
5	扁六棱锤	11.5	764	正“泰定二年”，背“较勘相同”，侧“日”（逢饥荒、水灾，同3：第655页；同1：第1057页）	山东微山	杨建东：《山东微山县出土元代铜权》，《文物》1992年第2期。
6	扁六棱锤	9.2/4.8	565	正“泰定三年一十六斤”，背“留守司官较同”（留守司为上都机构，上都逢霜灾，同3：第671页）	承德	郑绍宗：《河北出土金元时期铜权的分析与研究》，《文物春秋》2004年第3期。
7	圆纺锤	未注	未注	“泰定四年”“庆元路造”及八思巴文（逢崇明、盐官大潮海溢，同1：第1057页）	江苏南京	宋风：《见证历史的六枚权》，《文物鉴定与鉴赏》2013年第6期。
8	扁六棱锤	10.7/5.3	770	正“泰定五年”，背“奉元路官造”（逢饥荒，同3：第685页）	陕西扶风	左忠诚、罗西章：《陕西渭南、扶风出土元至元九年和泰定五年铜权》，《文物》1977年第2期。
9	扁六棱锤	12	775	正“致和元年”（泰定帝年号1328年2月—1328年9月）右上“千”，背“益都路总管府”（逢饥荒、水灾，同3：第687页；同1：第1058页）	山东沂水	马玺伦：《山东沂水县发现元代铜权》，《考古》1989年第5期。
10	圆纺锤	8.8/4	未注	正“致和元年”背“益都路造”（逢饥荒、水灾，同3：第687页；同1：第1058页）	辽宁大连	许明纲：《大连地区出土元代铜、铁权》，《考古》1987年第11期。
11	圆纺铁锤	8/4	未注	正“致和元年”背“益都路造”（逢饥荒、水灾，同3：第687页；同1：第1058页）	辽宁大连	同10。
12	扁六棱锤	7.5/4.6（残断）	287	正“泰定三年五月日造”，背“永平路总府较同”（逢饥荒，同3：第669页）	河北滦州	唐山博物馆馆藏。

附表三 《元史》泰定朝永平路纪事统计

序号	纪年	记载内容	出处
1	泰定二年（1325）	泰定二年三月十三日，永平路屯田总管府言：'国家经费咸出于民，民之所生，无过农作。本屯辟田收粮，以供亿内府之用，不为不重。访马城东北五里许张家庄龙湾头，在昔有司差夫筑堤，以防滦水，西南连清水河，至公安桥，皆本屯地分。去岁（泰定元年）霖雨，水溢，冲荡皆尽，浸死屯民田苗，终岁无收。方今农隙，若不预修，必致为害。'”	《元史》卷六十四《志第十六·河渠一》（〔明〕宋濂等：《元史》第六册，中华书局，1976年，第1603页）
2		（六月）奉元、卫辉路及永平屯田丰赡、昌国、济民等署雨伤稼，蠲其租。	《元史》卷三十《本纪第三十·泰定帝二》（〔明〕宋濂等：《元史》第三册，中华书局，1976年，第657页）
3	泰定三年（1326）	（三月）永平、卫辉、中山、顺德诸路饥，赈钞六千余锭。大都、河间、保定、永平、济南、常德诸路饥，免其田租之半。	同2：第669页。
4		（七月）永平、大都诸属县水，大风，雨雹。……大名、永平、奉元诸路属县旱。…赈永平、奉元钞七万锭。永平等县大风雹，折木伤稼。	同2：第672页；《元史》卷五十《志三·五行一》（〔明〕宋濂等：《元史》第四册，中华书局，1976年，第1063页）
5		（八月）河中府、永平、建昌印都、中庆、太平诸路及广西两江饥，并发粟赈之。	同2：第673页。
6		（十一月）弛永平路山泽之禁。永平路大水，免其租，仍赈粮四月。	同2：第675页。
7		“三年五月十日，上都留守司及本路（永平路）总管府言：'巡视大西关南马市口滦河递北堤，侵啮渐崩，不预治，恐夏霖雨水泛，贻害居民。'于是送都城所丈量，计用物修治，工部移文上都分部施行。”	同1。
8	泰定四年（1327）	（二月）永平路饥，赈钞三万锭、粮二月。	同2：第677页。
9		（四月）永平路饥，免其租，乃赈粮两月。	同2：第679页。
10		（十一月）永平路水旱，民饥，蠲其赋三年。	同2：第683页。
11	致和元年（1328）	（六月）永平诸路水。永平等路水。大宁、永平属县雨雹。	同2：第687页；《元史》卷五十《志三·五行一》（〔明〕宋濂等：《元史》第四册，中华书局，1976年，第1058、1063页）

附表四 至大—皇庆—延祐、天历—至顺纪年称锤铸发地当年逢灾荒情况统计

序号	秤锤确切自铭纪年、发行地区（或发现地）信息/出处	秤锤铸发地当年在《元史》中的灾荒记载/出处
1	“至大”“赣州路造”/陈之勉：《江西赣州出土元代铜权》，《南方文物》1996年第1期。	未见记录
2	“至大元年”1954年河南采集/杨国庆：《河南省博物馆藏元纪铭铜权》，《中原文物》1987年第1期。	逢水灾：“（至大元年七月）彰德、卫辉二郡水，损稻田五千三百七十顷。”/《元史》卷五十《志三·五行一》（〔明〕宋濂等：《元史》第四册，中华书局，1976年，第1054页）
3	“至大二年”“汴梁路总管府”/赵丙焕：《河南新郑县发现元代铜权》，《考古》1988年第2期。	逢水灾：“（至大）二年七月，河决归德府，又决汴梁封丘县。”/同2。
4	“至大四年”元中都遗址出土（属兴和路）/李惠生、赵归乡：《元中都遗址及周围村庄出土的元代文物》，《文物春秋》1988年第3期。	未见记录
5	“皇庆元年造”“济南路总管府”/李晓峰：《济南市博物馆藏元代铜权介绍》《文物春秋》1999年第2期。	逢旱灾：“皇庆元年六月，滨、棣（属济南路）、德三州及蒲台、阳信等县旱。”/同2：第1070页。
6	“皇庆年号”“济南路总管府”/同5。	同5。

附表四 至大—皇庆—延祐、天历—至顺纪年称锤铸发地当年逢灾荒情况统计(续表)

序号	秤锤确切自铭纪年、发行地区（或发现地）信息/出处	秤锤铸发地当年在《元史》中的灾荒记载/出处
7	“皇庆二年”河北雄县（元属保定路雄州）出土/郑绍宗：《河北出土金元时期铜权的分析与研究》，《文物春秋》2004年第3期。	逢地震：“皇庆二年六月京师地震”/同2：第1083页。逢旱灾：“（皇庆）二年九月，京畿大旱”/同2：第1070页。逢水灾：“（皇庆二年）涿州范阳县，东安州，宛平县，固安州，霸州益津，永清、永安等县雨水，坏田稼七千六百九十余顷。”/同2：第1054、1055页。
8	“延祐元年”河北盐山（元属河间路）出土/盐山县文保所：《河北盐山发现元代铜权》，《考古》1992年第1期。	逢饥荒：“（延祐元年三月）戊戌，真定、保定、河间民饥，给粮两月。”/《元史》卷二十五《本纪第二十五·仁宗二》（〔明〕宋濂等：《元史》第二册，中华书局，1976年，第564页）
9	“延祐元年”/同8。	逢饥荒：“（延祐元年三月）戊戌，真定、保定、河间民饥，给粮两月。”/同8。
10	“延祐二年留守司造”（上都路机构）/刘建中：《张家口地区博物馆收藏的元代铜权》，《文物春秋》1993年第3期。	逢饥荒：“（延祐）二年正月，晋宁、宣德（属上都路）、怀孟、卫辉、益都、般阳等路饥。”/同2：第1077页。逢雷雹：“（延祐）二年五月，大同，宣德等郡雷雹害稼。”/同2：第1062页。
11	“延祐二年留守司造”（上都路机构）/同7。	同10。
12	“延祐二年”“大都路较同”/刘幼铮：《介绍天津发现的一批古代铜、铁权》，《文物资料丛刊·第8辑》文物出版社，1983年。	逢旱灾：“延祐二年春，檀、蓟（属大都路）、濠三州旱。”/同2：第1071页。逢水灾：“（延祐二年）七月，京师大雨。”/同2：第1055页。
13	“延祐三年”“大名路造”/赵建朝：《永年县发现一枚带铭铜权》，《文物春秋》2003年第3期。	未见记录
14	“延祐四年”“高唐州校勘相同”/同3。	未见记录
15	“延祐四年”安徽青阳（元属池州路）/桂金元：《安徽省青阳县发现元代铜权》，《考古》1988年第6期。	未见记录
16	“延祐五年”“中山府校勘相同”（属真定路）/中科院考古所等：《北京西涤胡同和后桃园的元代居住遗址》，《考古》1973年第5期。	逢旱灾：“（延祐）五年七月，真定、河间、广平、中山大旱。”/同2：第1071页。
17	“延祐六年”“般阳路造”/同5。	逢水灾：“（延祐六年六月）益都、般阳、东昌、东平、济宁等路，曹、濮、泰安、高唐等州大雨水害稼。”/同2：第1055页。
18	“天历二年”“保定路”/同7。	逢饥荒：“（天历二年夏四月）保定遂州、易州，赈粮一月。”/《元史》卷三十三《本纪第三十三·文宗二》（〔明〕宋濂等：《元史》第三册，中华书局，1976年，第734页）
19	“天历二年”“大都路较同”/高桂云、张先得：《记北京发现的元代铜权》，《文物》1987年第11期。	逢水灾：“（天历）二年六月，大都东安、通、蓟、霸四州，河间靖海县雨水害稼。”/同2：第1058页。
20	“至顺元年”“益都路”/王增山：《山东利津县发现元代铜权》，《考古》1996年12期。	逢水灾：“（至顺元年闰七月）大都、保定、大宁、益都属州县水。”/同2：第1058页。
21	“至顺三年”“益都路造”/李克文：《江苏赣榆县出土元代铜权》，《考古》1995年第3期。	逢饥荒：“（至顺三年）七月，滕州（属益都路）饥”/同2：第1080页。
22	“至顺三年”“大都路较”/赵振生：《辽宁阜新市发现元代铜权》，《考古》1990年第2期。	逢饥荒：“（至顺三年）八月，大都宝坻县饥”/同2：第1080页。
23	“至顺四年”“大都路较”/同7。	逢地震：“（至顺四年）五月戊寅，京师地震有声。”/同2：第1084页。

从《边塞屯田策》看明代的军屯制度

中国国家博物馆　吕伟涛

摘要：《边塞屯田策》为明末著名书法家王铎上疏朝廷的奏折草稿，现藏中国国家博物馆。该奏稿草草而就，虽无意于书法，但却是王铎书法“求变期”的代表作。王铎在奏稿中言及“边塞屯田”“寓兵于农”的重要性，旨在扭转明末危亡之时局。然而，有明一代的军屯制度本身就有其局限性，况且处于大厦将倾之际，王铎的“边塞屯田”策略并不具备实施的可能性。

关键词：王铎；崇祯；《边塞屯田策》；军屯制度

一、《边塞屯田策》

王铎《边塞屯田策》（图一），又名《行书奏稿册》，全文以行书写就，纸本，共 6 开，每开纵 26 厘米、横 21.1 厘米，每开 20 余行。硬木封面上有清末“浙绍人”周鼎（字敬容）的题签，题签及策稿内页亦有其数方钤印（图二、图三、图四），可证此物曾为周氏所有。

兹录文如下：

边塞屯田策

（写讫）

塞上之屯与中原异者，其法主于开垦，即寓兵于农之意，以备干掫，缓急可恃。太祖时养军百万，军帅强御，卒乘竞劝，不费民间一粒者，中原、塞上咸用此道也。合天下屯田共六十四万三千余顷，屯军当不下一百二十余万人，曰官屯。官屯之封殖，永乐时著令也。一都司令旗军十一名耕种，三分守城，七分屯田。据所收籽粒多寡，考岁丰饥，辨地肥硗，核军勤怠，未尝以其土实予官。隆庆时宣大屯开垦约十顷，给将官五十亩，以养其廉。迨后遂有差池。宣大山西一路阃师，虎吞延、宁、甘、固腴田，恣其蚕食，以瘠土遗军士，粮弗均，军士弗堪也。至是势家乘之而隐匿之。滥税佃军，赔累而众始怒矣，为之限制以董正之。皇上命抚按以武官垦田治与荒之多寡为殿最，家丁耕耨，不许侵占，压以

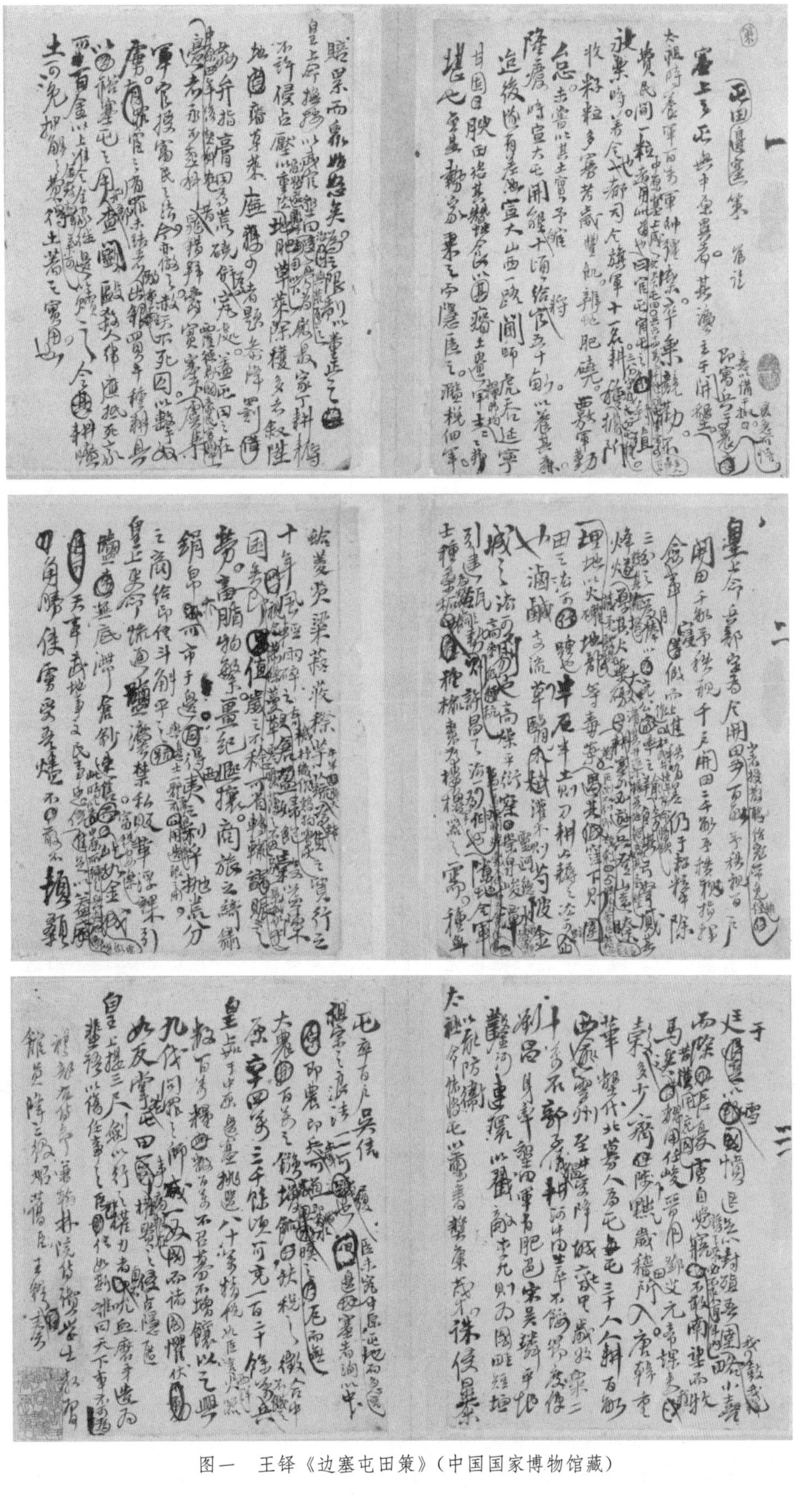

图一　王铎《边塞屯田策》（中国国家博物馆藏）

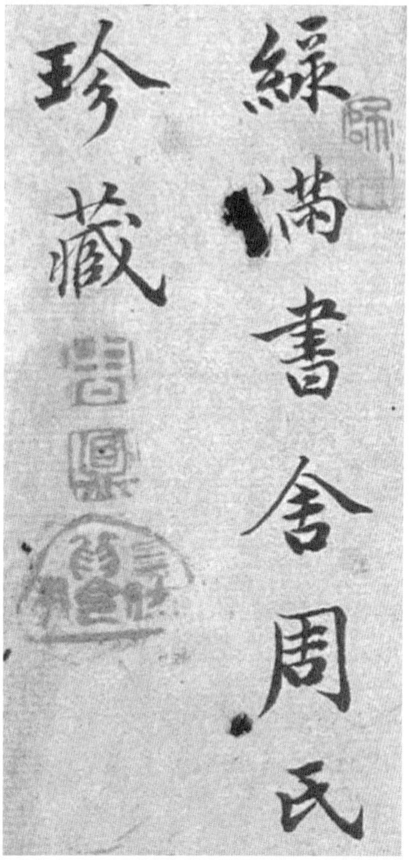

图二 奏稿册封面上的题款与钤印

图三 “敬容鉴赏”钤印　图四“梅溪周氏敬容珍藏书画之章”钤印

重法。副将、游击、都司以下，地肥草莱除，获多者叙升；地瘠草莱庑，获少者题参降罚。奸弁指膏田为荒硗，并为究处。盖屯田之在中原四年后起科，在边者永不起科。昔晁错拜爵实塞下，西汉徙郡国豪民实关中，虞集军官授富民之法，今亦仿之。赦天下死囚，以击奴虏。官之有罪未结者，酌重轻出银，买牛、种、耕具，以裕塞屯之用。刑部查斗殴杀人，律应抵死，家可百金以上，准令全家徙边以赎之，令耕旷土，可免押解之费。金鼓声气，可得土著之实用也。皇上命兵部定为令：开田少者授散职，给冠带，免杂徭。五百亩予秩视百户。开田千亩，予秩视千户。开田二千亩，予秩视指挥佥事。浸假而上，进秩有差。仍于籽粒中除三分之一为月俸，以充公作，率之踰杜武弁侵牟也。命将领饬其弓弩，葳其烽燧，护其坝堰，厚其火药大炮，浚其井渠，掘其地网深丈，高其台堡。耕塞外必游兵登山远瞭，藏矛彀机，埋地以火罐、地龙等毒药，万一叵测不利，即烧谷入保，勿为虏得。然相地亦有道焉。遇其洼下，则围田之法可踵也。半石半土，则刀耕火耨之法可迹也。卤咸支流，草翳灌木，则芍陂金城之法可剔也。高燥平衍，察崇泉峻潭，灵河德水，汇塘车汲，引建瓴之势，高麦低粳，则许昌之法可伸也。隙地令军士种桑柘为蚕之饲，种榆枣为楼橹军器之需。种鱼、蛤、菱、芡、粱、菽、荞、穄、芋、蔬、牛、羊、豚、犬为钱货之贸。行之十年，风轻雨碎之时，机杼织作，鸡狗鸣吠，仓盈妇饱，谷溢陈囷矣。视今萧条蔓草，零露薄之，不别一景象乎！即值岁之不稔，可省转输蠲赈之劳。畜腯物繁，疆纪熙攘，商旅之绮绣绢帛，亦可市于边，得西夷之利乎！抛荒分之商，给印信，斗斛平之，与边土一体，不用丈量之弊，不用造报之册。皇上更命疏通盐法，禁私贩，革浮课，引盐无底滞，仓钞速售，富锐安乐，屹如金城。天事武，地事文，民事忠信，此时以吾中原所练之兵，夹而振钟鼓之灵，进足以盖威角胜，使虏受吾烬，不敢不顿颡于廷，以雪国愤；退足以封殖吾围，我鼓我释，略小喜而除长忧，虏自觉寤，诱之来必不来，百年内不敢南望而牧马矣。昔汉用充国，魏用任峻，晋用邓艾。元帝课吏，程戍谷之多少，齐陟黜岁稽田所入。唐韩重华垦代北，募人为屯，每屯三十人，人耕百亩，西逾云州至中受降城六七百里，岁收粟二十万石。郭子仪倡耕河中田，士族不馁。节度使刘昌身率垦田，军有肥色。宋吴璘平地凿河连环以戳敌，李允则为国畦短垣，以能防卫。太祖命诸将屯，以玺书奖康茂才，诛侵暴屯卒百户吴信。祖宗之良法，一一可履也。臣未究中原屯地而急言边塞者，洵以中即农即兵，岁可省大农百万之镪，岁即偶有水暵之厄，而无增饷缺税之征，合中原六十四万三千余顷，可充一百二十余万不饿之兵。皇上如于中原、边塞挑选八十万精锐如臣言，西洋火器数百万，粮数百万，不召募，不增饷，以之兴九伐问罪之师，灭一奴国而诸国惧伏如反掌。然屯田事病根在权贵之侵占隐匿。皇上提三尺剑以行之权力者，自不吮血磨牙造为蜚语以伤任事之臣。信如斯，谁曰天下事不可为？

礼部右侍郎兼翰林院侍读学士教习馆员降三级照旧臣王铎奏

王铎（1592—1652）的书法从王羲之《圣教序》入手，广收众家之所长，从晋唐到北宋诸家，无不涉猎。行草宗“二王”兼取米芾，学米能乱真，楷书习钟繇。学古而能自出胸臆，王铎的作品一看便知其来历，但又有明显的不同，他还把一日临帖、一日创作作为自己的日课，终身不易。由于功夫精深加上天赋，其书法早在明末就与董其昌齐名，只是因其入清后又为朝廷重臣而受到许多人的贬斥，书法亦随之遭到非议。这种以人品论书的方法是不切实际的，也是不公正的，其实王铎的书法在明清两代都是首屈一指的。

在《边塞屯田策》中，王铎书法的个人特点表现得尤为突出，全文采用明中叶以后新兴起的墨法，大胆地使用浓墨与缩墨，利用涨墨技巧，墨韵淋漓，浓枯燥润相兼，这是书法技术的创新。与前人的书法作品相比，王铎的作品更耐看，艺术内涵更丰富，不仅字之笔画不断，且在行与行之间留下明显的空白。这种以白当墨的构图技巧，亦为后人所推崇。

二、“边塞屯田”之制

《边塞屯田策》书于崇祯十一年（1638），王铎任职“礼部右侍郎兼翰林院侍读学士教习馆员”。这一年的七月，王铎“上疏言边事不可抚”，触怒崇祯帝，险遭廷杖，后“降三级，照旧管事”；九月，王铎在进讲时又“旁及时事”，崇祯帝“切责之”；十月，清兵进逼北京，王铎“分守大明门”，其间忧心国事，冒死上疏此篇《边塞屯田策》①。不过，当时清军铁骑已经兵临京师大门下，王铎却在建议恢复“边塞屯田”，“命将领饬其弓弩，葳其烽燧，护其坝堰，厚其火药大炮，浚其井渠，掘其地网深丈，高其台堡”，着实令人费解。

崇祯十一年，王铎为姚希孟《清闷阁文集》作序，直言“独念戎狄盗贼之锋且日张，翊赞鸿猷廓清扫荡黼黻之大业尚寂寥也”②，忧患之情溢于言表。同年又作《崇祯十一年令》一文，曰：“今敌兵县军于王畿之外，军士畏之如虎。剥乱郊甸，窥伺通州、密云、真定，劙划破城，未有攸底。鬼神震怒，义士腐心，凡兹大小臣工谁不惧此？……文武将士勾奸旗鼓以老吾师，师老气堕，其奚以战？……大小文武诸臣念赏念罚，必无所宥，皇天厚土，咸佑此衷，自今必有代君任患克敌，以保乂中原，是用布信于诸侯，共享无疆之利。”③

处在如此危机关头，向崇祯皇帝递上奏章，献出御敌安邦之策，是王铎这样饱读诗书的儒臣责无旁贷的责任。《边塞屯田策》开篇就指出“塞上之屯”与中原地区屯田的不同之处在于“开垦”，即“寓兵于农”，此举能够“以备干掫，缓急可恃”，并列举了汉代赵充国、曹魏任峻、西晋邓艾、唐代韩重华、郭子仪、刘昌和宋代吴璘、李允则等人“边塞屯田”的成功案例，认为此乃“祖宗之良法”。

---

① 吕伟涛：《王铎〈边塞屯田策〉考略》，《中国书法》2021年第11期。

② 薛龙春：《王铎年谱长编》，中华书局，2020年，第556页。

③ 薛龙春：《王铎年谱长编》，中华书局，2020年，第556—557页。

我国的军屯制度始于西汉晁错的屯田实边之法，后世多有沿袭，到了明代，屯田之盛为历代之最。在朱元璋统一中国的过程中，守江阴的吴良、吴祯兄弟，兵不满五千，且与劲敌张士诚为邻，但由于他们能“大开屯田，均瑶省赋”，所以“在境十年，封疆宴然”①；和州总制郭景祥因“广屯田，练士卒”，所以“威望肃然”②；都水营田使康茂才所领导的屯种，得谷一万五千余石，除供给所部军饷外，还剩余七千石，确实达到了供军的作用，王铎奏折中也称朱元璋甚至“以玺书奖康茂才”。这些事实，当然增强了朱元璋“兴国之本，在于强兵足食”的想法，增强了他那“定伯兴王莫不由此”的信念，据说他曾夸过海口，“吾京师养兵百万，要令不费百姓一粒米”③，王铎亦言，太祖洪武年间“养军百万，军帅强御，卒乘竞劝，不费民间一粒者”。太宗朱棣时期，屯田规模法制均有发展，也产生了相当的成就，永乐元年的屯田子粒占该年国家粮食总收入之比超过四成④。对于当时的屯田盛况，户部尚书刘体乾称北边各镇“一军之田足以赡一军之用”⑤；总理粮储户部郎中毛泰称当时的辽东“边有储积之饶，国无运饷之费”⑥；《大明会典》载此时的西北边甘肃镇的十五卫屯地“足供军需”，北边大同镇“国初军饷止仰给屯田”⑦；《春明梦余录》引洪武谕称当时长城外的大宁卫、松亭关、会州卫皆有数量可观的存粮，“他镇所报，亦相若”⑧。朱棣对太祖皇帝的屯田政策极为肯定，因为“百姓免得转输，军士并无饥窘”；弘治年间兵部尚书马文升，对明初的屯田事业则谀为“各卫仓廪充实，红腐相因，而军士无乏粮之虞”⑨。

就明代军屯历史的总趋势来说，明初是军屯极盛时期，宣德以后日趋隳坏，屯田抛荒现象越来越多。其不抛荒者，镇守总兵等官、官豪势要之家，侵夺隐占，屯田大半亡失。宣德四年（1429）行在户部尚书郭敦奏称，当时“虽有屯田之名，而无屯田之实”⑩。弘治年间，兵部尚书马文升也说当时“屯田政废”，屯地“十去其五六，屯田有名无实”⑪。屯田“日消”，到了嘉靖年间更加厉害，兵部员外郎魏焕甚至说“今之屯田，十无一存”⑫，话虽稍显夸张，但夸张也有夸张的道理。北边如大同，原额屯粮是五十万石，嘉靖三十三年（1554）为原额的五分之一，五年以后也只有十一万九千石，以此推测屯地损失当在十分之八左右。嘉靖年间，对屯田虽然曾经清查整顿，到了隆庆六年（1572）仍然是“十亏其七八”⑬。所以，总制陕西三边军务兵部尚书王琼言陕西三边“屯田满望，十有九荒”；户部覆兵科给事中祝咏奏“甘肃屯田，名存实亡”；右佥都御史庞尚鹏说辽东河西“屯堡萧然，十室九空”⑭。腹里个别地区，虽不如此凄凉，但屯地丧失的程度也够惊人。至于王铎上疏《边塞屯田策》的崇祯年间，更是江河日下，明代的军屯制度基本上已经消结。

在《边塞屯田策》中，王铎详述了军屯制度在洪武、永乐时期的盛况，以及“边塞屯田”所发挥的保境安民重要作用，“迨后遂有差池”，但朝廷能够及时调整政策，很快又走上正轨。至于明末的“屯田事病”，王铎认为是“根在权贵之侵占隐匿”，倘若使“祖宗之良法”的军屯制度“一一可履”，且“行之十

---

① 〔清〕张廷玉等：《明史》，中华书局，1974年，第3814页。
② 〔清〕张廷玉等：《明史》，中华书局，1974年，第3920页。
③ 〔明〕涂山：《明政统宗》，明万历刻本，日本九州大学图书馆藏。
④ 王毓铨：《王毓铨史论集·下·明代的军屯》，中华书局，2005年，第1131页。
⑤ 〔明〕涂山：《明政统宗》，明万历刻本，日本九州大学图书馆藏。
⑥ 《明宪宗实录》卷二百四十四，“成化十九年九月戊申”条，台北故宫博物院藏。
⑦ 〔明〕李东阳等：《大明会典》，广陵书社，2007年，第531页。
⑧ 〔清〕孙承泽：《春明梦余录》，北京出版社，2018年，第457页。
⑨ 〔明〕陈子龙：《皇明经世文编》，北京出版社，1962年，第519页。
⑩ 〔清〕孙承泽：《天府广记》，北京出版社，1962年，第276页。
⑪ 〔明〕陈子龙：《皇明经世文编》，北京出版社，1962年，第519页。
⑫ 〔明〕魏焕：《皇明九边考》，台湾华文书局股份有限公司，1969年，第24页。
⑬ 〔明〕王圻：《续文献通考》，明万历三十年松江府刻本，早稻田大学图书馆藏。
⑭ 〔明〕陈子龙：《皇明经世文编》，北京出版社，1962年，第3853页。

年”，明末的边患问题便可迎刃而解。

通读《边塞屯田策》全文，后人依然能感受到王铎的一腔热血和报国之情，以及其“谁曰天下事不可为”的豪迈。可细品文末“皇上如于中原、边塞挑选八十万精锐如臣言，西洋火器数百万，粮数百万，不招募，不增饷，以之兴九伐问罪之师，灭一奴国而诸国惧伏如反掌”一句时，又不得不慨叹王铎的纸上谈兵。虽然历仕明清两朝，且官居高位，但王铎在政治上无甚作为，甚至还留下不少迂阔的笑话，为当时的野史所渲染。如崇祯十一年（1644）这一年，王铎就有弹劾内阁大学士杨嗣昌、上疏《边塞屯田策》等壮举，可毕竟书生意气，其见解和策略无任何实操性。

三、明代军屯制度的局限性

王铎在《边塞屯田策》中旁征博引、有理有据，不可不谓是一篇文采飞扬的策文。但他毕竟文臣出身，虽有匡扶社稷的勃勃雄心，却没有切中要害，未能直指明末政局危亡的根本原因。明末吏治腐败、党争不断，内有农民起义之忧，外有清军寇边之患，加之天灾频繁，已经是大厦将倾之势，仅仅是恢复和加强“边塞屯田”之制，又岂能扭转时局？何况，明代的军屯制度本身就有许多局限性，并非王铎所认为的那样行之有效。

若要深究明代军屯制度的局限性，大致可以概括为以下三点：

其一，“屯田”与“民田”不同，“是屯军特别遭受的一种强制剥削”，“虽被重灾，屯粮不能如民粮一例豁免”[①]。军屯制度有诸多不合理之处，如军屯子粒的征收“不问肥瘠”“不查等则”，子粒定额“一概取盈”[②]，造成屯军办纳不敷，屯粮拖欠，屯军逃亡。个别屯地虽有政策调整，但未及全国。屯军的社会地位极低，承受的差役又最重，且需世代承袭，缺乏人身自由[③]。屯田军户属于正军，根据明代法令，正军可免除其他差役，可实际上屯军却要承担屯种以外的其他差役，如征操守备、修渠筑堤、转输运粮草等。这在明朝初年还尚可承受，但后来越来越多的繁重差役使屯军无法负担。特别是明朝中后期边患严峻，战事不断，屯军被频繁差遣，无力耕种。如嘉靖七年（1528），大学士杨一清在谈到河西屯田时说：“按军士三守城，七屯田，例也。今各卫所征操之外，有乘墩、守堡、伏塘等役，即守城且苦之矣，其何有于屯宜？”[④] 实在说来，屯田军士有如“罪下死囚一等”，“驱之领田，如赴汤火”[⑤]。另外，随着明朝政府日益腐败，官绅豪强大量侵占军屯土地，造成屯田的失额，王铎也说“势家乘之而隐匿之”。官绅豪强为图私利，不断侵占屯田，而所占土地数量大、质量高，又私役屯军耕种，以至于屯田之制“徒为虚文”[⑥]。军中官员占尽腴田而“以瘠土遗军士”，有势者乘机隐匿田地再租给士兵，“滥税佃军”，军士苦不堪言，“而众始怒矣”。对此，王铎《边塞屯田策》中建议朝廷下令“不许侵占，压以重法”，并根据籽粒收获情况赏罚。此说无疑是痴人说梦，倘若朝廷屯令能够很好贯彻，何至于“屯法尽坏”？

其二，上文提及和王铎在《边塞屯田策》中称颂明朝初年军屯的话，如“不费民间一粒者”等，多是出自皇帝或兵部尚书等人之口，其目的是为扩大军屯的建设，或企图振兴已经隳坏的军屯，故不免夸大其词。

① 王毓铨：《王毓铨史论集·下·明代的军屯》，中华书局，2005年，第1097页。

② 〔明〕陈子龙：《皇明经世文编》，北京出版社，1962年，第3852页。

③ 范中义：《论明朝军制的演变》，《中国史研究》1998年第2期。

④ 〔明〕唐鹤徵：《皇明辅世编》，明崇祯十五年陈睿谟刻本，中国国家图书馆藏。

⑤ 〔明〕吴亮：《万历疏钞》，明万历三十七年刻本，美国哈佛大学燕京图书馆藏。

⑥ 王毓铨：《王毓铨史论集·下·明代的军屯》，中华书局，2005年，第1204页。

譬如当时已被清兵占领的辽东地区，辽东都司的官军俸粮自洪武初即有民粮接济，用官船装载，由海道运抵定辽等卫交割；洪武永乐年间，海运边粮船只直抵开原，开原城因此有地名老米湾；陕西都司行都司庄浪、河州、临洮、岷州、洮州各卫的军人，在洪武十八年（1385）时还是缺粮，仍需着令民人趱运；也是在洪武十八年，山西的泽州、潞州、平阳等府的民人，仍然得转运粮草，供给北边。即使在腹里，军屯所产也有不能自给的事实。永乐二年（1404），河南等处的屯军一人所耕，就“不足自供半岁之食”[①]。隆庆三年（1569），总督蓟辽兵部左侍郎谭纶上疏提到明初腹里军屯“实收子粒，足以充军食之半”[②]，这只是就腹里军屯膏腴之地而言，边塞屯田肯定不及此。明初尚且如此，更不用说国力颓废的崇祯年间，“万一叵测不利，即烧谷入保，勿为虏得”，恐怕当时是无谷可烧的。至于王铎所期待的“岁可省大农百万之镪，岁即偶有水暵之厄，而无增饷缺税之征，合中原六十四万三千余顷，可充一百二十余万不饿之兵”，以及“风轻雨碎之时，机杼织作，鸡狗鸣吠，仓盈妇饱，谷溢陈囷矣”，都只能是一种不切实际的想象。

其三，边塞屯田的自然环境恶劣，“山高地寒，土脉硗薄，五谷鲜收”[③]，本就不堪耕种，难以完成子粒上缴。屯军数量又多，不得不毁掉山林、开垦草地，以获取可耕种的土地。特别是北部边塞地区本身就环境脆弱，频繁持续的耕种活动使生态趋向恶化，屯田越来越不适于耕种，王铎的所谓“相地之道”，以及“围田之法”“刀耕火耨之法”“芍陂金城之法”“许昌之法”皆不可伸也，亦难“种桑柘”“种榆枣”，更不可能“种鱼、蛤、菱、芡、粱、菽、荞、穄、芋、蔬、牛、羊、豚、犬为钱货之贸”。加之工具落后、耕牛奇缺，屯军的生产能力其实并不高。正因此，明初的军屯并没有持续多久，宣德以后已逐渐隳坏，它的作用也就逐渐消失了。“以一卫计之，官军一年所支俸粮动以万计，而屯收子粒止有六七十石或百余石”[④]。曾几何时，被誉为“经国之远图”的军屯，宣德三年时已经“徒有虚名”[⑤]，“虽有屯田之名，而无屯田之实”[⑥]。到了三十年以后的成化年间，就简直是“率事虚文，无补于用”[⑦] 了。其后虽屡经整顿，终究无法收拾。王铎竟然还在《边塞屯田策》中建议“徙郡国豪民”“赦天下死囚”，让他们实边耕种，并根据开田多寡授予官职，以所收三分之一籽粒为月俸，又“省转输蠲赈之劳”“得西夷之利”，最终达到使清兵“百年内不敢南望而牧马矣”。此言确实迂腐至极。

综上所述，王铎的《边塞屯田策》虽文采斐然，但属泛泛之论，不能解决大明王朝的燃眉之急。况且，明代的军屯制度远远没有王铎奏稿中所称的那么有效。当然，此说并非旨在降低“边塞屯田”在生产到供军这件事上的重要性，不是说“边塞屯田”在明初没有起供军的作用，甚至明末崇祯时期还有孙传庭陕西屯田的成功个案，而是说“边塞屯田”的作用没有大到“边有储积之饶，国无运饷之费”，或“各卫仓廪充实，红腐相因”的程度。所以，王铎的奏稿根本就不具备实施的可能性。

---

① 〔明〕雷礼：《皇明大政纪》卷六，北京大学出版社，1993 年，第 794 页。
② 〔明〕陈子龙：《皇明经世文编》卷三百二十二，北京出版社，1962 年，第 3439 页。
③ 〔明〕陈子龙：《皇明经世文编》卷三百八十六，北京出版社，1962 年，第 4180 页。
④ 〔清〕孙承泽：《天府广记》卷二十三，北京出版社，1962 年，第 276 页。
⑤ 〔明〕陈子龙：《皇明经世文编》卷二百二十四，北京出版社，1962 年，第 2347 页。
⑥ 〔明〕陈子龙：《皇明经世文编》卷三百八十六，北京出版社，1962 年，第 4180 页。
⑦ 〔明〕黄训：《皇明名臣经济录》卷十六，台湾文海出版社有限公司，1984 年，第 22 页。

结 语

明末，王铎以其雄强奇肆的艺术风格和枯湿浓淡的笔墨形式，创造了崭新的书法风貌，在书法史上留下了浓墨重彩的一笔。但在政治方面，王铎虽然胸有大志，且颇好谈兵，却少有成就，从未获得朝廷真正的重用。也是在书写《边塞屯田策》的崇祯十一年（1638），他还在《奏为荐扬原据才略识验有素谨陈保举之由以乞圣鉴事》中奏请愿与弟弟王镆“得四千强兵，请缨以击寇颈，致之阙下”，“或巡边阅师，修理边堡，可效一臂之需”[①]，崇祯皇帝对此仍不屑一顾。在朝廷和崇祯皇帝看来，王铎的这些上疏和奏请无非是一些迂阔之论，实乃“迂腐之儒，从事文翰，无救焚溺，峨冠宽衣，不亦可笑乎”[②]。而事实上，也确实如此。

① 薛龙春：《王铎年谱长编》，中华书局，2020年，第559页。
② 薛龙春：《王铎年谱长编》，中华书局，2020年，第559页。

四川博物院藏项圣谟《桐荫高士图》辨识

四川博物院 谢 凌

摘要：项圣谟为明末清初书画家，明代大收藏家项元汴之孙。四川博物馆院藏有其两件画作，分别是《人物山水图册》和《桐荫高士图》。经过国家文物局专家鉴定小组启功、徐邦达先生等鉴定后，对《桐荫高士图》的真伪有不同的意见。本文拟将《人物山水图册》和《桐荫高士图》进行比较研究，从而对《桐荫高士图》的真伪得出粗浅认识。

关键词：项圣谟；《桐荫高士图》；辨识

项圣谟（1597—1658），字孔彰，号易庵，又号胥山樵，浙江秀水（今嘉兴）人，是明末著名大收藏家项元汴之孙。他生活在明末清初之际，因成长在嘉兴望族的环境，自幼受到祖辈家学和家藏书画的熏染，又多与贤达才俊之人交友，因此成就了项圣谟在绘画上的高度，其山水、人物、花鸟无所不能，尤以山水画成就最大，独具工秀雅逸的个人风格。

项圣谟的伯祖父项笃寿（1521—1586）为明嘉靖四十一年（1562）进士，善书画，富收藏。项圣谟的祖父项元汴（1525—1590）坐拥“天籁阁”“退密斋”等诸多收藏之所，其藏品可与明代著名藏家、中国现存最古老的藏书楼“天一阁”的主人范钦的收藏匹敌。欧阳询的《梦奠贴》、怀素的《苦笋帖》、韩滉的《五牛图》、王蒙的《青卞隐居图》等旷世名作皆曾是他的收藏。项圣谟家中丰富的收藏陪伴了他大半生，令其广览博收、大长眼力，他长期临习古人精品，其绘画功力和品位超群。

四川博物院藏有两件项圣谟的作品，一为《人物山水图册》（以下简称《山水图册》，图一），画心尺寸纵 30 厘米，横 48.8 厘米。1963 年 12 月由启功先生、1979 年 4 月由徐邦达先生、1989 年 5 月由谢稚柳、刘久庵先生等组成的国家文物局文物鉴定小组先后三次到四川鉴定书画，均认为《山水图册》是真迹精品，定为一级藏品。

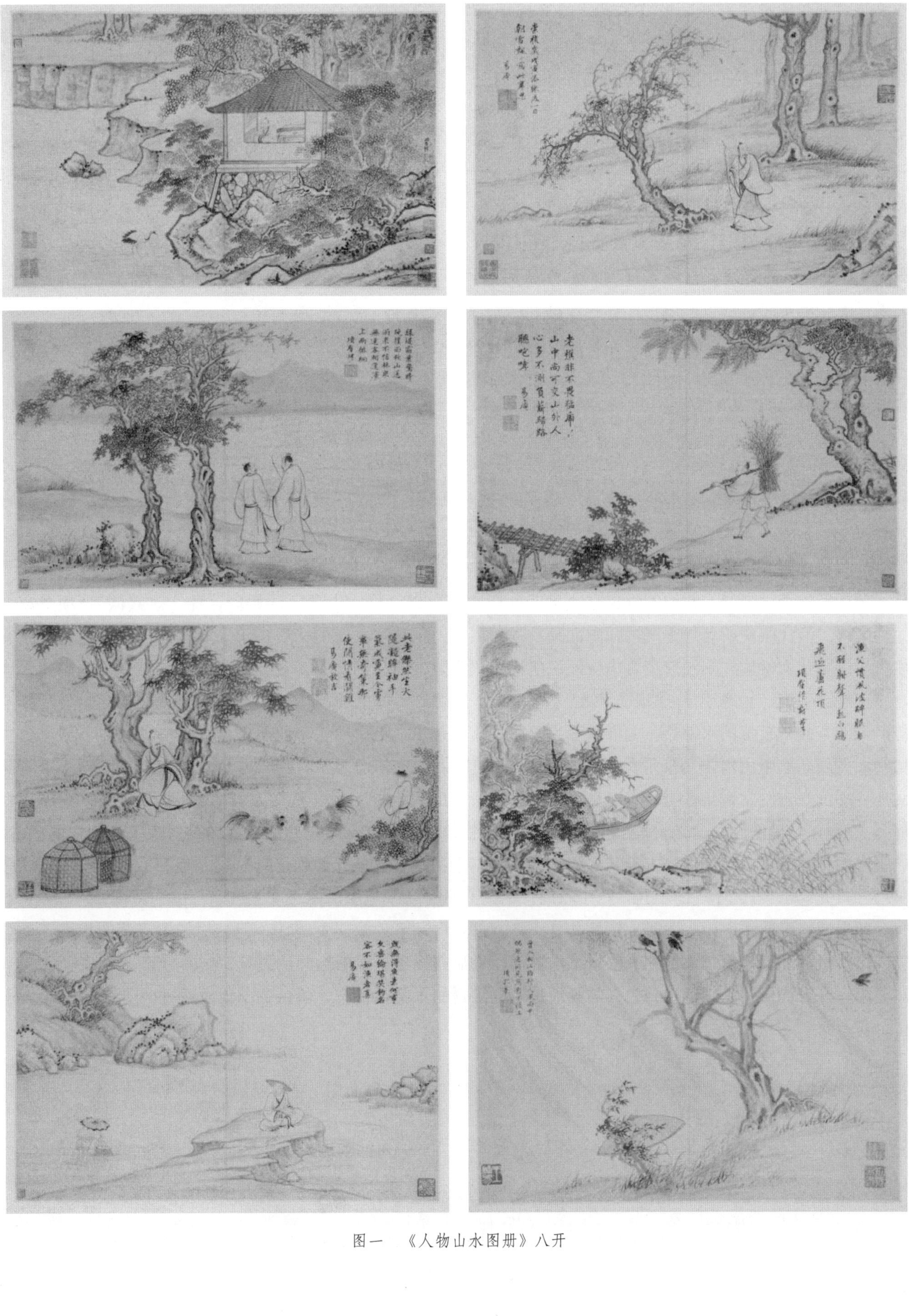

图一 《人物山水图册》八开

另一件《桐荫高士图》(以下简称《高士图》，图二）画心尺寸纵 31.9 厘米，横 22.7 厘米。启功和徐邦达先生先后给出了不同的鉴定意见。1963 年启功先生鉴定这幅作品为真迹，唯画幅太小，当是画册中一页。1979 年徐邦达先生鉴定为伪作。

这两件（套）作品所绘题材相同，均无年款。在仔细对比研究了这两件（套）作品后，可以发现《高士图》与《山水图册》在绘画水准上有明显的差距，《高士图》确有诸多存疑，现分别从作品构图、造型用笔、题跋书法等方面进行比较和探讨。

图二 《桐荫高士图》

一、画风、意境、构图的问题

项氏家族善画者众，他们的画风在文徵明的影响下自成一格，由项元汴始创，称“嘉兴派”，项圣谟时达到高峰。清代张庚所著画史《国朝画征录》中称项圣谟“初学文衡山，后扩于宋而取韵于元”[①]。与项家交往密切的明代文学家、书画家李日华曾评说项圣谟“将展、陆、荆、关、董、巨与蜀之二黄，竹之湖州、兰之所南融合手腕。”[②] 董其昌在项圣谟的《画圣册》题跋：“古人论画，以取物无疑为一合。非十三科全备，未能至此。范宽山水神品，尤借名手为人物，故知兼长之难。项孔彰此册，乃众美毕臻，树石屋宇，皆与宋人血战，就中山水，又兼元人气韵，虽其天骨自合，要亦工力至深，所谓士气、作家俱备。项子京有此文孙，不负好古鉴赏百年食报之盛事矣。”[③] 董其昌所言的“士气”指的是文人画的意味，“作家”意即“画师”，意为项圣谟的画是“文人画”与“工匠画”风格兼备的特点，通篇题跋表达的是对项圣谟别样的欣赏。项圣谟的作品缜密工致、秀静古雅、多用细笔，如《前招隐图卷》（美国洛杉矶美术馆藏）、《坐听松风图》（故宫博物院藏）等无不气韵不凡，巧于布局，精于立意、功于笔墨，赋予文人气息。

四川博物院所藏《山水图册》精品共有八开，虽是尺幅不大的册页之作，但画面位置经营的用心，动与静、繁与疏的巧思，景物人物刻画的精细与舒朗，均显露出项圣谟的绘画功力。

第一开：满构图，超过三分之二的画面是笔墨细密的景物，在左下留白，令画面通透（图三）。

① 〔清〕张庚：《国潮画征录》，浙江人民美术出版社，2011 年，第 21 页。

② 〔明〕李日华：《恬致堂集》卷三十八，上海古籍出版社，2012 年，第 1388 页。

③ 〔明〕汪砢玉：《珊瑚网·名画题跋》卷二十二，成都古籍书店，1985 年，第 1297 页。

图三 《人物山水图册》第一开满构图

第二、五、七开：为不均衡的品字形构图，用墨较重的树木、山石、人物、鸟笼等呈品字布局，错落空灵、有隐逸野趣（图四）。

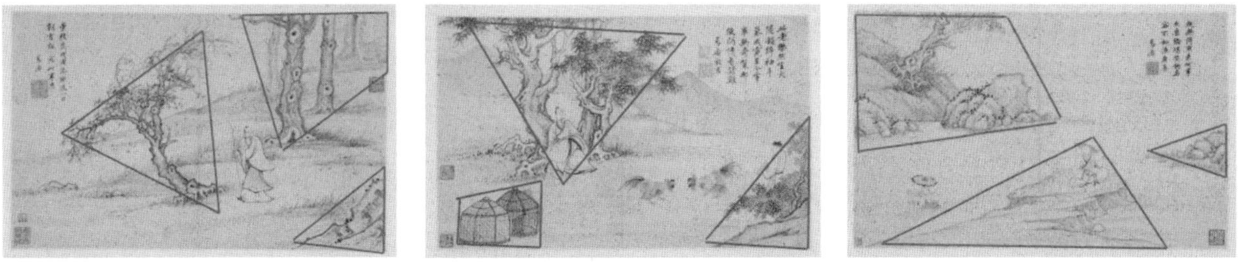

图四 《人物山水图册》第二、五、七开品字形构图

第三、八开：为主题居中构图。远山、树木、人物占据画面的中部，两边留白，树木墨重，其余淡染，层次分明，平衡生动（图五）。

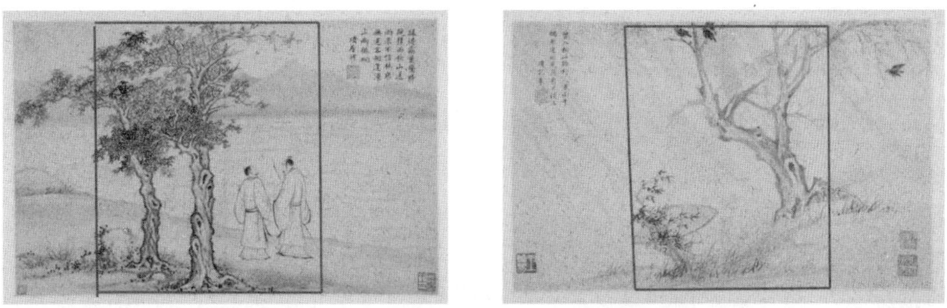

图五 《人物山水图册》第三、八开居中构图

第四、六开：分别为斜对角和边角构图，木桥、人物、老树对角斜线布局，其余地方除题跋外均留白，这是受南宋画家马远“马一角”构图的影响（图六、图七）。

图六 《人物山水图册》第四开斜对角构图

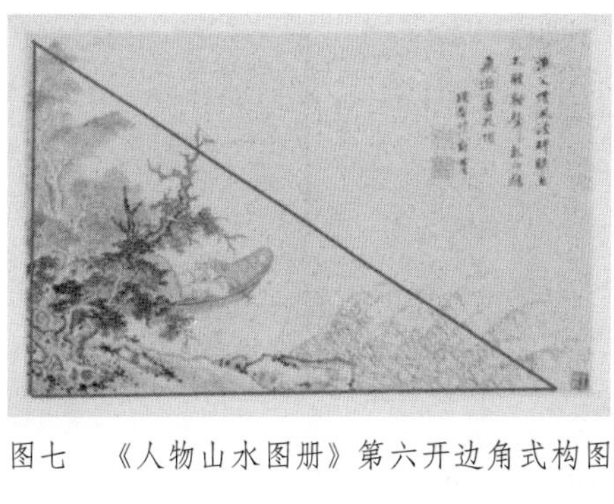

图七 《人物山水图册》第六开边角式构图

构图是绘画中必须费心思量之要事，这正是南齐谢赫在六法论中所言的“经营位置”，唐代张彦远也将绘画的经营位置称为画之总要，为绘画的提纲统领，可见构图的重要性。这八开册页最特别的就是构图的巧思，景物与留白的精心处理、用墨的浓重疏淡，令画面既有宋人的严谨周密又有元人的空灵韵味，巧妙的构图是意境营造的前提。

再看《高士图》，其尺寸比《山水图册》略小，启功先生认为它应该也是册页中的一开，只是后人得到仅此一纸，故装裱成轴。其画面布局将人物、山石、鹤的位置画在树的两侧，树木两边的各有一石，人物、仙鹤、两石画在同一水平线上，且大小基本相同，过于对称，缺乏大小差距，无错落感，这种布局是构图大忌。画中对人、树、石、鹤的用墨轻重不太恰当，近处的树用墨太轻，而远处的人物、石、鹤用墨太重，超过了近处的树木，令画面缺乏主次有序的层次感、构图平淡、无出奇之处，缺乏意境，这不是精于经营位置与氛围的项圣谟的风格（图八）。

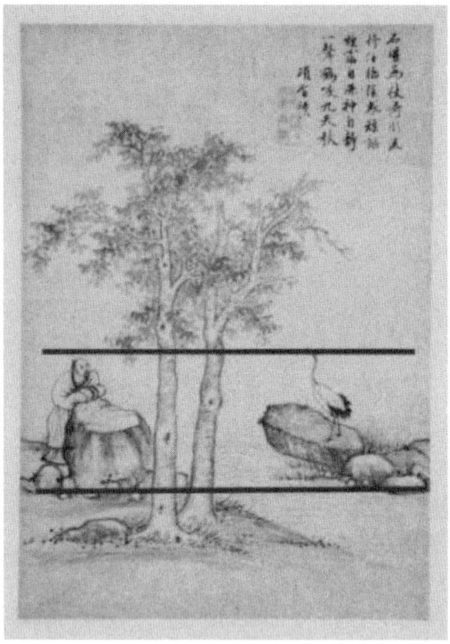

图八　《桐荫高士轴》构图分析

二、造型与用笔问题

明清时期文人画风行，多数画家雅好随性的笔墨情趣和神韵，相比之下，项圣谟追求造型准确、笔墨坚实，构图或出奇空灵，或饱满丰富，他坚持谢赫的绘画六法论中“应物象形”的理论，即画家的描绘要与所反映的对象形似。他一生创作态度严谨、勤于笔耕、爱好写生，多次出游，留下大量佳作，如《秋林读书图轴》《前招隐图卷》《松涛散仙图卷》《鹤洲秋泛图轴》等。其绘画贴近现实，严谨不苟，与当时有些文人画粗疏缭乱、逸笔草草的墨迹相比颇为另类。其好友吴山涛曾说：“孔彰先生为予老友，作画必凝神定意，一笔不苟。余尝嗤其太劳。君曰：‘吾辈笔墨，欲流传千百世，岂可草草乎？’旨哉其言也。”[①]

就造型而言，将《高士图》与《山水图册》比较，可见《高士图》存在明显的造型问题：

第一，《高士图》的石头造型生硬、线条僵直、皴笔死板。《山水图册》八开图中有多处山石造型，无不自然生动，转折处线条柔和饱满，皴法自然、轻重相宜。项圣谟对于山石的皴法多用大小斧劈皴、折带皴、豆瓣皴等，且墨色轻快，如此而来山石便没有铁板一块的僵硬感（图九）。

① 此为吴山涛跋项圣谟《秋声图》，引自《杨新美术论文集》，紫禁城出版社，1994年。

图九　山石造型笔法的对比

（左两幅为《高士图》石头局部，右四幅为《山水图册》第一、七开山石局部）

第二，《高士图》的树木、树干僵直，没有生动的姿态，缺乏丰富饱满的细节内容（图十）。项圣谟一生钟情于乔木的刻画，很擅长画松，有“项松”之誉。他画的树干均是颇有姿态的，且细节丰富、饱满，树叶精细、姿态婆娑；用笔利落有序、墨色干净、层次分明。而《高士图》的树叶点画用笔软弱，墨色含糊，层次不够厚重分明，显得树很单薄柔弱（图十一）。

图十　树干的造型细节对比

（左幅为《高士图》树的局部，

右两幅为《山水图册》第三、五开树干局部）

图十一　树叶的用墨用笔对比

（左两幅为《高士图》树叶的局部，

右两幅为《山水图册》第六开树叶的局部）

第三，《高士图》的人物面部造型不够端正饱满，肢体姿态扭曲，结构不准，衣纹线条粗糙，缺乏流畅自如的弹性。对比一下《山水图册》中的多个人物，可见每个人物的动态舒展、面部形象端庄、衣带飘动、线条流畅精细、富有弹性。谢赫在其所著的《古画品录》中提出的绘画“六法”，最初是作为人物绘画创作和品评的准则，将“气韵生动”作为六法中的第一条和最高标准。所谓“气韵生动”是指绘画的内在神气和韵味，画中万物要达到鲜活而灵动的生命之态。以此为标准，我们很难从《高士图》感受画中人物以及整幅面里有灵动的气韵（图十二）。

图十二　人物造型用笔的对比
（左一幅为《高士图》人物局部，右六幅为《山水图册》第二、三、五、四、六、七开人物局部）

第四，《高士图》中仙鹤造型刻板。项圣谟喜好写生，他对写生对象的逼真刻画有很执着的追求。美国波士顿美术馆藏有项圣谟33岁时所绘《松涛散仙图卷》，上有自跋："余髫年便喜弄柔翰，先君子责以举子业，日无暇刻，夜必篝灯，着意摹写，昆虫草木，翎毛花竹，无物不备，必至肖形而止。"[①] 可见其精于刻画之道。

《高士图》中有一仙鹤，通高6.12厘米，仙鹤躯干与腿长不成比例，腿太短，躯干偏肥大，重心不稳，姿态笨拙呆板。《山水图册》第一开画中也有一仙鹤，仅仅3.8厘米长。两仙鹤相比较，尺寸小的仙鹤画得非常生动，造型准确，姿态优美，灵动有仙气；尺寸大的仙鹤反而没有小的仙鹤画得生动，以项圣谟对翎毛刻画精细严谨的态度观之，这是不符合常理的（图十三）。

图十三　仙鹤造型用笔的对比
（左幅为《高士图》仙鹤，右幅为《山水图册》第一开的仙鹤）

三、题跋书法问题

项圣谟擅长楷书、行书、行草，颇受董其昌的影响，以行书最佳。《高士图》落款楷行笔意兼有，与

① 张覃：《项圣谟画风及其〈蕉石图〉之真伪考辨》，《广西博物馆文集（第十三辑）》，广西人民出版社，2018年，第223页。

《山水图册》中第二、六、八开的行书落款风格最接近。两相比较，《山水图册》的题跋中锋行笔，流畅自如，俊秀飘逸，字距行距疏密恰当，下笔自信肯定，笔画间没有犹豫和纠结，一气呵成，笔意中有几分二王的意味，满纸书香逸气。而《高士图》的题跋行笔粗糙迟钝，多用偏锋，文字结构紧缩，不够舒展，缺乏干净利落的笔道，没有俊秀仙逸的气息。众所周知，如果要模仿名人字画，相对而言，画易仿，字难仿，因为书法尤其是行书和草书，是有一定的行笔速度与节奏要求的，落笔时稍有犹豫就会让字变得气韵不连贯，而仿字为了刻意模仿，行笔时会有犹豫，因而笔道变得生涩，不够连贯，没有了一气呵成的流畅。

此外，《高士图》题跋后有印章两方，印章略有歪斜地押在了墨书上，这种不严谨的瑕疵，应该不是项圣谟这种苛求完美的人的风格（图十四）。

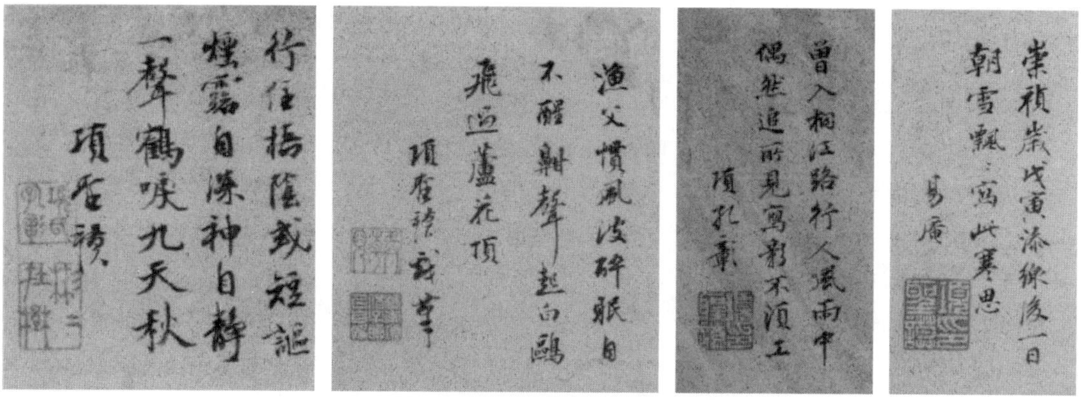

图十四　书法对比

（左一幅为《高士图》题跋，右三幅图为《山水图册》第六、八、二开的题跋）

结　语

综上所述，明项圣谟《桐荫高士图》在作品的构图、造型、书法等诸多方面均存在问题，细查之下与项圣谟的品位相去甚远，更存在技法上的巨大差异。即便假设《高士图》是项圣谟的草草戏笔，也不应该在绘画的诸多重要方面同时出现明显的瑕疵，这是作者的能力和品位所决定的，项圣谟的寥寥之笔也会令纸上生香。如《山水图册》第八开，便是这套图册中最简约的笔墨画作，也是构图讲究、气韵飘逸、意味深长、颇富动感的。因此，笔者认为徐邦达先生判断《高士图》为后人仿项圣谟的伪作是颇有道理的。

南京古物保存所旧藏的三件清代文物

贵州省博物馆 袁 炜

摘要：本文考证现藏于贵州省博物馆的南京古物保存所旧藏的三件清代文物并明确其流传过程，得出以下结论，清《金刚般若波罗蜜经》铜版系清和硕和亲王打制并随葬，清乾隆御题仿倪瓒《江岸望山图》并用其韵玉雕插屏为乾隆四十五年（1780）时任湖南布政使陈用敷向乾隆进贡的贡玉，“凤麟洲宝”印当为清嘉庆御制“凤麟洲宝”，清代时原藏于北京圆明园。民国时这三件文物相继收藏于南京古物保存所，1937 年随抗战文物南迁，1953 年入藏贵州省博物馆。

关键词：清《金刚般若波罗蜜经》铜版；清乾隆御题仿倪瓒《江岸望山图》并用其韵玉雕插屏；清嘉庆御制“凤麟洲宝”；南京古物保存所

南京古物保存所建于 1915 年，位于南京明故宫遗址方孝孺血迹亭旧址处，[①] 属于民国江苏省政府管辖，是民国早期成立的一个国有性质的博物馆。1928 年改隶属于民国教育部。1937 年，其五箱文物南迁至贵州保存。1939 年，南京古物保存所建制撤销，其南迁的五箱文物在 1953 年入藏贵州省博物馆（筹备委员会）。入藏中的部分青铜器、唐代玄宗投龙铜简、大明通行宝钞一贯钞版等已有披露。[②] 笔者在此对这批文物中的清《金刚般若波罗蜜经》铜版、清乾隆御题仿倪瓒江岸望山图并用其韵玉雕插屏和嘉庆御制“凤麟洲宝”及其流传过程进行研究。

一、清《金刚般若波罗蜜经》铜版

贵州省博物馆收藏有一套《金刚般若波罗蜜经》铜版，共 50 枚，每枚 2 面，共 100 面。每枚长 26 厘米，宽 14 厘米，厚 0.3 厘米。50 枚总重 40.623 千克。铜版第一面为封面，中上部为楷书标题“金刚般若波罗蜜经”，两侧为双龙腾云纹，底部为海水纹（图一）；第二面为释迦牟尼佛像，结跏趺坐于莲花座上，头顶

---

① 中国第二历史档案馆编：《南京古物陈列所概况》，《中华民国史档案资料汇编》第五辑，凤凰出版社，1994 年，第 603 页。

② 程学忠：《贵州省博物馆收藏的先秦至汉晋时期青铜器》，《考古》2005 年第 2 期；谭用中：《“大明宝钞”壹贯钞版之研究》，中国钱币学会编：《中国钱币论文集》，中国金融出版社，1985 年，第 293—298 页；李飞：《玄宗投龙简：一段家国传奇（一）》，《当代贵州》2018 年第 15 期；李飞：《玄宗投龙简：一段家国传奇（下篇）》，《当代贵州》2018 年第 19 期；袁炜：《贵州省博物馆藏大明通行宝钞一贯钞版流传考》，《中国钱币》，待刊稿。

束发肉髻，双眉间有白毫相，眯眼，双耳下垂，有背光，穿佛衣，双手在施说法印（图二）。第3面至93面为《金刚般若波罗蜜经》经文，楷书字体，每页5行，每行13字（图三）。因经文繁赘，在此不再罗列。第93面至98面为题跋，楷书字体，每页5行，每行13字。现录文丁此：

忆自此经传世以来，唤醒迷途不少，口诵者意念清明，力行者身游极乐，洵属慈航，普济而为，业海之津梁，红尘之净土，曩者余于退食之暇，曾潜心玩味，有意皈依，虽未参透个中三昧，然每展卷时，则气自平、心自静，不啻当头棒喝，示我周行。其佛力之广运为和如也。今蒙皇上特赐泉壤，命工营造，生前既出入戴天，身后复退藏有地，切思膏泽频施，固有加而无已，慈悲默佑，亦日引而月，长敢不夙夜寅恭仰酬鸿恩于无既乎，用是斋心拜、手敬跋数言以志，没齿不忘之意云尔。

时大清乾隆十年，岁次乙丑，十一月二十七日，和硕和亲王旭日居士弘书熏沐焚香敬书。

图一 《金刚般若波罗蜜经》铜版封面

图二 《金刚般若波罗蜜经》铜版封二

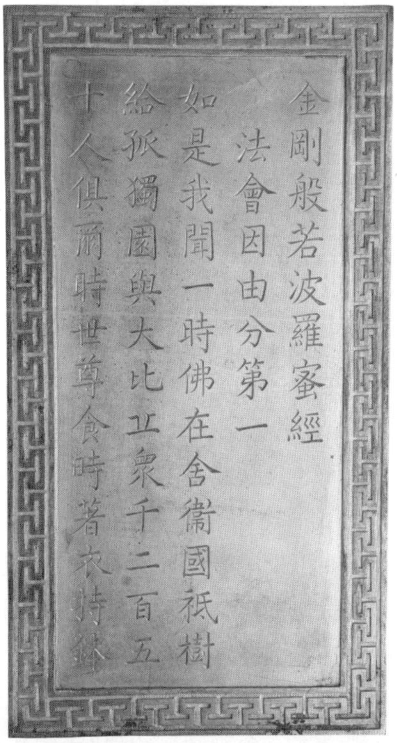

图三 《金刚般若波罗蜜经》正文第一页

题跋末尾落款三方印章，分别为篆书“稽古斋”“和亲王宝”和“旭日居士”（图四）。第99面为多闻天王像背祥云，有项光，右手持宝戟（图五）。第100面下部为海上三山，上部为双龙祥云（图六）。

《金刚般若波罗蜜经》简称《金刚经》。“金刚”是金中之精坚者，百炼不销，能断万物，佛教以此来比喻佛法，喻其能断除人的贪欲恶习和种种颠倒虚妄之见。“般若”为梵语音译，意指明见一切事物及道理的高深智慧。“波罗蜜”亦为梵语音译，意为到彼岸，即离生死此岸，渡烦恼中流，达涅槃彼岸。《金刚经》历来被认为是大乘般若类经典的精髓。[①]

① 杜正乾：《〈金刚经〉研究述评》，《五台山研究》2007年第1期。

图四 《金刚般若波罗蜜经》
题跋落款页

图五 《金刚般若波罗蜜经》
铜版封三

图六 《金刚般若波罗蜜经》
铜版封底

关于《金刚经》的汉译本，现流传的有6种，分别为402年姚秦鸠摩罗什译《金刚般若波罗蜜经》，[①] 509年北魏菩提流支译《金刚般若波罗蜜经》，[②] 562年南朝陈真谛译《金刚般若波罗蜜经》，[③] 590年隋达摩笈多译《金刚能断般若波罗蜜经》，[④] 642年唐玄奘译《大般若经第九会·能断金刚分》，[⑤] 703年唐义净译《能断金刚般若波罗蜜经》，[⑥] 其中流传最广的是鸠摩罗什译本。而贵州省博物馆藏《金刚般若波罗蜜经》铜版所刻正是鸠摩罗什译本。需要指出的是《金刚经》除汉译本外，还有梵文本、藏译本、回鹘译本和满译本等，就现有材料来看，清代《金刚经》满译本有两个，其一出自《清文翻译全藏经》，此全藏经自乾隆三十六年开始翻译（1772），至乾隆五十五年（1790）完成译稿；其二是民间流传的满文《金刚经》，就序文来看，此译本完成于道光十六年（1836）。[⑦] 可见，在此《金刚经》铜版面世的时候（乾隆十年，1745），还未有满译本《金刚经》，是故清代和亲王弘昼选择汉译本凿刻铜版。

遍观此《金刚般若波罗蜜经》铜版经文，有两点值得注意，一是经文中使用了“法会因由分第一”“善现启请分第二”等三十二科分。科分，又称科判，是后人对佛经篇章结构所做的划分，用以帮助读者理解佛经，《金刚经》三十二科分出现于五代时期，明代董其昌手书《金刚经》采用三十二科分，影响广泛，清康熙为其祖母祈福，手书《金刚经》同样采用三十二科分，且开篇明言，“康熙御笔临董其昌书”，由此，三十

① 〔姚秦〕〔天竺〕三藏鸠摩罗什译：《金刚般若波罗蜜经》，大正新修大正藏，第8册，1934年，第748—752页。
② 〔元魏〕〔天竺〕三藏菩提流支译：《金刚般若波罗蜜经》，大正新修大正藏，第8册，1934年，第752—761页。
③ 〔南朝陈〕〔天竺〕三藏真谛译：《金刚能断般若波罗蜜经》，大正新修大正藏，第8册，1934年，第762—766页。
④ 〔隋〕三藏笈多译：《金刚能断般若波罗蜜经》，大正新修大正藏，第8册，1934年，第766—771页。
⑤ 〔唐〕三藏法师玄奘译：《大般若经第九会·能断金刚分》，大正新修大正藏，第7册，1934年，第979—985页。
⑥ 〔唐〕三藏沙门义净译：《能断金刚般若波罗蜜经》，大正新修大正藏，第8册，1934年，第771—775页。
⑦ 孔令伟：《〈金刚经〉满文译本初探——论满洲本位政策与清代译经事业》，《文本中的历史：藏传佛教在西域和中原的传播》，中国藏学出版社，2012年，第457、458页。

二科分《金刚经》成为钦制，取代了其余各版本《金刚经》。[①] 故此《金刚般若波罗蜜经》铜版也采用三十二科分。二是经文中的避讳字，所有的“丘”字均省笔，“丘”作为孔子的名讳，在清代须避讳，而在佛教最重要的经典《金刚经》中，依旧要避孔子名讳，可见在清乾隆年时，儒家的政治地位要显著高于佛教。

在此《金刚般若波罗蜜经》铜版题跋中，其落款明书此经文手书时间和手书者，“大清乾隆十年”，即公元1746年，而手书者“和硕和亲王旭日居士弘书”，系清雍正第五子，乾隆之弟，《清史稿》有传，[②] 生于康熙五十年（1711），死于乾隆三十五年（1770）。题跋言“今蒙皇上特赐泉壤，命工营造”值得注意，和亲王弘书在乾隆九年（1744）涉及处理印完《古今图书集成》之后的铜活字，这批铜活字中有字的1015433个，无字的188404个，其中无字的铜活字被和亲王弘书贪墨后铸造宫中和其府内的铜陈设、铜狮等，有字的被用于铸币或铸造雍和宫三世佛。[③] 今按，从此《金刚般若波罗蜜经》铜版题跋中可见，乾隆在乾隆十年及之前，曾将铸造钱币的黄铜赐予和亲王弘书，其可能指的就是印完《古今图书集成》之后的铜活字，既然是乾隆赐予，且弘书将部分铜料给宫中铸造铜陈设等，故传统说法中，和亲王弘书贪墨无字的铜活字一说就值得怀疑。题跋言，弘书铸造此《金刚般若波罗蜜经》铜版的目的是“生前既出入戴天，身后复退藏有地”，这可与清代笔记中对弘书性格处世的描述相印证，《啸亭杂录》言：

> 和恭王讳弘书……性喜丧仪，言人无百年不死者，奚必忌讳其事。未薨前，将所有丧礼仪注皆自手订，又自高坐庭际，像停棺式，命护卫作供饭哭泣礼仪，王乃岸然饮啖以为乐。又做诸纸器为鼎、彝、盘、盂诸物，设于几榻以代古玩。[④]

可见弘书有生前打制死后陪葬器物的癖好，此《金刚般若波罗蜜经》铜版也是为此所作，并在其死后陪葬。此外，用铜版打制佛教经书，也符合大乘佛教仪轨，玄奘《大唐西域记》曾言：

> 健驮逻国迦腻色迦王以如来涅槃之后第四百年，应其抚运，王风远被，殊俗内附，机务余暇，每习佛经。日请一僧入宫说法，而诸异议部执不同。王用深疑，无以去惑。时胁尊者曰：“如来去世，岁月逾邈。弟子部执，师资异论，各据闻见，共为矛楯。”时王闻已，甚用感伤，悲叹良久，谓尊者曰：“猥以余福，聿遵前绪，去圣虽远，独为有幸。敢忘庸鄙，绍隆法教，随其部执，具释三藏。”胁尊者曰：“大王宿殖善本，多资福祐，留情佛法，是所愿也！”王乃宣令远近，召集圣哲……是五百贤圣，先造十万颂《邬波第铄论》，释素呾缆藏。次造十万颂《毗奈耶毗婆沙论》，释毗奈耶藏。后造十万颂《阿毘达摩毘婆沙论》，释阿毘达摩藏。凡三十万颂，九百六十万言，备释三藏，悬诸千古，莫不穷其枝叶，究其深浅，大义重明，微言再显，广宣流布，后进赖焉。迦腻色迦王遂以赤铜为鍱，镂写论文，石函缄封，建窣堵波，藏于其中。[⑤]

可见早在公元2世纪，佛教第四次结集时，就有用铜版写经贮藏的仪俗出现，弘书作《金刚般若波罗蜜经》铜版，可能也与此仪俗有关。

在此《金刚般若波罗蜜经》铜版题跋尾部，有篆书“稽古斋”“和亲王宝”和“旭日居士”三方印章，其中，“稽古斋”和“旭日居士”是私印，弘书斋名“稽古斋”，撰有《稽古斋全集》，内有一篇《稽古

---

① 马振凯：《〈金刚经〉三十二分流变考》，《山东教育学院学报》2010年第3期。

② 〔清〕赵尔巽等撰：《清史稿》卷二百二十《诸王六》，中华书局，1976年，第9087页。

③ 项旋：《雍和宫三世佛与〈古今图书集成〉铜活字板》，《北京印刷学院学报》2012年第5期；项旋：《清代内府铜活字考论》，《自然科学史研究》2013年第2期。

④ 〔清〕昭梿撰，何英芳点校：《啸亭杂录》，中华书局，1980年，第178、179页。

⑤ 〔唐〕玄奘、辩机著，季羡林等校注：《大唐西域记校注》，中华书局，1985年，第331—333页。

斋铭》;[1] 弘书号“旭日居士”。而“和亲王宝”则为官印,《清史稿》言:“和硕亲王金宝,龟纽,平台,方三寸六分,厚一寸。”[2]《金刚般若波罗蜜经》铜版上“和亲王宝”边长宽 28 毫米,长 29 毫米,约合清工部营造尺九分。可见,此《金刚般若波罗蜜经》铜版上“和亲王宝”缩印为原印面十六分之一后刻制的。

二、清乾隆御题仿倪瓒《江岸望山图》并用其韵玉雕插屏

清乾隆御题仿倪瓒江岸望山图并用其韵玉雕插屏高 24.4 厘米,下宽 22.2 厘米,厚 5.1 厘米,玉为秋葵色,背面棕黄,整体呈楔形,就天然原玉依形略加雕琢而成。屏面雕山水人物,右侧中部和下部突出位置雕刻有古松、茅亭、人物、渔船。左侧中部雕刻有树林,屏下部凹下区雕刻有两艘帆船,山水江岸尽在玉材天然造型中显现(图七、图八)。左上角空旷处阴刻楷书:“御题仿倪瓒江岸望山图并用其韵:不留烟霭快初晴,了了岚光入眼明。笑我曾同高士兴,隔江亦复远山横。钱塘秦望应如昔,白傅苏公只剩名。若向锦赙论气韵,输他老骥骛前程。”款为“臣陈用敷敬书”,下有方印“臣专”(图九)。[3]

图七 清乾隆御题仿倪瓒《江岸望山图》并用其韵玉雕插屏正面

图八 清乾隆御题仿倪瓒《江岸望山图》并用其韵玉雕插屏背面

今按,《江岸望山图》系元末明初倪瓒的作品,清代时入藏圆明园狮子林,今收藏于台北故宫博物院。《石渠宝笈续编》有载,言:

> 倪瓒《江岸望山图》一轴
>
> 本幅宋笺本,纵三尺四寸五分,横一尺四分。水墨书,高树空亭,隔江山色。自题:江上春风积雨晴,隔江春树夕阳明。疏松近水笙声迥,青嶂浮岚黛色横。秦望山头悲往迹,云门寺里看题名。蹇余亦欲寻奇胜,再过钱塘半日程。癸卯二月十七日,赋此诗,并写江岸望山图,奉送惟允友契之会稽,倪瓒,有莫士安等题。

---

[1] 〔清〕弘昼:《稽古斋铭》,《稽古斋全集》卷五,清乾隆十一年(1746)刊,哈佛大学图书馆藏,第 35—36 页。

[2] 〔清〕赵尔巽等撰:《清史稿》卷一百零四《舆服三》,中华书局,1976 年,第 3071 页。

[3] 李琬祎:《馆藏杂项文物》,《征途——贵州省博物馆建成六十周年纪念专集》,广西师范大学出版社,2020 年,第 257 页。

……

玉池

御题行书

江乡易雨艰致晴，晴景难图润与明。能事老迂一亭占，寄情秦望两峦横。高风漫议掩于画，别裁应知不为名。设曰钱塘堪望处，甲辰春跸忆回程。丙午仲夏月，用瓒自题韵御题钤宝二，古稀天子之宝，犹日孜孜。鉴藏宝玺（七玺全）古稀天子，八徵耄念之宝……[①]

图九 清乾隆御题仿倪瓒江岸望山图并用其韵玉雕插屏题字局部

可见《石渠宝笈续编》所载《江岸望山图》玉池上乾隆题诗与贵州省博物馆藏清乾隆御题仿倪瓒江岸望山图并用其韵玉雕插屏上的乾隆题诗不同。查乾隆《御制诗二集》和《御制诗五集》可见，“不留烟霭快初晴”一诗作于清乾隆十八年（1753）[②]“江乡易雨艰致晴”一诗作于清乾隆五十二年（1787）。[③] 再考《江岸望山图》与此玉雕插屏，其图案完全不同。由此可见，此玉雕插屏仅依据乾隆“不留烟霭快初晴”一诗而创作，未借鉴《江岸望山图》原画。可见此物并非清内务府根据《江岸望山图》制作，除清内务府外，一般情况下只有官员给皇帝进贡物品会题写御题诗，故此玉雕插屏的来源需要从铭文的书写者陈用敷入手。

陈用敷，清国史馆编撰的《满汉名臣传》中有传。浙江海宁州人，乾隆二十四年（1759）中进士，授吏部考功司主事，迁员外郎。乾隆三十三年（1768），授江南府知府。乾隆三十八年（1773），擢广东雷琼兵备道，寻迁广东按察使。乾隆四十二年（1777），迁湖南布政使。乾隆四十六年（1781），褫职。乾隆四十七年（1782）九月，擢四川布政使。乾隆四十八年（1783），丁忧。乾隆四十九年（1784），授广东布政使。乾隆五十年（1785），擢贵州巡抚，旋丁忧。乾隆五十二年（1787），授安徽巡抚。乾隆五十五年（1790），授广西巡抚。乾隆五十九年（1794）五月，调安徽巡抚。十月，调湖北巡抚。六十年（1795）正月，调贵州巡抚。二月，革职。嘉庆二年（1797）四月，补授广东按察使。八月，迁安徽布政使。嘉庆四年（1799）正月，授安徽巡抚。八月，因病解任。九月，卒。[④]

据学者研究，清代初期官员例贡制度比较随意，到雍正时期逐步发展成为固定的政治义务，乾隆时期到达顶峰，有资格例贡的官员，大致包括总督、巡抚、将军、盐政、织造和关差，特殊场合下，地方的布政使、按察使以及京中的内廷翰林也可以进贡。[⑤] 检索乾隆年间的清宫内务府档案，在清乾隆四十五年（1780）档案中发现此件清乾隆御题仿倪瓒《江岸望山图》并用其韵玉雕插屏，其文言：“三月初二日湖南布政使陈用敷进贡内奉。上曰驳出御制玉江岸望山图一件……”[⑥] 故清乾隆御题仿倪瓒《江岸望山图》并用其韵玉雕插屏为乾隆四十五年（1780）时任湖南布政使陈用敷向乾隆进贡的贡玉。

① 〔清〕张照等：《秘殿珠林石渠宝笈汇编》，北京出版社，2004 年影印本，第 4027—4028 页。

② 〔清〕弘历：《御制诗二集》卷三十八，《景印文渊阁四库全书》，第 1303 册，台湾商务印书馆，2008 年，第 690 页。

③ 〔清〕弘历：《御制诗五集》卷二十八，《景印文渊阁四库全书》，第 1310 册，台湾商务印书馆，2008 年，第 38 页。

④ 吴中匡总校订：《满汉名臣传》，黑龙江人民出版社，1991 年，第 3611—3612 页。

⑤ 何新华：《清代贡物制度研究》，社会科学文献出版社，2012 年，第 130 页。

⑥ 中国第一历史档案馆、香港中文大学文物馆合编：《清宫内务府造办处档案汇总》，第 44 册，人民出版社，2007 年，第 359 页。

三、清嘉庆御制“凤麟洲宝”

“凤麟洲宝”玉印，“碧绿色，通体葱郁泽润，形体颇大而方整。高 7.1 厘米，长宽 10.9 厘米×10.7 厘米，纽作高浮雕‘天禄’连体双兽形，两首背向，四足，做蹲伏状。印面阔边朱文，小篆‘凤麟洲宝’，双行竖读……这方印当属闲章，而传世经历不详，1953 年安顺专署文教科拨交我馆收藏，据称此印原藏南京古物陈列所。抗日战争时期，该所藏品随北京故宫藏品运至安顺躲避战火，此印在这一时期散落在安顺。南京古物陈列所的藏品大多为明代应天府的故物，据此推断，这方印当是明代王公玩物。”[①]（图十至图十三）但此文的标题为《清“凤麟洲宝”玉印》，可见此文作者认为此印的时代当在明清。

图十　清嘉庆御制“凤麟洲宝”印侧视图

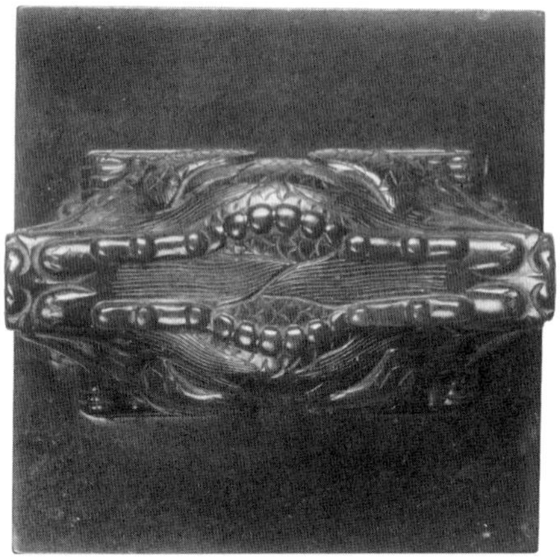

图十一　清嘉庆御制“凤麟洲宝”印俯视图

图十二　嘉庆御制“凤麟洲宝”印正视图

图十三　清嘉庆御制“凤麟洲宝”印面

今按，自古以来，印章的形制等都是有严格的制度规范，《史记集解》引东汉卫宏《汉旧仪》言：“秦以前，民皆以金玉为印，龙虎纽，唯其所好。秦以来，天子独以印称玺，又独以玉，群臣莫敢用。”[②] 至唐

① 胡进：《清“凤麟洲宝”玉印》，《贵州省博物馆藏品集》，贵州人民出版社，2013 年，第 118 页；李琬祎：《馆藏杂项文物》，《征途——贵州省博物馆建成六十周年纪念专集》，广西师范大学出版社，2020 年，第 248 页。

② 〔东汉〕卫宏：《汉旧仪》，《史记》卷六《秦始皇本纪》，中华书局，1959 年，第 228 页。

代，“天后恶玺字，改为宝”[①]。今按，据蒲立本拟音早期中古汉语，“玺”音为［siˇ］，“死”音为［sẓˇ］，“玺”“死”音近；据蒲立本拟音晚期中古汉语，“玺”音为［sẓˊ］，“死”音为［sẓˊ］，[②]“玺”“死”音同。故“武后改诸玺皆为宝。中宗即位，复为玺。开元六年，复为宝”[③]。明制，明初皇帝宝玺十七方，嘉靖时增补七方，材质为玉；皇后宝用金，龟纽；皇贵妃自宣德起用宝；皇太子宝用金，龟纽；皇太子妃在洪武二十八年（1395）前用宝，其形制不明；亲王宝用金，龟纽。[④]清制，皇帝宝玺并用，材质有金、玉、旃檀木，其中玉又可分为白玉、青玉、碧玉，纽有盘龙、交龙、蹲龙；皇后使用金宝，交龙纽；太皇太后、皇太后使用金宝、玉宝，盘龙纽；皇贵妃、贵妃、皇太子使用金宝，蹲龙纽；和硕亲王、和硕亲王世子使用金宝，龟纽。[⑤]

而从“凤麟洲宝”玉印来看，首先，其钮并非“高浮雕‘天禄’连体双兽形”，两个连体双兽实为尾部相接，各有双足的典型清乾嘉时期的交龙钮；其次，此印使用皇家印章专用称谓“宝”字，材质为碧玉，且印面折合清营造尺约方三寸一分，符合清代皇帝印玺的规制。故可以初步推断为清代乾嘉时期的帝王印玺。

关于此印的具体用途和制作时间，则可通过印文得以推断。“凤麟洲”一词出自汉末至六朝时期假托西汉东方朔所撰的《海内十洲记》，其文言：“凤麟洲在西海之中央，地方一千五百里。洲四面有弱水绕之，鸿毛不浮，不可越也。洲上多凤麟，数万各为群。又有山川池泽，及神药百种，亦多仙家。”[⑥]清嘉庆年间，以《海内十洲记》“凤麟洲”之意，圆明园增设了“凤麟洲”一景，其位于绮春园东湖之中，由东西二岛组成，湖的南岸为敷春堂，西岸为涵秋馆，西北岸和东岸为景点建筑。凤麟洲二岛占地约3800平方米，建筑面积1150平方米。据《嘉庆宝薮》记载，嘉庆曾为凤麟洲做一组三方印玺，印文分别为“凤麟洲”“水净沙明”和“麟游凤舞”。又据中国第一历史档案馆所藏《清宫内务府造办处各作成做活计清档》记载，嘉庆十一年（1806）“正月二十五日，懋勤殿太监刘安庆来说：首领徐文交翡翠玉图章三方。各贴篆字文本，凤麟洲，随紫檀木匣一件，匣盖贴楷字文本。传旨：着发往苏州交舒明阿照本文刻字，其匣盖上字并线道俱填金，得时送京，钦此”。这三方印章中的“凤麟洲”“水净沙明”出现在2009年北京瀚海拍卖会上。[⑦]贵州省博物馆所藏“凤麟洲宝”印虽说与此三方印章无涉，但考虑到形制、文字等的相似性，故笔者认为“凤麟洲宝”印也是圆明园凤麟洲御制印章。

贵州省博物馆所藏“凤麟洲宝”印的制作时间，考虑到其应当是为圆明园凤麟洲所制，故上限时间不早于明园凤麟洲的修建时间，即嘉庆朝初年。而其下限时间，则可以根据圆明园的历史和清代帝王玺印的发展做一推断。首先，咸丰末年，圆明园毁于英法联军之手，“凤麟洲宝”印不可能制作于此后。其次，清代乾隆时期是帝王玺印发展的一个高峰，随着乾隆收复新疆，大量的新疆玉料得以成为制作玉玺的原料，且其玺印数量巨大、用料多样、种类繁多、内容广泛，且重复品种多；嘉庆时期，御用玺印甚至刻意模仿了乾隆时期的传统，且数量也较为庞大。而道光、咸丰时期，清朝进入多事之秋，御用玺印数量较小，制作也颇为拮据。[⑧]最后，就清代帝后玺印上交龙纽的演变规律来看，顺治以前龙头瘦而有神，龙身粗壮，高高拱起成系绶孔，须眉鳞目纹饰雕刻很深，粗犷中不失细腻。康熙、雍正时期龙身则变得细弱无鳞，与龙头粗细相当，刻意表现背部参差不齐的龙鳞，龙身不再拱起，但两龙身体盘绕之状甚明，龙头上昂与背部等高，神态

① 〔后晋〕刘昫等撰：《旧唐书》卷四十七《职官二》，中华书局，1975年，第1846页。

② Edwin G. Pulleyblank, *Lexicon of Reconstructed Pronunciation in Early Middle Chinese, Late Middle Chinese, and Early Mandarin*, Vancouver: UBC Press, 1991, pp. 292, 331.

③ 〔宋〕欧阳修等撰，石淑仪点校：《新唐书》卷二十五《车服》，中华书局，1975年，第524页。

④ 〔清〕张廷玉：《明史》卷六十八《舆服四》，中华书局，1974年，第1657—1660页。

⑤ 〔清〕赵尔巽等撰：《清史稿》卷一百零四《舆服三》，中华书局，1976年，第3065—3071页。

⑥ 〔西汉〕东方朔撰，王根林点校：《海内十洲记》，《博物志（外七种）》，上海古籍出版社，2012年，第106、107页。

⑦ 刘阳：《谁收藏了圆明园》，金城出版社，2013年，第278、279页。

⑧ 郭福祥主编：《清代帝后玺印谱》第一册《总目录》，故宫出版社，2013年，第10—19页。

威猛张扬，绶孔变小。乾隆及以后纽之轮廓变成了长方体，两龙共用一身，盘绕之状不甚明显，龙头方正，龙鳞被平行交叉的直线切割为菱形，装饰意味浓厚。是清代帝后玺印断代的重要依据。[①] 考虑到“凤麟洲宝”印具有典型的乾隆、嘉庆御用玺印风格，故笔者认为其乃嘉庆御制。

四、流传过程

《金刚般若波罗蜜经》铜版的流传过程，系 1933 年左右，盗墓者盗掘和亲王弘书墓葬后，被北平市公安局查扣，经中华民国南京中央政府内政部、教育部核准，此《金刚般若波罗蜜经》铜版交付给南京古物保存所保存。[②] 其中，和亲王弘书墓位于今北京市密云县西田各庄镇署地村的北宫上，因民国时期的盗掘和 20 世纪 50 年代的开发，除了夯土块外，现已无遗迹。[③] 值得注意的是，1934 年 5 月出版的《第一次中国教育年鉴》中收录的南京古物保存所文物清单中还未有此《金刚般若波罗蜜经》铜版[④]，可见此清单反映的南京古物保存所收藏情况当在 1933 年及以前。

通过检索文献，清乾隆御题仿倪瓒《江岸望山图》并用其韵玉雕插屏最早的文献记载见于南京古物保存所开办第三年，即民国七年八月（1918 年 8 月）所长鹿鸣志编撰的《南京古物保存所说明书》，其文言：

> 清内府玉山
>
> 此玉山癸丑年金陵浚秦淮河得之，时泰州韩止叟先生长民政，以系地方古物，遂交由南京地方工会收存。玉色碧，高约八寸，广半寸之，刻山水仿云林意，其人物、林木具镂空，上有清高宗御题诗一首，下书臣陈用敷谨刻。大约为高宗南巡所遗物，天府藏珍，携随行在，但不知汾鼎何自而入于河耳。考陈用敷，海宁人，相国陈世琯之后，嘉庆初元为安徽巡抚兼提督振威将军。[⑤]

癸丑年即公元 1913 年。韩止叟，名国均，字紫石，亦字止石，晚号止叟，1857 年生于江苏海安，1879 年（光绪五年）中举，1913 年 9 月 6 日任江苏民政长，1914 年调任安徽巡按使，后任江苏省省长等职，1942 年死。[⑥] 可见，清乾隆御题仿倪瓒《江岸望山图》系 1913 年下半年南京疏浚秦淮河，从河道中出土，先交南京地方工会保存，至少在 1918 年 8 月前，入藏南京古物保存所。

晚清时期“凤麟洲宝”印的流传过程已经不可考证，但民国时期，此印由南京古物保存所收藏。在前文提及的《南京古物保存所说明书》中言：

> 凤麟洲宝古玉印
>
> 西璧玉印，见方三寸一分，厚八分，色碧，坚润，上有双龙纽，恰好以手握之，连印高一寸九分，两龙尾横处，复有一大孔为贯索用也。其文曰“凤麟洲宝”阳文四大字，通体完好无缺，或以为当

---

① 郭福祥：《明清帝后玺印》，国际文化出版公司，2003 年，第 8 页。

② 《文献古物之保存》，《中国国民党指导下之政治成绩统计》1933 年第 12 期；《北平市市政公报》第 232 期《文电》，1934 年，第 15 页。

③ 徐广源：《绵恩地宫、弘昼、永璜园寝考察记》，《紫禁城》2014 年增刊第 1 期。

④ 《第一次中国教育年鉴》丙编，开明书店，1934 年，第 1017—1019 页。相同内容也收录于内政部年鉴编纂委员会编：《内政年鉴·礼俗篇》第十章《名胜古迹之保管》第七目《南京古物保存所》，1936 年，第（F）180—（F）181 页。考虑到此南京古物保存所文物清单中，有 1930 年 11 月金陵兵工厂出土的明代铜塔，而无 1933 年交付南京古物保存所收藏的清和亲王墓出土《金刚般若波罗蜜经》铜板，故此文物清单所反映的南京古物保存所收藏状态当在 1930 年 11 月至 1933 年之间。

⑤ 鹿鸣志：《南京古物保存所说明书》，内部资料，1918 年，第 14 页。

⑥ 中国人民政治协商会议江苏省海安县委员会文史资料研究委员会编：《海安文史资料（第三辑）》（纪念韩紫石专辑），内部资料，1987 年，第 1—124 页。

系宋明大内物，或谓乃御赐镇山之宝，如宋真宗崇尚符瑞，用金铸宝，以封石碱之类，年久完好无缺者，此种镇山之宝，固不轻启用也，乃待考。[①]

由此可见，至少在1918年，南京古物保存所就收藏有“凤麟洲宝”印。

《申报》1926年3月19日和1926年3月21日分上下两部分连载了张慧剑所撰《金陵古物保存所调查记》一文，金陵古物保存所即南京古物保存所，其中上部分介绍了南京古物保存所所藏28件（套）重点文物，其中，“（十七）内府藏玉山刻器，清代物，高约八寸半广，通体光洁，山水仿云林意，其亭台人物凸起处，均镂空，左脚刻清高宗御题诗一首，笔画端整，乃系浚秦淮河所得，而竟未稍损，可异也……（二十三）清圆明园宝印，文曰‘凤麟洲宝’，印上口双螭龙纽，高约一寸九分，内府重器，不知何因流至南京”[②]。可见在1926年时，学界对南京古物保存所藏“凤麟洲宝”印的认识有所深入，已经认识到其为清代圆明园宝印，而非宋明玉玺。关于学界在20世纪20年代，对清代帝后玺印认识的重要进展，其很大程度上有赖于1924年溥仪离开故宫后，清室善后委员会对故宫文物的清点，其中魏建功撰写了《琐碎的记载清故宫》，在1925年《京报副刊》上分20节进行不定期连载，其中，第14期《交泰殿宝谱》详细介绍了清代皇帝玺印的规制，以及交泰殿藏25枚皇帝玺印的具体印文，用途，尺寸，材质，纽形；[③] 第15期《“传国玺”及其他古玺》对《乾隆御制宝谱》的部分内容进行介绍和考证；[④] 第16期《匣衍记》对《乾隆宝薮》等关于清代皇帝玺印收藏的内容进行了介绍。[⑤]

1934年5月出版的《第一次中国教育年鉴》中收录的南京古物保存所文物清单中，南京古物保存所收藏有金石类文物1577件、拓片1361种、书籍313部、印版1210面、画像134件、照片1236件，其中金石类文物中包含有“汉明清铜石印章计四件，汉明清璧玺磬如意计七件”，想必其中就包含有清乾隆御题仿倪瓒《江岸望山图》并用其韵玉雕插屏和清“凤麟洲宝”印。按前文所述，这份文物清单的时间在1930年11月至1933年之间。

1937年8月，随着淞沪会战爆发，南京古物保存所将其馆藏118件（套）文物打包为五箱，随故宫文物一并向西迁移，第一箱，“计38件：秦汉古剑6件，明宣德炉1件，周鼎1件，明簋1件，汉鬼龙压纸1件，汉六狮镜1件，秦镜1件，犀角爵杯2件，晋周阅铜牌1件，玉女镜1件，唐梅花炉1件，明小铜佛1件，汉蟾蜍砚滴1件，汉镜1件，汉青盖镜1件、六朝双鸾镜1件，晋左右直宿牌1件，明厨对牌3件，明刻东方朔像1件，筛砚1件，玉玺1件，玉山1件，绿松石1件，戈1件，鸡足灯1件，唐简1件，戒沟杯1件，鬲1件，琉璃笔筒1件，玉璧1件”，其中“玉山1件”当为清乾隆御题仿倪瓒《江岸望山图》并用其韵玉雕插屏，“玉玺1件”当为清“凤麟洲宝”印；第五箱“铜版《金刚经》50件”[⑥]，即此《金刚般若波罗蜜经》铜版。1939年，这批文物迁至安顺华严洞，当年南京古物保存所编制撤销，这批文物实际由故宫博物院安顺办事处代管，1944年，故宫文物迁至四川，这批文物交由安顺民众教育馆代管。[⑦]

至于包括清乾隆御题仿倪瓒《江岸望山图》并用其韵玉雕插屏、清“凤麟洲宝”印、《金刚般若波罗蜜经》铜版在内原南京古物保存所所藏文物为何留在贵州，贵州省博物馆陈恒安于1965年言：“抗日战争初期，故宫博物院将一部分文物南迁，由南京出发时，顺便将该地鼓楼之古物陈列所部分文物携至后方，遂保

① 鹿鸣志：《南京古物保存所说明书》，内部资料，1918年，第14页。

② 慧剑：《金陵古物保存所调查记》，《申报》1926年3月19日第12版，《申报》1926年3月21日第18版。

③ 建功：《琐碎的记载清故宫》（14）《交泰殿宝谱》，《京报副刊》1925年7月25日，第218号。

④ 建功：《琐碎的记载清故宫》（15）《“传国玺”及其他古玺》，《京报副刊》1925年7月27日，第220号。

⑤ 建功：《琐碎的记载清故宫》（16）《匣衍记》，《京报副刊》1925年7月27日，第220号。

⑥ 《南京古物保存所移交接收清册》，中国第二历史档案馆，五一11686，转引自孟国祥《烽火薪传——抗战时期文化机构大迁移》，商务印书馆，2015年，第92—93页。

⑦ 孟国祥：《烽火薪传——抗战时期文化机构大迁移》，商务印书馆，2015年，第92—94页。

存在安顺华严洞。抗战胜利后该院迁回，此项古物陈列所文物即留置安顺县，并未连同该院文物带去。据该院庄严科长当时表示，因贵州古文物太少，故有意留在此地保存。此项文物，多系明代应天府（南京）官署或孝陵寝殿遗留，大部分有保存价值，应予重视。就所知附记于此。"① 按，陈恒安（1911—1986）系贵州著名文人，1937 年被聘为贵州省政府秘书，1943 年任贵州艺术馆馆长，1944 年，其与故宫博物院院长马衡合作，在贵阳举办故宫南迁文物精品书画展，1958 年，调入贵州省博物馆从事文物鉴定、学术研究等工作，后任贵州省博物馆名誉馆长。② 考虑到陈恒安在抗战时期与故宫博物院的密切关系，故其所述值得参考。1950 年时，故宫博物院的态度似乎有所改变，1950 年 10 月 18 日，时任故宫博物院院长马衡向进京参加文物工作者座谈会的西南文物工作代表马耕渔转达希望将这批文物中的唐玄宗投龙简转交中央保存。③

在安顺期间，《金刚般若波罗蜜经》铜版至少展出过两次，"凤麟洲宝"印至少展出了一次，清乾隆御题仿倪瓒《江岸望山图》并用其韵玉雕插屏展出情况无考。《金刚般若波罗蜜经》铜版第一次展出在 1944 年，故宫博物院将安顺华严洞所藏的部分文物在安顺县府路"民教馆"内展出了一天，其中就包含《金刚般若波罗蜜经》铜版，据展出的亲历者、安顺原京剧团翟思齐言："我看到数十块长约一尺，宽约 4 寸的铜版上，用楷书镌刻着《金刚经》，经文十分清晰，铜版熠熠生辉。"④ 1952 年 10 月，包含《金刚般若波罗蜜经》铜版、"凤麟洲宝"印在内的原南京古物保存所文物即将离开安顺，在运离安顺之前，在安顺南街的"店员工会"内（即后来的南街图书馆）将这批文物展出一周，在展出过程中，安顺文华相馆的摄影师对重点展品进行拍照，共 100 多幅，周兴购得一套，但经过 50 多年的流散，仅保存有 40 张文物照片，其中就包含有两幅《金刚般若波罗蜜经》铜版的照片，其一为《金刚般若波罗蜜经》铜版的首四枚，其二为《金刚般若波罗蜜经》铜版的尾四枚，刊布的照片上经首标题、扉页、封底等所刻佛教造像清晰可见；两幅清"凤麟洲宝"印的照片，其一为印的整体图像，其二为印面图像，印面"凤麟洲宝"四字清晰可见。1953 年，《金刚般若波罗蜜经》铜版和"凤麟洲宝"印等文物入藏贵州省博物馆（筹备委员会），并保存至今。

除《金刚般若波罗蜜经》铜版收藏于贵州省博物馆外，此铜版还有民国时期的拓片流传于世，据不完全检索，广东韶关的禅宗名寺南华禅寺收藏有一套《金刚般若波罗蜜经》铜版拓片并装帧成册；⑤ 民国时期的河北博物院也曾收藏有一套《金刚般若波罗蜜经》铜版拓片，1935 年 8 月 4 日的《大公报》刊登了《河北博物院持约堂开幕 纪念严故院长 遗物分陈五室》一文，其中展陈了"初拓金版金刚经等，其原经版共有五十余块，为怀柔县出土，乃诚亲王墓内物。原件现存南京古物保存所，实为不可多得之物"⑥。今按，此《金刚般若波罗蜜经》铜版当为和亲王墓出土，"诚亲王墓内物"当为撰写讹误。此外，西泠印社 2017 年秋季拍卖会"吉金嘉会·金石碑帖专场"曾拍了一本清和硕和亲王书《金刚般若波罗蜜经》拓本，一册 50 开，也是此套《金刚般若波罗蜜经》铜版的拓片。

---

① 陈恒安：《开元投龙简》文物卡片，贵州省博物馆，内部资料，1965 年。

② 贵阳市地方志编撰委员会办公室编：《贵阳市志·人物志》，方志出版社，2011 年，第 146 页。

③ 马衡著，马思猛整理：《马衡日记：1948－1955》，生活·读书·知新三联书店，2018 年，第 286、288 页。

④ 黄震：《安顺华严洞故宫国宝南迁事》，《人文贵州》编委会编《乡愁密码》，贵州人民出版社，2014 年，第 159 页。

⑤ 释传正主编：《南华禅寺》，新华出版社，2002 年，第 66 页。

⑥ 雍赜：《河北博物院辟设持约堂》，《守望文明 百年荣光——纪念天津博物馆建馆 100 周年文集》，天津古籍出版社，2018 年，第 50—52 页。

广西壮族自治区博物馆藏清代“百景诗笺”雕版研究

广西壮族自治区博物馆 廖林灵 韦加军

摘要：广西壮族自治区博物馆藏有一套“百景诗笺”雕版，共55块。本文通过对此套雕版的研究，并与桂林图书馆、柳州方志馆定所藏相关笺谱比对，认为“百景诗笺”雕版、“百景诗笺”笺谱同源，传世所见“百景诗笺”是孙枟作诗、陈瀛藻绘制的“意园吟笺”雕版的改版。

关键词：“百景诗笺”雕版；百景诗笺；“意园吟笺”雕版

广西壮族自治区博物馆藏有一套“百景诗笺”雕版，共55块，木质，尺寸不一，有明显的水墨使用痕迹（图一）；其中52块为双面雕版，3块为单面雕版并有墨书题记。此套雕版是广西壮族自治区博物馆旧藏，是一套不可多得的、完整的清代诗笺雕版，具有很高的历史、艺术价值。

一、“百景诗笺”雕版简述

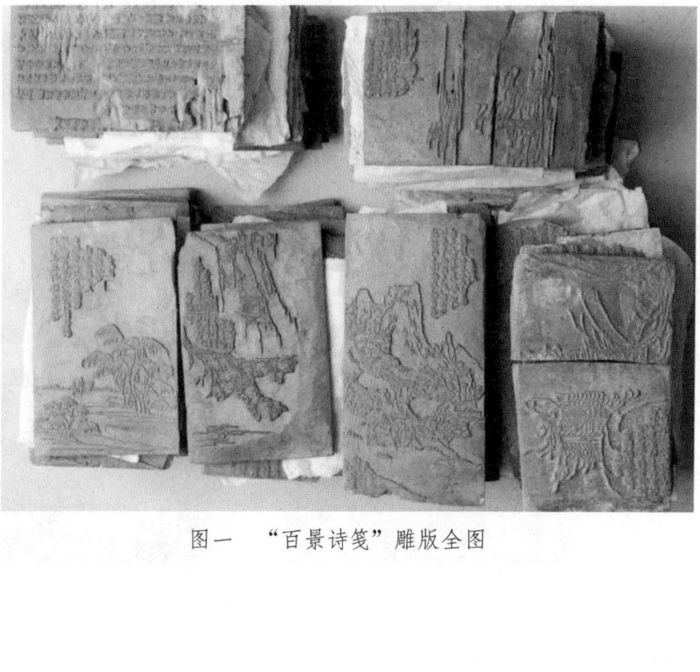

图一 “百景诗笺”雕版全图

“百景诗笺”雕版大小不一，多数为双面雕，版面不平整而且厚度不均匀，部分有锔钉修补痕迹；其上可见红、绿、紫、黑四色水墨，颜色之间有相互叠压的现象。雕版内容多为诗配画。

笔者经过梳理发现，此套雕版中有两块可以作为笺谱书名页，分别是“百景诗笺/序文”雕版（图二）和“意园吟笺”雕版（图三）。前者为双面雕版，正面雕刻“百景诗笺”四字，两侧有挖删槽两道，可见红色水墨痕迹；反面刻序文9行，残损严重，经辨识如下：“馆……意……寄/……地□□友蝶花主人……诗共/……泽□□□为华岩……而和/……随官苍梧名益噪己巳冬陈……九……题典主/……固桂林名宿也……百……经营惨澹/……留心……韦白之堂……设幻□□称卧游洵…/…付梓越旬……因述数语于左□之/……中有诗…/…星沙九……于苍梧官廨。”版面上可见黑色水墨痕迹。后者为单面雕版，正面下部及背面残损，有黑色水墨痕迹，刻“意园吟笺”四字。

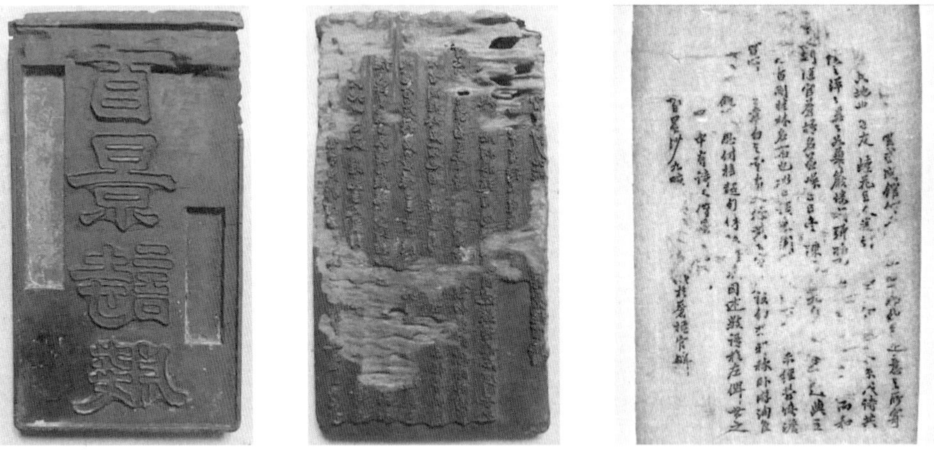

图二 “百景诗笺/序文”雕版及序文拓片

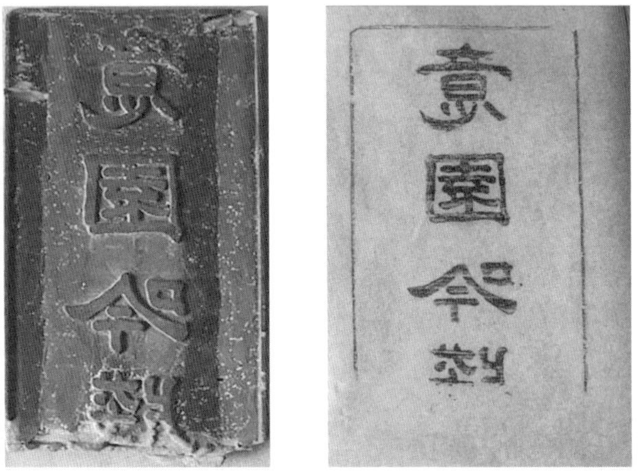

图三 “意园吟笺”雕版及拓片

此套雕版还有1块“尾跋”，单面雕，已断为两截，可拼合，其上可辨为：“之子远行少鸿雁，美心赠我有琅玕，吟馆寄诗筒”19字，落款处刻篆书“孙三”印一方（图四）。“孙三”即孙柡，“吟馆”即“蝶花吟馆”，据此可知，此套雕版当为孙柡雕刻，印制诗笺以馈赠友人。

图四 “尾跋”雕版及拼合拓片

在整套雕版中，有《避暑林塘》《伫月岩》《游仙石》《咏青林》《醉月台》5首诗文，出现了一诗两画的现象，也就是诗文相同，配画完全不同。为方便后文论述，此处对前两首诗的雕版做一简要介绍：

1.《避暑林塘》诗，对应雕版分别为“避暑林塘/伫月岩”雕版和“避暑林塘/薜荔崖”雕版（图五）。前者刷红色水墨，左上角有黑色墨书“重不要”字样，版面雕“象九”落款；后者刷绿色水墨，无落款。两块雕版配画完全不同，诗文均为：“大木千章荫竹扉，峰头泉落四檐飞。个中小坐凉如侵，热客勾留久不归。”

2.《伫月岩》诗，对应雕版分别为“避暑林塘/伫月岩”雕版和“雨师庙/伫月岩”雕版（图六）。前者刷红色水墨，左上角有黑色墨书“不要重”字样，后者刷红色水墨；二者画面完全不同，诗文都是：“涧水松风处处闻，瑶琴抚罢怅离羣。小奚先我登高眺，报道故人来自云。”

图五 “避暑林塘”诗不同雕版

图六 “伫月岩”诗不同雕版

除以上数块雕版外，其余雕版均为双面雕刻，一诗配一画，不再赘述。

二、“百景诗笺”雕版与传世笺谱关系探究

“百景诗笺”雕版对应的“百景诗笺”笺谱，为孙枟作诗，陈瀛藻绘制，是孙氏私人用笺合集，同治年

间印行，是桂林历史上仅见的诗笺遗物[①]。

“百景诗笺”笺谱实物存世极少，现仅见桂林图书馆藏本和柳州私人藏本各一册，线装本，为同一版本（后文称为传世本）。传世本有数笺印制不佳，如“通幽径”笺、“萍苔吟社”笺等，另部分文字或缺失或模糊，如“古木原”笺，在目录中记为“古木”笺等。其中柳州私人藏本，由柳州方志馆刘汉忠发现及公布[②]。

2012 年，以柳州私人藏本为底本，增加了《苍梧八景图》，由凤凰出版社出版[③]。笔者将“百景诗笺”雕版与此出版发行本相对比，发现所有诗笺的印制不足，都可以与广西壮族自治区博物馆藏“百景诗笺”雕版一一对应。现列举下：

1.“百景诗笺”雕版上，“百景诗笺”四字局部缺损部分可与传世本“百景诗笺”书名页一一对应（图七）。其上还残留有红色水墨痕迹。如“百景诗笺”雕版“百”字上横右端残缺，正好对应“百景诗笺”书名页“百”字上横左端残缺（图八）；雕版“景”字中间横划右端残缺，对应书名页“景”字中间横划左端残缺（图九）；雕版“诗”字右下“口”外缘残缺，对应书名页“诗”字左下“口”外缘残缺（图十）。

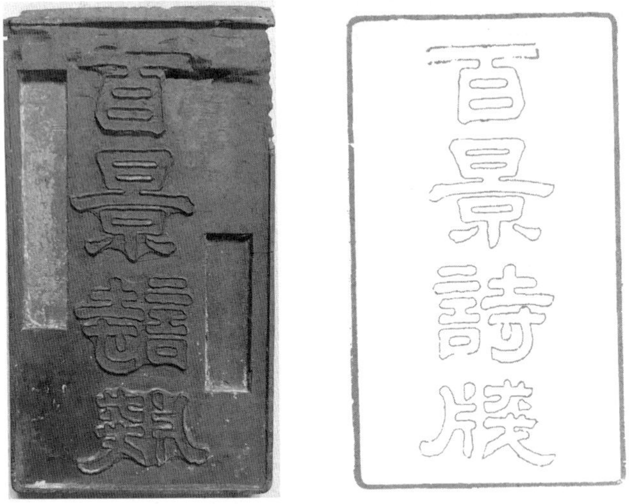

图七　“百景诗笺”雕版与传世本书名对比

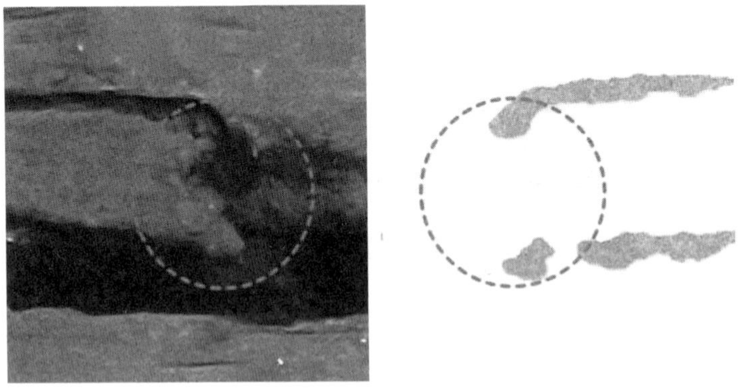

图八　“百景诗笺”雕版与传世本书名页“百”字缺损对比

① 《桂林历史文化大典》编委会、桂林市文化新闻出版广电局、桂林市文物保护与考古研究院：《桂林历史文化大典（下）》，广西师范大学出版社，2018 年，第 241 页。

② 刘汉忠：《〈百景诗笺〉及其诗画作者》，《广西文史》2009 年第 1 期。

③ 〔清〕陈灜藻：《百景诗笺》，凤凰出版社，2012 年。

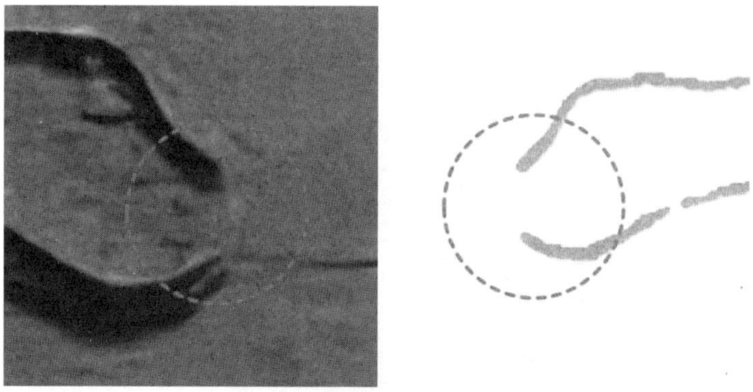

图九　“百景诗笺”雕版与传世本书名页“景”字缺损对比

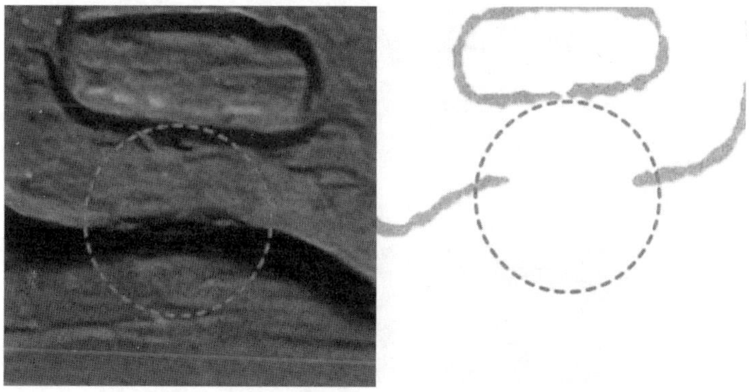

图十　“百景诗笺/序文”雕版与传世本书名页“诗”字缺损对比

2. “停桡泊/春及畤”雕版，中间有一道裂缝，顶部用锔钉修复，导致雕版正反面的画面线条出现错位、断裂等，在传世本“停桡泊”“春及畤”页都可以清楚地观察到（图十一、十二）。可见残留紫色与绿色水墨痕迹。

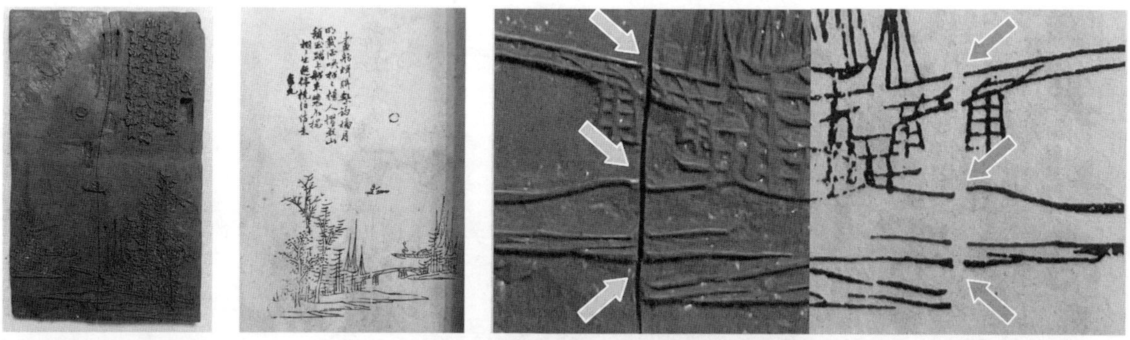

图十一　“停桡泊”雕版与传世本对应页对比

图十二　“春及畤”雕版与传世本对应页对比

3. “招凉洞/怡风屿”雕版之“怡风屿”面，左上角“幽”字缺失，右侧的“嶙”保存尚完整，与传世本对应页相同位置的特征相同（图十三）。

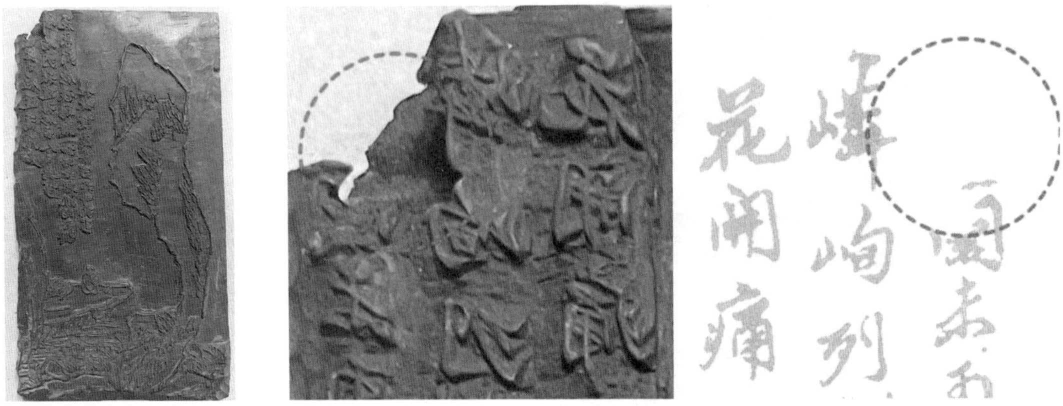

图十三 “怡风屿”雕版与传世本对应页对比

4. “芸香室/稻花村”雕版之“芸香室”面，诗文为整体挖补，挖补部分左下角图案有明显割裂，线条生硬。此现象明显地体现在传世本的对应页之上（图十四）。

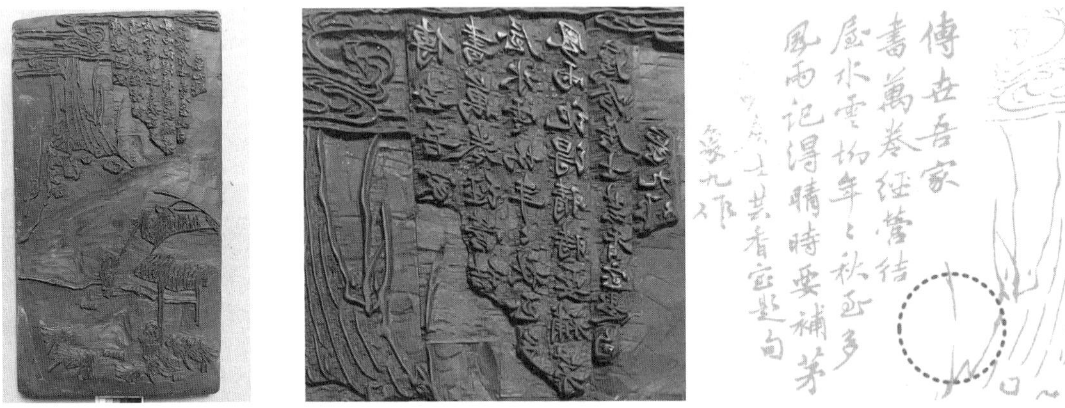

图十四 “芸香室”雕版与传世本对应页对比

5. “清流沼/留香闸”雕版之“清流沼”面，下方石头处有明显残损，在传世本的对应页此处，也有缺损（图十五）。

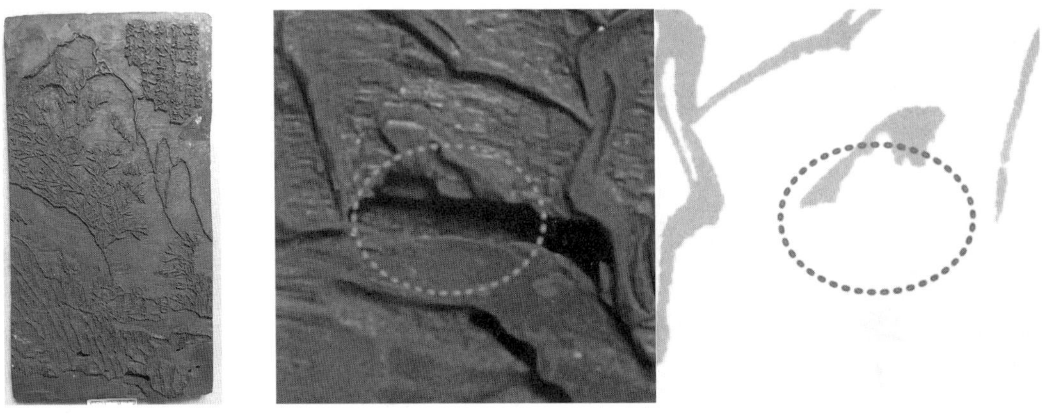

图十五 “怡风屿”雕版与传世本对应页对比

6. “雨师庙/伫月岩”雕版之“伫月岩”印面，左上的松枝，为挖镶补刻，与松树主杆明显分离，这个不自然的断开痕迹在传世本对应页上有同样的体现（图十六）。

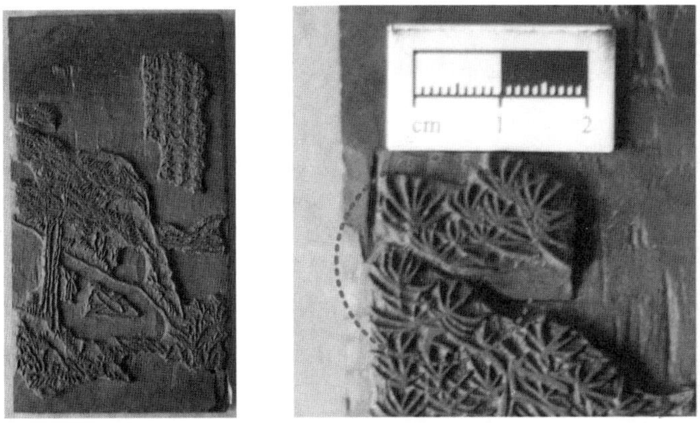

图十五 “伫月岩”雕版与传世本对应页对比

通过以上比对，我们发现广西壮族自治区博物馆藏“百景诗笺”雕版缺损、删改等痕迹，可与传世本对应页对应位置的细节一一对应，表现出完全一致的重合。再者，雕版上残留的水墨颜色与传世本对应页也相互重合。因此，笔者认为二者之间具有高度的同源性，“百景诗笺”传世本即是以此套雕版印制的。

通过对比还可知，完整的雕版共有55块，印制完整应该有106页（含封面1、牌记1、序文1、诗笺102、尾跋1）。由于“百景诗笺/序文”雕版、“意园吟笺”雕版、“尾跋”雕版等都有不同程度的残损，影响诗笺的美观，印制过程中应该对这些雕版做了刻意回避。再结合部分雕版上有“重不要”“不要重”的墨书题记，并对比传世本，印制过程中舍弃了部分诗文重复的雕版；“百景诗笺/序文”雕版有挖删前、后款的情况，传世本当是改“百景诗笺/序文”为书名页雕版，集结成笺谱，以“百景诗笺”名之。

传世本“百景诗笺”至迟在民国时期已经开始流传，并被记入《粤西画识稿》中，而《粤西画识稿》作者应当不曾见过“意园吟笺”雕版和前序、尾跋的内容。故现在所见传世本“百景诗笺”，是一本“前无序文，后无跋语”的“残本”。同时，“百景诗笺”雕版前后款亦缺失，只余四字和边框，这就是传世所见“封面朱色双钩隶书‘百景诗笺’”。

三、“意园吟笺”疏证

前文已述，整套雕版中有一块“意园吟笺”雕版，也可作为诗笺名。根据相关史料，“意园”“意园笺”“意园吟笺”等均与孙耘有关，笔者疏证如下。

孙耘，又作孙沄，直隶遵化人，字丹五[①]，生卒年不详。，父孙汝霖曾为广西梧州岑溪县知县，清同治六年（1867年）正月开始到广西生活[②]，著有《蝶花吟馆诗钞》四卷、《馀墨偶谈》八卷、《〈馀墨偶谈〉续集》八卷。

孙氏《蝶花吟馆诗钞》[③]中有以“意园百咏”为名的百首诗歌，合称“卧游”，雕版中可见“卧游道人”字样。《馀墨偶谈续集》[④]卷三“意园诗”条：“余少与仲兄有林泉之癖，拟得志后筑怡园为娱亲计。读书之

① 陈玉堂：《中国近现代人物名号大辞典（续编）》，浙江古籍出版社，2001年，第83页。

② 林京海：《清代广西绘画系年（下册）》，广西师范大学出版社，2017年，第551页。

③ 《稀见清人别集丛刊》（第二十一册）中收录了《蝶花吟馆诗钞》，以同治五年本为底本。北京师范大学图书馆：《稀见清人别集丛刊》，广西师范大学出版社，2007年。后文所引皆出此书，不再注明。

④ 《余墨偶谈续集》光绪七年本，书名页为“余墨偶谈二集”，目录页为“余墨偶谈续集”，书名有异。本文从目录页，后文所引皆出此书，不再注明。

暇因绘图布景，寤想神游，觉一楼一阁一花一石，山溪水涯，无不了如指掌。中宵抵足而谈，胜处若合符节。此志藏二十年矣。殆后棘闱连踬，零落雁行，始灰此念。仅有百咏之作，无聊极思自娱而已。”可见以“意园百咏”为名的百首诗歌可能并无实景相对。

《馀墨偶谈》卷四“陈象九诗”条：“陈象九孝廉者，桂林名宿也，诗画双绝。余于庚午初春订交。最喜诵余意园诗。因暇日摹写诗意，绘笺百幅相示。经营惨淡，别有会心。余曾制笺以报之。”可见陈瀛藻借诗意，将“意园百咏”具象化，赢得孙栐赞叹，进而做成诗笺。

陈瀛藻，广西临桂人，字伯文，号象九、湘九，生卒年不详，清同治九年（1870）举人，曾任梧州回澜书院主讲，善绘事，能诗文，画工山水，笔墨苍润秀逸，著有《樵水渔山馆诗钞》。据上文，孙栐与陈瀛藻于“庚午（同治九年）初春订交”，推测诗笺的绘制不早于清同治九年（1870）初春；而现在可考的最早《馀墨偶谈》刻本，为上海图书馆藏的清同治十年本，其牌记为“辛未夏五刊于羊城”[①]，推测“余曾制笺以报之”之事最迟不晚于清同治十年（1871）。

查考孙栐笔记，有“吟笺”“意园笺”的记述。其中，孙栐自称多是“吟笺”；其朋友的诗句、往来中则称“意园笺”。《馀墨偶谈续集》卷二“阮东原诗”条：“越南阮东原学士，修以癸酉夏职贡过桂林，介秦蓉台大令，索余之吟笺、笔谈”，表明清同治十二年（1873）时，孙栐已经印出诗笺并使用。《馀墨偶谈续集》卷二“桐江访友图”条：“得数本归，曾以其一易余吟笺百幅。”“吟笺”简称对应“意园吟笺”雕版。

以上两条可见，孙栐自己称诗笺为“吟笺”，应为“意园吟笺”。足见孙栐自己仍是以“意园吟笺”为名。

《馀墨偶谈续集》卷六“题意园笺”条：“万寿崖在古腾得余意园笺，以诗见寄。”“古腾”则见于《馀墨偶谈》卷二“花怜水”条，其中有“花怜水，粤西猺山中江名也，三字颇雅。古藤苏琴舫舍人游猺日记，有诗纪之”之记载。苏琴舫舍人曾对《意园百咏》有所品评，《馀墨偶谈续集》卷三“意园诗”条有“而苏琴舫舍人谓，知乐池、鸥鹭窝、斗鸭滩、芝岛、放鹤皋诸首，或心忘机械，或意在解纷，其余意多澄怀观道、涵养性情之言，未可徒以流连光景之词目之云云。第余初无是意，深滋愧然”的记述。《馀墨偶谈续集》卷八“烟霞酬唱集”条，有：“闺中静读意园笺，无限风光集眼前。有此卧游归亦好，不需更待买山钱。”

上述两条所言“意园笺”亦对应“意园吟笺”雕版，都载于《馀墨偶谈续集》的光绪七年本。据此推测，在清光绪七年（1881）前，孙栐朋友圈中都是称“意园笺”。

蒙敬泉作《哭孙丹五》诗有：“千载风流贯南北，百花团扇百诗笺。”并自注为“《意园百景》吾粤制以为笺”[②]，此时以“意园百景”为名，才算是兼有“意园吟笺”和“百景诗笺”的说法；“百花团扇”也与《馀墨偶谈续集》卷六“百花诗”条“昔余有百花诗扇之制”相呼应，足见《意园百景》笺、百花诗扇齐名，在其朋友圈被视为孙栐代表作。但此时已是孙栐离世，时间应该在《馀墨偶谈续集》刊行之后。

综上所述，孙栐所记述和使用的笺谱当是“意园吟笺”，赠送朋友的也是“意园吟笺”，其诗文大部分取自孙栐的“意园卧游百咏”，由陈瀛藻根据诗文意境绘制。其完成时间在清同治九年、十年（1870－1871）之间，刻版印制的“意园吟笺”自用兼以笺谱形式赠送友人，而且在友人中颇受好评。孙氏及友人记述中并未见“百景诗笺”。

我们虽然未见“意园吟笺”的实物，但完整的“意园吟笺”雕版留存至今，并藏于广西壮族自治区博物馆。但根据整套雕版，大致可复原其完整次序：“意园吟笺”（书名页）→“百景诗笺”（牌记）→序文→正文→尾跋（表明笺谱为赠送友人之用，以“孙三”印结尾）。

---

① 李嘉路：《〈馀墨偶谈〉版本源流考》，《美与时代》2016年第1期。

② 〔清〕蒙泉镜撰，刘映华注释：《亦嚣轩诗稿注释》，广西人民出版社，1989年，第183－184页。

四、“百景诗笺”雕版对陈瀛藻、孙柡名号补证

“百景诗笺”雕版中，陈瀛藻出现了“桂林陈瀛藻”“瀛藻”“藻”“象九”“纕九”“湘九”“香九”“赓鱼”“赓渔”“陈伯文”“伯文”“味苏主人”“蒙溪渔长”等称谓。其中以“象九”“赓鱼”出现次数为最，亦是各种资料中最常见的陈瀛藻字与别号；“味苏主人”较为少见，“蒙溪渔长”未见于陈瀛藻的现有资料中。

“味苏主人”出现在“沽春肆”雕版上，《馀墨偶谈》卷四“陈象九诗”条，有“陈象九著有《味苏阁诗词钞》，尽多佳句”的记述，结合“怡风屿”雕版上“桂林陈瀛藻写于味苏室”、“放鹤皋”雕版上“象九作于味苏阁”的落款，“味苏室（阁）”应是陈瀛藻在梧州时的书斋名，“味苏主人”是陈瀛藻的号之一。

“蒙溪渔长”也见于“沽春肆”雕版。《桂胜》有载：“隐山之下，故有蒙溪，引吸为湖，遂成巨浸。”《桂林郡志》亦载“西湖，在桂城西三里，西山之下，环穴浸隐山六洞，阔七百余亩，在唐，名其源为蒙泉，其流为蒙溪，见隐山六洞记。”可见“蒙溪”应为广西桂林市临桂县地名。陈瀛藻是临桂籍，应当对此典故熟悉，就以“蒙溪渔长”为别号了。

孙柡在“百景诗笺”雕版中，多以“诗樵”“栩栩生”出现，偶有“卧游道人”“蝴道人”，另有“孙三”印一方。“诗樵”为孙柡字，蒙敬泉《哭孙丹五》诗自注“讳柡，一字诗樵”。“栩栩生”为孙氏别字，见《馀墨偶谈》卷三“栩栩生词”条：“余集之名蝶花，人以为蝴蝶一生花里活意喻，不知余实少年时见周迁村‘咏蝶’，有‘若向繁华任留意，不知只是梦中身’之句，有感斯言，因以颜所居室别字栩栩生。”“卧游道人”，与“意园卧游百咏”相对应，序文亦有“雅称卧游”之语。

“孙三”印仅见于“尾跋”雕版，孙柡在《馀墨偶谈续集》卷三“意园诗”条有：“余少与仲兄有林泉之癖”，有“仲兄”，孙柡很可能在家中排行第三或之后。

将“避暑林塘”“伫月岩”等雕版同诗不同画的现象，与上述两人称谓结合来看，雕版应该不是一次绘制而成，可能是陈瀛藻与孙柡交往过程中逐步修改、修订而成。

结　论

通过对广西壮族自治区博物馆藏“百景诗笺”雕版的研究，再结合“百景诗笺”传世本以及“意园吟笺”的考证，我们可以得出以下结论：

1. 广西壮族自治区博物馆藏“百景诗笺”雕版是“意园吟笺”的完整雕版，建议更名为“意园吟笺”雕版。

2. 传世“百景诗笺”笺谱是“意园吟笺”雕版的缩减本，二者同源；是将“意园吟笺”书名页、“序文”“尾跋”“避暑林塘”“伫月亭”雕版各一面弃用，以“百景诗笺”为名，印制而成。

3. “意园吟笺”是孙柡作诗，陈瀛藻据诗意绘制而成，“意园吟笺”为书名页，“百景诗笺”为牌记页，以钤“孙三”印的“尾跋”结尾，是孙氏自用和馈赠友人的代表作之一。其完成于清同治九年、十年（1870—1871）之间。

4. 陈瀛藻有“味苏主人”“蒙溪渔长”的字号，孙柡有“孙三”印一方，可补广西清代画家资料。

《蜀典》的编纂、版本与价值研究

四川博物院 雷 玲

摘要：《蜀典》是清代西北学者张澍在蜀地为官期间编纂的一部记述古代四川史地、人文风俗史料的重要方志，体现了他"以志存史，史地并重，体例科学，注重考证"的志书编纂风格。张澍在《蜀典》中不仅保存了大量珍贵文献，还辑佚了四川古代人物的作品，补正《四川通志》《华阳国志》等古文献记载的讹误，弥补四川古代科技史料之不足，考证巴蜀姓氏文化的源流，等等。《蜀典》为后世研究巴蜀历史、巴蜀文明以及巴蜀社会经济发展提供了重要文献史料。本文对《蜀典》相关问题进行研究，探讨其编纂背景、体例卷帙、版本特征、史料价值以及存在的诸多问题，希望有助于推动相关研究的深入。

关键词：《蜀典》；张澍；版本；价值；研究

《蜀典》是清代西北学者张澍编撰的一部四川地方志，书中保存了大量古代巴蜀地区珍贵和失佚的文献史料，具有很高的学术价值。它成稿于清嘉庆二十一年（1816），道光十四年（1834）首刊，光绪二年（1876）再刻。该书至行世以来，虽被众多学者点评、引用，但迄今为止关于《蜀典》研究的专著和文章寥寥可数，专著仅见张斌、邓帮云的《蜀典校注》，其校注本以《续修四库全书》影印之道光十四年安怀堂本为底本，以光绪二年尊经书院重刻本为参校本，参考四川省图书馆所藏赵熙批点尊经书院本之批注[①]，对《蜀典》施加标点，训诂解释。研究性文章分两类，一类是专题研究：笔者的拙文《张澍与〈蜀典〉》[②] 分析该书的内容分类和写作特点；黄宜凤的《〈蜀典〉的民俗文化研究价值》[③] 对书中保存的四川民俗文化和历史文化词汇进行探讨；何琴的《〈蜀典〉姓氏类文献整理与研究》[④] 通过对姓氏类所及文献的整理和研究，探讨古代巴蜀姓氏的来源和演变。另一类是综合研究：梁新民的《张澍在四川的学术活动》[⑤] 对张澍在蜀期间的学术活动进行了归纳总结；何勇的《张澍四川宦迹考》[⑥] 和张蕾蕾《张澍及其西南方志编纂考察》[⑦] 均着眼于张澍在西南宦迹经历，阐述他对西南方志学的贡献；漆子扬的《清代方志学家张澍五种方志著述略论》[⑧] 从

① 张斌、邓帮云：《蜀典校注》，西南交通大学出版社，2021 年。

② 雷玲：《张澍与〈蜀典〉》，《巴蜀史志》2007 年第 2 期。

③ 黄宜凤：《〈蜀典〉的民俗文化研究价值》，《中华文化论坛》2011 年第 6 期。

④ 何琴：《〈蜀典〉姓氏类文献整理与研究》，重庆三峡学院硕士论文，2020 年。

⑤ 梁新民：《张澍在四川的学术活动》，《文史杂志》1988 年第 3 期。

⑥ 何勇：《张澍四川宦迹考》，《宜宾师范学院学报》2007 年第 5 期。

⑦ 张蕾蕾：《张澍及其西南方志编纂考察》，《长江师范大学学报》2014 年第 1 期。

⑧ 漆子扬：《清代方志学家张澍五种方志著述略论》，《中国地方志》2010 年第 2 期。

《续黔志》等五部地方志入手，总结张澍方志著作的编纂特点；张晓彭的《张澍与清代西南史地研究》[①]，全面阐述了张澍在四川的学术成就。从上述研究成果看，有关《蜀典》的专题研究文章极少，综合研究文章大多集中在对张澍宦蜀经历的介绍和西南方志编纂的贡献上，研究方向存在明显的单一和不足，许多问题有待拓展和深入探讨，如《蜀典》中辑录的大量巴蜀佚文的整理和补充，各卷子目内容的深入考证，它的文献价值等。基于此，本文将吸收已有的研究成果，从张澍编纂《蜀典》的背景及体例、版本特征及其价值和存在的问题几个方面入手，从不同的角度和方向进行再讨论，为其他学者深入研究《蜀典》提供理论依据。

一、《蜀典》的编纂

张澍（1776—1847），字百瀹（一作伯瀹），一字寿谷，又字时霖，号介侯，一号鸠民，又号介白，凉州府武威县（今甘肃武威市）人，清乾嘉学派著名学者，一生研究成果斐然，著述七八十种，涉及经学、史学（地方史志学、姓氏学）、金石学、文学，并以乡谊致力于西夏史研究。清嘉庆四年（1799）张澍十八岁中进士，授庶吉士，嘉庆六年（1801）四月，由京官改授外职，“七月铨得黔之玉屏”，开始他三十年的仕官生涯，先后任贵州省玉屏、遵义、长顺，四川省屏山、兴文、大足、铜梁、南溪，江西省永新、泸溪等地知县[②]。由于诸多因素，张澍实际为官仅十四年，其中嘉庆十七年（1812）至二十四年（1819）的七年是在四川度过，这段时间也是张澍学术成就的第一个高峰期。

张澍曾在《养素堂文集·序》中说：“（他）性爱远游，齐、鲁、豫、晋、吴、越、楚粤、雨车风帆，再至三至。而黔蜀江右，为筮仕之邦。凡所涉履，颇交贤豪。登山临水，倚酒放歌，逸兴遄飞，时亦濡墨。”[③]游历期间，他喜欢结交好友，实地考察当地的民风民俗、地形地貌，收集传说民谣，考证残碑断碣和研究地方文献，《清史稿·文苑传》称其：“务博览经史，皆有纂著。游学半天下，诗文益富。”[④] 游历后将收集的资料进行整理和研究，这种习惯也保持在他仕官生涯中。在贵州，张澍编修了人生中的第一部地方志《黔续书》（八卷）。在四川，他编撰了《大足县志》（八卷）、《大足金石录》、《蜀典》（十二卷）。在任屏山县令和兴文县令时，虽未参与当地编修《屏山县志》和《重修兴文县志》，却代为作序。张澍认为，志书要“条目义例，简而不紊，符往喆纪载之体”；反对“广分门类，妄摭杂事”[⑤]。这一观点，一直体现在他所编纂的志书中。在蜀期间，张澍还编纂了《诸葛忠武侯文集》（十一卷），系后人所编最完备、学术价值最高的诸葛亮著作集，时至今日该书仍是学者们研究诸葛亮最重要的文献史料。

《蜀典》是张澍在蜀地编纂的最重要的方志之一。他在《序》中说：“嘉庆十七年岁在壬申春，大吏请于朝，续修通志。越二十一年丙子冬，书成。先是，二十年乙亥之阳月，余被檄署兴文。卸篆才毕，适苦河鱼。乞假六旬，养疴叙郡。因惔之中，精神遐漂，心剿形瘵，靡所济集。聊欲系志陈编，以消驹景。”[⑥] 从中可知，张澍编纂《蜀典》与清嘉庆十五年（1810）四川总督常明奏请设局新修《四川通志》有直接关系。常明在给嘉庆的奏文中道：“迄今已历七十余年，其间典章制度损益因时，与旧志所载多不符合……如大小两金川及廓尔喀皆从古不宾之域，今则德威远播，尽入版图，或列戍安屯，或输忱纳贡，允宜登诸志乘……至

---

① 张晓彭：《张澍与清代西南史地研究》，《中国地方志》2017 年第 3 期。

② 〔清〕赵尔巽等撰：《清史稿》卷四八六《列传二百七十三·文苑三》，中华书局，1977 年，第 13408 页。

③ 〔清〕张澍：《养素堂文集》，清道光十五年枣华书屋藏刻本。

④ 〔清〕赵尔巽等撰：《清史稿》卷四八六《列传二百七十三·文苑三》，中华书局，1977 年，第 13408 页。

⑤ 〔清〕张澍：《养素堂文集》，清道光十五年枣华书屋藏刻本。

⑥ 〔清〕张澍：《蜀典·序》，清道光十四年安怀堂本。本文所引《蜀典》均采用此本。

剿捕教匪，军兴以来……更宜详纪始末。”认为“若乘此时续行编纂，实为一举两得”[①]。对此张澍非常认同。嘉庆十七年（1812），《四川通志》编撰开局，他将自己多年积累的资料整理出来，以备纂修通志所用，但未能如愿进入编纂班子。在嘉庆二十二年（1817）四川秋闱试期间，张澍在成都见到杨芳灿等编纂的《四川通志》，他以一个学者敏锐的眼光，看到新编通志之不足，萌生了自己编纂四川地方志的想法，“窃念蜀都文献，近世烟尘；古也有志，炳灵载英。游目所及，涉想所经，辄用著录，佐以援证。毛滞之得，愿赠友朋。迨秋闱赴省，志已刊布。展阅莺然，叹其掌录之繁富也。遂取所辑，复加审视。阙略宏多，不复增益，名曰《蜀典》，以质鸿彦”。《四川通志》刊布后，张澍将资料整理编纂成书，取名《蜀典》，共十二卷。

纵览全书，《蜀典》体现了张澍“以志存史，史地并重，体例科学，注重考证”的志书编纂风格，较同时期他人编纂的志书，条理更清晰，考证更详实精准。如与乾隆时期四川丹棱县人彭遵泗（约为1704—1761）编纂的二十七卷《蜀故》比较，两书虽同采用志书常用手法“门目体”编纂，但《蜀典》各门类下子目均引用大量文献史料进行详实考证，对考证后仍暂时无法下结论的问题，张澍多闻阙疑、不做定论，如卷三《居寓类》中“尸佼入蜀”条，虽列出《汉书注》等文献中相关记载，但结论只说“不知谁是”，对传说中先秦思想家尸佼入蜀一事态度审慎，反映出张澍严谨的学风；观《蜀故》在编纂上就较为随意，流水账式的记载方式虽有一定完整性，但多数资料缺乏来源依据，如卷二《形势》、卷三《田赋》等，大量子目未做详细考证；同为志书，记载内容关注点一致，但《蜀典》的记载更详细具体，在很多细节上更胜《蜀故》。尤其在风俗、方言、器物、著作、姓氏卷，《蜀典》特点突出，风俗与方言类，以语言文字之考据见长，器物类以地域特色见长，且资料有一定原创性，著作类以辑佚见长，姓氏类专门考据蜀地人物，以较为罕见之姓氏为主，结合古籍、文集笔记、墓志和方志中相关信息，用野史弥补文献记载的疏漏，此种编撰方法为一般史志所不备。故漆子扬先生认为：“（《蜀典》）体例方面多有创获，不仅丰富了屏山县的内容，考证精确，而且风俗、方言、器物、姓氏等体目为一般史志所不备，是研究古代文化、蜀川史地不可多得的文献资料。”[②]

二、《蜀典》的版本

《蜀典》的手稿完成于清嘉庆二十一年（1861），清道光十四年（1834）以安怀堂刻本刊行于世，清光绪二年（1876）再由尊经书院重刻。从《中国地方志联合目录》看，北京、上海、河北、内蒙古、吉林、河南、湖北、重庆等图书馆皆有藏本，从数量和版本看，甘肃和四川两省是收藏最多的地区（表一）[③]。《蜀典》的版本不多，仅见稿本、安怀堂刻本和尊经书院重刻本。

（一）稿本。此乃嘉庆二十一年（1861）本，八卷附张介侯先生诗抄一卷，六册，现藏于四川省图书馆。板框高20厘米，宽15.5厘米，半叶十行，行二十四字，白口，左右双边，存七卷（卷二至卷八）。有慕寿祺序并跋（图一），钤“慕氏寿祺家藏”印，天头有大量批注[④]。藏家慕寿祺（1874—1947），字子介，号少堂，甘肃省镇原县平泉镇古城山人，在近代被誉为“镇邑文宗、原州第一人，甘之俊人，甘之宿儒，陇石秀

① 贾大全、陈世松主编：《四川通志》第六卷，四川人民出版社，2010年，第630页。

② 漆子扬：《清代方志学家张澍五种方志著述略论》，《中国地方志》2010年第2期。

③ 甘肃省古籍保护中心编：《甘肃省藏古代地方志总目提要》，甘肃人民出版社，2014年；成都市图书馆编：《成都市古籍联合目录》，成都市图书馆出版，1992年。

④ 中国国家古籍保护中心编：《第一批国家珍贵古籍名录图录》，第六册，国家图书馆出版社，2008年，第194页。

士、陇上名儒、陇右宗师”①，经考证，他一生足迹踏遍甘肃，但从未涉足四川。从序中推测，慕氏所得稿本来源于张澍的后人，此前曾被何绍基（1899—1873）收藏过。

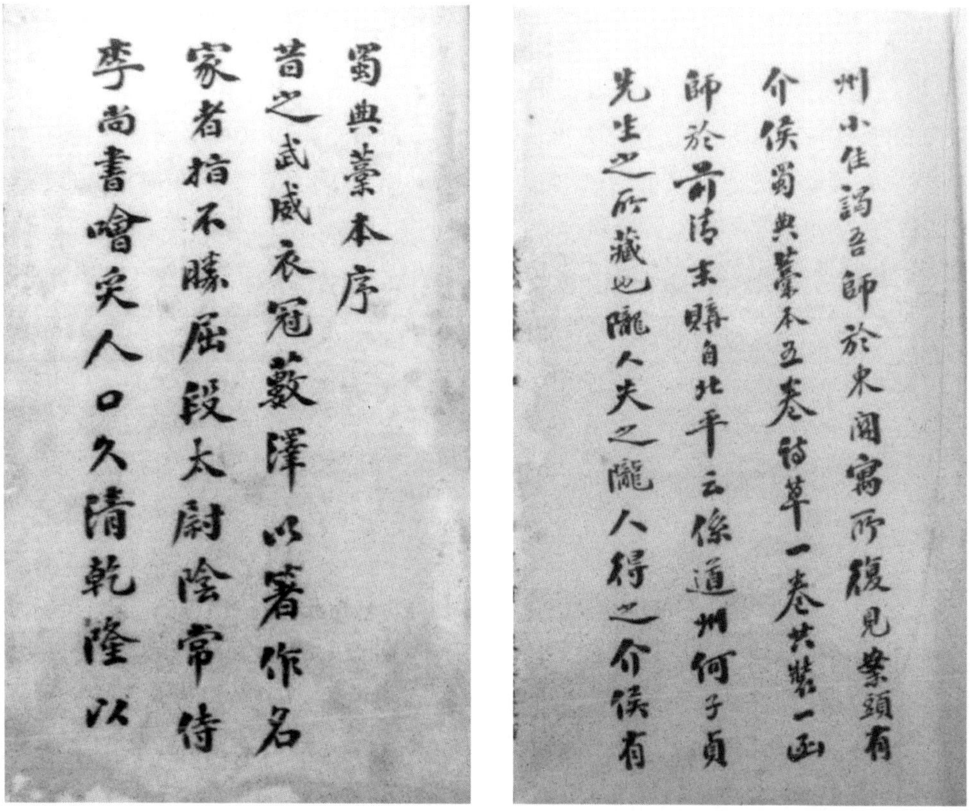
蜀典藁本序
昔之武威衣冠藪澤以著作名
家者指不勝屈段太尉陰常侍
李尚書膾炙人口久清乾隆以
州小住謁吾師於東阁寓所復見案頭有
介侯蜀典藁本五卷附草一卷共裝一函
師於前清末歸自北平云係道州何子貞
先生之所藏也隴人失之隴人得之介侯有

图一 《蜀典》稿本序 （四川省图书馆藏）

（二）安怀堂刻本。此本乃清道光十四年（1834）刻本，板框高 18.7 厘米，宽 14.1 厘米，半叶十行，行二十四字，白口，左右双边，单黑鱼尾。前有“道光十三年八月初二日，署富顺县知县、受业文泉杨得质谨序”，无序。杨得质（生卒年不详），字文泉，甘肃靖远人，清嘉庆三年（1799）中举，道光、同治时期曾任四川铜梁、新津、安县、富顺、华阳、郫县、大足等县知事。据民国《富顺县志》卷九载，杨氏于道光十二年（1832）至十四（1834）任富顺知县②，再《孤本医籍叙录集》之《青囊辑便》叙录中考③，推断此本出至自贡地区之安怀堂。从内容看，安怀堂刻本较忠实于稿本，文中笔误基本未作修改，保存了稿本原貌。此本流传较广。

（三）尊经书院重刻本。此本乃清光绪二年（1876）刻本，板框高 18.7 厘米，宽 13.4 厘米，半叶十行，行二十四字，白口，左右双边，单黑鱼尾。前有“光绪重刻本序”，为“光绪丙子仲冬月，中江凌焯”作。凌焯，字镜之，咸丰九年（1859）进士，曾任四川华阳教谕、江苏省丹阳县、吴县知县等。从内容看，尊经书院重刻本在安怀堂刻本基础上改正了四十多处有明显错误的字，如卷一《堪舆类》之“千顷池”条中“湖居山顶，四围有峻崖東之”中“東”字，改为“束”字；有因避讳而改写的字，如卷十《著作类》之“司马相如《荆轲赞》”条中“厥后班孟坚《汉史》以论为赞，至宋范晔更以韵语”，安怀堂刻本避玄烨

① 慕甲琨：《慕少堂传略》，平凉出版社，2000 年，第 47 页。

② 张斌、邓帮云：《蜀典校注》，西南交通大学出版社，2021 年，第 4 页。

③ 李鸿涛、张华敏：《孤本医籍叙录集》，中医古籍出版社，2016 年，第 340 页。

讳作“华”，尊经书院重刻本根据《玉海》，改作“史”字。误改、臆改也有十多处。此本在四川地区收藏较多。

据《成都市古籍联合目录》，成都大邑县图书馆藏清光绪三十二年（1906）尊经书院重刻本（残本）。此载颇为可疑。据张其中《四川官书局考略》，尊经书院创立于光绪元年（1875），历时二十七年，于光绪二十八年（1902）停办；光绪三十二年（1906）成都的存古书局在原尊经书院旧址上建立，开办之初，雕版不及，只得沿用原成都的锦江书院和尊经书院所校刻的经史书籍版本，如《春秋例表》《说文句读》《蜀典》等，就是在存古书局将其改换牌记后又重刻过[①]。据此推断，光绪三十二年尊经书院重刻本，实为存古书局重刊本，底本为光绪二年尊经书院刻本，今略辨之。

表一　甘肃、四川两省《蜀典》收藏一览表

地区	收藏单位	版本	卷数	收藏数量
甘肃省	甘肃省图书馆	清道光十四年安怀堂本	12	1部
	西北民族大学图书馆	清道光十四年安怀堂本	12	1部
	天水市图书馆	清道光十四年安怀堂本	12	1部
	临洮县图书馆	清道光十四年安怀堂本	12	1部
	甘肃省图书馆	清光绪二年尊经书院刻本	12	3部
	兰州大学图书馆	清光绪二年尊经书院刻本	12	2部
	西北师范大学图书馆	清光绪二年尊经书院刻本	12	1部
	西北民族大学图书馆	清光绪二年尊经书院刻本	12	1部
	兰州文理学院图书馆	清光绪二年尊经书院刻本	12	1部
四川省	四川省图书馆	清嘉庆二十一年稿本	7	1部
		清光绪二年尊经书院刻本　赵熙批注本	12	1部（残缺）
	四川博物院	清光绪二年尊经书院刻本	12	2部
	成都市图书馆	清光绪二年尊经书院刻本	12	3部
	西华师范大学图书馆	清光绪二年尊经书院刻本	12	2部
	成都市博物馆	清光绪二年尊经书院刻本	12	1部
	武侯祠博物馆	清光绪二年尊经书院刻本	12	1部
	四川师范大学图书馆	清光绪二年尊经书院刻本	12	1部
	成都市青羊区图书馆	清光绪二年尊经书院刻本	不全	1部
	新都区图书馆	清光绪二年尊经书院刻本	12	1部
	郫都区图书馆	清光绪二年尊经书院刻本	12	1部
	荣县图书馆	清光绪二年尊经书院刻本	12	1部
	都江堰市图书馆	清光绪二年尊经书院刻本	12	1部
	都江堰市文管所	清光绪二年尊经书院刻本	12	1部
	大邑县图书馆	清光绪三十二年尊经书院刻本	不全	1部

① 张其中：《四川官书局考略》，《四川图书馆学报》1985年第5期。

三、《蜀典》的价值

《蜀典》约十八万字，分堪舆、人物、居寓、宦迹、故事、风俗、方言、器物、动植、著作、姓氏等十一大类、一千一百零七个小类。它取材广博，辑论结合，考证精密，是研究巴蜀历史和巴蜀文化的重要依据，具有极高的史料价值和学术研究价值。

其一，辑佚价值。《蜀典》中保存了大量古代四川地区已经遗失的珍贵史料，最为突出的当属卷十《著作类》，辑佚了一批鲜为人知的四川古代人物的作品。据崔云胜先生考证，巴蜀地区已经失传的《幽魂曲》《东平歌》《龙归曲》《臾邪歌》《伊鸣曲》的传说、《李冰碑》《杨终赋〈雷电〉》《杨终〈晨风〉诗》等作品就保存在《蜀典》中；张澍还辑佚了《怨家益〈法言〉》《扬雄〈益州箴〉》《〈凡将篇〉佚文》《郭璞〈岷山赞〉》《犍为舍人〈尔雅注〉》《蜀才〈易注〉》《谯周〈五经然否论〉》等，并用三千多字记述了后蜀广政元年（938）至宋乾道六年（1170）所刻《蜀石经》的详细情况，为后人深入研究这一课题，提供了宝贵资料。其中他辑佚的《犍为舍人〈尔雅注〉》《蜀才〈易注〉》《谯周〈五经然否论〉》是分量最重的三部典籍，收录在《二酉堂丛书》中，被列为嗣刻图书①。在辑佚过程中，张澍充分考虑到版本问题，会对不同书籍不同版本所引之异文加以说明②。以《犍为舍人〈尔雅注〉》为例，他从《尚书》《诗经》《周礼》《礼记》《左传》《论语》《尔雅》《经典释文》《太平御览》等众多著作中，辑录出大量佚文，然后按照《尔雅》的编排顺序进行排列。先总列出佚文在《尔雅》中的部类，再逐条罗列《尔雅》原文，后面是舍人之注文或张澍所加异文校勘记，最后是小字注明佚文来源，并加案语。如：

> 释诂第一
>
> 冢，大也。辂，车之大也。冢，封之大也。《尚书·舜典》正义、《荀子·哀公篇》杨倞注、邢昺《尔雅》疏。上“也”字，案旧误作“者”。

此条出至《尔雅·释诂》邢疏辑录，然后是原文。后提及《尚书·舜典》正义所引者，仅有“冢，封之大也”，《荀子·哀公篇》者，仅有“辂，车之大也”；《尔雅》为佚文之来源，案语中张澍说明上一“也”字，误作“者”字，即指《荀子》③。

观卷十《著作类》，张澍在整理这些散佚的四川古代作品，对每一条资料的来源都进行了精心的考证，虽偶有漏佚和编排失误，但在当时的条件下有如此成果，实属不易。后缪荃孙在《蜀典·跋》中又为其所辑《尔雅》增补不少内容④。赵俪生先生认为，“辑佚”是张澍的看家本领，他编纂《蜀典》之功，应首推辑佚⑤。张澍对巴蜀文献流传、存佚状况的考证辑佚，为后人研究四川古代文化和文学发展的渊源流变提供了重要的文献史料。

其二，补正价值。张澍十分重视地方文献史料的考证和编纂，他说：“夫为政有脉协焉，其精神贯注乎弼教明刑而外，无弛张变更之迹，则志其为治之鱼荃乎？然为政有模范焉，其措施在于摩玩利钝，而动合阿

---

① 崔云胜：《张澍研究》，天津古籍出版社，2009年，第177页。
② 张斌、邓帮云：《蜀典校注》，西南交通大学出版社，2021年，第5页。
③ 张斌、邓帮云：《蜀典校注》，西南交通大学出版社，2021年，第278页。
④ 张斌、邓帮云：《蜀典校注》，西南交通大学出版社，2021年，第457页。
⑤ 赵俪生：《论晚清西北之学的兴起》，《西北民族研究》1986年。

产卓鲁之风，则志其为治之龟鉴乎?”① 认为地方志具有为官员治理地方提供借鉴、教化百姓和移风易俗的作用，其重要地位与史书等同，故编纂方志应该翔实考证，亦要弥补文献之疏漏讹误，体现了这位传统史学家写实的风格。对于《蜀典》，讹误疏漏《四川通志》是他编纂的一个重要因素，尽管他自谦云：“非以为纠谬，非以为补遗。《锦里新闻》，既惭成式；《岷山异世》，或几台符。聊备庸部之故实，资儒林之公议云尔。”但从内容看，其用意不言而喻。蒙文通先生亦认为：“张氏以未参与修《四川通志》，于《通志》成书后作《蜀典》，专以攻《通志》为事。”② 通览《蜀典》，张澍编纂时大量考证《四川通志》的资料来源，指出其中有 13 处错误，并运用丰富的文献史料，逐一进行考辨补正。如卷一《堪舆类》之“扬雄墓”条，张澍考订渊源，注出原书，以此为据，指出“扬雄墓在长安”：

> 案，《文选注》：“《七略》云：‘《子云家牒》言以甘露元年生。’”“扬雄死，弟子共为其坟。号曰扬冢。”宋敏求《长安志》：“案，《扬雄家牒》云：‘子云以天凤五年卒，诏陪葬安陵阪上。’”“所厚沛郡桓君山、平陵如子礼、弟子矩鹿侯芭，共为治丧。诸共遣世子、朝郎吏、行事者会送。桓君山为敛赙，起祠茔，侯芭负土作坟，号曰玄冢。”桓谭《新论》：“雄为中散大夫，病卒无以办丧事，以贫困故。葬长安，妻子弃其坟墓而归于蜀。”则雄墓在长安也。《四川通志》乃云：“雄墓在郫县西二十里。”误矣。又案，侯芭在长安从子云学，未尝入蜀也。《志》流寓类列之，更非。

此观点与《桓子新论·识通第十》所载一致：“扬子云为郎，居长安，素贫。比岁亡其两男，哀痛之，皆持归，葬于蜀，以此困乏。”③ 由此推断在蜀所葬当是扬雄二子之墓，也纠正了《四川通志》的错误。同样张澍也用文献弥补《四川通志》的遗漏，如卷十二《姓氏类》之“绪氏”条，查雍正《四川通志》和嘉庆《四川通志》皆无此人，张澍通过《万姓统谱》，弥补了这条重要信息：

> 《统谱》：“明永乐举人绪珊，成都人。”今《通志》无。

除《四川通志》外，张澍还匡正补遗《华阳国志》《水经注》《宋史》等文献中，关于古代巴蜀地区记载上出现的 100 多处错误，如卷四《宦绩类》之“严君”条：

> 《史记·樗里子传》：“秦封樗里子，号为严君。”张守节《正义》云：“盖封蜀郡严道县，因号严君，疾名也。”按《华易国志》，“始皇灭楚，徙严王之族以实”，其地因名严道，据《史记》樗里子时即有严道，则常氏之言误矣。

严道县是秦时设置的县，曾封樗里疾为严君，严道县因樗里子而得④。张澍通过《蜀典》，对《华阳国志》中记述的错误做了“纠谬”，有利于我们准确把握严道县的源流变故。卷一《堪舆类》之“汶江即岷江”条：

> 王伯厚《困学记闻》云：“《考工记》：‘貉逾汶则死。’先儒皆以汶为鲁之汶水，非也。《列子释文》云：‘案，《史记》汶与岷同，谓汶江也。’今江边人云：‘狐不渡江。’《说文》：‘貉，狐类也。’逾越大水，则伤本性。”案《说文》：“《史记》：‘冉駹为汶山郡。’《类篇》云：‘汶音岷。’又《史记》引《禹

---

① 〔清〕张澍：《代文观涛明府重修南昌县志序》，《续修四库全书》卷一五〇六，上海古籍出版社，2002 年，第 489 页。

② 蒙文通：《巴蜀古史论述》，四川人民出版社，2019 年，第 119 页。

③ 张斌、邓帮云：《蜀典校注》，西南交通大学出版社，2021 年，第 46 页，注 11。

④ 〔晋〕常璩撰、刘琳校注：《华阳国志校注》，巴蜀书社，1984 年，第 305 页。

贡》‘岷嶓既艺’，及‘岷山之阳’‘岷山导江’，皆作‘汶’。盖古今通用。”史炤《释文》以‘汶’为‘亡运切’，音‘问’。今人遂相沿读为“问”，谬矣。杨正衡《晋书注》，汶山亦作岷山。《广韻》十真韻又“汶”字，武巾切，音旻。

上述记载，张澍引用诸文献，并综合运用考据学、文字学、音韵学，证实了汶江即岷江这一说法，认为产生今人之误的原因与当地人语言发音有关，这一考证充分展现了张澍深厚的学术功底。

其三，补史价值。《蜀典》所载不仅具有浓郁的地方特色，也弥补了四川地方史料之不足，体现了张澍宽泛的学术视野。书中保存的古代四川地方科技文献，是当时所修志书极少涉及的内容。如盐业生产，自汉代以来四川的盐井和煮盐业驰名全国，但古文献中对盐井的形制、盐场环境、开采方式、煮盐方法等均缺乏详细的著录。张澍在《蜀典》中弥补了这一遗憾，在卷五《故事类》之“井法”条：

《蜀王本纪》云：“宣帝地节中，始穿凿井数十所。”《夬安》云：“盐泉有绞洪，引泉踏溪，每一筧用一筩，其筩与洪，每年十月旦日以新易陈。郡守作乐临之，井民相庆，谓之‘绞洪节’。”

据文献记载，早在汉宣帝二年（前66），四川的盐井开凿已达数十口，制盐业初具规模，开采方式和煮盐方法，古文献与成都羊子山和邛崃花牌坊出土的东汉制盐画像砖上图像互证，图中我们可以清晰看到当时采用大口浅井取卤的场景（图二）。战国末年李冰开始在成都平原开凿盐井，至北宋中期，四川盆地一直采用的是大口浅井，围绕自然盐泉围井，或是利用浅层的盐卤浅挖大井，这种井主要采汲浅层卤水。左思《蜀都赋》中“家有盐泉之井，户有橘柚之园”之说实属写实。后盐井开工之日在当地逐渐演变成为一种民俗节日。

图二　四川省邛崃市花牌坊出土东汉制盐画像砖及拓片（四川博物院藏）

《志林》云：庆历、皇祐以来，蜀始开“筒井”，用圜刃凿如碗大，深者数十丈。以巨竹去节，牝牡相衔为屏以隔横淡水，则凿泉自上。又以竹之差小者，出入井中，为桶。无底而窍其上，悬熟皮数寸，出入水中。气呼吸而启闭之，一筒水可致数斗凿。凡筒井皆用机械，利之所在，人无不知。《后汉书》有水鞴，此法惟蜀中铁冶用之，大略似盐井取水筒……

随着古代四川冶炼技术的发展，制盐业也出现了划时代的革新。至北宋中期后，四川南方地区出现了小口深井，也称“卓筒井”。考古发掘表明，“卓筒井”在川南、成都平原和川中地区均有大量分布，采用圜刃锉和冲击式钻头方式凿井，充分利用了地球深层的卤水资源。深井钻凿工艺之复杂，技术难度极高，钻、凿、汲、治都有全套专用工具，这一技术至清代发展到顶峰[①]。《蜀典》通过大量古文献，系统详细地记载了四川历代井盐技术的演变，特别是凿井汲卤发展的两个重要阶段，弥补了四川古代科技发展文献的缺失，史料价值弥足珍贵。

其四，考证价值。《蜀典》广征博引、考证翔实，丰富了古代四川地方文献史料。最突出的部分之一是卷十一和卷十二的《姓氏类》，分量极重，占全书四分之一，约五万字。张澍运用多年姓氏学研究的经验，不仅从古籍、墓志和四川旧志中寻找职官、宦迹人物，还在《万姓统谱》《历代名贤列女氏姓谱》等卷帙浩瀚中，搜寻出大量蜀地官员信息。他对四川境内（含今四川、重庆、云贵部分和陕西汉中地区）的数百个生僻、奇异的姓氏进行整理，收录书中的姓氏有 388 个，含复姓 40 个，单姓 348 个，“自皇古以至本朝，自帝王以至庶贱，自中华以至蛮夷，罔不搜罗”[②]。卷中所引文献典籍达 175 种，内容涉及经、史、子、集各类文献，姓氏著作数百种，其中不乏金石碑刻文献[③]。张澍从司马贞撰本“《世本》：蜀无姓，相承云黄帝后世子孙也”开篇，对巴蜀地区姓氏的起源、发展、演变进行梳理，认为巴蜀地区在战国早、中期仍处于有“氏”无“姓”，战国晚期秦置蜀郡后，巴蜀土著中开始出现如“蜀山氏”“涂山氏”“青阳氏”等“姓氏”，例如“褐冠氏”条：

> 《风俗通》：褐冠氏，賨人，以褐冠为姓。褐冠子著书，澍案：即鹖冠也。賨，今之渠县。是褐冠为蜀人矣。

秦汉以后，随着几次移民大迁徙入川，受中原文化、楚文化等影响，巴蜀地区少数民族从开始接受汉民族的文化、生活方式，到逐渐接受汉姓，如“养氏”条：

> “养氏”条：案，《汉繁长张禅碑提名》有“夷侯养达伯”，是今新繁有养氏，系夷姓也。

之后更出现一些土著人将姓氏改从汉姓，或随移民得氏的现象，例如：

> “承氏”条，澍按：承，本琅琊东莞籍。蜀之承氏，谅至琅琊移此也。
> “希氏”条，澍引《三辅决录》：希海，字子江。蜀之希氏当自秦迁也。
> “闾氏”条，澍按：闾姓盛于甘肃之泾州，自北魏、齐梁以来多显人。蜀之闾氏当自甘肃迁也。
> “阇氏”条，澍引《统谱》：湖广麻城有阇氏。按：蜀之阇氏自楚迁也。

姓氏学是张澍的“绝学”，有着超越前人的极高学术成就，孟永林先生认为，《蜀典》中的《姓氏类》系张澍姓氏学研究之成熟阶段成果[④]，具有极高的学术价值，它对于我们考证巴蜀地区姓氏源流、少数民族姓氏的演变，以及深入探讨巴蜀地区土著与汉民族之间的交融、巴蜀文化与中原文化的融合，都具有十分重要的意义。因此《蜀典》之姓氏学研究有待更深入挖掘。

《蜀典》对巴蜀地区的考证，为后世研究巴蜀历史、巴蜀文明以及巴蜀社会经济发展提供了重要文献价值，谢国桢先生认为：“（它）纂辑之所长，在于网罗旧闻，考订典故，继《锦里耆旧传》之后，成为不朽的著作。”[⑤] 张澍作为封建社会的地方官员，能在任期内详细了解从政之地的民风民俗、政治经济文化自然现

---

① 自贡市盐业历史博物馆：《鹾海集林——盐业史研究创刊四十周年论文选编（下）》，四川人民出版社，2016 年，第 930—931 页。
② 〔清〕张澍撰，徐兴海、袁宪、张天池点校：《姓韵》，三秦出版社，2003 年，第 21 页。
③ 何琴：《〈蜀典〉姓氏类文献整理与研究》，重庆三峡学院硕士学位论文，2020 年，第 43 页。
④ 孟永林：《乾嘉学者张澍姓氏学刍议》，《社会科学战线》2012 年第 2 期。
⑤ 谢国桢：《江浙访书记》，三联书店，2008 年，第 160 页。

象，是非常难能可贵的。作为学者，他兼容并蓄，按照时代的发展和内容的需要，所编《蜀典》既包括传统志书的内容，又收录金石文献、方言、姓氏、民间文艺、科技文献等，体例与时俱进，篇目特色突出，地域特点显著[①]，为后世方志的编纂提供了重要的借鉴作用，这正是鲁迅先生所说："近求得其所刻《蜀典》，书并不珍贵，却是我所深爱"的重要原因之一[②]。

四、《蜀典》存在的问题

不可否认，作为史料，《蜀典》存在不足与错误。清末藏书家缪荃孙认为："武威张氏《蜀典》，分十一类，援据浩博，是其所长。"同时指出《蜀典》存在诸多问题，编纂中亦有许多前后重复的地方，且"引用古书，半皆亡佚，不著所采之处，亦属不合"[③]。《蜀典》中的问题大致可分四种：

其一，抄录及刻印过程中发生的文字错误，这种文字讹误多由形近、音近或倒文所致。如卷十一上《姓氏类》之"司马氏"条：

> 《华阳国志》云：司马敬同，司马氏女，五更张伯饶妻也。前妻霸，有三男一女。敬司产一男，抚教五子，恩爱若一。霸卒，葬河南，敬司与诸子还蜀……

该条引自《华阳国志》卷十《先贤士女总赞》之"敬司穆穆，畅始玄终"，与原文对比，文中就有形近、意近和倒文的问题，"司马敬同"之"同"字，原作"司"，"抚教五子"之"子"字，原作"男"，"前妻霸"原作"霸前妻"[④]。这类错误书中最多，为志书之通病，不足为奇。

其二，因记载过简，或因脱文、讹文现象出现的问题，如卷十一《姓氏类》之"淳于氏"条：

> 《魏书·淳于诞传》："诞字灵远，其先太山博人。后世居蜀汉，或家安固之桓陵县。益州刺史刘悛召为主簿，萧衍除步兵校尉。景明中归，归国陈伐蜀计。正光中，秦陇叛。诏诞为西南道军司、别将，从子午南出斜谷，有功。孝昌初，魏子健以诞行华阳郡，带白马戍。二年，行巴州刺史。三年，为东梁州刺史，卒。长子亢，亢弟胤。今蜀多淳于氏，即诞后。后该姓淳也。

该条出自《魏书》卷七十一列传第五十九之"淳于诞"[⑤]，与原文对比，《蜀典》中的阙漏甚多，虽不至于影响文意，却有违严谨。卷十二《姓氏类》之"燕氏"条：

> 《北齐书》："燕子献，字季则，广汉洛下人。少时，相者谓至曰：'使役在胡代，富贵在齐、赵。'后至齐，官至右仆射，为广长王所诛。"

该条引自《北齐书》卷三十四列传第二十六之"燕子献"[⑥]，但后一段"后至齐，官至右仆射，为广长王所诛"在原文中未查到，故疑所引文献有误或失佚。

其三，所引古文献常用简称，导致混淆的问题。如卷四《宦迹类》之"槐寅"条：

---

① 张晓彭：《张澍与清代西南史地研究》，《中国地方志》2017年第3期。
② 鲁迅：《鲁迅全集》第八卷《集外集拾遗补编·会稽郡故书杂集序》，人民文学出版社，1980年。
③ 张斌、邓帮云：《蜀典校注》，西南交通大学出版社，2021年，第457页。
④ 〔晋〕常璩撰；刘琳校注：《华阳国志校注》，巴蜀书社，1984年，第732页。
⑤ 〔北齐〕魏收撰：《魏书》卷七一《列传第五十九》，中华书局，1977年，第1592页—1593页。
⑥ 〔唐〕李百药撰：《北齐书》卷三四《列传第二十六》，中华书局，1977年，第460页。

> 《浙江通志》：槐寅，临山人，万里中任四川都指挥。

该条引自《万姓统谱》卷十五，原作“福建志槐寅福清人”。张斌先生据嘉靖《浙江通志》卷五二、雍正《浙江通志》卷一四一、嘉靖《临江卫志》卷三和万历九年《四川总志》卷三考证，认为此人字时夏，嘉靖三十五年中武举，隆庆二年任四川都司都指挥史，非福建人①。然《万姓统谱》记载这条时并未说明信息渊源，而张澍却称来自《福建志》，让人颇觉混乱，给后人校勘带来极大困难。

其四，出现了令人费解的错误。如卷二《人物类》之“洛下黄闳”条：

> 《桓谭新论》：扬子云好天文，问之于黄门作浑天老工，闳曰：我少能作其事，但隧尺寸法度，殊不晓其意……到今七十，乃甫适知己……按君山所言，黄闳即《汉书》说云，撰太初历之落下闳，是落下闳姓黄也……颜师古以为“姓落下名闳”，误矣。历世相沿，莫知其非。林宝、郑樵辈遂增落下一姓，直是目不视书者……《汉书》落字不从草，应劭《风俗通》字从草云，落下姓出于皋落，亦妄。

落下闳是汉代历算天文一派的代表人物，我国发展到有系统的历法，并成为一种科学，落下闳功不可没。《太平寰宇记》卷八十六说：“落下闳字长公，阆中人。隐于洛亭，武帝征待诏太史，改造太初历。”② 从张澍的记载看，显然是将落下闳和黄门作浑天老工误认为是一人。吕子方先生曾详细考证过《御览》《北堂书钞》《文选·王文宪集序》和《通鉴考异》等文献后，认为“把作太初历的老前辈落下闳，和太初历颁行后二十二年才出生的作浑天老工说成是一个人，这是何等的荒谬”。对于这种错误，蒙文通先生亦感慨道：“然《蜀典》之谬误亦多，兹因落下闳而略言其可笑而已。”③ 类似的错误，全书中有好几处，令人感到奇怪和不可思议。

结　语

有清一代是方志发展的鼎盛期，仅康、乾、嘉三修《大清一统志》期间，四川地区修成的志书多达189种，但个人修成的并不多。因人力、物力、财力等诸多因素，个人修志困难重重，往往有采访不及或遗漏之处，更难深入考辨，张澍却在这点上做得非常成功。他将修志视为学术研究和文化传承的重要载体，凭借远见卓识的眼光、博闻强识的学术功底、和“星宿需穷脉，罾罛或失鱼”④ 的学术风格，所修《蜀典》，讲究经世致用，文献翔实丰富，考古证今并重，保留了大量的四川古代珍贵文化资源，为研究巴蜀史地提供了重要文献，具有很高学术价值和社会价值。张澍在方志编纂方面的理论和实践，是我国方志学史上的重要遗产，值得今天我们重视和研究。

---

① 张斌、邓帮云：《蜀典校注》，西南交通大学出版社，2021年，第129页，注4。

② 〔宋〕乐史撰，王文楚等点校：《太平寰宇记》卷八六，中华书局，2007年，第1714页。

③ 蒙文通：《巴蜀古史论述》，四川人民出版社，2019年，第119页。

④ 〔清〕张澍：《养素堂诗集》卷二一，《赠俞理初（正燮）孝廉》，道光十五年枣华书屋刻本，第18页。

考古与文物

试论西周王朝对西士的经略

——泾、渭上游西周遗存分布研究

秦始皇帝陵博物院 付 建

摘要：“西土”政治格局的变化直接导致西周的灭亡，但文献对其记载甚少。通过对泾、渭上游西周遗存的调查，从考古角度解释“西土”格局变化现象，归纳西周王朝对该地区经营战略的变化。

关键词：泾、渭上游；西周遗存；区域调查；经略变化

“以藩屏周”是文献中记载西周王朝利用血缘关系构建的国家政治形态，表现为大封诸侯拱卫王室。在考古上看来，就是建立层次分明的点状等级聚落，依靠主干交汇的河流形成网络状的国家管理格局，表现则是把“周”的亲戚族群从关中腹地迁到国都的东方，建立起东土各据点，这既拱卫了王朝的东方又加强管理东土。同时还把大量的商遗民族群从东方迁到王朝的西土据点，形成两周时期的管理体系。这种迁徙策略促使人群与地貌第一次大规模“人为”重组，改变夏、商两代的统治策略，开启以后历代王朝以“迁民”来加强政权管理的新模式，但也造成了西周晚期政治格局的变化，甚至是西周王朝的灭亡。

需要说明的是，本文提到的“方”是以国都为中心的方位概念；“土”为周王室实际管理的区域概念，理论上方位概念大于区域概念。“方”包括周人的对立族群、周人管理的族群及其地域，而“土”只包含周人管理的族群及其地域。泾、渭上游是地理概念，泛指泾、渭两河上游的主干及其各支流流经区域，多为西秦岭、六盘山、陇山、北山等山脉的丘陵沟壑，即现在的宁夏回族自治区固原市，甘肃省平凉市、庆阳市、天水市，定西市的渭源、陇西两县，陇南市的礼县，陕西省咸阳市的长武，宝鸡市的陈仓、陇县、千阳等地。

水资源的利用是古人选址的重要参考标准，借助丘陵沟壑顺势形成的河流，把西周遗址放到自然水系网中，结合遗址、墓葬等遗存的时代，分析不同时期人群的变化，归纳西周王朝政治格局的变化规律。涉及的采集遗物标本，均以距离遗址最近的河流为中心，利用河道把泾、渭上游串联成一个相对封闭的区域。“西方”的范围就是这个封闭的区域，但“西土”则是若干支流上的据点，整个泾、渭上游族群复杂，从而使该地成为西周抵御、拱卫政权的核心区域。野外调查河道网与确定西周遗存分布是研究“西土”问题的重点。

一、遗址分布与时代

泾、渭上游的各支流等级聚落点即是西土，囊括了《史记·周本纪》等文献记载中和周族群体活动的有关区域。泾河流域以泾河为西源头，马莲河为东源头，两条河在甘肃省庆阳市宁县政平村西交汇，以上为上游。从政平村到陕西省咸阳市泾阳县张家山村为中游，再向下到西安市高陵区马西村南为下游。泾河上游及支流源头的范围为东到子午岭西麓，南到关中北山山系的千山北麓，西到六盘山东麓余脉及丘陵沟壑，西北到六盘山丘陵沟壑区，北到黄土高原沟壑区，这一区域内诸山脉与沟壑走向影响着河流的流向。

渭河流域以渭河的源头渭源县鸟鼠山到陕西宝鸡峡水库为上游，从宝鸡峡水库到泾河入渭河的高陵区马西村为中游，再到渭南市潼关县的水坡西北为下游。渭河上游的范围为东到陇山西麓，南到西秦岭北麓，西到陇西黄土高原的沟壑区，北到鄂尔多斯台地的沟壑区。西边的鸟鼠山系是洮、渭两河的分水岭；北边通渭境内的 3 条西北——东南走向的山梁，是渭河上游主要的河流的源头所在。

考古调查借鉴已发表的考古发掘简报和第三次全国文物普查的资料[①]，实地勘察遗址地理地貌，采集断面和地表陶器，寻找遗址对应的河流。对已发掘的出土品和本次新采集标本中的陶器断代，参照《张家坡西周墓地》的完整陶器谱系[②]，对考古发掘出土青铜器的断代，参照《周原出土青铜器》的青铜器谱系[③]，从而做出相对年代的判定。

1. 清水河上游

固原市原州孙家庄西周墓[④]，位于六盘山东麓清水河西岸，六盘山丘陵地貌是清水河与泾河的分水岭。墓葬出土铜器和陶器的时代为西周早期。

2. 泾河上游

固原彭阳姚河塬遗址[⑤]，马旺堡[⑥]，庆阳镇原常山、前山遗址[⑦]，为泾河支流红河的上游。平凉崆峒区庙庄西周墓[⑧]、崆峒区清福山墓[⑨]、泾川蒜李出土的铜鬲[⑩]、泾川县博物馆藏玉都下坳、泾川泾明、城关姚池、城关蒋家、窑店西门、黑河焦村、黑河党原出土的青铜器，均在泾河、黑河上游台地上。平凉崇信于家湾西周墓地[⑪]为泾河支流汭河上游。平凉灵台白草坡西周墓地[⑫]、姚家河西周墓地[⑬]、洞山西周墓地[⑭]、西岭墓地[⑮]、

---

① 陕西文物局主编：《陕西第三次全国文物普查丛书》，陕西旅游出版社，2012 年。

② 中国社会科学院考古所：《张家坡西周墓地》，中国大百科全书出版社，1999 年。

③ 曹玮主编：《周原出土青铜器》，巴蜀书社，2005 年。

④ 固原县博物馆：《宁夏固原县西周墓清理简报》，《考古》1983 年第 11 期。

⑤ 宁夏考古研究所组织的 2017 年红河流域调查。

⑥ 杨宁国：《宁夏彭阳发现先周陶鬲》，《考古与文物》1995 年第 3 期。

⑦ 中国社会科学院考古所泾渭工作队：《陇东镇原常山考古发掘简报》，《考古》1981 年第 3 期。

⑧ 魏怀珩：《甘肃平凉庙庄的两座战国墓》，《考古与文物》1982 年第 4 期。

⑨ 甘肃省博物馆：《甘肃古文化遗存》，《考古学报》1960 年第 2 期。

⑩ 刘玉林：《甘肃泾川发现早周铜鬲》，《文物》1977 年第 9 期。

⑪ a. 魏怀衍、伍德煦：《灵台白草坡西周墓》，《文物》1972 年第 12 期。b. 初仕宾：《甘肃灵台白草坡西周墓》，《考古学报》1977 年第 2 期。甘肃省文物考古所：《崇信于家湾周墓》，文物出版社，2009 年。

⑫ a. 魏怀衍、伍德煦：《灵台白草坡西周墓》，《文物》1972 年第 12 期。b. 初仕宾：《甘肃灵台白草坡西周墓》，《考古学报》1977 年第 2 期。

⑬ 吴礽骧：《甘肃灵台县两周墓葬》，《考古》1976 年第 1 期。

⑭ 吴礽骧：《甘肃灵台县两周墓葬》，《考古》1976 年第 1 期。

⑮ 吴礽骧：《甘肃灵台县两周墓葬》，《考古》1976 年第 1 期。

寺沟墓地[①]、郑家洼西周墓地[②]、中台红崖西周墓地[③]、社崖湾墓地[④]，均在黑河和汭河上游台地上。黑河干、支流有 27 个面积不超过 10000 平方米的小遗址。

泾河、红河、汭河、黑河上游等区域的姚河塬、庙庄、清福山等地出土的器物从西周早期到西周中期偏晚均有，但不见西周晚期的器物。泾河、汭河和黑河之间台地上泾川境内蒜李、下坳等地出土的器物时代大多都在商末周初，个别可到西周早期。黑河与达溪河之间的灵台白草坡、洞山等地出土的器物时代大多从西周早期到西周中期偏晚。

3. 马莲河上游

庆阳环县双城子西周墓[⑤]，环县博物馆藏木钵、合道出土陶鬲，在马莲河上游。庆阳合水九站遗址和墓地[⑥]，庆阳合水师家庄兔儿沟西周墓地[⑦]，在马莲河支流城北河上游。庆阳韩家滩西周墓[⑧]，庆阳西峰巴咀西周墓[⑨]，庆阳火巷西周墓[⑩]，在马莲河西岸各沟渎上游。庆阳宁县宇村西周墓地[⑪]，庆阳宁县杨家台西周墓地[⑫]，庆阳西峰博物馆收藏西峰区温家乡地庄和陇东石刻艺术博物馆藏合水何家畔镇南岘出土的青铜器，在马莲河东岸沟渎上游。

马莲河上游双城子出土器物的年代为商末周初到西周早期。城北河上游的兔儿沟、九站出土器物的时代从西周早期到西周中期偏晚。马莲河与城北河交汇的宁县宇村、杨家台出土的时代相对较晚，可到两周之际。

4. 渭河上游

包括定西陇西县西河滩遗址[⑬]，还有天水甘谷毛家坪遗址和墓地[⑭]，武山东旱坪—刘家墩，寺洼遗址等 10 处两周遗址[⑮]，天水麦积董家坪遗址[⑯]，天水市师赵村[⑰]，天水广播电视局墓地[⑱]，天水东泉[⑲]，天水北坪村[⑳]，天水甘泉[㉑]天水张家川梁山乡岳山村[㉒]，天水清水李崖西周墓地及牛头河流域 31 处两周考古遗存[㉓]。宝鸡陈仓境内有屈家塬、毛家庄等西周遗址 9 处，西周墓地 1 处[㉔]。

---

① 刘得祯：《甘肃灵台两座西周墓》，《考古》1981 年第 6 期。
② 刘得祯：《甘肃灵台两座西周墓》，《考古》1981 年第 6 期。
③ 刘得祯：《甘肃灵台红崖沟出土西周铜器》，《考古与文物》1983 年第 6 期。
④ 史可晖：《甘肃灵台县又发现一座西周墓葬》，《考古与文物》1987 年第 5 期。
⑤ 许俊臣：《甘肃庆阳出土的商周青铜器》，《考古与文物》1983 年第 3 期。
⑥ 王占奎、水涛：《甘肃合水九站遗址考古发掘报告》，《考古学研究（三）》，文物出版社，1997 年。
⑦ 许俊臣、刘得祯：《甘肃合水、庆阳县出土早周陶器》，《考古》1987 年第 7 期。
⑧ 庆阳地区博物馆：《庆阳韩家滩庙嘴发现一座西周墓》，《考古》1985 年第 9 期。
⑨ 庆阳地区博物馆：《庆阳韩家滩庙嘴发现一座西周墓》，《考古》1985 年第 9 期。
⑩ 何翔：《甘肃西峰市出土的西周陶贝》，《文博》1991 年第 3 期。
⑪ 许俊臣、刘得祯：《甘肃宁县宇村出土西周青铜器》，《考古》1985 年第 4 期。
⑫ 许俊臣、刘得祯：《甘肃宁县宇村出土西周青铜器》，《考古》1985 年第 4 期。
⑬ 甘肃省文物管理委员会：《甘肃渭河上游渭源、陇西、武山三县考古调查》，《考古通讯》1958 年第 7 期。
⑭ 甘肃省文物工作队等：《甘肃甘谷毛家坪遗址发掘报告》，《考古学报》1987 年第 3 期。
⑮ 甘肃省文物考古所组织的 2017 年武山榜沙河、山丹河田野调查。
⑯ 甘肃省考古所和天水博物馆组织的 2018 年早期秦文化调查。
⑰ 中国社会科学院考古研究所：《师赵村与西山坪》，中国大百科全书出版社，1999 年。
⑱ 汪保全：《天水市出土西周青铜器》，《考古与文物》1998 年第 3 期。
⑲ 裴建陇：《周秦史事与考古发现的局部整合—以西周时期渭河上游为时空框架》，《天水师范学院学报》2017 年第 1 期。
⑳ 天水县文物志编写委员会：《天水县文物志》，1984 年。
㉑ 天水县文物志编写委员会：《天水县文物志》，1984 年。
㉒ 天水县文物志编写委员会：《天水县文物志》，1984 年。
㉓ 早期秦文化联合考古队：《牛头河流域考古调查》，《中国历史文物》2010 年第 3 期。
㉔ 陕西文物局主编：《陕西第三次全国文物普查丛书》，陕西旅游出版社，2012 年。

渭河与莱子河交汇处的西河滩遗址出土物时代为西周早期到西周中期。西河滩到毛家坪遗址之间没有西周遗址，但以毛家坪为中心周围15公里内有大量面积不超过2000平方米的小遗址，时代为西周晚期到战国时期。天水董家坪时代与毛家坪时代接近。渭河支流藉河北岸师赵村出土的陶器时代可到西周早期，渭河支流永川河上游东泉和甘泉所见的青铜器时代为商末周初。李家崖墓地出土物时代为西周早期到西周中期。张家川岳村出土的青铜器时代可到西周早期。宝鸡通天河、赤沙河上游出土的陶片破碎严重，仅能判断为两周时期遗物。

5. 西汉水上游

包括礼县圆顶山墓地[①]、礼县大堡子山墓地[②]、礼县西山墓地等。根据考古调查，西汉水两岸有商周到秦汉遗址37处，其中寺洼文化遗址25处，均位于西汉水及其支流上游[③]。

西汉水支流红河的上游，六八图—费家庄等遗址从出土物判断时代为战国至西汉时期。西汉水与永坪河交汇处的大堡子山出土物时代为西周晚期到战国时期，西山遗址的时代与大堡山时代接近。

6. 汧河上游

汧河夹在泾渭之间，两侧与泾河、渭河因山成分水岭。陇县韦家庄，纸坊沟，杨家庄，梁甫村，边家村等处均有青铜器出土，且出土两周泥质灰陶的遗址共有118处，有两周墓地21处[④]。

汧河上游韦家庄、纸坊沟出土的青铜器，时代为西周早期到西周中期偏晚。汧河两岸台地采集的陶器破损严重，仅能判断为两周时期遗物。

7. 泾河中游上段

包括达溪河下游与泾河交汇处的长武刘主河墓地[⑤]、张家沟墓地[⑥]，另外达溪河流域发现有60处西周遗址[⑦]。泾河上游的长武境内泾河南岸台地发现有23个两周遗址[⑧]，泾河中游上段的彬县泾河西岸有22处，东岸有17处两周遗址[⑨]。

达溪河下游刘主河、张家沟出土物的时代为西周早期。泾河中游上段遗址采集的泥质灰陶除个别时代清楚外，其他仅能判断为两周时期遗物。

通过梳理，泾、渭上游西周遗物分布最西边的遗址是渭河上游的陇西西河滩，最西北的遗址是清水河上游的固原孙家庄，子午岭西麓最北的遗存是环县双城子。面积达400000平方米以上的遗址有西河滩、姚河塬、白草坡—桥村、九站等。出土器物时代最早的是泾河、汭河和黑河台地的泾川地区；西周早期到西周中期的遗存分布范围最广，很多支流上游均有遗址；西周晚期春秋早期遗址点较少，只有泾河与马莲河交汇处的宁县地区、渭河与小南河交汇处的武山和甘谷等少数地区有分布。

---

① a. 毛瑞林，李永宁等：《礼县圆顶山秦墓》，《文物》2002年第2期。b. 李永宁、王刚等：《甘肃礼县圆顶山98LDM2、2000LDM4春秋墓》，《文物》2005年第2期。

② a. 游富祥、杨哲峰等：《2006年甘肃礼县大堡子山21号建筑基址发掘简报》，《文物》2008年第11期。b. 韦正、王辉：《礼县大堡子山祭祀遗迹发掘简报》，《文物》2008年第11期。c. 侯红伟：《礼县大堡子山东周墓葬发掘简报》，《文物》2008年第11期。

③ 甘肃省文物考古研究所等：《西汉水上游考古调查报告》，文物出版社，2007年。

④ 陕西文物局主编：《陕西第三次全国文物普查丛书》，陕西旅游出版社，2012年。

⑤ 田学祥、张振华：《陕西长武县文化大革命以来出土的几件西周铜器》，《文物》1975年第5期。

⑥ 田学祥、张振华：《陕西长武县文化大革命以来出土的几件西周铜器》，《文物》1975年第5期。

⑦ 中国社会科学院考古所：《2013年达溪河流域考古调查报告》，《西部考古》2017年第1期。

⑧ 田学祥、张振华：《陕西长武县文化大革命以来出土的几件西周铜器》，《文物》1975年第5期。

⑨ 田学祥、张振华：《陕西长武县文化大革命以来出土的几件西周铜器》，《文物》1975年第5期。

二、遗址属性与人群

梳理泾、渭上游各西周墓地出土的器物以及分析遗址出土采集陶片的时代，结合该区域山形、河流等自然环境，把西周遗存放到时空大背景下去分析，从而寻找两周时期人群的变化规律。

西秦岭、关中北山山系近乎东西向延伸，其余脉山梁、山前丘陵之间形成的河流多为南北向或东南—西北向；六盘山、陇山、子午岭等山系近乎南北向延伸，其余脉山梁、山前丘陵之间形成的河流大致呈东西或者西北—东南向。泾渭上游地区，被顺流而下的河流分成若干小区域，大量各时期的遗存就分布在山前丘陵地带，靠近河流两岸的黄土台地和两条河流的交汇处。

分布于黑河、汭河和泾河之间台地的西周墓地出土的器物时代最早可到商末周初，包括崇信于家湾、泾川下坳、泾明蒜李、庆阳韩家滩等出土器物。崇信于家湾墓地、灵台姚家村墓地、灵台洞山、灵台寺沟、灵台郑家洼、灵台社崖湾等所见墓葬，均反映出南北向“墓口略大于墓底，头端略宽足端，墓底平直，无要坑”的周式葬俗[①]。原州孙家庄西周墓、庆阳韩家滩庙嘴西周墓、灵台白草坡西周墓群、灵台红崖墓反映的是“长方形竖穴土坑墓，东西向，髋下有一腰坑，内葬一只小狗”的商式葬俗[②]。

灵台西岭、泾川玉都下坳、泾明蒜李、泾川泾明、城关姚池、长武刘主河、长武张家沟、合水兔儿沟、环县双城、正宁杨家台、西峰火巷、张家川岳山、天水师赵村等墓葬，出土器物年代为西周早期到中晚期，但墓坑破坏严重很难确定相应的葬俗。在对泾河两岸及其支流调查的过程中发现较多面积不超过10000平方米的居住遗址，这些遗址多和仰韶、齐家文化的遗址重合，堆积厚度最少40厘米以上，灰坑剖面深度1米以上的较多；而西周遗址的堆积厚度都很薄，为20厘米以下，灰坑剖面也较浅，深度1米以下，族属不确定。

黑河、汭河上游的于家湾是周人自己管理的地区，推测为文献记载的“密”[③]国，大致范围为崇信、泾川泾河和汭河流域的台地。达溪河上游的灵台白草坡和红河上游的彭阳姚河塬所见墓葬都存在腰坑，可能为商遗民管理的、与崇信于家湾具有同等级管理权的分封国。到目前为止，渭河上游发现葬俗最清楚的西周早中期的清水李崖墓地，其墓葬“东西向，头向西，墓地有腰坑，坑内有殉狗”，为典型的商式葬俗[④]。在陇西西河滩采集的陶片年代为西周早期延续到西周中期偏晚，但见不到西周晚期的陶片。结合文献与考古资料分析，西周初年，有一次大规模的人群迁徙到“西土”，是“以藩屏周”中的第一次分封。其核心区域是泾河上游的泾川地区的“密”和商遗民的等级聚落点。

镇原嗝边徐湾墓[⑤]、正宁西坡杨家台墓出土的青铜器多为两周之际，出土的铜鼎与洛阳27中东周王陵出土的铜鼎很接近[⑥]，推测其为周族遗留人群的遗存。正宁湘乐宇村墓出土的铜器为西周晚期，墓葬葬俗不清楚，不能确定族属，合水南岘可能为“西申”[⑦]。甘谷毛家坪、礼县西山、礼县大堡子山墓葬呈东西向，有腰坑，为秦人的墓葬，族属关系很清楚。天水麦积董家坪没有发掘，从采集的陶片可推测时代为西周晚期，可

① 甘肃省考古工作队：《甘肃崇信于家湾周墓发掘简报》，《考古与文物》1986年第1期。

② 许俊臣、刘得祯：《甘肃合水、庆阳县出土早周陶器》，《考古》1987年第7期。

③ 在泾川藏家手里见到战国时期戳印文“密”的陶罐，据说出自黑河流域，推测泾川境内黑河、泾河之间的台地可能为西周时期的密国。

④ 王太职：《清水李崖遗址西周遗存分析—兼论西周时期商式鬲及相关问题》，西北大学硕士论文，2013年。

⑤ 许俊臣：《甘肃庆阳出土的商周青铜器》，《考古与文物》1983年第3期。

⑥ 洛阳市文物工作队：《洛阳体育场路东周墓发掘简报》，《文物》2011年第5期。

⑦ 合水何家畔南岘出的青铜器铭文有“姜申”，但破坏严重不知道是否为墓葬。

沿用到春秋战国时期。结合文献和考古资料，从西周穆王讨伐“犬戎”[①] 开始，该地人群发生了第二次大规模变动，以寺洼、秦等为代表的族群开始进入西方，故西周遗存数量减少。由于没有出土文字材料，虽考古发现西周晚期商式葬俗的等级聚落点也较多，但无法判断是否与早期“秦”的轨迹有关。文献记载所见秦的分封，考古资料所见西周晚期的遗址数量众多，均可证明这一时期有人群进入西方，此次大规模的人群变动，可能与西周中晚期的第 2 次分封有关。

孙家庄、姚河塬、双城子、于家湾、九站、西河滩和李崖等遗址的出土物见不到西周晚期的器物，原因可能是周人被灭或者迁徙导致的遗址废弃。徐湾、杨家台、宇村、石家等遗址所见的周人群体，目前尚不清楚是新迁入或是原来本地区小范围迁徙而来的。

三、人群变化与战略

新石器时代，泾渭上游的主体文化是仰韶、常山下（菜园子）、齐家文化。到了商周时期，从以往考古发掘、调查的情况看，泾渭上游可分出刘家文化、寺洼文化、西周文化、秦文化和西戎文化五种文化类型，五类文化的分期以西周器物为参照体系，借助同出共存关系，可以把该区域内的各遗址按早晚关系串联起来。泾渭上游的西周时期遗址大量与仰韶、齐家文化遗址重叠，但从剖面厚度上观察，西周时期的堆积比后二者薄，可能是西周时期人群生活时间较短，所以堆积较薄。也不排除是因为同一人群，短时间内在相邻遗址之间有迁徙的现象。无论是哪一种现象，都大体反映了西周族属人群总量较少的状况。

泾渭流域的地貌从商周时期以来变化不大，遗址和墓地均在河道的高处，可通过主、支河流和分水岭把该区域连成一片，形成一个有机联系的管理区域。泾河上游与西周王朝关系密切，故该区域早期遗址分布密度和规模较大，且遗址连续性明显高于渭河上游。西周晚期，泾河上游遗址数量减少，从出土器物时代明显的遗址看，西周势力收缩到泾河中游。同时，渭河上游葫芦河与渭河交汇的天水董家坪，小南河与渭河交汇的甘谷毛家坪，西汉水与燕子河交汇的西山，西汉水与永坪河交汇处的大堡子山等，都是西周晚期的重要遗址，整个区域遗址数量有增加的趋势，春秋早中期扩大到牛头河、汧河和达溪河上游。

1. 西周早期的战略布局

通过梳理泾河上游流域的遗址和出土物，大致可判断西周早期随着西周王朝分封制度的确立，大量的商代遗民被迁徙到该区域。从目前已经发掘的灵台白草坡、彭阳姚河塬、清水李崖、甘谷毛家坪、泾阳高家堡等墓地看，墓葬中均带有腰坑、殉葬狗，这种带有商文化特征的葬俗呈多点分布的特点，可说明不止一个商遗民族群进入该区域。周王分封的周族势力虽为核心，但数量上并不占据多数，可肯定商代族群是守卫泾渭上游流域的主体。

姚河塬、泾川官山林场出土的陶器有刘家文化的陶器，刘家文化的下限可到商周之际，西周的陶器从早期到中期偏晚均有。由此可知，姚河塬的西周族群是居住在原刘家文化人群居住的遗址上，刘家文化陶器在西周早中期被周文化陶器取代，其有可能就是周王朝派来监管该地区的原住民的；而泾川地区出土的商末周初器物，表明周人在该区域要面对的都是刘家文化人群。九站遗址出土的陶器有寺洼文化的陶器，寺洼文化的下限可到两周之际，西周的陶器从早期到中期偏晚均有，铲形袋足鬲和麻点纹陶釜出现在该地。由此可见，九站遗址的西周族群和寺洼人群同时居住，寺洼和西周陶器在西周中期偏晚同时消失，可解释为九站遗

① 路国权：《泾、洛、渭河上游西周文化边界与相关问题初论》，《考古与文物》2013 年第 3 期。

址中的寺洼人群与西周人群同时在西周中晚期离开或灭亡。张家川岳山出土的西周早期铜鼎，有可能属于防御或对峙在葫芦河流域庄浪县徐家碾寺洼文化据点的西周族群。

崆峒庙庄、白草坡、环县双城子、合水兔儿沟等地出土的器物，可证明西周早期有西周人群到达泾河上游，形成了以西周族群为核心、商遗民为主体的统治格局。在周王朝管理体系的周围，还分布着若干不同的刘家、寺洼文化的小族群，这就构成了西周早期泾渭流域的人群分布。

2. 西周中晚期的变迁

泾河上游流域西周遗存在中晚期突然消失，姚河塬、于家湾、九站、白草坡，甚至西河滩遗址在西周晚期都没有延续，而渭河上游西周晚期遗存突然呈现增长的趋势。甘谷毛家坪、礼县西山墓地也出土了带有腰坑的商文化葬俗，天水董家坪采集的陶器上限可到西周晚期，主体是春秋、战国时期，都说明在西周晚期该区域有新的人群进入。以甘谷磐安和武山洛门为核心，半径 15 公里的范围内存在 10 处面积达数千平方米、时代从西周晚期到春秋战国时期的遗址，说明第二波商遗民进入渭河上游地区。

毛家坪遗址出土的陶器有西周的元素，上限可到西周晚期，下限可到春秋战国时期，而“麻点纹”陶釜、陶鬲和大喇叭口罐及毛家坪 B 组的铲形袋足鬲时代甚至可到战国中期。由此可知，毛家坪遗址西周族群有可能是秦人，其后续使用的陶器代表秦人从西周文化中分化出来，并和西戎陶器共同构成了秦人的主体器物。西山遗址的陶器风格和毛家坪遗址类似，均为墓葬有腰坑的商式葬俗的群体，其对抗的族群是进入西周的寺洼文化人群，使用的陶器以橘黄色的陶豆为代表。

渭河上游西河滩、李崖的时代上限为西周早期，下限到西周中期偏晚，葬俗亦以商遗民的腰坑墓葬为代表。毛家坪、董家坪、西山等均是从西周晚期开始，其葬俗亦有腰坑，由此可知，西周王朝派遣到该地的商遗民不止一支，有商文化因素的并不一定与早期秦文化有关。

3. 文献中泾渭上游的变化

结合《史记·周本纪》和《史记·秦本纪》，可解读泾、渭上游考古资料的变化。西周早期，西周王朝分封在泾渭上游的封国（族属）很多，如西河滩、姚河塬、于河湾、白草坡、刘主河、双城子等地，大多为商遗民，沿用商式葬俗，他们成为防御泾渭上游以刘家、寺洼器物群为代表的人群的主体。从穆王讨伐“犬戎”得四白狼、四白鹿开始，客观上破坏了犬戎或者羌人与西周王朝的联姻关系。在考古遗存上表现为，西周文化元素收缩，寺洼文化南下进入泾、汧河上游。至共王灭密，自毁“西土”防御的体系，周族自身核心地位下降，泾渭上游商、周族群开始内收、迁徙甚至被灭。

西周中期偏晚，迫于形势，西周王朝改变战略，从渭河进入陇山以西。西周厉王时期，大骆族被“犬丘”所灭，同时很多商遗民族群也被灭。孝王时非子为附庸，宣王时封秦秦仲为大夫，宣王时封秦庄公为西垂大夫，秦人开始收纳其他商遗民，控制了渭河上游，同寺洼文化陶器为代表的“犬戎”或者“羌人”进行对抗。

小　结

通过调查泾渭上游西周遗址的分布情况，基本可以确定西周早期，很多支商遗民进入该区域，面对戎狄、羌人集团时，或对抗或结盟，成为该区域的主体。受制于自然环境和外界人文环境，商遗民大多选择仰韶、常山下、齐家文化等人群居住过的地方，故西周时期遗址大多与早期遗址重叠，自己选择新居住地的较少，只有陇西西河滩、桥村—白草坡等。刘家文化从西北方向的姚河塬、官山林场一线进入宝鸡麟游地区与西周王朝发生关系，而寺洼文化则是从西南向东北方向发展，进入葫芦河、清水河、牛头河进入庆阳地区，成为侵扰西周的主要力量。

西周时期的周王室对泾渭上游有两波分封，分封对象大多为商遗民。以商遗民为主体的族群在一个遗址生活的时间均很短，到西周中期偏晚，随着泾渭上游犬戎族群的进攻或者自身的内迁，导致犬戎族群进入该地区，表现为西周遗址数量大规模减少。这种变化和关中地区西周中期偏晚王畿以内遗址数量的变化一致[①]。嬴秦族是西周王朝第二波分封到泾渭上游的一支商遗民，其在西周王朝战略调正的基础上，不断汲收、分化其他族群，最先成为渭河上游族群中的管理主体。

灵台景家庄墓[②]、灵台洞山东周墓[③]出土的青铜器和以喇叭口罐为典型的秦人器物，表示秦人在春秋中期进入达溪河流域，并以此为基础逐步向东、向北扩张。战国时期，彭阳小河湾、崆峒庙庄、合水九站等以铲形袋足鬲、“头蹄葬”为代表的西戎文化和以“麻点纹”陶釜为代表的“秦”文化迅速发展，重新掌控了泾渭上游区域，甚至再次进入清水河、祖厉河上游。

附记：本文为国家社科基金“秦文化墓葬的多元文化因素与社会变迁研究”（22BKG013）成果。

① 马赛：《西周时期关中地区的聚落分布与变迁》，《南方文物》2017年第3期。

② 刘得祯、朱建唐：《甘肃灵台景家庄春秋墓》，《考古》1981年第4期。

③ 吴礽骧：《甘肃灵台县两周墓葬》，《考古》1976年第1期。

暗纹陶器研究

西北大学文化遗产学院 张 聪

摘要：暗纹陶器，即饰以暗纹之陶器。最早出现于江汉地区商代晚期遗存中，流行于战国时期中原地区。本文在明确暗纹陶器概念、制作技法、研究现状基础上，通过对其区域、器型、纹饰发展演变过程的梳理，发现其存在纹饰演变、功能性质的重大变革，并表现出明显的区域性差异。暗纹陶器文化面貌的发展演变和区域性差异与当时社会发展趋势、审美观念、区域文化、自身制作工艺存在必然联系。同时指出暗纹陶器是区域之间文化交流的产物，是中原地区与江汉地区之间持续文化互动的结果，两地之间或存在较为密切的互动。

关键词：暗纹陶器；区域差异；纹饰演变；功能性质；文化面貌

暗纹陶器，亦称磨光压纹黑陶、砑花陶等，即饰以暗纹之陶器。暗纹系在黑陶泥胎将干未干时，用骨、竹、石等打磨工具简单打磨，然后再使用钝锋的工具在其表面上进行压划或压磨出相应纹饰。纹饰部分经压划或压磨后较之周围密度更大，表面更为光滑，镜面反射能力更强，光泽度更高。器物烧成以后，当光线反射的角度适当时，纹饰部分乌黑光亮，无纹饰部分显露出灰黑色胎质，二者形成鲜明对比，突出纹样。但由于花纹较为暗淡，若隐若现，既没有明显凹入或凸出，又没有施用任何颜色，若光线的角度不适合，则不易看清，所以称之为暗纹。暗纹陶器由于其独特的装饰技法与文化面貌而广受关注，安志敏[①]、王仲殊[②]、杨宽[③]、冯先铭[④]、张辛[⑤]、张卉[⑥]等学者都在其著作中有所提及，但除张辛先生对东周中原地区暗纹陶器国别、分期进行了一定论述外[⑦]，其他学者仅从制法、纹饰方面对其进行描述，并未对其他方面进行深入探究。本文尝试就暗纹陶器发展演变过程及相关问题进行一些探讨。

① 安志敏：《陶器》，《文物参考资料》1953年第1期。
② 王仲殊：《洛阳烧沟附近的战国墓葬》，《考古学报》1954年第2期。
③ 杨宽：《战国史》，上海人民出版社，2016年，第670页。
④ 冯先铭：《中国陶瓷》，上海古籍出版社，2011年，第55页。
⑤ 张辛：《中原地区东周陶器墓葬研究》，科学出版社，2002年，第114—115页。
⑥ 张卉：《中国古代陶器设计艺术发展源流》，南京艺术学院博士论文，2017年，第112—113页。
⑦ 张辛：《中原地区东周陶器墓葬研究》，科学出版社，2002年，第114—115页。

一、暗纹陶器区域发展过程分析

由于主客观条件的局限性，前辈学者认为暗纹陶器“未见于殷代与西周”[①]，是“战国时期独有的品种”[②]。但从目前的考古资料来看，事实并非如此。只是进入战国时期后暗纹陶器在中原地区得到迅猛发展，其所呈现的与之前诸时期不同的文化面貌和繁荣景象，使诸学者产生了误解。根据现有的考古资料来看，商代晚期，暗纹陶器已经出现于江汉地区，在1990年发掘的湖北阳新大路铺遗址商代晚期遗存中便已出现饰以放射状线形暗纹的浅盘豆，这是目前已知最早的暗纹陶器[③]。西周时期，暗纹陶器得到进一步发展，在湖北宜昌万福垴遗址[④]、清江香炉石遗址[⑤]等江汉地区西周中晚期遗存中有更为普遍的发现，数量较以前也有所增加。更重要的变化是暗纹陶器开始出现在新郑兴弘花园墓葬M18[⑥]、热电厂M25[⑦]等位于中原腹地的西周中期墓葬中。虽然此时期中原地区暗纹陶器数量、规模远不如江汉地区，江汉地区仍是暗纹陶器的发展中心地域，但是这一变化标志着暗纹陶器已突破其原有发展地域，扩展到中原地区，在影响范围与人群上实现了质的突破，反映出中原地区与江汉地区在此时期密切的交流关系。

进入东周时期，江汉地区暗纹陶器已经衰落，仅在香炉石遗址[⑧]、余岗楚墓[⑨]、丹凤古城楚墓[⑩]有些许发现，而暗纹陶器在中原地区得以迅猛发展。在山西中南部临汾天马一曲村[⑪]、侯马上马[⑫]、万荣庙前[⑬]、吕梁三交[⑭]、榆次猫儿岭[⑮]等东周遗址中出土暗纹陶器380余件，仅1984年发掘的榆次猫儿岭战国墓地就出土暗纹陶器302件[⑯]，是目前出土暗纹陶器数量最多的遗址；河南郑州二里冈[⑰]、新乡褚邱[⑱]、新乡琉璃阁[⑲]、洛阳烧沟[⑳]等东周遗址里共出土暗纹陶器270余件，其中以1959年洛阳烧沟战国墓葬最具代表性，该遗址出土暗纹陶器179件，占全部出土陶器的54%，在带纹饰陶器中占比达90%，以弦纹、网状纹、锯齿状纹、“S”形纹、螺旋状纹等几何图案组成繁缛的暗纹图案成为该次发掘最大亮点[㉑]。河北邢台尹郭村[㉒]、石家庄中七汲

① 王仲殊：《洛阳烧沟附近的战国墓葬》，《考古学报》1954年第2期。

② 张卉：《中国古代陶器设计艺术发展源流》，南京艺术学院博士论文，2017年，第112—113页。

③ 湖北省文物考古研究所、湖北省黄石市博物馆、湖北省阳新县博物馆：《阳新大路铺》，文物出版社，2013年，第679页。

④ 湖北省文物考古研究所、武汉大学历史学院考古系：《湖北宜昌万福垴遗址发掘简报》，《江汉考古》2016年第4期。

⑤ 湖北省清江隔河岩考古队：《湖北清江香炉石遗址的发掘》，《文物》1995年第9期。

⑥ 河南省文物考古研究所：《郑韩故城兴弘花园与热电厂墓地》，文物出版社，2007年，第54页。

⑦ 河南省文物考古研究所：《郑韩故城兴弘花园与热电厂墓地》，文物出版社，2007年，第55页。

⑧ 湖北省清江隔河岩考古队：《湖北清江香炉石遗址的发掘》，《文物》1995年第9期。

⑨ 襄阳市文物考古研究所：《余岗楚墓》，科学出版社，2011年，第44页。

⑩ 陕西省考古研究所、商洛市博物馆：《丹凤古城楚墓》，三秦出版社，2006年，第142页。

⑪ 北京大学考古学系商周组、山西省考古研究所：《天马一曲村1980—1989》，科学出版社，2000年，第967—970页。

⑫ 山西省考古研究所：《上马墓地》，文物出版社，1994年，第138—141页。

⑬ 山西省考古研究所：《万荣庙前东周墓葬发掘收获》，《三晋考古（第一辑）》，山西人民出版社，1994年，第218—250页。

⑭ 山西省考古研究所、吕梁地区文物管理处：《临县三交战国墓发掘简报》，《三晋考古（第一辑）》，山西人民出版社，1994年，第304—312页。

⑮ 猫儿岭考古队：《1984年榆次猫儿岭战国墓葬发掘简报》，《三晋考古（第一辑）》，山西人民出版社，1994年，第266—287页。

⑯ 猫儿岭考古队：《1984年榆次猫儿岭战国墓葬发掘简报》，《三晋考古（第一辑）》，山西人民出版社，1994年，第266—287页。

⑰ 河南文化局文物工作队：《郑州二里冈》，科学出版社，1959年，第56—62页。

⑱ 中国科学院考古研究所：《辉县发掘报告》，科学出版社，1956年，第127页

⑲ 中国科学院考古研究所：《辉县发掘报告》，科学出版社，1956年，第35—40页。

⑳ 王仲殊：《洛阳烧沟附近的战国墓葬》，《考古学报》1954年第2期。

㉑ 王仲殊：《洛阳烧沟附近的战国墓葬》，《考古学报》1954年第2期。

㉒ 河北省文化局文物工作队：《邢台尹郭村商代遗址及战国墓葬试掘简报》，《文物》1960年第4期。

村[①]、邯郸百家村[②]、保定岗北村[③]、访驾村[④]等东周遗迹中出土暗纹陶器100余件，其中以中山王䥶墓中出土的暗纹陶鼎和鸟柱盘最为精美[⑤]，中山王䥶墓也是目前出土暗纹陶器最高等级的墓葬之一。中原地区成为暗纹陶器发展的核心区域。

二、暗纹陶器纹饰发展过程分析

暗纹陶器的纹饰类型主要包括几何暗纹和象形暗纹两种。几何纹又可分为单一几何暗纹和复合几何暗纹两种。单一几何暗纹包含放射状线形暗纹、暗弦纹、栉齿暗纹、网格暗纹、锯齿暗纹、三角形暗纹、暗涡纹等几何纹饰；复合几何暗纹，即由两种或两种以上几何暗纹纹饰构成的较为复杂的纹饰。象形暗纹则是器物暗纹纹饰包含有对动物、植物等某种实物的真实或象征性的模仿。（表一）

表一　暗纹陶器纹饰描述

纹饰类型	具体纹饰	纹饰描述	典型器物
几何暗纹	放射状线形暗纹	围绕一中心点呈放射状向周围扩张，或为直线形，或为其他较复杂之纹样，中心为一点，或为圆形等。	大路铺90EF2：26（图三，1）
	暗弦纹	较粗的，呈带状，亦称条带纹，单独一条，多分布于壶、罐等器物外部腹身，用以将一件器物的全部纹样划分为若干区段；较细的，往往由许多平行的线条组成，分布普遍，但难以与轮修痕区分。	黄张M14：14（图三，14） 宋郭M4·4（图二，15）
	栉齿暗纹	由诸多平行短线组成，分垂直和斜行两种。	辽瓦店子遗址H236：2（图三，1） 辽瓦店子遗址J1：7（图三，3）
	网格暗纹	由许多斜线或垂直直线相互交叉形成网状纹样。	三交墓地M22：1（图三，4）
	锯齿暗纹	由一条、两条、三条甚至多条平行的弯曲近似锯齿线条组成，可以分为横列、纵列、斜行和环形四种。锯齿纹往往被用在三角形、菱形、人字形或兽角形的范围之内，形成各种不同的纹饰。	上马M5166：4（图三，5） 猫儿岭M121：1（图三，6） 猫儿岭M121：26（图三，8） 三交墓地M19：19（图三，7）
	“S”形暗纹	有些像英文字母“S”，其两端往往卷曲成涡状，一般为横向放置，也纵向放置，在个别鼎上可以看到数个“S”形纹首尾相接，呈绳索状纹样。	三交M23B：4（图三，13） 三交M23B：1（图三，11） 杨岗M5：1（图三，14）
	三角形暗纹	由三或四个平行的人字形纹组成，尖端向上或向下，有时尖端或近尖端处附以数量不等的涡纹，个别鼎盖之上又有两个三角形纹相交接，交界处连接一短线，短线两端各附一圆圈纹样。	岗杜M20：5（图三，9）
	暗涡纹（螺旋状暗纹）	由内而外作螺旋式的扩大。较小一种分布于鼎肩部或壶的肩部。较大一种分布于浅盘豆豆盘之内。	岗杜M33：5（图三，10）
	半圆形暗纹	由三或四个平行半环形纹组成，多分布于器物肩部，并饰其一周。	辽瓦店子遗址J1：5（图三，16）
	复合几何暗纹	由两种或两种以上暗纹几何纹饰构成的较为复杂的纹饰。	烧沟M604：9（图三，18） 二里冈M215：1（图三，17）

① 河北省文物考古研究院、中国人民大学历史学院考古文博系：《河北平山中七汲战国墓地M11、M37发掘简报》，《文物》2020年第9期。
② 河北省文化局文化工作队：《河北邯郸百家村战国墓》，《考古》1962年第12期。
③ 河北省文物研究所：《战国中山国灵寿城—1975～1993年考古发掘报告》，文物出版社，2004年，第332—341页。
④ 河北省文物研究所：《战国中山国灵寿城—1975～1993年考古发掘报告》，文物出版社，2004年，第299—318页。
⑤ 河北省文物研究所：《战国中山国灵寿城—1975～1993年考古发掘报告》，文物出版社，2004年，第332—341页。

表一　暗纹陶器纹饰描述(续表)

纹饰类型	具体纹饰	纹饰描述	典型器物
象形暗纹	暗鱼纹	对鱼的象征性模仿	猫儿岭 M207：10（图三，19）
	暗鸟纹	对鸟的象征性模仿	上社墓地 M2：4（图三，20）
	暗叶纹	对植物茎叶的象征性模仿	岗北村 M8007：2（图三，21）

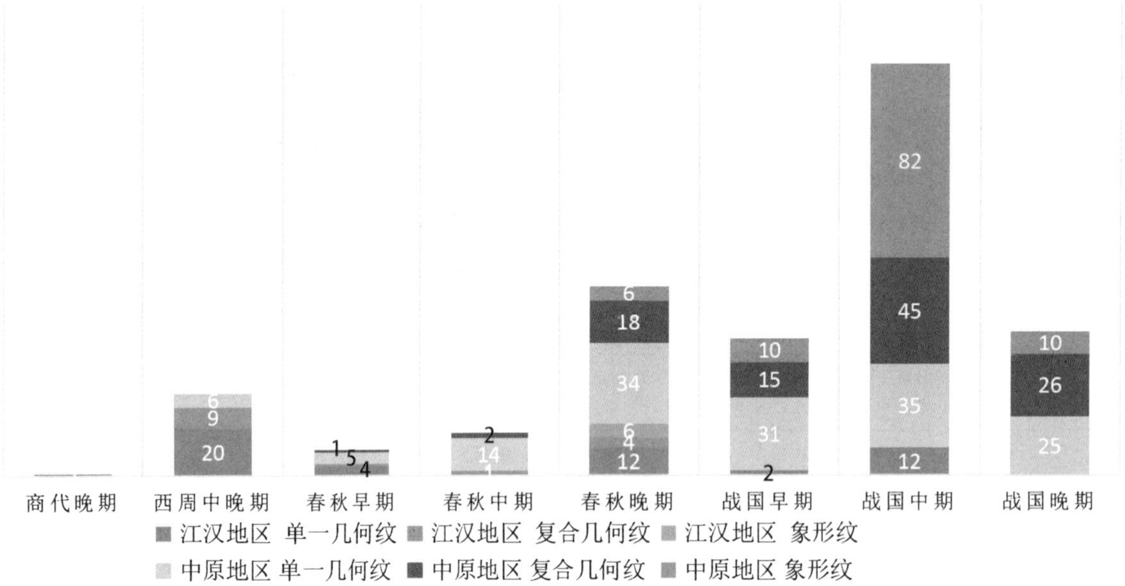

图一　商周时期暗纹陶器纹饰统计图

（该图为根据目前考古资料，对有明确出土地点、年代分期和具体纹饰描述的 399 件暗纹陶器进行统计所得，图中数字代表陶器数量）

纵观暗纹陶器发展历程，如图一所示，暗纹陶器纹饰发展明显存在着区域之间的差别，具体表现为江汉地区纹饰发展趋势与中原地区纹饰发展趋势的分野。

江汉地区商代晚期大路铺遗址所出土的暗纹陶器，其器型均为浅盘豆，纹饰皆为放射状线形暗纹，即以豆盘中心为基本点，以线形纹饰呈放射状延伸至整个豆盘。放射状线形暗纹是江汉地区最为原始的一种暗纹纹饰，也是该区域最为普遍和延续时间最长的一种暗纹纹饰类型。西周中晚期，网格暗纹、竖线暗纹、锯齿暗纹、复合几何暗纹等暗纹纹饰开始在江汉地区出现。江汉地区暗纹纹饰在此时期基本定型，趋向固定化。东周时期，江汉地区暗纹纹饰再无创新，趋向衰落。

中原地区暗纹陶器自出现起便呈现出与江汉地区不同的纹饰特征。虽然中原地区目前发现最早的暗纹陶器，其器型同江汉地区一样为浅盘豆，但其纹饰皆为暗弦纹，并未出现与江汉地区相似的放射状线形暗纹，而且此后诸时期中原地区也极少出现放射状线形暗纹，此或与二者文化传统相关，需进一步探讨。春秋早期，锯齿暗纹、网格暗纹、竖线暗纹等简单纹饰开始出现于豆、壶等器物之上，并普遍发展；春秋中期，复合几何暗纹、象形暗纹开始出现，但数量仍然较少；春秋晚期，复合几何暗纹、象形暗纹开始较为大量的出现，且复杂化发展倾向明显，所饰器物类型更加丰富，鼎、盒、壶、盘等器型开始使用暗纹修饰；至战国中期，复合几何暗纹和象形暗纹等复杂暗纹纹饰得到普遍发展，出现通体暗纹、装饰繁缛的器物，呈现出复杂暗纹纹饰与简单暗纹纹饰平分秋色的局面，饰以暗纹的陶器几乎涵盖了全部的陶器类型。

三、暗纹陶器功能性质演变过程分析

通过对暗纹陶器分布遗迹单位（图二）和所涉及的器物器型的分析，暗纹陶器在其发展过程中存在功能性质的转变和地域差异。江汉地区暗纹陶器在东周之前多分布于房址、窑址、灰坑等生活遗迹之中，在同期墓葬中并未出现，其器型也主要是罐、鬲、大口尊等生活用具，由此可以推断出江汉地区暗纹陶器在此时期或主要为日常生活用陶。东周时期虽有极个别墓葬出现暗纹陶器随葬现象，但并未产生普遍性影响，其分布的主要遗迹单位还是生活遗迹，这说明其作为日常生活用陶的功能性质并未发生改变。而中原地区则与之不同，自西周中期暗纹陶器出现开始，便以随葬品的形式出现在墓葬之中，但其性质仍为日常生活用陶。东周时期，中原地区暗纹陶器功能性质发生重大变革，暗纹陶器开始大规模以鼎、盖豆、壶等礼器的形制、规格，甚至是以礼器组合的形式出现在不同等级墓葬之中，而它这种表现与仿铜陶礼器的根本特征完全吻合，这说明中原地区暗纹陶器在东周时期已经由日常生活用陶转变为具备礼器性质和政治性的陶礼器。

仿铜陶礼器[①]，是邹衡先生在研究殷墟陶器墓时提出的一个概念，是仿照同时期青铜礼器制造的一种随葬陶礼器，在形制、纹饰、组合等方面都与同时期或前期所流行的青铜礼器相同或相似，并被赋予礼器性质，只是质地为陶质的一种陶质器皿。[②] 东周时期中原地区暗纹陶器完全符合仿铜陶礼器的概念，据此可以明确，东周时期中原地区暗纹陶器是仿铜陶礼器诸多表现形式中的一种，即饰以暗纹的仿铜陶礼器，暗纹或为对青铜礼器纹饰的象征性模仿。暗纹与仿铜陶礼器是东周时期中原地区暗纹陶器的两个基本属性，暗纹是其根本属性，仿铜陶礼器是其社会属性，是其功能性质的决定性因素。东周时期中原地区暗纹陶器因其独特的社会属性而具有不同于日用陶器的功能，其带有一定的政治色彩和丧葬色彩，其社会功能由使用者身份直接体现，因此，研究东周时期中原地区暗纹陶器社会功能演变问题需要对其使用者身份地位进行全面分析。

战国时期之前出土有暗纹陶器的墓葬，全部为竖穴土坑墓，形制十分单一，其墓葬形制大小、随葬品种类数量都十分相似，长度在 2.4 米－3.2 米之间，宽度在 1.1 米－2.1 米之间，葬具多为一棺一椁，随葬品以鬲、豆、罐等生活用陶为主，数量在 5 件左右。由此可以推断，在此时期，选择暗纹陶器作为随葬品的使用者身份等级不高，应为一般平民或庶民。其随葬暗纹陶器纹饰简单，多为网格暗纹、弦暗纹和锯齿暗纹等单一几何纹和较为简单的复合几何纹。

战国时期暗纹陶器开始出现在中原地区大中型墓葬之中。河北平山三汲 M1，有巨大覆斗形夯筑封土，上设有三级台阶，顶端有享堂建筑，墓葬平面呈中字形，包括墓室和南北两条墓道，墓室面积达 700 平方米，有东库、西库和东北库，东西两侧有六座陪葬墓和五座外陪葬墓，随葬有铁足大鼎、四龙四凤方案等制作精美、种类繁多的青铜礼器、陶礼器、生活用具、玉石器、装饰品和车马器，[③] 均昭示着墓主人极高的身份地位。通过对史料与出土铭文的判断，推断其为中山王𰯼的王陵，其出土有 10 件极其精美的暗纹陶器，造型端庄优美，纹饰流畅典雅，色泽漆黑明亮，代表着暗纹陶器制作工艺的最高水平。与之相似的还有固围村 M1[④] 等王陵级墓葬。

山西万荣庙前 61M1，为竖穴土坑墓，口大底小的墓口长 4.92 米、宽 4.18 米，墓底长 4.5 米、宽 3.56

---

① 邹衡：《试论殷墟文化分期（续完）》，《北京大学学报（人文科学）》1964 年第 5 期。

② 康石磊：《殷墟仿铜陶礼器研究》，陕西师范大学硕士学位论文，2013 年，第 2 页。

③ 河北省文物管理处：《河北省平山县战国时期中山国墓葬发掘简报》，《文物》1979 年第 1 期。

④ 中国科学院考古研究所：《辉县发掘报告》，科学出版社，1956 年，第 69—83 页。

米，墓深 7.9 米，其填土经过夯打，葬具为一椁重棺，随葬品 300 余件，种类丰富，出土了十余件暗纹陶器，其暗纹纹饰较为简洁，大部分饰以“S”形暗纹，个别饰以暗鱼纹、暗涡纹等象形暗纹。除陶礼器外，该墓葬还随葬有铜鼎、铜簋、铜壶等青铜礼器、车马器、玉石器、鹿角器等①。杨富斗、田建文等先生推测其为大夫一级的魏国贵族墓葬。与其相似的还有邱家庄 M13②、上马 M4090③、庙前 62M27④、百家村 M3⑤、下平望 M1002⑥ 等中型贵族墓葬。

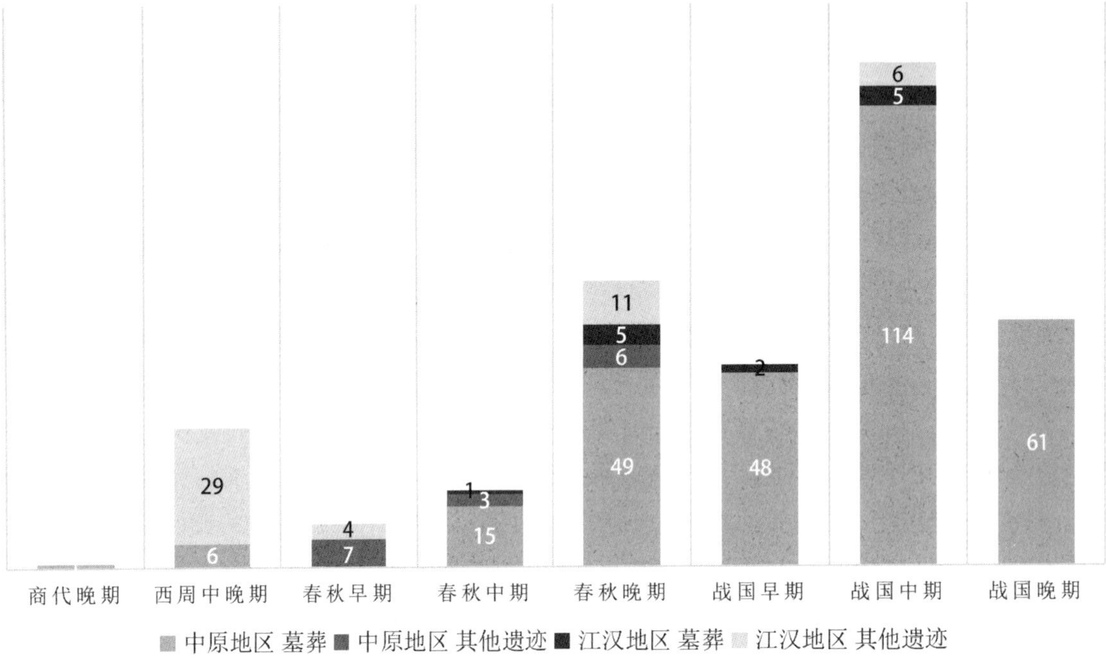

图二 商周时期暗纹陶器遗迹分布统计图

（该图为根据目前考古资料，对有明确出土地点、年代分期和遗迹单位的 412 件暗纹陶器进行统计所得，数字代表陶器数量）

河北平山岗北村 M8011，为土圹竖穴木椁墓，墓葬长 4.8 米、宽 3.94 米、深 5.65 米，墓内填土经夯实，一椁一棺，随葬 30 余件器物，出土有 10 余件暗纹陶器，多饰以简单几何暗纹。除随葬有陶器外，还有玛瑙环等玉石器和铜镜、铜锛少量日用铜器，而无青铜礼器⑦。其等级层次虽远不及前两类型墓葬，但墓主人亦应为低等级贵族。与之相似等级规格的墓葬还有河北百家村 M21⑧、邱家庄 M10⑨ 等。

河南郑州二里冈 M215，该墓葬亦为竖穴土坑墓，长 3.06 米，宽 2.59 米，葬具为一棺一椁，随葬品 11 件，除一件铜带钩外，其他随葬品皆为通体饰以繁缛暗纹的陶礼器⑩，墓主人身份等级不高，或为一般平民。

---

① 山西省考古研究所：《万荣庙前东周墓葬发掘收获》，《三晋考古（第一辑）》，山西人民出版社，1994 年，第 218—250 页。
② 运城行署文化局、运城地区博物馆：《山西闻喜邱家庄战国墓葬发掘简报》，《考古与文物》1983 年第 1 期。
③ 山西省考古研究所：《山西侯马上马墓地发掘简报》，《文物》1989 年第 6 期。
④ 山西省考古研究所：《万荣庙前东周墓葬发掘收获》，《三晋考古（第一辑）》，山西人民出版社，1994 年，第 218—250 页。
⑤ 河北省文化局文化工作队：《河北邯郸百家村战国墓》，《考古》1962 年第 12 期。
⑥ 山西省考古研究所、侯马工作站：《山西侯马下平望两座东周墓》，《文物季刊》1993 年第 4 期。
⑦ 河北文物研究所：《战国中山国灵寿城—1975～1993 年考古发掘报告》，文物出版社，2004 年，第 292 页。
⑧ 河北省文化局文化工作队：《河北邯郸百家村战国墓》，《考古》1962 年第 12 期。
⑨ 运城行署文化局、运城地区博物馆：《山西闻喜邱家庄战国墓葬发掘简报》，《考古与文物》1983 年第 1 期。
⑩ 河南文化局文物工作队：《郑州二里冈》，科学出版社，1959 年，第 89 页。

与之相似的还有洛阳烧沟 M604、M654[①]、李大召 M35[②]、仓西 M48[③]、瓦窑坡 M35[④] 等。

综合上述分析可知，暗纹陶器使用者以平民阶层为主，各等级贵族皆有使用，其完整地展示出由平民阶层兴起，逐渐影响到中高等级贵族，得到各个等级、不同身份人物的认可的传播路径。同时也证明，暗纹陶器虽已具有礼器性质，但从现有资料来看，不管是平民还是王侯，皆可以使用暗纹陶器作为随葬品，平民亦可以使用繁缛的暗纹装饰自己的“用具”，各等级使用规格、数量界限并不明确，此或与东周“礼崩乐坏”的社会背景相关。

四、相关问题讨论

1. 战国时期暗纹陶器文化面貌

战国时期是暗纹陶器发展过程中的关键阶段。一方面，暗纹陶器在战国时期发展到顶峰。数量迅猛增加，超过之前诸时期出土暗纹陶器总和；艺术水平达到最高，纹饰繁缛精美，艺术性极强；影响广度与深度远超之前诸时期，上至王侯，下至平民，各阶层皆以暗纹饰具；突破地域，核心区域转向中原；功能性质完成从日用陶器到随葬仿铜陶礼器的转变。另一方面，战国时期是暗纹陶器发展的分水岭，在战国之后，暗纹陶器急速衰落直至消亡。暗纹陶器在战国时期独特的文化面貌与急剧变化的发展趋势或是战国“古今一大变革之会”[⑤] 的社会状况和暗纹的相对优势突出共同作用的结果。

战国时期，奴隶社会经济基础全线动摇，封建制度经济基础日益稳固，新兴地主阶级不断冲击固有制度，礼法制度对社会的约束力减弱，僭越之风遍及大众，由原来平民阶层或中下贵族构成的新兴地主阶级广泛使用超越自身原有规定器型或数目的仿铜陶礼器来象征自身地位的提升。各国兴起的改革运动，让旧贵族失去原有的特权和利益，使其无财力与实力去随葬青铜礼器，便用陶礼器来粉饰自己的地位和身份，享受“低配”的礼制。宗法分封制趋于崩溃，个体个性得到解放，鬼神思想动摇，社会趋于世俗化，随葬器物趋于明器化，以“陶”代“铜”现象普遍出现。在此等社会背景之下，仿铜陶礼器在中原地区得以普遍流行和使用，为暗纹陶器的迅速发展构成了宏观背景，是暗纹陶器得以发展的根本原因。

相比而言，暗纹陶器在纹饰、生产技术等方面较其他陶器纹饰类型所具有的相对优势是影响暗纹陶器发展的微观视角，也是其增长和衰落的直接触点。当时磨光技术成熟，并且在社会上盛行，暗纹制作技艺简单，并与磨光在技术方面有极大的相似性，甚至可以说暗纹技术是磨光技术的一种独特的、高层级展现形式，二者有异曲同工之妙，既不需要任何其他材料，也不需要高超的绘画技艺，就足以满足各层级使用者仿铜陶礼器对纹饰的需求。东周时期绳纹衰落，呈现杂乱无章的特点，已然不再符合社会审美。彩绘陶器在春秋晚期才出现在中原地区，由于其需要彩绘染料和较为高超的绘画技艺，在战国早中期其仍处于萌生阶段，其传播范围和社会认可程度还在初级阶段，还未产生大规模、流行性的影响。在此绳纹衰落、磨光盛行、彩绘未起的历史机遇下，暗纹陶器在中原地区得以兴起、发展、繁荣。战国晚期彩绘陶器在中原地区大规模兴起，暗纹陶器的衰落或与此直接相关。

---

① 王仲殊：《洛阳烧沟附近的战国墓葬》，《考古学报》1954 年第 2 期。

② 郑州大学考古专业、新乡地区文物管理委员会、新乡县文物保护管理所：《河南新乡李大召遗址战国两汉墓发掘简报》，《考古》2005 年第 4 期。

③ 河南省文物考古研究所：《河南巩义市仓西战国汉晋墓》，《考古学报》1995 年第 3 期。

④ 王进、陈小三：《隰县瓦窑坡墓地发现四座陶器墓》，《中国国家博物馆馆刊》2014 年第 10 期。

⑤ 〔明〕王夫之：《读通鉴论 · 叙论四》，中华书局，2013 年，第 926 页。

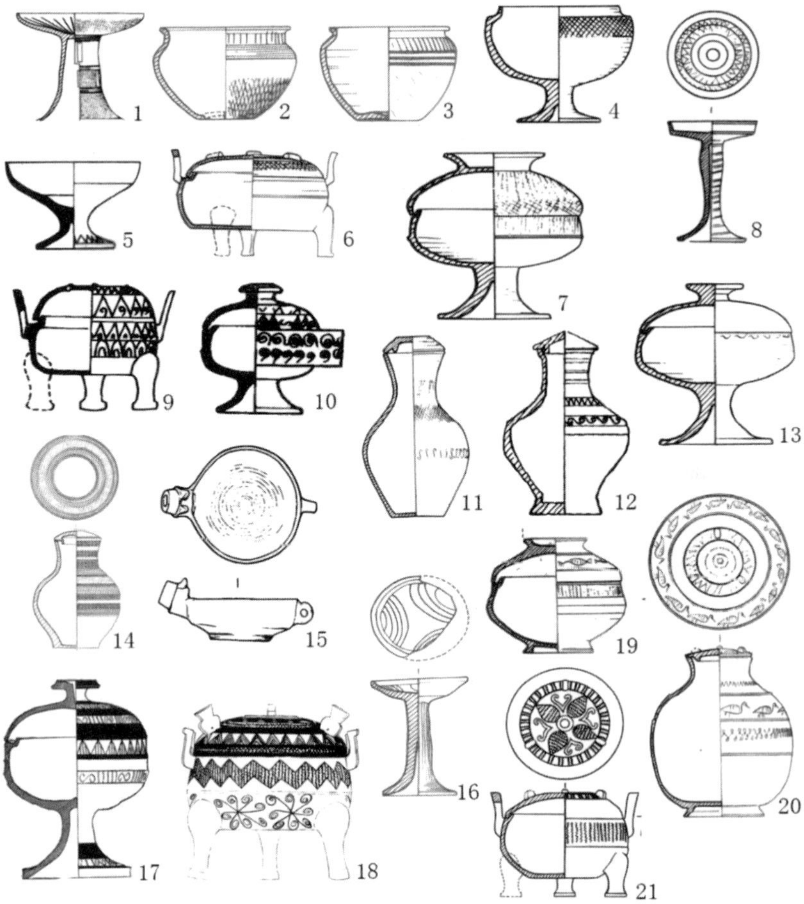

图三　暗纹陶器典型纹饰器物图

1. 放射形线纹（大路铺 90EF2：26）　2、3. 栉齿纹（辽瓦店子遗址 H236：2　辽瓦店子遗址 J1：7）　4. 网格纹（三交墓地 M22：1）　5—8. 锯齿纹（上马 M5166：4　猫儿岭 M121：1　三交墓地 M19：19　猫儿岭 M121：26）　9. 三角形纹（岗杜 M20：5）　10. 涡纹（岗杜 M33：5）　11. “S” 形纹（三交 M23B：1　杨岗 M5：1　三交 M23B：4）　14. 弦纹（黄张 M14：14　宋郭 M4：4）　16. 半圆形纹（辽瓦店子遗址 J1：5）　17. 复合几何纹（二里冈 M215：1　烧沟 M604：9）　19. 鱼纹（猫儿岭 M207：10）　20. 鸟纹（上社墓地 M2：4）　21. 植物纹（岗北村 M8007：2）

2. 江汉地区暗纹陶器与当地社会

江汉地区是暗纹陶器最早出现的区域，但在该区域暗纹陶器并未出现与战国时期中原地区相似的繁荣景象，而是持续处于较低的发展水平，始终未实现日用陶器到仿铜陶礼器功能性质的转变。在相似的宏观社会变革背景下，与中原地区暗纹陶器发展趋势表现截然不同，此或与当地独特的区域思想文化存在必然联系。

江汉地区是楚国统治的核心区域。楚国社会一直弥漫着浓郁的“信巫鬼，重淫祀”[①] 的鬼神思想，直至东周之时，此等社会风气仍未改变，上至国君，下至平民，无不崇尚鬼神，楚人对鬼神的沉迷，使楚国社会充满着宗教文化色彩。楚人“信鬼好祠”，信仰体系繁杂，但最为突出、普遍和稳固的是对太阳、炎帝、祝融、凤鸟、红色与火的崇拜，且这五者并非各自孤立，而是存在一体统一性，这一特征在《白虎通德论·五行》已有完整阐释：“火在南方……位在南方，其色赤。其音徵，徵，止也。阳度极也。其帝炎帝。炎帝

① 〔汉〕班固：《汉书·地理志下》，中华书局，1962 年，第 1666 页。

者，太阳也。其神祝融，属续也。其精朱鸟，离为鸾”①。郭璞又注，祝融为“火神也”②。祝融还是楚国公族的先祖，不仅有传世典籍《史记·郑世家》“昔祝融为高辛氏火正，其功大矣，而其于周未有兴者，楚其后也”③ 的明确记载，还有出土文献包山简、新蔡简中祝融与楚国先祖一同祭祀的侧面佐证，这都有力地证实了祝融与楚的独特关系。在当时楚国社会，实际形成了以日、火为核心的自然崇拜和以炎帝、祝融为核心的祖先崇拜融合发展的信仰体系和以鸾或凤鸟为图腾，以赤或红色为主色的信仰标识体系。

在稳固的信仰体系和浓郁的宗教氛围下，楚人社会在东周时期仍弥漫着狂热的原始宗教气氛，保留着带有原始宗教的狂热心态，这种社会氛围造就了楚人追求浓艳热烈、绚烂鲜丽的巫风审美观念，使其在器物修饰颜色选用上多选择夺目的浓烈红色，图案则以凤鸟最胜，追求诡异、奇幻的意境，楚墓之中大量出现的色彩漆器和彩绘陶器、造型奇特的镇墓兽都是其审美观念和艺术追求的体现。相比之下，暗纹陶器颜色淡、素雅，与其审美观念不符，故而未能得到该地域社会各阶层的认可。因此，暗纹陶器未能在江汉平原有形成大规模影响。

结　语

暗纹陶器自商代晚期出现，至战国时期发展到顶峰后，趋于衰落。其间经历上千年，纹饰、功能、性质发生重大变革，并表现出明显的地域差异，展现了暗纹陶器文化面貌的多样性和复杂性。此上种种，并不是凭空而来，而是社会变化作用的结果。日益衰落的奴隶制度与逐渐强大的封建制度的激烈碰撞，造就了战国时期“古今一大变革之会”④ 的历史格局，亦推动了暗纹陶器纹饰的演变、艺术的提升、功能的转变以及影响的扩大，造就了暗纹陶器在战国时期的短暂繁荣。区域文化的差别、审美观念的差异，使暗纹陶器在中原地区与江汉地区表现出两种不同的发展趋势。

暗纹陶器是区域之间文化交流的产物，是中原地区与江汉地区之间持续文化互动的结果和见证，在其之后兴起的在彩绘陶器和鹿角器与其有着较高的相似性，但其传播过程、传播路径和传播方式究竟如何，还需要进一步的考察与考证。

① 〔汉〕班固：《白虎通德论·五行》，上海古籍出版社，1990 年，第 26—28 页。
② 〔清〕陈立：《白虎通疏证·五行》，中华书局，1994 年，第 177 页。
③ 〔汉〕司马迁：《史记·郑世家》，中华书局，1959 年，第 1757 页。
④ 〔明〕王夫之：《读通鉴论·叙论四》，中华书局，2013 年，第 926 页。

图像与其媒介的空间关系

——以汉代壁画墓墓顶形制及其图像演变为例

中山大学历史学系 梁昕月 娄森浩

摘要：在古代绘画艺术中，墓室壁画是一种兼具平面性与空间性的特殊图像。壁画绘制于具体的承托材料上，其所在平面是墓室空间构成的一部分，因此也使图像具有空间性的内涵。本文首先以洛阳和西安为中心的两京地区汉代壁画墓中的墓顶图像为例，探究墓顶形制对壁画构图布局的影响。其次分析汉墓顶部与壁画图像二者所构建的象征空间，管窥汉代壁画墓所反映的先民"敬天"思想和对灵魂升天的渴望。

关键词：汉代；壁画墓；墓顶；空间；天空

一、汉代壁画墓的发现与区域分布

1. 汉壁画墓的发现与区域分布

中国汉代壁画墓的发现始于20世纪早期日本学者在东北及内蒙古地区进行的调查。中华人民共和国成立后，我国考古学者发现、发掘了大量的汉代壁画墓，迄今总数应不少于70座①。已发掘的汉代壁画墓主要分布在河南、陕西、甘肃、辽宁、内蒙古、河北等地，其中河南与陕西地区政治稳定、经济发达、文化繁荣，保留了较为丰富的考古遗存，多集中于两京地区；其余地区壁画墓出现时间较晚，集中在东汉时期，墓顶图像不及两京地区丰富多样，多承袭了两地西汉时期形成的程式化图像。

河南地区墓顶绘有壁画的汉墓以洛阳为中心，分布在洛阳、新安等地区（表一）。陕西地区主要以西安及市郊为中心②，除西汉早期没有遗存外，其余三期皆有考古遗存（表二）。综合学界对汉代墓葬的分期研

① 黄佩贤：《汉代墓室壁画研究》，文物出版社，2008年，第4页；贺西林：《汉代墓室壁画综述》，《中国墓室壁画全集·汉魏晋南北朝》，河北教育出版社，2011年，第12页。

② 东汉时期的定边郝滩壁画墓与靖边杨桥畔壁画墓虽在今陕西省境内，但其处于陕北榆林地区西南部，与西安所在的关中地区相距甚远，更靠近陕西省与内蒙古的交界处。同时，从其墓葬形式、壁画风格、绘制手法来看，两座壁画墓与以西安为中心的关中地区壁画墓具有明显差别，应将其归入内蒙古、陕北一带的北方地区汉壁画墓，因此其不在本文的研究范围之内，之后将不再赘述。

究[①]，结合墓顶形制与壁画的内容风格，可将两地墓顶绘有壁画的汉墓年代分为四期：西汉早期、西汉中晚期、新莽及东汉早期、东汉中晚期。

表一　两京地区墓顶绘壁画汉墓汇总表（以洛阳为中心）

墓葬	年代分期	壁画所在的墓顶形制
河南永城芒砀山柿园汉墓[②]	西汉早期	平顶
洛阳卜千秋墓[③]	西汉中晚期	平脊斜坡的屋殿顶
洛阳浅井头墓[④]		平脊斜坡的屋殿顶
洛阳烧沟 61 号墓[⑤]		平脊斜坡的屋殿顶　主室被隔梁分为前、后室
新安磁涧里河村砖厂汉墓[⑥]		—
洛阳金谷园新莽壁画墓[⑦]	新莽及东汉早期	前室穹窿顶　后室平脊斜坡的屋殿顶
洛阳尹屯壁画墓[⑧]		中、后室穹窿顶
新安铁塔山墓[⑨]		弧形顶
洛阳金谷园东汉壁画墓[⑩]		前室穹窿顶
洛阳北郊石油站壁画墓[⑪]		中室穹窿顶
洛阳东郊机车厂壁画墓[⑫]	东汉中晚期	中甬道券顶
洛阳 3850 号壁画墓[⑬]		甬道券顶
密县打虎亭 2 号墓[⑭]		前室甬道与前室、中室甬道与中室、南耳室甬道与南耳室、东耳室甬道与东耳室、北耳室甬道与北耳室，均为券顶
荥阳苌村壁画墓[⑮]		甬道券顶　前室券顶

① 学界对于汉代壁画墓分期持有不同观点：二期说，即西汉早期至东汉早期和东汉中后期，见刘晓路：《汉代壁画墓》，《中国大百科全书·美术Ⅰ》，中国大百科全书出版社，1987 年，第 291 页。四期说，张合荣将其分为西汉中、晚期、王莽时期至东汉早期和东汉中晚期。见张合荣：《汉代壁画的布局、内容和风格》，《华夏考古》1995 年第 2 期；贺西林：《古墓丹青：汉代墓室壁画的发现与研究》，陕西美术出版社，2001 年，第 1—114 页。五期说，赵化成将其分为西汉前期、西汉后期、新莽时期、东汉前期、东汉晚期。见赵化成：《汉墓壁画的布局与内容》，《中国考古学的跨世纪反思（下册）》，商务印书馆，1999 年，第 427—450 页。除此之外，有学者对洛阳地区和关中地区的汉壁画墓进行了分期。黄明兰、郭引强将洛阳地区汉代壁画墓分为西汉昭帝至宣帝时期、西汉晚期、新莽时期、东汉早期、东汉中晚期、曹魏。见黄明兰、郭引强：《洛阳汉墓壁画》，文物出版社，1996 年，第 11—16 页。程林泉、张翔宇将关中汉壁画墓分为 3 期，即西汉晚期、新莽时期、东汉晚期。见程林泉、张翔宇：《关中地区汉代壁画墓浅析》，《考古与文物》2006 年第 3 期。本文综合前人研究成果，将论及的壁画墓分为四期。将新莽时期与东汉早期划分为一期，是因新朝时间过短，社会文化与思想观念等仍是承接西汉而来，下启东汉，其葬制与图像装饰虽有别于西汉晚期，但与东汉早期大致相近，具有内容风格上的过渡性。

② 阎道衡：《永城芒山柿园发现梁国国王壁画》，《中原文物》1990 年第 1 期。阎根齐主编：《芒砀山西汉梁墓地》，文物出版社，2001 年，第 81—247 页。

③ 洛阳博物馆：《洛阳西汉卜千秋壁画墓发掘简报》，《文物》1977 年第 6 期。

④ 洛阳市第二文物工作队：《洛阳浅井头西汉壁画墓发掘简报》，《文物》1993 年第 5 期。

⑤ 河南省文化局文物工作队：《洛阳西汉壁画墓发掘报告》，《考古学报》1964 年第 1 期。

⑥ 沈飞鹰：《洛阳博物馆新获几幅汉墓壁画》，《考古与文物》2006 年第 5 期。

⑦ 洛阳博物馆：《洛阳金谷园新莽时期壁画墓》，《文物参考资料丛刊（第 9 辑）》，文物出版社，1985 年，第 163—173 页。

⑧ 洛阳市第二文物工作队：《洛阳尹屯新莽壁画墓》，《考古学报》2005 年第 1 期。

⑨ 洛阳市文物队：《河南新安县铁塔山汉墓发掘报告》，《文物》2002 年第 5 期。

⑩ 洛阳古墓博物馆等编：《洛阳古墓博物馆》，朝华出版社，1987 年，第 28 页。

⑪ 洛阳市文物工作队：《河南洛阳北郊东汉壁画墓》，《考古》1991 年第 8 期。

⑫ 洛阳市文物工作队：《洛阳机车工厂东汉壁画墓》，《文物》1992 年第 3 期。

⑬ 洛阳市文物工作队：《河南洛阳市第 3850 号东汉墓》，《考古》1997 年第 8 期。

⑭ 河南省文物研究所编：《密县打虎亭汉墓》，文物出版社，1993 年，第 192—332 页。

⑮ 郑州市文物考古研究所、荥阳市文物保管所：《河南荥阳苌村汉代壁画墓调查》，《文物》1996 年第 3 期。

表二 两京地区墓顶绘壁画汉墓汇总表（以西安为中心）

墓葬	年代分期	壁画所在的墓顶形制
西安交通大学壁画墓①	西汉中晚期	券顶
西安理工大学1号壁画墓②		券顶
西安曲江翠竹园壁画墓③		券顶
千阳县汉壁画墓④	新莽及东汉早期	券顶，延伸至东西壁
旬邑百子村壁画墓⑤	东汉中晚期	前室穹窿顶

2. 汉壁画墓墓顶图像研究现状

汉壁画墓的墓顶最早出现壁画，经两汉时代变迁，至东汉晚期，已呈现出与最初壁画图像截然不同的面貌。基于河南与陕西两地丰富的考古遗存，学界涉及两地汉壁画墓墓顶图像的研究主要分为三类：

一是对汉壁画墓的区域性和综合性研究⑥，此类研究对汉壁画墓的分区、分期、图像风格、反映的思想观念等均有论述，内容丰富、框架清晰，早期如《汉代壁画墓的发展和壁画墓》⑦《汉墓壁画的布局、内容与风格》⑧ 等论文，后期多为《古墓丹青》⑨《汉代墓室壁画研究》⑩ 等研究专著。囿于体量，论著对墓室顶部图像仅作归纳总结，未深入探究图像演变及背后成因。二是对墓顶图像的专题研究⑪，多是对壁画内容、布局、题材演变进行梳理，揭示其体现的宇宙象征与升天信仰，且有部分研究与同期画像石、画像砖进行比较，扩展了研究视野。此类研究以硕博士学位论文为主，如《河南汉代墓室顶部图像初步研究》⑫《魂归苍穹》⑬，另有倪可鲁《砖叠苍穹》一文集中考察西汉至新莽时期的豫北墓葬建筑，论述墓葬结构与壁画图像互相依赖的

① 陕西省考古研究所、西安交通大学：《西安交通大学西汉壁画墓发掘简报》，《考古与文物》1990年第4期；陕西省考古研究所、西安交通大学编：《西安交通大学西汉壁画墓》，西安交通大学出版社，1991年。

② 西安市文物保护考古所：《西安理工大学西安壁画墓发掘简报》，《文物》2006年第5期。

③ 西安市文物保护考古所：《西安曲江翠竹园西汉壁画墓发掘简报》，《文物》2010年第1期。

④ 宝鸡市博物馆、千阳县文化馆：《陕西省千阳县汉墓发掘简报》，《考古》1975年第3期。该墓墓顶破坏较为严重，壁画仅见延伸至东西两壁的图像，主要有太阳、金乌、苍龙及星宿、月轮、白虎尾及残留星宿、云气。

⑤ 陕西省考古研究所：《陕西旬邑发现东汉壁画墓》，《考古与文物》2002年第3期。Susanne Greiff & Yin Shenping. *Das Grab des Bin Wang : Wandmalereien der Östlichen Han-zeit in China* 考古发掘出土的中国东汉墓（邠王墓）壁画，Wiesbaden，Main：Verlag des Römisch-Germanischen Zentralmuseums in Kommission bei Harrassowitz Verlag，2002.

⑥ 这一类研究论述出现时间较早，成果也最为丰富。另有如夏超雄：《汉墓壁画、画像石题材内容试探》，《北京大学学报（哲学社会科学版）》1984年第1期；黄佩贤：《汉代壁画墓的分区与分期研究》，《考古与文物》2010年第1期；汪小洋：《汉墓壁画宗教思想研究》，上海古籍出版社，2011年；汪小洋：《汉墓壁画中的宗教信仰与图像表现》，上海古籍出版社，2012年。区域性论述如黄明兰、郭引强：《洛阳汉墓壁画》，文物出版社，1996年；席奇峰：《两京地区汉墓壁画研究》，郑州大学2009年硕士论文；刘祥辉：《洛阳地区汉代墓葬壁画研究》，山东大学2009年硕士论文；程林泉、张翔宇：《关中地区汉代壁画墓浅析》，《考古与文物》2006年第3期；张翔宇：《西安地区汉代壁画墓特点浅析》，《文物》2012年第10期；吴迪、郭开红：《从考古发现看洛阳地区两汉壁画墓壁画发展概貌》，《中国古都研究（第31辑）》，陕西师范大学出版社，2016年，第55—65页。

⑦ 邢义田：《汉代壁画的发展和壁画墓》，《秦汉史论稿》，东大图书股份有限公司，1988年，第449—489页。

⑧ 张合荣：《汉墓壁画的布局、内容和风格》，《华夏考古》1995年第2期。

⑨ 贺西林：《古墓丹青：汉代墓室壁画的发现与研究》，陕西美术出版社，2001年。

⑩ 黄佩贤：《汉代墓室壁画研究》，文物出版社，2008年。

⑪ 另有如李慧君：《汉代墓室壁画中天象图的形式元素和视觉心理研究》，西北大学硕士论文，2019年；曹阳：《汉画天象图研究》，陕西师范大学博士论文，2019年等。

⑫ 陈晓楠：《河南汉代墓室顶部图像初步研究》，江苏师范大学硕士论文，2013年。

⑬ 胡成旭：《魂归苍穹——汉代两京地区壁画墓墓室顶部图像配置与意义》，西安美术学院硕士论文，2015年。

关系[①]。三是针对某一汉壁画墓墓顶图像的考释[②]，通过图像分析与文献考据，辨识壁画的各元素，进行了更具体的解读剖析。此类研究多对汉壁画墓进行个案研究，为综合性研究提供了可供参考的成果，如《洛阳西汉卜千秋墓壁画考释》[③]《西安交通大学西汉墓葬壁画二十八宿星图考释》[④] 等；在综合性论著也有对壁画墓的个案研究，如《古墓丹青》对卜千秋墓与浅井头墓等进行了系统分析与考证等[⑤]。

通过梳理研究现状，可见以洛阳与西安为中心的两京地区汉壁画墓材料丰富，为研究墓顶图像的演变提供了较为完整的年代序列；同时研究成果说明了两地墓顶图像在同时代相似的题材内容下，具有不同的地域特征与艺术风格。另一方面，针对汉壁画墓墓顶图像的研究集中于位置探讨、内容考释、风格赏析等，偏向平面化的图像分析，却忽略了墓顶图像是兼具平面性与空间性的特殊图像。因此，本文将在前人研究基础上，重点探讨汉壁画墓墓顶图像与其所在媒介的空间关系，即墓顶形制对壁画构图布局的影响，期以将图像还原至墓室空间，剖析其内容、构图、风格与象征意义。

二、墓顶形制对图像布局的影响

墓室壁画的出现是室墓兴起并推广至全国的结果。如邢义田先生所言："墓葬能有壁画的一个先决条件是墓中有室有壁。大约在西汉中期后，墓葬形式曾发生重大的转变，这个转变使得墓中壁画的出现成为可能。"[⑥] 这一转变正是汉墓由椁墓演变为室墓，区别于前者，室墓因横向修筑而成墓，又称"横穴室墓"。室墓以墓道、墓门、墓室形成中轴排列，偶有侧室在中轴两侧作对称配置，是仿造古代现实房屋形制而建造的墓葬形制。室墓的营造追求地下空间的开阔，因此墓顶的立体增高成为修筑墓室时的重点。伴随着砖石建筑材料与修筑技术的发展，墓顶形制由最初的平顶逐渐演变为"人"字或"八"字形屋殿顶，进而发展到拱顶，而后向券顶、穹窿顶变化并最终定型[⑦]。

最早关于墓室顶部图像的记载来源于司马迁在《史记》中对秦始皇陵墓装饰的概括，即"上具天文，下具地理"[⑧]，尽管该陵墓未被发掘，但根据描述亦可推断在其墓顶应绘制有天象图。从已出土的汉代壁画墓资料来看，墓室顶部绝大部分绘制了日月、星宿、伏羲、女娲、仙人、四神、乘龙墓主、仙禽瑞兽、云气等内容。在室墓提供的绘画空间下，主要表现了天象星宿与寄托升仙理想的天界场景。尽管壁画的内容与主题大

---

① ［英］倪可鲁：《砖叠苍穹——新莽墓葬建筑与绘画中的宇宙象征》，《古代墓葬美术研究（第2辑）》，湖南美术出版社，第95－105页。同时该文较具创新性地提出烧沟61号墓墓顶图像是首尾相连，构成了一个圆形苍穹的象征。

② 此类研究多对汉壁画墓进行个案研究，为综合性研究提供了可供参考的成果。另有如阎根齐、欧少娟：《论汉墓壁画的"乘龙升仙"主题思想——兼论柿园汉墓壁画的思想内容》，《中国汉画学会第十届年会论文集》，湖北人民出版社，2006年，第47－52页；段毅、武家璧：《靖边渠树壕东汉壁画墓天文图考释》，《考古与文物》2017年第1期；霍巍、姜伊：《洛阳尹屯新莽壁画墓星象图及相关问题补议》，《自然科学史研究》2021年第4期。

③ 孙作云：《洛阳西汉卜千秋墓壁画考释》，《文物》1977年第6期。

④ 雒启坤：《西安交通大学西汉墓葬壁画二十八宿星图考释》，《自然科学史研究》1991年第3期。

⑤ 贺西林：《古墓丹青：汉代墓室壁画的发现与研究》，陕西美术出版社，2001年，第26－41页。综合性论著另有《汉墓壁画中的宗教信仰与图像表现》在图像表现体系中分析了对柿园西汉壁画墓的天界图像。见汪小洋：《汉墓壁画中的宗教信仰与图像表现》，上海古籍出版社，2012年，第197－203页。

⑥ 邢义田：《汉代壁画的发展和壁画墓》，《秦汉史论稿》，东大图书股份有限公司，1988年，第470页。

⑦ 学界对汉代墓室墓顶形制演变的研究主要集中在《洛阳烧沟汉墓》和《汉墓的考古学研究》。前者对土洞墓顶的变化提出了由平顶到弧顶，再向券顶、穹窿顶过渡的变迁过程；后者则在更为丰富的汉代墓葬材料的基础上，认为汉墓墓顶经历了由平顶、屋殿顶、弧顶、拱顶、券顶、穹窿顶诸阶段的变化发展，最终统一定型在券顶、穹窿顶上。见中国科学院考古研究所：《洛阳烧沟汉墓》，科学出版社，1959年；黄晓芬：《汉墓的考古学研究》，岳麓书社，2003年。

⑧ 〔汉〕司马迁：《史记》卷十一，中华书局，1959年，第265页。

致相似，但因所在墓顶形制的不同，呈现出不同的构图与布局，主要可分为平顶与屋殿顶的长卷式构图和券顶与穹窿顶的全景式构图。

1. 长卷式构图

平顶的长卷式构图出现在西汉早期河南永城芒砀山柿园汉墓的墓顶西部[②]。该墓是斩山为郭、穿石为藏的大型多室崖墓，由墓道、甬道、主室、巷道和八个耳室构成（图一）。主室平顶，壁画从西端起，向东宽 3.27 米，南北长 5.14 米，主要绘制有青龙、白虎、朱雀、鸭嘴蛇神兽[③]、灵芝及云气纹（图二）。整幅壁画以曲身长龙作为长卷式构图的中心，其占室顶壁画面积的一半以上。长龙羽翼丰满，藕色四足，通身饰有白色花瓣形鳞片，周身以云气纹衬托，形象夸张，有粗犷抽象的装饰感。朱雀绘于龙身中段的东侧，白虎位于龙身的西侧，壁画的南端中间为鸭嘴蛇身兽，被龙舌所卷。四周边框为装饰性图案，由直线穿璧纹和火焰状云气纹组成。该幅壁画的图像尚不属于成型的天界图像，但已存在龙、白虎、朱雀、云气等象征引魂飞升的内容，曲身长龙足踏云气，作飞翔之状，暗含了墓主人“乘龙升仙”的理想。

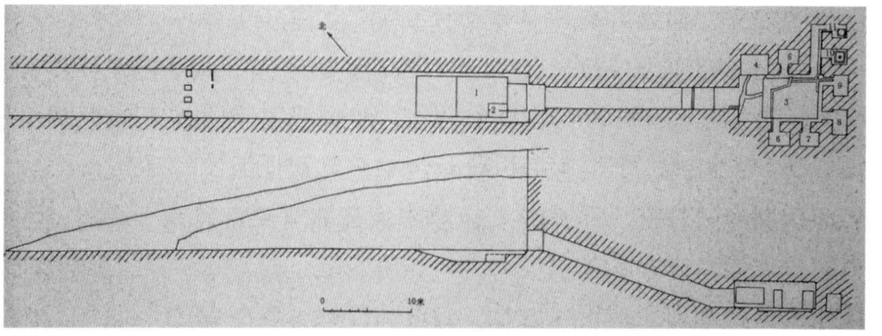

图一　柿园汉墓平、剖面图

（选自《芒砀山西汉梁王墓地》[①]）

图二　主室顶部壁画线描图

（选自《芒砀山西汉梁王墓地》[④]）

屋殿顶的长卷式构图集中在洛阳及其周边地区的西汉中晚期墓葬中，如洛阳卜千秋墓、浅井头壁画墓和烧沟 61 号汉墓。卜千秋墓与浅井头墓年代相近，墓葬形制皆是由墓道、墓室、左右耳室构成的单室墓，中

---

① 阎根齐主编：《芒砀山西汉梁王墓地》，文物出版社，2001 年，插页。

② 阎根齐主编：《芒砀山西汉梁王墓地》，文物出版社，2001 年，第 115—117 页。

③ 学界对此鸭嘴蛇神兽的主要解释是其为北方神灵的鱼妇。根据《山海经·大荒西经》中记载：“有鱼偏枯，名为鱼妇，颛顼死即复生。风道北来，天乃大水泉，蛇乃化为鱼，是为鱼妇，颛顼死即复生。”鱼妇这一形象出现在墓葬中具有生命转化、灵魂复苏的象征意义。贺西林：《古墓丹青：汉代墓室壁画的发现与研究》，陕西美术出版社，2001 年，第 16 页。

④ 阎根齐主编：《芒砀山西汉梁王墓地》，文物出版社，2001 年，插页。

无隔梁，墓顶皆为“八”字形的平脊斜坡，上绘有相似的长卷式升天图像（图三、四）。以卜千秋墓为例[①]，壁画绘于20块脊顶砖的底面，画面全长4.1米。砖自西向东按照编号排序堆砌，上依次绘有黄蛇、日、伏羲、乘风御蛇的墓主夫妇、九尾狐、蟾蜍、玉兔、仙人、白虎、朱雀、二枭羊[②]、青龙、持节羽人、月、女娲、瑞云，图像之间穿插流云（图五）。日、月在图像两端，代表阴、阳两极，中间为引魂升天的羽人瑞兽以及天界四神，以长卷的形式展现了天堂仙界景象以及墓主夫妇之魂飞升其中的壮观场面。

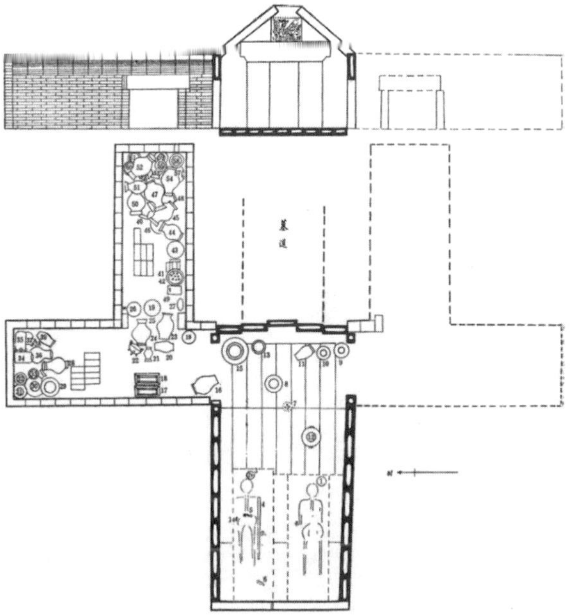

图三　卜千秋墓平、剖面图

（选自《洛阳古代墓葬壁画（上卷）》[③]）

图四　卜千秋墓主室内景

（选自《洛阳古代墓葬壁画（上卷）》[④]）

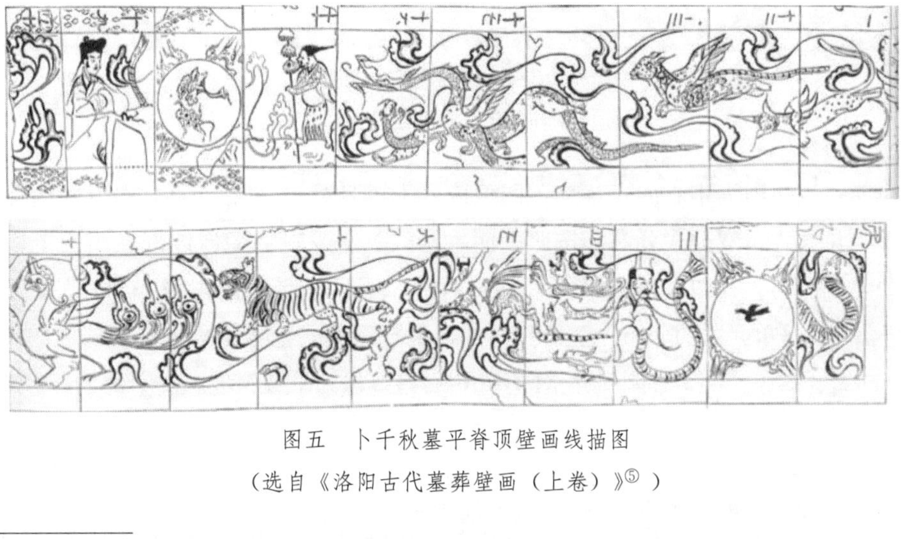

图五　卜千秋墓平脊顶壁画线描图

（选自《洛阳古代墓葬壁画（上卷）》[⑤]）

① 洛阳博物馆：《洛阳西汉卜千秋壁画墓发掘简报》，《文物》1977年第6期。

② 学界对此图像主要有两种说法：一为孙作云考释为山神枭羊，后多为学者研究所沿用；二为贺西林考释为风神飞廉。无论是枭羊还是飞廉，在记载中均具有引导墓主升天的作用。前者见孙作云：《洛阳西汉卜千秋墓壁画考释》，《文物》1977年第6期。后者见贺西林：《古墓丹青：汉代墓室壁画的发现与研究》，陕西美术出版社，2001年，第32—33页。

③ 洛阳市文物管理局、洛阳古代艺术博物馆编：《洛阳古代墓葬壁画（上卷）》，中州古籍出版社，2010年，第33页。

④ 洛阳市文物管理局、洛阳古代艺术博物馆编：《洛阳古代墓葬壁画（上卷）》，中州古籍出版社，2010年，第34页。

⑤ 洛阳市文物管理局、洛阳古代艺术博物馆编：《洛阳古代墓葬壁画（上卷）》，中州古籍出版社，2010年，第34—35页。

洛阳烧沟61号墓[1]，年代晚于卜千秋墓与浅井头墓，墓室结构更为复杂。该墓为洞穴砖室墓，由墓道、主室和耳室构成，主室在平脊斜坡的基础上增设了横梁，形成视觉上的前后两室（图六）。墓顶壁画主要绘制于前堂脊顶12块空心砖上，长2.9米、宽0.55米[2]。这幅长卷式的日月星云图，东绘红日（墓门方向），中绘绿月，红日中央模印一飞鸟，外缘绘有黑色金乌，绿月内绘有蓝绿色的蟾蜍与玉兔。其余砖上绘制有红黑相间的云气纹与规律点缀其间的朱星。红日为开端，绿月为分界，云气连绵，星宿排布规整，构成了一幅向着后室运动的长卷式图像（图七）。

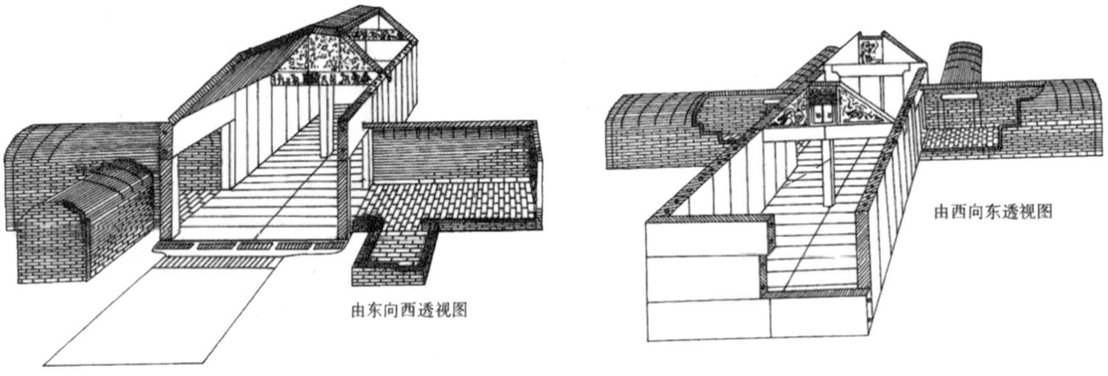

图六　烧沟61号汉墓透视示意图
（选自《洛阳古代墓葬壁画（上卷）》[3]）

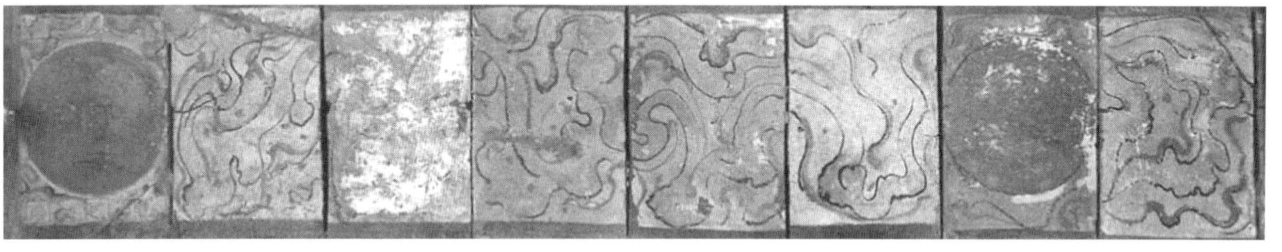

图七　烧沟61号汉墓墓顶壁画
（选自《洛阳古代墓葬壁画（上卷）》[4]）

西汉早期至晚期，以洛阳为中心的汉墓墓顶图像内容上以日月、四象、仙禽瑞兽、伏羲女娲、羽人、云气为主。构图上多为长卷式、罗列式分布，按照画面主题以一定逻辑将图像体现在画面上，形成较为规整的结构，尤以西汉中晚期的长卷式图像首尾平衡，阴阳对称，明显是受阴阳学说相对法则的影响[5]，同时长卷上亦出现单一或组合图像呈单元式的分布。至新莽时期，平脊斜坡式墓顶出现"平棋式"的新形式，在不同的砖面上绘制了独立的组合图像。如金谷园新莽壁画墓[6]，后室墓顶为平脊斜坡，由断面呈凸字形的条形空心砖和

① 河南省文化局文物工作队：《洛阳西汉壁画墓发掘报告》，《考古学报》1964年第1期。

② 此图在学界有不同看法。发掘报告中认为该幅壁画为天汉图，除日月图像外，绘有大小北斗、五帝座、参星、军市、牵牛、河鼓、天津等星象。同时指出十二幅图像绘制在十二块砖上，又以日月为界，可能象征十二时辰，具有历法上的意义。见河南省文化局文物工作队：《洛阳西汉壁画墓发掘报告》，《考古学报》1964年第1期。另有认为该图是日月五宫星象图，或代表为司赏罚的四守——紫宫、轩辕、咸池、两河。见黄明兰、郭引强：《洛阳汉墓壁画》，文物出版社，1996年，第89页。

③ 洛阳市文物管理局、洛阳古代艺术博物馆编：《洛阳古代墓葬壁画（上卷）》，中州古籍出版社，2010年，第55页。

④ 洛阳市文物管理局、洛阳古代艺术博物馆编：《洛阳古代墓葬壁画（上卷）》，中州古籍出版社，2010年，第57页。

⑤ 张合荣：《汉代壁画的布局、内容和风格》，《华夏考古》1995年第2期。

⑥ 洛阳博物馆：《洛阳金谷园新莽时期壁画墓》，《文物参考资料丛刊（第9辑）》，文物出版社，1985年，第163—173页。

呈倒置凹字形的方形空心砖扣接成平棋式的脊，凸出部分涂土黄色，凹进部分有彩绘（图八、九）[①]。由南向北依次为：日象图、二龙穿璧图、后十制四方图与月象图。尽管仍维持着长卷图像两端日月对称的稳定布局，但中部已以独立的组合图像分别绘制在空心砖之上，以凹进的结构打破平脊的连续性，推动单元式构图的形成。

图八　金谷园新莽壁画墓后室内景

（选自《洛阳汉墓壁画》[②]）

图九　平棋式脊顶壁画线描图

（选自《洛阳古代墓葬壁画（上卷）》[③]）

单元式构图的出现与定型，是由于墓室壁画的广泛运用，使具体图像组合逐渐固定，处于同一观念逻辑下的图像形成定式，如四神、日与金乌、月与玉兔蟾蜍、二十八星宿与其对应的仙人或四神等。此类组合式图像为全景环绕式构图提供了内容与布局的参考。

2. 全景环绕式构图

与西汉晚期洛阳地区壁画墓多为屋殿顶不同，同时期的西安及周边地区壁画墓主要为券顶。尽管墓顶绘有与洛阳地区壁画墓顶部相似主题的天象图，但由于图像位于券顶及墓室三壁上部的拱形空间，在视觉上形成了更立体的全景环绕式构图。

该时期壁画墓有西安交通大学壁画墓、西安理工大学 1 号壁画墓、曲江翠竹园西汉壁画墓。三者年代相近，墓室均由斜坡墓道、长方形主室和耳室组成，顶部为子母砖砌的券顶。以西安交通大学壁画墓为例（图十），墓顶壁画绘制于券顶之上，图像延伸至墓室后墙上部。该幅天象图为内外圆结构顶部，中间用黑、白、青莲三种颜色绘成两个大圆圈。外圈南北径 2.68 米，东西径 2.70 米；内圈南北径 2.20 米，东西径 2.28 米[⑤]。内圆中为流云环绕的日月，日内有黑色金乌，银月里绘制玉兔和蟾蜍，浮云中仙鹤和凤凰展翅而飞。外圆绘青龙、白虎、朱雀、

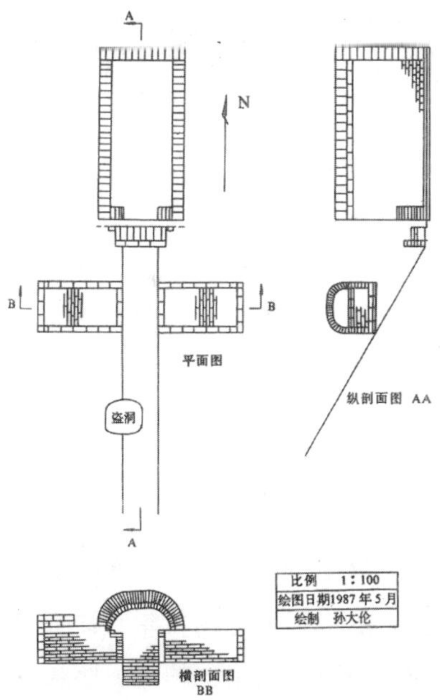

图十　西安交通大学壁画墓平、剖面图

（选自《西安交通大学西汉壁画墓》[④]）

① 洛阳博物馆：《洛阳金谷园新莽时期壁画墓》，《文物参考资料丛刊（第 9 辑）》，文物出版社，1985 年，第 163—173 页。

② 黄明兰、郭引强：《洛阳汉墓壁画》，文物出版社，1996 年，第 110 页。

③ 洛阳市文物管理局、洛阳古代艺术博物馆编：《洛阳古代墓葬壁画（上卷）》，中州古籍出版社，2010 年，第 154 页。

④ 陕西省考古研究所、西安交通大学编：《西安交通大学西汉壁画墓》，西安交通大学出版社，1991 年，第 5 页。

⑤ 陕西省考古研究所、西安交通大学编：《西安交通大学西汉壁画墓》，西安交通大学出版社，1991 年，第 7 页。

玄武和与之相配的二十八宿，圆环外绘彩云与仙鹤（图十一、十二）。券顶的圆形天文图中二十八星宿与《史记·天官书》所记基本一致[①]。天象图由券顶延伸至主室的三壁上部，全景式的图像环绕在主室上方。与长卷式构图的单向运动不同，同心圆形的天象图所呈现的是循环往复、连绵不断的无限运动，恰如日月轮转下生生不息的星宿变换。

西汉晚期，洛阳与西安汉墓墓顶壁画不仅在图像布局有所不同，其表现天象这一主题的图像内容也有较大区别，与洛阳地区相比，西安地区内容较为简单，侧重于天象与仙鹤等瑞兽，在星宿的表现上比洛阳地区更为写实完整，少见绘有洛阳地区的伏羲、女娲、神人等神仙人物。

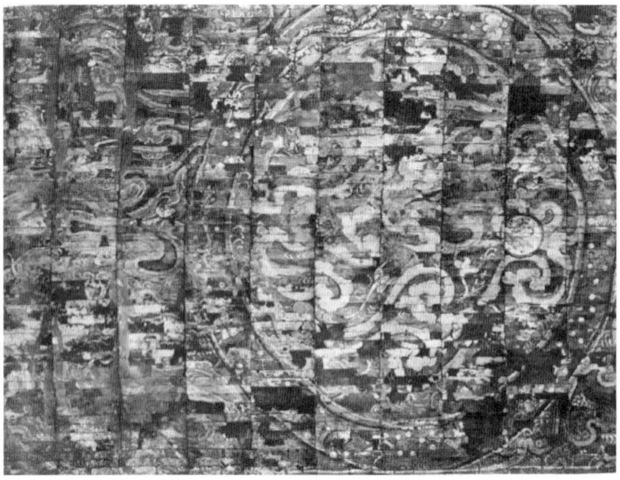

图十一　主墓室拱顶壁画全景

（选自《壁上丹青：陕西出土壁画集》[②]）

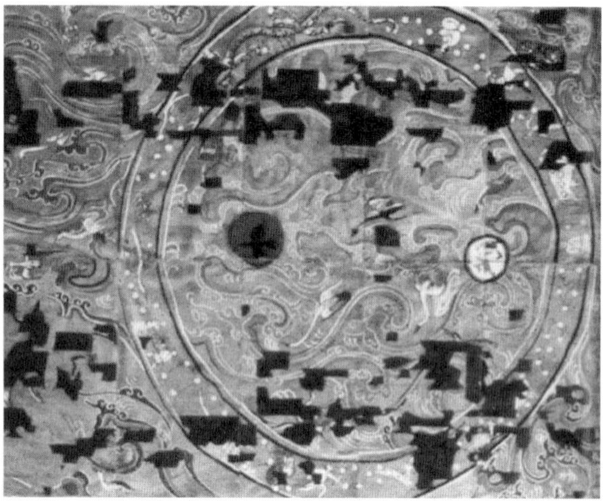

图十二　主墓室顶部壁画全景图（摹本）

（选自《壁上丹青：陕西出土壁画集》[③]）

穹窿顶是券顶砖室墓流行后不久出现的。西汉晚期，墓葬仿照现实房屋营造中“前殿后寝”的格局，由单室演变为前后室。初期如烧沟 61 号汉墓，以横梁的形式将墓室从视觉上一分为二，后期形成前后室，推动了穹窿顶的广泛使用。一方面，墓室空间的扩大与分隔对墓顶承重的要求较高，穹窿顶以四壁为支点，用小砖层层累叠，由四面向中央收束成顶，结构更加稳定。另一方面，从形制上，穹顶更接近地上房屋的顶部，满足了时人仿照现实房屋修建墓室的需求。

壁画绘制于穹顶的四面坡与中心，覆盖四面的半球体空间下形成全景环绕式构图，如洛阳金谷园新莽壁画墓、洛阳尹屯壁画墓、洛阳金谷园东汉壁画墓、洛阳北郊石油站壁画墓、陕西旬邑百子村壁画墓等。以前文提及的洛阳金谷园新莽壁画墓为例[④]，该墓处于汉墓形制演变的过渡时期，后室为西汉晚期流行的平脊斜坡顶，前室为新出现的墓顶形式——穹窿顶（图十三）。墓顶上绘制有仿木梁柱结构的角梁和藻井，藻井内绘星象图，日居南、月居北，外部绘彩云与飞鸟。在穹窿顶的中心有五个圆点，为“五行”的抽象象征（图十四）。学者巫鸿曾指出在先民的眼中，他们会即刻就把它视为对五行（即木、火、土、金、水五种元素）的描绘，并会在脑海中把这些不相干的点连缀成宇宙的动态变化[⑤]。这一展现宇宙规律运行的抽象图案，环绕在前室象征地上建筑的藻井之上，模拟着先民生前仰视的天空。

① 呼林贵：《西安交大西汉墓二十八宿星图与〈史记·天官书〉》，《人文杂志》1989 年第 2 期。

② 陕西省考古研究所编著：《壁上丹青：陕西出土壁画墓》，科学出版社，2008 年，第 5 页。

③ 陕西省考古研究所编著：《壁上丹青：陕西出土壁画墓》，科学出版社，2008 年，第 6 页。

④ 洛阳博物馆：《洛阳金谷园新莽时期壁画墓》，《文物参考资料丛刊（第 9 辑）》，文物出版社，1985 年，第 163—173 页。

⑤ ［美］巫鸿著，施杰译：《黄泉下的美术》，生活·读书·新知三联书店，2016 年，第 158—159 页。

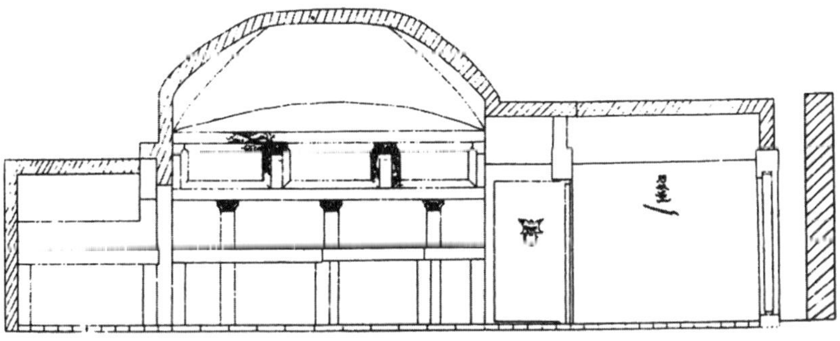

图一 墓葬横剖面图（南北方向）

图十三 金谷园新莽壁画墓横、纵剖面图

（选自《洛阳古代墓葬壁画（上卷）》①）

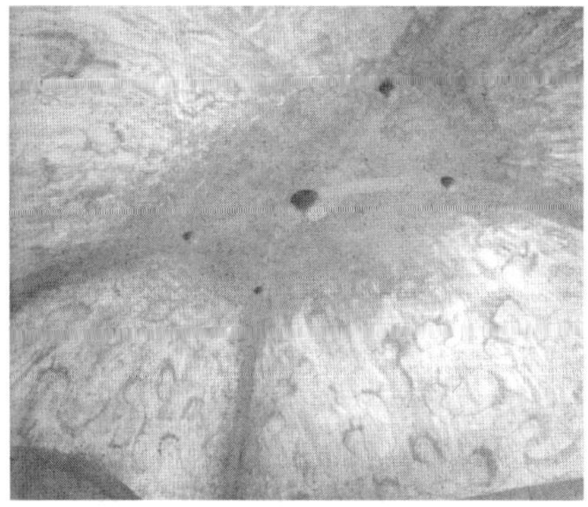

图十四 金谷园新莽壁画前室墓顶壁画

（选自《洛阳汉墓壁画》②）

与金谷园新莽壁画墓前室绘有抽象的阴阳五行图不同，洛阳北郊石油站壁画墓中室穹窿顶上的壁画则是于略呈半球状的四壁上分别绘制了乘龙驾车图（南）、乘车驾鹿图（北）、伏羲擎日图（东）和女娲擎月图（西）③。这一具象化的升仙图正是前期单元式图像的集中组合（图十五、十六）。回归到中室，其圆顶方底构造出“天圆地方”的墓室空间。四组图像在红云之上，伏羲女娲与日月一般，稳定在墓顶的东西两壁。北壁御鹿的仙人向东驾车，南壁御龙的仙人向西驾车，以图中人物的运动与流云给人以动态的全景环绕之感（图十七）。单元式图像的集中组合亦出现在西安周边的旬邑百子村东汉后期壁画墓中，该墓前室穹窿顶东坡绘有月与蟾蜍、西坡绘有日与三足乌④。

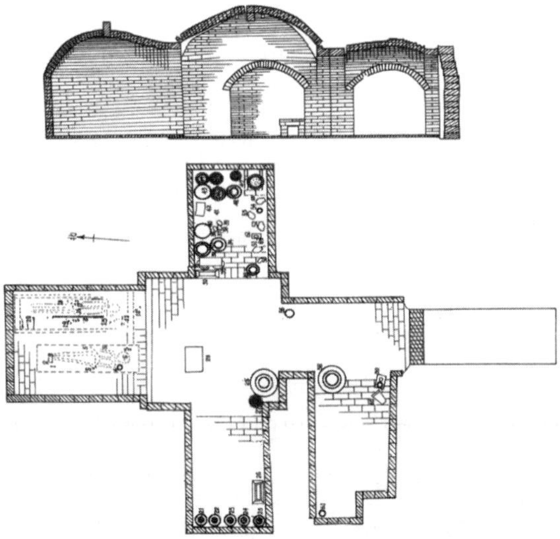

图十五 洛阳北郊石油站壁画墓平、剖面图

（选自《洛阳古代墓葬壁画（上卷）》⑤）

图十六 墓中室四壁剖面图

1. 东壁 2. 西壁 3. 南壁 4. 北壁

（选自《河南洛阳北郊东汉壁画墓》⑥）

① 洛阳市文物管理局、洛阳古代艺术博物馆编：《洛阳古代墓葬壁画（上卷）》，中州古籍出版社，2010年，第150页。

② 黄明兰、郭引强：《洛阳汉墓壁画》，文物出版社，1996年，第109页。

③ 洛阳市文物工作队：《河南洛阳北郊东汉壁画墓》，《考古》1991年第8期。

④ 陕西省考古研究所：《陕西旬邑发现东汉壁画墓》，《考古与文物》2002年第3期。Susanne Greiff & Yin Shenping. *Das Grab des Bin Wang : Wandmalereien der Östlichen Han-zeit in China*（邠王莫：考古发掘出土的中国东汉墓壁画），Wiesbaden，Main：Verlag des Römisch-Germanischen Zentralmuseums in Kommission bei Harrassowitz Verlag，2002. p. 80.

⑤ 洛阳市文物管理局、洛阳古代艺术博物馆编：《洛阳古代墓葬壁画（上卷）》，中州古籍出版社，2010年，第183页。

⑥ 洛阳市文物工作队：《河南洛阳北郊东汉壁画墓》，《考古》1991年第8期。

图十七 墓顶东、北、西坡壁画

（选自《洛阳古代墓葬壁画（上卷）》[①]）

从墓顶图像内容上看，新莽至东汉早期壁画墓的突出特点是过渡性，其保留着西汉时期的日月、瑞兽、四象、云气等天象图像，同时“天人感应”、谶纬附说以及人格化、神圣化的星宿神祇形象陆续加入墓顶图像体系[②]，在固定的日月阴阳图式下使内容更加复杂。西汉时期受荆楚文化影响而极具浪漫主义的装饰性图像风格，已逐渐被该时期写实严谨的笔触所取代，展现出汉文化独有的雄浑宏阔。至东汉中晚期，两京地区的墓顶图像趋于程式化，地域性区别不大，仍绘有天象、瑞兽、云气、仙人等图像，但其绘制的精细度与内容的丰富性均不及墓室中反映现实生活的图像。天象图与现实生活图像的此消彼长，一方面是壁画创作重心的下移，反映了东汉中晚期庄园经济下，先民对现世享乐与身份地位的追求；另一方面是墓室壁画图像与墓室建筑的深入融合，天象与现世图像共同构建墓主人身亡后的理想生活。实际上，天象图并非被边缘化，而是与现世生活图像更为密切地融合在一起。

综上，以洛阳与西安为中心的两京地区汉壁画墓墓顶图像由早期受楚风影响的装饰图像，发展至西汉中晚期，表现天象的图像日益复杂，以日月、云气、仙人、瑞兽为主，至新莽和东汉早期增添了更多星宿神祇。此时，洛阳地区与西安地区具有明显的地域性特征，洛阳地区较西安地区更为复杂，多绘有仙人、瑞兽等，西安地区则更偏向写实描绘天空。东汉中晚期，墓顶图像仍以表现天象为主，但已趋于程式化，不及四壁描绘现实生活图像丰富精细、包罗万象。从构图布局上看，墓顶由平顶发展至券顶与穹窿顶，顶部逐渐拉高，最高处由平转为尖形或圆形，呈半球体倒扣于墓室之上，构建了更为立体的墓室顶部空间。在这一影响下，绘制在墓顶上表现天空的图像，由长卷式布局演变为全景环绕式布局。

但值得注意的是，拱顶与券顶具有平面与立体的双重性质，其不仅具有弧形的立体空间，也为图像提供

① 洛阳市文物管理局、洛阳古代艺术博物馆编：《洛阳古代墓葬壁画（上卷）》，中州古籍出版社，2010 年，第 186－187 页。

② 黄明兰、郭引强：《洛阳汉墓壁画》，文物出版社，1996 年，第 13 页。

了竖长连续的平面[1]。因此，其上绘制的图像并非只呈现为全景环绕式构图，东汉晚期亦出现有藻井图案和装饰边框组成的分栏式构图，如东汉中晚期的河南密县打虎亭2号墓、荥阳苌村壁画墓[2]。以密县打虎亭2号墓为例[3]，该墓为横中室的“前堂横列墓”（图十八），中室东段券顶壁画为水平方向，东西长7.4米、南北展开6.6米，总面积约49平方米。顶部中间为东西七幅藻井图案与边框组成的带条，藻井图案分为规矩形、莲花形与斜方格纹。藻井图案南北边框的外侧绘出贯通东西的两条横界条，界框南北两侧各绘有七幅异禽怪兽条幅壁画，其中绘有云间仙人的图像。在图像条幅之间与条幅四周用黑色绘出界框与边框，条幅下端的横边框，与南北两墙壁画相连，最终形成以藻井图案和异禽怪兽条幅为主，装饰有云气纹边框的长卷分栏式构图（图十九）。

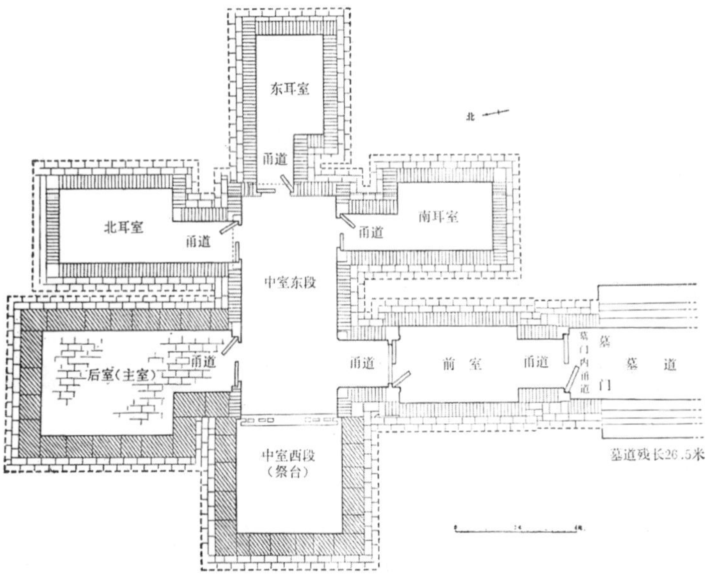

图十八 打虎亭二号墓平面图

（选自《密县打虎亭汉墓》[4]）

图十九 打虎亭二号墓中室甬道券顶壁画全貌

（选自《中国出土壁画全集·河南》[5]）

三、汉墓中的天空与居所

“图像的意义就是要将观念中的表现为视觉形象”[6]，墓顶的壁画图像与不同形制的墓顶结构，共同构建了一个视觉与想象中的立体空间，最终反映的是先民的特定观念。

① 陕北一带的定边郝滩东汉壁画墓与靖边杨桥畔壁画墓是在拱顶与券顶之上，以长卷式构图绘制了天象图。一方面保留了关中地区汉壁画墓墓顶图像内容，如日月、四象、二十八星宿、仙游人物等，另一方面也体现了其与关中地区墓顶图像全景式布局的截然不同，应是该地区壁画墓自身发展演变的结果。其中靖边杨桥畔壁画墓星象图是中国考古首次发现的四宫二十八星宿具有星形、星数、图像、题名四要素的天文星象图，为我们准确地认识二十八宿及中外星官提供了科学依据。陕西省考古研究所、榆林市文物管理委员会：《陕西定边县郝滩发现东汉壁画墓》，《考古与文物》2004年第5期；陕西省考古研究院、靖边县文物管理局：《陕西靖边县杨桥畔渠树壕东汉壁画墓发掘简报》，《考古与文物》2017年第1期。

② 郑州市文物考古研究所、荥阳市文物保管所：《河南荥阳苌村汉代壁画墓调查》，《文物》1996年第3期。

③ 河南文物研究所：《密县打虎亭汉墓》，文物出版社，1993年，第279—285页。

④ 河南文物研究所：《密县打虎亭汉墓》，文物出版社，1993年，第194页。

⑤ 徐光冀主编：《中国出土壁画全集·河南》，科学出版社，2011年，第62页。

⑥ 郑岩：《一千八百年前的画展——陕西旬邑县百子村东汉墓细读》，《中国书画》2004年第4期。

1. 象征空间之天空

如前文所提，墓顶壁画图像大致可以分为两类：一类是日月、星宿、四象以及金乌、玉兔、蟾蜍等；另一类为伏羲、女娲、仙人、瑞兽、羽人，或乘龙、或驾车、或骑虎、或御蛇的仙人或墓主等。前者表示天空，后者则表现天界[①]。此外，墓顶常分布有流云、灵芝、仙草等象征天界祥瑞的装饰图案。新莽至东汉早期，墓顶出现藻井一类仿造地上木构建筑的图案，上绘日月星云，学者黄佩贤推测这很有可能象征大型宅院前部的露天庭院[②]。纵观墓顶壁画图像，无论是真实的天空与模拟露天的庭院，还是虚拟的天界，都是画工围绕“天”这一主题进行的图像选择与壁画创作。这是因为先民将墓室空间转化为宇宙的缩影，有意识地将其看作一个完整的宇宙模型来布置，墓顶部表示天穹[③]。

在墓葬中构建宇宙缩影并非汉代人首创，早在河南濮阳西水坡的仰韶文化墓葬中便有所体现。该墓墓主葬卧方向为首南足北，东侧为龙形蚌塑，西侧为虎形蚌塑，墓穴平面南部呈圆形，北部呈方形，学者冯时认为该墓的形制正是体现了“天圆地方”的盖天说[④]。盖天说在墓葬中由平面的宇宙缩影演变至立体的宇宙模型，是由穹窿顶与其上的壁画共同完成的。呈半圆形的穹窿顶倒扣在矩形或方形墓室之上，其上绘制着全景环绕式的“天空”图像，再现了盖天说中“天圆如张盖，地方如棋局”[⑤] 的天穹形象，构建了墓葬中象征的天空。

作为死后埋葬的空间，先民将墓顶变为象征的天空，是根植于其观念中的“敬天”思想。《礼记·郊特性》有记：“地载万物，天垂象。取财于地，取法于天，是以尊天而亲地也。”[⑥] 可见在先民眼中，“天”是法度之源，当时已有尊天亲地的观念。汉武帝时，董仲舒著《春秋繁露》确立“天”这一终极存在，从国家信仰层面加强了汉民对“天”的信仰。

一方面，董仲舒指出“天”在万物中的至高地位。如《春秋繁露·郊义》中：“天者，百神之君也，王者之所尊者也。”[⑦]《春秋繁露·顺天》：“天者万物之祖，万物非天不生。独阴不生，独阳不生，阴阳与天地参而后生。”[⑧] 天为百神之君，万物之祖。《春秋繁露·郊语》以孔子言君子“畏天命”引出“见天之不可不畏敬，犹主上之不可不谨事。不谨事主，其祸来至显；不畏敬天，其殃来至暗”[⑨]。明确阐述对“主上”与“天”的不可不事、不可不畏敬。除此之外，《春秋繁露·五行相生》中将阴阳、四时、五行的规律秩序统一于“天”的意志下，为“天地之气，合而为一，分为阴阳，判为四时，列为五行。行者行也，其行不同，故谓之五行”[⑩]。

另一方面，董仲舒以“天人感应”之说建立先民与“天”之间的关系。《春秋繁露·人副天数》：“天以终岁之数，成人之神，故小节三百六十六，副日数也；大节十二分，副月数也；内有五藏，副五行数也；外

---

① 有论著将这一类图像归类为“各类仙灵祥瑞组成的天堂仙界景致”或“仙界众神与升仙图”，亦有将这些图像统称为一类者。前者见贺西林：《古墓丹青：汉代墓室壁画的发现与研究》，陕西美术出版社，2001年，第169页；黄佩贤：《汉代墓室壁画研究》，文物出版社，2008年，第198页。后者如汪小洋归纳其为由国家宗教中天界神灵组成的“天界图像体系”，见汪小洋：《汉墓壁画中的宗教信仰与图像表现》，上海古籍出版社，2012年，第12页。

② 黄佩贤：《汉代墓室壁画研究》，文物出版社，2008年，第256页。

③ 赵超：《式、穹窿顶墓室与覆斗式墓志》，《文物》1999年第5期。

④ 冯时：《河南濮阳西水坡45号墓的天文学研究》，《文物》1990年第3期。

⑤ 〔唐〕房玄龄等撰：《晋书》卷十一，中华书局，1974年，第279页。

⑥ 〔汉〕郑玄注，〔唐〕孔颖达疏：《礼记正义》卷二十五，《十三经注疏附校勘记（下册）》，中华书局，1980年，第1449页。

⑦ 〔清〕苏舆撰，钟哲校：《春秋繁露义证》，中华书局，1992年，第402页。

⑧ 〔清〕苏舆撰，钟哲校：《春秋繁露义证》，中华书局，1992年，第410页。

⑨ 〔清〕苏舆撰，钟哲校：《春秋繁露义证》，中华书局，1992年，第396页。

⑩ 〔清〕苏舆撰，钟哲校：《春秋繁露义证》，中华书局，1992年，第361页。

有四肢，副四时数也；乍视乍瞑，副昼夜也；乍刚乍柔，副冬夏也；乍哀乍乐，副阴阳也。”① 以人的“五藏”对应天之“五行”，人的四肢对应天之“四时”，人的情绪对应阴阳，令先民产生与“天”相生相似的观念。汉代先民在对“天”这一终极存在产生无上敬畏，向天祈福的同时，又在“天人感应”的影响下产生灵魂升入天界的渴望。

汉代人心目中的“天”是“万物之祖”，这种无限的包容性使得对其的写实性描绘变得格外困难。已经“神”化的天空在汉民的联想中，具象为汉墓壁画上神话中的人物和动物，如伏羲、女娲、羽人、瑞兽等，以此展现对天空的想象。同时，对“天”的敬畏加强了先民对“天”的观察。在阴阳五行与天人感应的影响下，先民在壁画中展现了他们眼中容纳日月星辰的天空——墓顶上日月轮转、星宿变换的天象图，尽管其中具有抽象的概念，但也蕴含着真实的天文现象。

2. 象征空间之居所

墓顶作为地下空间的天空，承载着人们对“天”的崇敬与想象，在死后升仙的观念影响下，成为先民渴望的生命终点。人们对于灵魂去向的思考与选择早在封闭隔绝的椁墓中便已展现出来。如马王堆 1 号汉墓的内棺盖板上覆盖着的帛画（图二十），上部是日月、仙人、瑞兽组成的天上部分，以两个呈倒“T”形的天门作为分割。中部为墓主与侍者形象，在其站立平台的两侧是双龙穿璧，似乎正要带领墓主穿过天门，抵达天界。在玉璧的绶带与玉磬之下，是裸体力士双手承托祭享物的场面。整幅图像以天门、玉璧为构图分界点，分别构成了天界、墓主升天、祭祀的空间。

图二十　马王堆 1 号汉墓出土帛画
（选自《马王堆汉墓文物》② ）

帛画的长卷式构图和室墓平顶与屋殿顶上的壁画如出一辙，日月、天门、玉璧、瑞兽、云气等天界图像也多出现在墓顶壁画中。除此之外，帛画中表现灵魂在飞龙引导下升天的图像，在墓顶的壁画中也多见于乘龙御蛇的墓主、持节羽人、驾车仙人等图像，象征着墓主灵魂在仙人与瑞兽的引导下，升入天界。如烧沟 61 号汉墓墓顶壁画的末端是绘制有玉璧象天、天门半启、羽人乘龙的梯形隔墙（图二十一）。玉璧位于天门上部，象征着天，天门两侧的三角形砖上雕刻有绿色羽翼的羽人乘于龙身之上，龙足踏山峰，首向玉璧，以腾跃之势引导墓主的灵魂飞向玉璧所象征的天界。

① 〔清〕苏舆撰，钟哲校：《春秋繁露义证》，中华书局，1992 年，第 356—357 页。
② 傅举有、陈松长：《马王堆汉墓文物》，湖南出版社，1992 年，第 19 页。

图二十一　烧沟61号汉墓隔梁壁画雕砖（背面）
（选自《洛阳古代墓葬壁画（上卷）》① ）

《礼记·郊特性》言："魂气归于天，形魄归于地，故祭求诸阴阳之义也。"② 人的魂在引导下已经升入天界，魄仍停留在地下，在墓室中得以永存。墓室作为埋葬死者之"形魄"的空间，也被称为阴宅，营造时尽可能仿照生前阳居的一切。如荀子在《礼论》中写道："故圹垄，其貌象室屋也；棺椁，其貌象版盖斯象拂也；无帾丝歶缕翣，其貌以象菲帷幬尉也。抗折，其貌以象慢茨番阏也。"③ 区别于封闭的椁墓，西汉时出现的室墓，其整体构造的主要特点是内部呈全面开通状态，形成一个能够自由出入的立体空间④，为灵魂提供了开放的居所。

在汉代"事死如生"的厚葬之风影响下，墓室建筑宅第化倾向越发明显。人们不仅通过仿阳宅建筑的墓室与丰富的随葬品来满足墓主在地下的生活，"以生者饰死者也，大象其生以送其死也"⑤，更是通过富有表现力的绘画来满足那些无形而庞大的生活想象与死后奢望。在墓室这一宇宙缩影下，墓顶表示天穹，墓室四壁表示地面上的人间，绘制了排场煊赫的宴乐图、出行图、庄园图，墓顶的天空图像与四壁现实题材的壁画共同打造了属于墓主的豪华灵魂居所。

综上，对于墓室这一灵魂居所的构建，一方面是根植于人们死后升天的想象，表现为墓顶壁画对天空图像的丰富描绘；另一方面则是先民灵魂不朽的愿望，墓顶成为灵魂仰望的地下天空，与四壁的人间生活构成死后冥宅。实际上，二者并不冲突，灵魂不朽的终点是升入神灵瑞兽所在的天界，四壁的现实享乐场景亦可视为墓主抵达天界后的彼岸生活。随着时间的推移，两种信仰逐渐靠拢融合，最终实现墓室作为灵魂居所的象征意义。

---

① 洛阳市文物管理局、洛阳古代艺术博物馆编：《洛阳古代墓葬壁画（上卷）》，中州古籍出版社，2010年，第62页。
② 〔汉〕郑玄注，〔唐〕孔颖达疏：《礼记正义》卷二十六，《十三经注疏附校勘记（下册）》，中华书局，1980年，第1457页。
③ 〔清〕王先谦撰：《荀子集解》卷十三，中华书局，1988年，第369－371页。
④ 黄晓芬：《汉墓形制的变革——试析竖穴式椁墓向横穴式室墓的演变过程》，《考古与文物》1996年第1期。
⑤ 〔清〕王先谦撰：《荀子集解》卷十三，中华书局，1988年，第366页。

结 语

西汉时期，先民将室墓看作宇宙的缩影，墓顶代表天穹，绘制了表现天空的日月星云、四方神灵、羽人瑞兽等图像，图像内容在前期日益复杂，具有较强的时代特征与区域特征，后期则趋于程式化。与此同时，壁画所在的墓顶在汉代人对祭祀空间的重视下逐渐升高，演变成不同的形制，最终以券顶与穹窿顶为定式。由于墓顶空间结构的变化，同一主题的图像构图布局由平顶、屋殿顶下的长卷式，发展为券顶、穹窿顶下的全景环绕式。回归墓室的整体空间中，墓顶与壁画共同塑造了地下的天空。这一象征空间融合了先民对天穹无穷的崇敬和对灵魂升仙的渴望，为墓主构建起灵魂永生的居所，勾勒出死后去往的天界，最终成就了汉墓中奇幻雄浑、缤纷多彩的墓顶空间。

安岳石窟千佛寨摩崖造像 76 号龛研究

四川省文物局　周永强

摘要：安岳石窟千佛寨摩崖造像 76 号龛开凿于 8 世纪中期左右，主要依据礼忏往生思想造西方三圣与二十五佛组合表现西方净土往生主题，可定名为西方净土二十五佛礼忏往生相。该龛造像很可能受到三阶教诸佛礼忏思想和印度舍卫城大神变造像影响，对于研究盛唐至中唐时期佛教思想与造像发展流变具有重要参考价值。

关键词：安岳石窟；千佛寨；佛教造像；西方净土；三阶教；舍卫城大神变

安岳石窟千佛寨摩崖造像位于四川安岳（图一）县城西郊大云山南北崖，原有文物编号 105 个（图二），主要开凿于唐代并绵延至南宋，历代多有妆修，是安岳石窟主要发展历程的缩影。[①]

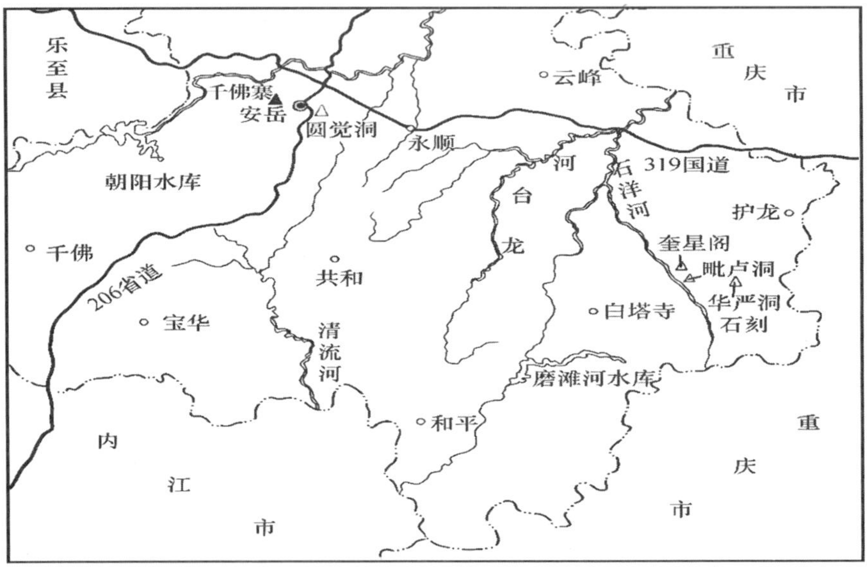

图一　千佛寨摩崖造像地理位置示意图

（自制 底图引自《四川安岳县圆觉洞摩崖石刻造像调查报告》图一，第 366 页）

① 参见傅成金、唐承义：《四川安岳石刻普查简报》，《敦煌研究》1993 年第 1 期；安岳县地方志编纂委员会：《安岳县志（1986—2005）》，电子科技大学出版社，2011 年，第 765—770 页。

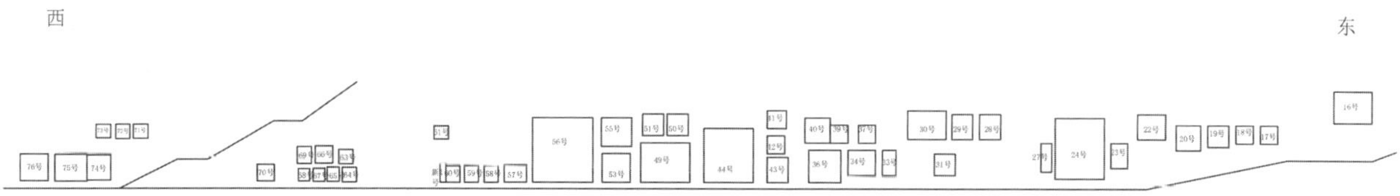

图二　南崖主体崖面龛窟分布示意图

一、76 号龛造像概况

千佛寨 76 号龛[①]位于大云山南崖西部路边的独立巨岩上（图三、图四）。正壁主像头部缺失，顶有高肉髻痕迹，头上有华盖，上身着通肩式袈裟，双手施说法印，结跏趺坐，应为佛像。佛座风化不清，束腰，分三段，上段钵形，中段扁球形，下段锅盖形，推测为莲花座。[②]主像两侧造像头部缺失，均可见垂于两肩的宝缯及身体两侧的帔帛，所立台座风化不清，略呈钵形，推测为莲花座。左侧[③]造像左上臂有团花臂钏，胸前有蔓网状璎络，胸腹前有“X”形璎珞，帛带绕臂垂于腹前。应为两身菩萨像（图五）。正壁两侧造像皆结跏趺坐莲台，莲茎自龛底分枝相连，层层而上，左侧区域三层十三身（图六），右侧区域三层十二身（图七），莲茎之间还杂有莲叶、莲蕾。保存较好的左侧区域，造像头顶大致仍可看出弧形残痕，头部及两肩周围无宝缯痕迹，皆身着袈裟结跏趺座，结禅定或说法印，应是佛像（图八）。右侧区域造像保存较差，仅余轮廓残痕，未见宝缯痕迹，结合痕迹特征和对应关系，推测亦为佛像。此外，龛楣位置还有一字排开的结跏趺坐像十二身，部分造像仍可见头顶高肉髻和袈裟痕迹，推测为佛像（图九）。龛口两侧还有两身残损的力士。该龛造像壁面处于同一平面，没有打破关系，造像之间衔接自然，属整体设计一次开凿。

图三　76 号龛岩体

① 本文沿用原安岳县文管所编 76 号，文中未注地点龛号均指千佛寨。龛内现另有后期所编 48 号标记。

② 此类三段式莲花座在盛唐时期造像中颇为流行。四川巴中南龛摩崖造像中即有大量此类莲花座，具体形制是：上段钵形为仰莲台，部分莲台覆帛；中段扁球形多开壶门；下段锅盖形为覆莲形或素面。典型者如巴中南龛摩崖造像 77 号龛。参见四川省文物管理局、成都文物考研究所等编著：《巴中石窟内容总录》，巴蜀书社，2006 年，第 117 页。

③ 本文所指左右以正壁主尊左右为准。

图四　76号龛全貌

图五　76号龛正壁

图六　76号龛左侧壁

图七　76号龛右侧壁

图八　76号龛左侧壁造像细节

图九　76号龛楣造像细部

二、76号龛的造像年代

76号龛没有纪年题记。对其造像年代的判断只能依据相关历史背景、遗迹现象及造像风格做交叉对比。

据文献记载，千佛寨唐代为栖岩寺，摩崖造像史可明确追溯至唐中宗景龙年间（707—710），由高僧玄应发起开凿。[①]从遗迹现象看，44、48和56号三个大龛位于千佛寨南崖正中岩面最大最好的核心区域（图十），体量相近，大致并行相邻排列，设计意味明显。结合56号龛口左下所立《唐栖岩禅师受戒序》碑可大致确定三个大龛应完工于开元十年（722）前后，为玄应发起开凿的主龛（图十一）。此外，在大龛顶及之间岩壁开凿的中小型外方内圆拱形龛，造像样式与大龛基本一致，推测为三大主龛同期开凿的附龛（图十二）。

图十 56号龛

图十二 50号龛

图十一 《唐栖岩禅师受戒序》碑

① 据清乾隆《安岳县志》所载，栖岩寺为“唐开元僧元应建，岩壁石像千余”。乾隆《本安岳县志》亦记有：“《唐栖岩禅师受戒序》，普州刺史韦忠撰，开元十年建。”清志避康熙讳，此处“元应”即为“玄应”，而“栖岩禅师”应该就是创建栖岩寺的玄应。又据县志，韦忠在中宗景龙年间（707—710）任职普州。而胡文和所录《唐栖岩禅师受戒序》碑残文第十三行有“坭□□□公□于凿两□□……”字样。综上可推知《唐栖岩禅师受戒序》很可能是韦忠于景龙年间（707—710年）为玄应受戒发愿造像所作，至开元十年（722）造像活动初步告成而正式立碑。参见〔清〕张松孙主修，朱纫兰纂：《安岳县志》（乾隆本），《四川大学图书馆藏珍稀四川地方志丛刊》（五），巴蜀书社，2009年，第320页、第369页；胡文和、胡文成：《巴蜀佛教雕刻艺术史·下卷》，巴蜀书社，2016年，第54—55页。

图十三　24号龛

在南崖三大龛东侧，唯有24号龛（图十三）可比肩中央三大主龛。该龛右侧壁底部的小龛原存有唐代“天宝四载”（745）题记①，可知24号龛早于天宝四年（745）开凿。又据文献记载，开元十八年（730）前刺史杨令珪、崔克让撰写的《栖岩山寺赞铭序》由时任刺史房公立于栖岩寺。② 按唐初刺史任期三至四年③反推，《栖岩山寺赞铭序》初撰时间在开元十年（722）或其后不久。而这种由地方官员撰文、经年立碑的做法与玄应规划开凿中央三大龛的模式如出一辙。推测很可能是玄应完成首批造像后又发起了第二轮造像，并再次得到地方官员撰文褒奖。至开元十八年（730）主像落成，再次刊碑记事。而从体量、位置和岩面状况看，24号龛很可能就是玄应第二轮造像的主龛。而24号龛龛口右侧的大型唐碑很可能就是《栖岩山寺赞铭序》（图十四）。

除24号龛外，南崖三大龛两侧的造像皆为中小型龛。其中，外方内圆拱形龛往往占据所在岩体最佳岩面（图十五），排布较为规整有序，整体风格与南崖三大龛附近中小型外方内圆拱形龛相近，而造型细节各有不同，应为同一时期内先后或不同工匠开凿。结合前述玄应两次造像活动，以及38号龛玄应开元二十年（732）题记④（图十六），本文认

图十五　南崖东段外方内圆拱形龛

图十四　26号唐碑

①　“造药师琉璃光佛一龛，右清信女弟子申□□愿为亡人□□□□者失地□□，天宝四载九月二十三日裱装讫就设斋。”题记内容已漫漶，内容参照《安岳石窟造像》《千佛寨摩崖造像》《四川安岳石刻普查简报》《四川摩崖造像中药师变与药师经变》等早期录文校证拟定。参见王家祐：《安岳石窟造像》，《敦煌研究》1989年第1期；唐承义：《千佛寨摩崖造像》，《四川文物》1989年第2期；付成金、唐承义：《四川安岳石刻普查简报》，《敦煌研究》1993年第1期；胡文和：《四川摩崖造像中药师变与药师经变》，《文博》1988年第2期。

②　《栖岩山寺赞铭序》首著于南宋王象之《舆地纪胜》：“唐开元戊辰（即开元十八年，730年），前刺史宏农杨令珪、博陵崔克让及刺史房公（失其名）。”参见〔南宋〕王象之：《舆地纪胜》，中华书局，1992年，第4302页。（引文标点本文所加）

③　张卫东：《唐代刺史的任期与特点》，《中州学刊》2009年第4期。

④　“大唐开元廿年，岁次壬申十二月庚午十八日丁卯，前安岳县录事骑都尉勋官五品黎令宾愿平安，造东面三世诸佛，并为亡父亡母及亡妻造西面救苦观世音菩萨一龛三身，并永为供养。前安居县市令、普州助教虔恪，男前州市□都尉七品虔运永为供养。寺上座玄应书。”该题记内容按《四川安岳石刻普查简报》《四川道教佛教石窟艺术》等早期录文，查对陈垣《二十四史朔闰表》校证拟定。参见傅成金、唐承义：《四川安岳石刻普查简报》，《敦煌研究》1993年第1期；胡文和：《四川道教佛教石窟艺术》，四川人民出版社，1994年，第71页。

为南崖三大龛东西两侧中的小型外方内圆拱形龛主要开凿于开元十年至天宝四年（722—745）之间。

此外，南崖三大龛两侧还有少量单层方形龛。其岩面位置往往不佳，或位于大龛内，或附刻于大中型龛周边，或位于岩面边缘，开龛局促和岩面打破现象频现，但整体造像风格与同区外方内圆拱形龛相近。很显然，这些单层方形龛已逐渐脱离千佛寨前期造像的崖面规划。从40号龛打破39号龛看，这些龛距玄应发起的第二轮造像已有一定时间（图十七）。从24号龛内天宝四年（745）题记看，其龛外打破唐碑的27号龛可能不早于天宝四年（745）。但相关造像在风格样式上与前期规划造像的相似性也表明，这批单层方形龛开凿的时代距玄应第二轮造像活动不会过晚。综上，本文认为千佛寨南崖的单层方形龛应主要开凿于8世纪中期左右。至此，千佛寨南崖主体岩面使用殆尽。

图十八　38号玄应题记

图十七　39号龛及40号龛

以上重点分析了千佛寨南崖造像的规划演进线索，目的是为76号龛断代梳理年代线索。通过分析不难发现，千佛寨南崖主体岩面造像一般优先选择主体岩面中心区域或所在岩体中部岩面条件最好的区域独立开凿。从开龛位置看，76号龛虽为外方内圆拱形龛，但所在岩体已位于南崖远离中心的最西端，且岩体中部最优岩面为75号单层方形龛占据。参考上述线索，本文认为76号龛应开凿于8世纪中期左右。对此，关联的造像风格分析

图十八　24号龛右壁上层小龛

图十九　宣汉浪洋寺2号龛
（选自《四川散见唐宋佛道龛窟总录（达州卷）》，
图九九—1，第97页）

亦可交叉印证。从四川地区唐代石窟造像风格演变看，各地石窟造像风格在安史之乱前后普遍发生了变化。[1] 突出的特征是造像身材由丰腴转向纤长，装饰则由精练转向细密。这一特征（图十八）在天宝时期（742—756）已有显现，[2] 至8世纪中期偏晚的至德、永泰年间（756—766）则更为明显（图十九）。[3] 从76号龛造像保存较好的左侧菩萨看，其身材较千佛寨开元时期造像已明显更为纤长，胸前也采用了更为细密的蔓网璎珞，已显出时代演变色彩。又从左邻的75号（图二十）龛看，该龛略先于76号龛，[4] 但两龛菩萨造型基本一致，应为同期造像（图二十一）。关于75号龛的造像年代，可以参考的是安岳舍身崖15号龛（图二十二）。[5] 该龛约开凿于“天宝十□年”（751—756），与75号龛同为单层方形龛，龛内亦造有二佛二菩萨，且与75号龛二佛二菩萨造型排列基本一致，但身材纤长，装饰细密的特征更为明显。由此推导，75号龛造像不排除略早于“天宝十□年”（751—756）的可能性，但基本可视为“天宝十□年”（752—756）左右同期造像。由此，略晚于75号龛的76号龛也应当在“天宝十□年”（752—756）左右，不迟于至德至永泰年间（756—766）。

图二十　75号龛

图二十二　舍身岩15号龛
（选自《四川安岳舍身岩摩崖造像调查报告》图二九）

① 这一点在川北的广元、巴中，川西的夹江等地都有表现。参见姚崇新：《巴蜀佛教石窟造像初步研究——以川北地区为中心》，中华书局，2011年，第21—133页。雷玉华：《巴中石窟研究》，民族出版社，2011年，第155—186页。四川省文物考古研究院、西安美术学院、乐山市文物局、夹江县文物管理所编：《夹江千佛岩——四川夹江千佛岩古代摩崖造像考古调查报告》，文物出版社，2012年，第451—453页。

② 千佛寨24号龛两侧壁顶端两个小龛位置更好按从上到下顺序不晚于天宝四年（742），其菩萨造型虽仍保持了体态上的丰盈，但较玄应题记龛中菩萨明显更为修长，说明此时风格演变已初露端倪。

③ 参见达州浪洋寺摩崖造像题记参考为至德至永泰（756—766）年间造像龛。四川省文物考古研究院：《四川散见唐宋佛道龛窟总录》（达州卷），文物出版社，2017年，第132—160页。

④ 75号龛与76号龛开凿于同一岩体，但处于位置最佳的岩面中心。又76号龛与75号龛相邻的外龛左侧壁下部自然突起，明显是顾及相邻造像位置走向的权宜之举。综合说明75号龛先于76号龛开凿。

⑤ 四川大学考古学系等：《四川安岳舍身岩摩崖造像调查报告》，《敦煌研究》2017年第4期。

图二十一 75 与 76 号龛邻壁细节

三、76 号龛的造像内容与形式

76 号龛主造一佛二菩萨及莲台佛像。检阅文献，十二佛组合可指代阿弥陀佛十二光佛名别称[①]和十方诸佛中的十二位[②]。十三佛组合在《佛说大阿弥陀经》中可指代阿弥陀佛无量寿及十二光佛名号。[③] 此外，两侧合计二十五身佛像亦有固定组合意义。[④] 从造型排布看，两侧壁佛像均采用一致的莲台造型，在内容上应当有所关联，若十三佛组合代表阿弥陀佛十三佛名，则在龛内右侧壁及楣刻不同位置再刻两组十二佛，无论代表十二光佛名号或十方诸佛中的十二位均会出现内容或布局冲突。因此，结合两侧壁莲台佛像大小造型相近的特征，本文认为龛内莲台佛像应整体代表二十五佛组合。而考虑到正壁佛像坐莲花宝座、二菩萨足踏莲花与《佛说观无量寿佛经》中西方三圣[⑤]相应描述吻合，[⑥] 加之龛楣浮雕十二佛像[⑦]正好可对应阿弥陀佛十二光

① 出自《佛说无量寿经》。参见高楠顺次郎主编：《大正藏》，第十二册，大正一切经刊行会，1924 年，第 269 页。

② 出自《十二佛名神咒校量功德除障灭罪经》。参见高楠顺次郎主编：《大正藏》，第二十一册，大正一切经刊行会，1924 年，第 860—862 页。

③ 高楠顺次郎主编：《大正藏》，第十二册，大正一切经刊行会，1924 年，第 331 页。

④ 出自《佛说佛名经》。参见高楠顺次郎主编：《大正藏》，第十四册，大正一切经刊行会，1924 年，第 159—161 页。

⑤ 西方三圣：阿弥陀佛、观音菩萨、大势至菩萨。

⑥ 高楠顺次郎主编：《大正藏》，第十二册，大正一切经刊行会，1924 年，第 343 页。

⑦ 龛楣造十二佛代表阿弥陀佛十二光名号的做法在龙门石窟净土堂亦可见。李凇：《论龙门石窟唐代净土堂的图像》，《新美术》1996 年第 4 期。

佛名别称，故本文认为76号龛造像应为西方净土题材。而其造像成立依据要从西方净土“礼忏往生”角度来理解。

所谓“礼忏”是指向诸佛菩萨礼拜获益、忏悔消罪之法，属取相忏①范畴。据《佛说观无量寿佛经》记载，除上品、中品之外，下品之人皆于生前造作罪业。② 故而在往生西方净土之前需先除罪，才能往生西方净土。③ 又阿弥陀佛四十八本愿中也有闻佛名号忏悔为善可往生净土的说法。④ 这是西方净土经典中支持“礼忏往生”的主要依据。据此，净土宗善导在初唐时期以他力本愿说及凡夫入报土论架构起西方净土法门的理论结构，制定四部净土礼忏法，高度重视忏悔修持，对后世西方净土信仰的兴盛产生了举足轻重的影响。⑤ 如其所著《观无量寿佛经疏》提出：“欲作法者，诸行者等先于佛像前至心忏悔，发露所造之罪，极生惭愧，悲泣流泪。悔过即竟，又心口请释迦佛、十方恒沙等佛，又念彼弥陀本愿言。”⑥ 即认为往生西方净土需礼忏的对象不仅是阿弥陀佛，也包括了“释迦佛、十方恒沙等佛”。又从相关经典可知，礼拜十方三世诸佛的功德的确有助于往生西方净土。如《佛说过去庄严劫千佛名经》记载：“我今普礼一切十方三世诸佛，愿三涂休息，国丰民安，邪见众生回向正道，发菩提心。持此功德，愿共六道一切众生，生无量寿佛国，立大誓愿，使诸众生悉生彼刹，身诸相好，智能辩才，如阿弥陀佛，所获果报，巍巍堂堂，寿命无量。”⑦ 而二十五佛即属十方诸佛。⑧ 又《佛说佛名经》又载有：“悬二十五枚幡，种种华香供养诵念此二十五佛名。日夜六时忏悔满二十五日。灭四重八禁等罪。”⑨ 由此，经由向二十五佛礼忏的功德消除罪业发心往生西方净土，二十五佛与往生西方净土之间便可以建立起功能上的联系。这即是76号龛内容成立的内在逻辑。据此，本文认为76号龛可定名为西方净土二十五佛礼忏往生相。

图二十三　78号龛

值得注意的是，这一时期流行的西方净土礼忏仪并没有专门强调二十五佛礼忏。⑩ 而三阶教《七阶佛名经》⑪ 中则特别突出了二十五佛阶次。事实上，千佛寨同期造像中与三阶教《七阶佛名经》诸佛礼忏内容相关的造像并非孤例。特别是78号龛一佛、

① 圣严：《戒律学纲要》，宗教文化出版社，2006年，第223页。

② 高楠顺次郎主编：《大正藏》，第十二册，大正一切经刊行会，1924年，第345页。

③ 据《佛说观无量寿佛经》所载：“此经名观极乐国土无量寿佛观世音菩萨大势至菩萨，亦名净除业障生诸佛前。”高楠顺次郎主编：《大正藏》，第十二册，大正一切经刊行会，1924年，第346页。

④ 高楠顺次郎主编：《大正藏》，第十二册，大正一切经刊行会，1924年，第301页、第328页。

⑤ 杨明芬：《唐代西方净土礼忏法研究——以敦煌莫高窟西方净土信仰为中心》，民族出版社，2007年，第47—56页。

⑥ 高楠顺次郎主编：《大正藏》，第三十七册，大正一切经刊行会，1924年，第266页。

⑦ 高楠顺次郎主编：《大正藏》，第十四册，大正一切经刊行会，1924年，第365页。

⑧ 高楠顺次郎主编：《大正藏》，第十四册，大正一切经刊行会，1924年，第159页。

⑨ 高楠顺次郎主编：《大正藏》，第十四册，大正一切经刊行会，1924年，第161页。

⑩ 杨明芬：《唐代西方净土礼忏法研究——以敦煌莫高窟西方净土信仰为中心》，民族出版社，2007年，第46—130页。

⑪ 任继愈主编：《佛教大辞典》，江苏古籍出版社，2002年，第55页；汪娟：《敦煌礼忏文研究》，法鼓文化事业公司，1998年，第115—133页；张总：《中国三阶教史》，社会科学文献出版社，2013年，第486—551页。

二佛、七佛、十佛、五十三佛组合与三阶教《七阶佛名经》内容高度关联。[①]（图二十三）从时代看，76号龛开凿的8世纪中期，公开的三阶教活动已遭禁止，[②]但西方净土信仰正大行其道。[③]因此，本文认为76号龛二十五佛与西方三圣组合的出现，更可能是这一时期民间西方净土“礼忏往生”思想与三阶教普礼诸佛思想融合渗透的产物。[④]对此，大历年间（766—779）崇尚西方净土的法照通过虔心礼二十五佛名和五会念阿弥陀佛入金刚窟诣文殊普贤法界的感通故事可作为很好的旁证。[⑤]

除了与西方净土和三阶教的关联外，76号龛的莲台化佛造型还明显吸收了印度舍卫城大神变的造型要素。所谓舍卫城大神变，是指释迦佛为降服六师外道而在舍卫城公开施展分枝衍生、次第化现莲台化佛的神通，是印度笈多时期佛教造像中十分流行的题材。[⑥]如在5世纪后半到6世纪前期的阿旃陀石窟7号窟前厅两侧壁即开凿有舍卫城大神变题材（图二十四）[⑦]，与76号龛莲台佛像造型布局十分类似。[⑧]但从以上分析可知，76号龛内莲台佛像并非表现舍卫城大神变。事实上，舍卫城大神变在中国内地很长时期内都没有得到重点关注。[⑨]因此，相较于受文献启发，中国内地佛教造像中的舍卫城大神变因素更可能直接受到了印度舍卫城大神变造像样本的影响。南北朝至隋唐时期，中印之间文化交流频繁，[⑩]笈多时期印度舍卫城大神变的造型图样很可能会作为梵式样本直接引入中国内地。[⑪]由于当时中国内地佛教并没有重视舍卫城大神变题材的传统，因此工匠们将图样中莲台化佛向上分枝衍生、次第化现的造型因素用作表现其他多佛题材完全可以理解。

图二十四　阿旃陀7号窟前廊左右侧壁舍卫城大神变（选自《中国内地舍卫城大神变造像遗存探索》图二、三，第154页）

① 78号龛造像也包含了西方净土莲花化生因素，很可能表现的仍是西方净土礼忏往生主题。但该龛七佛、十佛、五十三佛与一佛、二佛成组出现的情况，几乎只能参照《七阶佛名经》相关内容来加以解释。参见张总：《中国三阶教史》，社会科学文献出版社，2013年，第537页。

② 〔唐〕智升撰：《开元释教录》，卷十八；高楠顺次郎主编：《大正藏》，第五十五册，大正一切经刊行会，1924年，第679页。

③ 马小方：《西方净土信仰与唐人创作研究》，博士论文，福建师范大学，2014年，第31页。

④ 已有学者注意到了唐代三阶教与西方净土礼忏法的互渗现象。参见杨明芬：《唐代西方净土礼忏法研究——以敦煌莫高窟西方净土信仰为中心》，民族出版社，2007年，第35—36页。

⑤ 〔宋〕王古辑撰：《新修往生传》卷下，《新编卍续藏经》，第一百三十五册，新文丰出版有限公司，1995年，第71—75页。

⑥ 张同标：《中印佛教造像探源》，东南大学出版社，2011年，第69页。

⑦ 张同标：《中印佛教造像源流与传播》，东南大学出版社，2013年，第331页。

⑧ 已有学者指出76号龛与舍卫城大神变题材的关联。王剑平、张建荣、雷玉华：《中国内地舍卫城大神变造像遗存探索》，《石窟寺研究》（第1辑），文物出版社，2010年，第152—160页。

⑨ 刘宋时期译出的《佛本行经·现大神变品》只以简略偈颂形式记载该故事。高楠顺次郎主编：《大正藏》，第四册，大正一切经刊行会，1924年，第83—87页。比较完整介绍这一故事的《根本说一切有部毗奈耶杂事》则晚至唐代才译出。高楠顺次郎主编：《大正藏》，第二十四册，大正一切经刊行会，1924年，第332页。

⑩ 徐志远：《古代印度佛教的传入及中印文化交流》，《曲靖师专学报》1989年第4期；王韵：《唐代南方丝绸之路与中印佛教文化交流》，《中华文化论坛》2015年第4期。

⑪ 如唐初王玄策即有入印度引入梵式造像的记载。刘丽娜：《唐敕使王玄策崇佛史迹及其对大唐佛教的影响》，《西安文理学院学报（社会科学版）》2017年第6期。

从观感分析看[①]，76 号龛的造型样式也反映了其内在的构图逻辑。由“礼忏”方法到“往生”目标，76 号龛造像依据西方净土“礼忏往生”形成了前后递进的两个步骤。对此，龛内的三区两段中轴对称式布局[②]正好可以由外而内反映这种前后递进的步骤关系：龛内外围二十五佛集中代表了“礼忏”方法，而龛内正壁的西方三圣则集中代表西方净土“往生”目标。当然，对于往生西方净土的目标而言，向西方三圣礼忏可能才是更为重要的指向。因此，二十五佛可能更多代表了一种基于“礼忏”方法的引导和加持：紧密排布的二十五佛位于观者身体两侧，可引导观者视线朝向中心西方三圣并形成济济于观者周围的加持之感。至于龛内两侧分枝衍生、层层向上的莲台，也正如阿旃陀第 7 号窟将舍卫城大神变造像置于前厅两侧壁一般，给人一种宏大、庄严的慑服之感，从而引导观者诚心礼忏。[③] 另一方面，这也可以视为一种强化二十五佛组合的需要：二十五佛组合虽然因平衡布局需要被分作了十二佛与十三佛两个小组，但连理式的莲台、莲茎、莲叶则强化了二者之间的关联。此外，具象的莲台、莲茎、莲叶的图像也暗示了水和莲池的存在，结合图像中心的西方三圣，整龛造像由礼忏到往生将观者视线由外向内引导的同时，也借由视线上由内向外的拓展为观者构建了西方净土世界的具象情景，并为观者提供了一种关于西方净土礼忏往生的交互观感体验。

结　语

综上，本文从造像年代、题材、关联文化因素及观感分析等方面对 76 号龛进行了综合探讨。从全国看，这一表现西方净土二十五佛礼忏往生题材的造像实属罕见。对于 76 号龛西方净土二十五佛礼忏往生造像所反映出来的唐代佛教信仰问题，一方面，其与三阶教普礼诸佛思想的关联不容忽视。乃至于提出了盛中唐时期佛教西方净土思想与三阶教思想在理念和实践中融合互渗的可能。另一方面，这样的造像实践，也从一个侧面反映了这一时期四川佛教造像的适应性与创造性。

---

① 本文所指的观感分析以客观形式主体感知的可共通性为依据，属现象学考古观察而非基于佛教“观想”或“仪轨”的程式对应，但不排除主体感知的可共通性与佛教“观想”或“仪式”之间互渗、衍生或通约的可能。现象学的考古方法可参见［英］科林·伦福儒，保罗·巴恩著，陈胜前译：《考古学：关键概念》，中国人民大学出版社，2012 年，第 204—207 页。

② 76 号龛内在水平方向可分为正壁及两侧壁三区，在进深方向可分为莲台化佛和西方三圣两段，而三区两段排布及造像大致以佛像为中轴左右对称，形成了所谓三区两段中轴对称式布局。

③ 舍卫城大神变的主旨即是释迦佛随世俗应机以莲台化佛次第衍生的不可思议神通摄服外道归依佛法。相关内容参见张同标：《中印佛教造像探源》，东南大学出版社，2011 年，第 262—284 页。

宋代注碗的功用辨析

泸州市博物馆 邹西丹

摘要：流行于五代及两宋、辽、金的注碗，是极富断代意义的套制盛酒斟酒器具。经梳理文献记载、考察出土实物和考辨书画中关于注碗使用场景的描绘可知，注碗的出现源于温酒方式的改变，由于盛酒的注子直接在炭火上加热，所以出于注子隔热的需要而产生。注碗一般与盘盏、台盏等套制饮酒餐具配套使用，在宋代广泛流行于社会各个阶层，金质等稀有材质的注碗更是成为朝廷御赐予礼贡之物。

关键词：宋代；注碗；源流；功用

注碗是在注子的基础上创造出的一种注子与碗配合使用的套制盛酒斟酒器具，主要流行于五代、宋、辽、金。学界对注碗的起源、得名、流行时间有了一些讨论[①]，但关于注碗功用的讨论还停留在最初的推断，即认为它是温酒器，使用方法为碗中盛热水，将注子放入碗中温酒[②]。随着越来越多注碗实物及有关注碗使用的壁画图像的发现，有必要系统梳理所有实物、图像及文献资料，综合分析，厘清这一套制酒具诞生的功用目的，进而开展与其相关的茶酒文化研究。

一、注碗的定义与发现情况

在《建炎以来系年要录》有“注碗二十副”“注碗一副”等记载[③]，《营造法式》在描述“造殿内照壁版上宝床等所用名件之制”时说：“注子共高七寸，每高一寸即肚径七分，两段造，其项高径，取高十分中以三分为之。注碗径六寸，每径一寸则高八分。”[④] 可见注碗中“酒注”称为注子、“碗”称为注碗，合称“注碗一副”。在《宋会要辑稿》中也将其称为“注子一副”“酒注一副”[⑤]，彭州金银器窖藏中出土的银注碗上有“注子一副”的铭文[⑥]，说明注碗、注子、酒注都是这一类型器物的名称，也表明了注碗与注子的关系。本文

① 刘东：《注子注碗源流考》，《文博学刊》2018年第3期。
② 孙机：《唐宋时代的茶具与酒具》，《中国历史博物馆馆刊》1982年第6期。
③ 〔宋〕李心传编撰，胡坤点校：《建炎以来系年要录》卷二，第一册，中华书局，2013年，第60页。
④ 〔宋〕李诫：《营造法式》卷十二，中华书局1992年影印本。
⑤ 〔清〕徐松著，刘琳、刁忠名、舒大刚、尹波等校：《宋会要辑稿·蕃夷七》，上海古籍出版社，2014年，第9965、9966页。
⑥ 成都文物考古研究所、彭州市博物馆：《四川彭州金银器窖藏》，科学出版社，2003年，第104页。

为了讨论的方便将这一类套制盛酒器具统称为注碗。

注碗的出现源于注子，在讨论注碗之前有必要先梳理下注子的起源。李匡义《资暇集》卷下《注子偏提》条："元和初，酌酒犹用樽杓，所以丞相高公有斟杓之誉，虽数十人，一樽一杓，挹酒而散，了无遗滴。居无何，稍用注子，其形若罂而盖、嘴、柄皆具。太和九年（835）中贵人恶其名同郑注，乃去柄安系，若茗瓶而小异，目之曰偏提，论者亦利其便，且言柄有碍而屡倾仄，今见行用。"[①] 这段关于注子、偏提的文献详细介绍了注子斟酒的功能以及它的源起。唐代长沙窑出土的横柄壶（图一），横柄上有题记"注子"，形态特征与"若罂，而盖、嘴、柄皆具"描述一致，而太和九年后开始流行的"去柄安系"样式的注子，在长沙窑中也有出土（图二），注子系上有"赵家注子""注子"等题记。这些安系的注子，样式与长沙窑出土的有"许家绝上一升茶瓶好"等题记的茶瓶[②]，西安唐太和三年（829）王明哲墓所出底部墨书"老导家茶社瓶"的茶瓶[③]、20 世纪 50 年代河北唐县出土的邢窑茶瓶形态相近[④]，可见唐太和以后流行的注子样式，与茶瓶相似，如果没有题记的提示，二者很难分辨，长沙窑茶瓶标注有"此是饮瓶，不得别用"的题记，或者就是为了帮助使用者辨别注子与茶瓶。

图一 长沙窑出土横柄壶

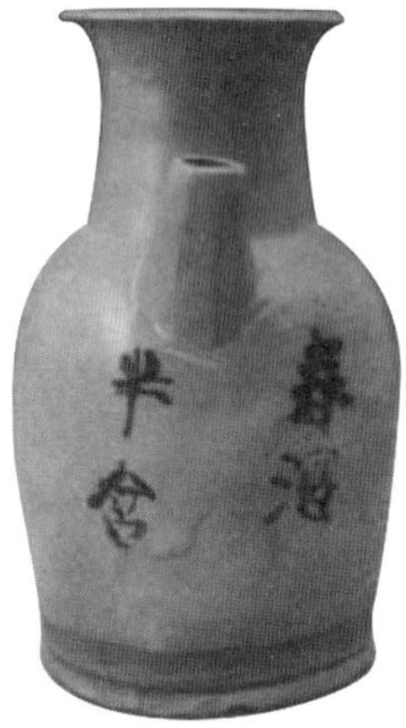

图二 长沙窑出土注子

目前考古资料中还没有发现唐晚期的注碗，五代注碗的实物及图像资料已很丰富。在五代黄堡窑址中出土有五代时期的注子、注碗[⑤]，吉州窑五代地层中出土的注子还原状置放在注碗中，套装于筒状平底匣钵内[⑥]。后周冯晖墓壁画中绘制有金属质地注碗[⑦]，《韩熙载夜宴图》中有瓷质注碗的图像（图三），安徽博物院收藏有五代繁昌窑的注碗一套[⑧]（图四），与《韩熙载夜宴图》中的注碗形制基本相同。距唐太和年间不过百年，注碗的形制已相当成熟，瓷质注碗成套烧制，金属质地注碗也在使用。

① 〔唐〕李匡义：《资暇集》卷下，中华书局，1985 年，第 27 页。

② 长沙窑课题组：《长沙窑》，紫禁城出版社，1996 年，第 38 页；黄朴华：《多姿多彩的"长沙窑"》，《大众考古》2014 年第 10 期；周世荣：《唐风妙彩——长沙窑精品卷》，湖南美术出版社，2008 年，第 124 页。

③ 李知宴：《唐代瓷窑概况与唐瓷的分期》，《文物》1972 年第 3 期。

④ 内丘县文物保管所：《河北省内丘县邢窑调查报告》，《文物》1987 年第 9 期。

⑤ 陕西省考古研究所：《五代黄堡窑址》，文物出版社，1997 年，第 65 页。

⑥ 陈柏泉：《吉州窑烧瓷历史初探》，《江西历史文物》1982 年第 3 期。

⑦ 咸阳市文物考古研究所：《五代冯晖墓》，重庆出版社，2001 年，第 32 页。

⑧ 陈衍麟：《安徽繁昌县老坝冲宋墓的发掘》，《考古》1995 年第 10 期。

图三 韩熙载夜宴图中的注碗

图四 安徽博物院收藏五代繁昌窑注碗

两宋注碗的使用更加普及，这一时期出土的注碗实物数量最多，形制上延续了五代注碗的做法，有银、瓷、铜等多种材质，工艺复杂，装饰精美。银质注碗以彭州南宋金银器窖藏①（图五）和内蒙古巴林右旗辽代窖藏②出土者最为精致。彭州南宋金银器窖藏出土注碗9副，有平折肩注子＋曲口碗、溜肩注子＋平口碗两种类型。巴林右旗辽代窖藏中出土的注碗，注子为八棱形，直颈、折肩、圈足、长曲流，盖为宝珠钮篆刻为花骨朵状，注子器身錾刻各种花卉、鸟羽纹饰，碗也为八棱形，每面錾刻折枝和缠枝花卉，工艺之繁复叹为观止。

图五 彭州南宋金银器窖藏出土注碗

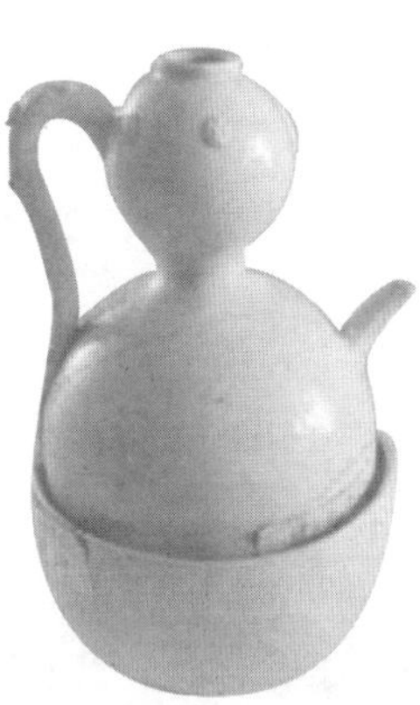

图六 辽宁北票馒头沟辽墓出土注碗

瓷质注碗在安徽、江西、天津、浙江、江苏等地出土有三十余件，注子盖有蹲狮、宝珠等形态，长曲流，有溜肩、丰肩及平肩等形态，注身有圆形和瓜棱形两种，碗有平口和葵口，碗身素面或剃刻莲瓣花纹，有白、青、黑等各种釉色。此外，辽宁北票馒头沟辽墓出土有短直流注碗③（图六），宣化辽墓壁画④、

① 成都文物考古研究所、彭州市博物馆：《四川彭州金银器窖藏》，科学出版社，2003年，第94页。
② 巴右文、成顺：《内蒙昭乌达盟巴林右旗发现辽代银器窖藏》，《文物》1980年第5期。
③ 陈金梅：《辽宁北票馒头沟辽墓清理简报》，《辽金历史与考古》，科学出版社，2018年，第3页。
④ 河北省文物研究所：《宣化辽墓1974—1993年考古发掘报告》，文物出版社，2001年，第91页。

内蒙古巴林右旗友爱辽墓[①]壁画中也有短流注碗图像。两宋时期注子与碗组合多变，但形制上基本延续五代风格，无特别创新。以后再无元代注碗实物出土。

二、注碗功用的探讨

历年出土的尺寸描述相对完善的注碗中，注子与碗间的空间大者，以安徽博物馆收藏的景德镇窑注碗为例[②]（图七），注子腹径 16.4 厘米，碗腹径 12.3 厘米，注子外壁与碗腹壁间有 1 厘米左右空间；空间小者，如内蒙古巴林右旗辽代窖藏的八棱錾花银注碗，注子腹径 15 厘米，碗腹径 15.4，除去 0.1 厘米的胎厚，注子与碗腹间仅有 0.15 厘米左右空间，这样的空间要想加水温酒并把酒加热可能性不大，碗中盛水温酒的推断显然值得商榷。

观察有注碗使用场景的壁画、石刻等考古资料，可以发现，注碗在使用时，除了摆放在桌上，也会被侍者捧在手上。泸州市博物馆收藏的一件宋代石刻（图八），侍女左手捧碗，右手持注子准备倾倒；内蒙古巴林右旗友爱辽墓壁画上的侍者（图九），也有类似的动作，左手捧碗，右手拧起注子。作为斟酒器具，且不论碗中之水能否加热注子中的酒，如果碗里盛满热水，侍者要一只手端住注碗，另一只手拧注子斟酒，不但不便于操作，注子底部也会因沾满水而出现到处滴酒的可能，这显然是有失礼节的。因此，注碗的功用更大可能性是为了隔热，这也能从文献与图像得到印证。

图七　安徽博物院藏景德镇窑注碗

图八　泸州市博物馆藏捧注碗侍女石刻

图九　巴林右旗友爱辽墓出土捧注碗侍者木版画

注子为何要配碗来隔热，这与唐末五代温酒方式和温酒器具的改变有直接关系。古人认为冷酒易伤身，在饮酒时先煮后饮，即可“销冷酒之余毒”[③]，又可如长沙窑注子题记所言“酒温香浓”[④]。唐代“挹酒以

① 苗润华：《内蒙古巴林右旗友爱辽墓》，《文物》1996 年第 11 期。

② 于平主编：《中国出土瓷器全集 8 · 安徽卷》，科学出版社，2008 年，第 100 页。

③ 〔宋〕李昉等：《文苑英华》卷一百二十三，第 1 册，中华书局，1966 年，第 563 页。

④ 长沙市文化局文物组：《唐代长沙铜官窑址调查》，《考古学报》1980 年第 1 期。

杓，煮酒以铛”[①]“古铜铛者，龙首三足，挹注以口”[②]。南宋高似孙《纬略》卷四“古铛”详细描述了铛的形态特征，陕西何家村金银器窖藏曾出土有金铛和银铛[③]，与高似孙描述一致，铛除了煮酒，也用来煎茶、煎药。

随着注子的出现，煮酒的方式发生了改变。陈渊《小轩观月呈与宗叔》诗中有“燎炉宿残火，尚可温新酿”[④]。刘子翚《夜过王勉仲家宿酒数行作此歌》：“地炉燃薪架红玉，花瓷烫酒欲生香。”[⑤]苏轼在《试院煎茶》文中有“又不见，今时潞公煎茶学西蜀，定州花瓷琢红玉”[⑥]。红玉指炭火，花瓷就是剔花的瓷器，可见，把瓷器直接放在炭火上烧煮，是宋代煎茶、煮酒的通行方式。南宋刘松年《十八学士图》中，绘有两侍者在燎炉旁准备茶酒的场景，左侧侍者手拿蒲扇扇风，右侧侍者手捧托盘，托盘里放着茶盏，后侧桌子上放有茶盏托、酒爵等物，方形燎炉上，左侧是煎茶的急需，而右侧应该就是正在温酒的注子（图十），也从绘画上记录了将注子直接放在炉上烧煮的温酒新方式。绘画及墓室壁画中注碗要么被侍者捧在手上，要么放在备酒或宴席的桌面上，如果侍者直接拿烧过的注子斟酒显然容易被烫伤，将注子直接放在桌面上也会烧坏桌面，为注子配一个碗恰好能够解决这些问题。注子放在碗中也有利于减缓热量的流失，使酒更长时间保温，可谓是一举多得。与用铛煮酒，再把酒倒进大口的樽中，用勺分给饮酒者这样的饮酒过程相比，用注子煮酒然后放在注碗中斟酒的方式即简化了饮酒程序，又能让酒温保持更久，这与古人喜食温酒的爱好不谋而合。

图十 《十八学士图》备茶酒画面

① 〔明〕朱谏：《李诗选注》卷四，明隆庆刻本，第539页。

② 〔宋〕高似孙：《纬略》卷四，《丛书集成初编》，中华书局，1985年，第54页。

③ 陕西历史博物馆、北京大学考古文博学院、北京大学震旦古代文明研究中心：《花舞大唐春——何家村遗宝精粹》，文物出版社，2003年，第164页。

④ 〔宋〕陈渊：《默堂集》卷四，文渊阁《四库全书》本，第1139册，台湾商务印书馆，1983年，第317页。

⑤ 〔宋〕刘子翚：《屏山集》卷十二，文渊阁《四库全书》本，第1134册，台湾商务印书馆，1983年，第451页。

⑥ 王文浩辑注：《苏轼诗集》，中华书局，1992年，第1726页。

图十一 《文会图》备茶酒画面

三、注碗与汤瓶及其他

点茶的兴起诞生了专门煮水及注汤的汤瓶，汤瓶多为长流。绘画及墓室壁画中有大量点茶场景，宋徽宗《文会图》中，绘制有侍者点茶备酒的画面，最左侧燎炉燃烧的炭火中，放着两把煮水的汤瓶，中间侍者正在往茶盏中添加茶叶，右侧方桌边沿，摆放有两副注碗，桌下摆放有储酒的梅瓶，汤瓶外形与注碗中的注子相差无二（图十一）。宣化辽代张文藻墓点茶备酒图中[①]，左侧桌子上也摆放有一副注子与风炉上汤瓶一样形制的注碗，如果没有配套的碗予以区别，汤瓶与注子在外形上也相差无几（图十二）。

宋代皇家及贵族茶酒的准备由专门的茶酒司负责，北宋“凡民间吉凶宴会、椅桌陈设、器皿合盘、酒檐动使之类，自有茶酒司管赁，吃食下酒自有厨司，以致托盘下请书，安排座次，尊前执事，歌说劝酒谓之白席人，总谓之四司人，欲就园馆亭榭寺院游赏命客之类举义便办”[②]。南宋“民庶等客俱用茶酒司掌管筵席，合用金银酒茶器具，及直汤茶暖烫斟酒，请坐语席开话，斟酒食上喝揖喝座席迎送，亲姻吉筵庆寿邀宾会丧斋筵修设僧道斋供传语取覆上书，请客送聘礼合成姻礼仪先次迎请等事。”[③] 在民间宴会雅集等活动也有专业的茶酒司负责茶酒器具的提供及使用，茶酒器具在统一保管使用的情况下，有配套的碗的注子显然更易与汤瓶区分，而不用在瓶上题字备注。

① 河北省文物研究所：《宣化辽墓1974—1993年考古发掘报告》，文物出版社，2001年，第91页。

② 〔宋〕孟元老：《东京梦华录》卷四，文渊阁《四库全书》本，第589册，台湾商务印书馆，1983年，第143页。

③ 〔宋〕吴牧：《梦粱录》卷十九，清学津讨原本。

图十二 张文藻墓备茶酒壁画

图十三 泸州市博物馆藏捧注碗、盘盏侍

作为宴席上必备的酒具，成套烧制的瓷质注碗及成套打制的金银质地注碗的出现，使注子在实用的基础上兼顾了美观与奢侈性，这也很好地迎合了宋代的奢靡之风，《东京梦华录》会仙酒楼："凡酒店中不问何人，止两人对坐饮酒，亦需用注碗一副、盘盏两副、果菜碟各五斤、水菜碗三五只，即银近百两矣。"[①]《宋会要辑稿》："沈起等一十七人奉表入贡纯金器三事，共重一百两，注子一副，盘盏二副。"[②]《三朝北盟会编》汇集宋徽宗、钦宗、高宗三朝宋金和战史料，宋王朝赐金"金盘盏八百副、金注碗二十副、金银匙筯不计数"[③]。文天祥在《文山集》记载："十一日赐诏曰：……今赐卿金二十两注碗一副，金十五两盘盏一副。"[④]可见黄金材质的注碗甚至成为皇帝赏赐或贡纳的御用礼品，宋代的注碗不再只是温酒隔热的实用器，更成为礼仪性的酒具。

与注碗配套使用的是盘盏和台盏。盘盏与台盏都是套制饮酒餐具，墓葬壁画及绘画作品中，也有大量注碗与盘盏、台盏同时出现在备酒或者饮酒场景的图像。宋徽宗《文会图》备茶酒图像中，两副注碗的旁边摆放有一副盘盏；《韩熙载夜宴图》中，注碗旁摆放有一副盏倒扣在盘上的盘盏；宣化辽代张世卿墓的备酒图中[⑤]，左侧侍者捧着盘，盘内有两盏，右侧侍者手捧注碗，桌上也有一副注碗和一副盘盏，桌旁摆放三只梅瓶；张世古墓中的备酒图[⑥]，左侧侍者用注碗斟酒，右侧侍者捧着盘盏；内蒙古巴林右旗友爱辽墓中的侍者手捧注碗斟酒，侍女手捧盘盏；泸州宋代石刻中，站在帷幔前的两位侍女，一位捧着注碗，一位端着盘盏（图十三）。"台盏亦始于盏托，托始于唐，前世无有也，崔宁女饮茶病盏热烫指，取碟子融蜡像盏足大小，而环结其中，置盏于蜡，无所倾倒，因命工髹漆为之……今世托子又遂著足以便插取，间有隔塞其中不为通管者，乃初时碟子环蜡遗制也"[⑦]。台盏形态与茶托相似，都是高足有盘沿，但台盏盘上为实心平台，茶

① 〔宋〕孟元老：《东京梦华录》卷四，文渊阁《四库全书》第589册，台湾商务印书馆，1983年，第143页。
② 〔清〕徐松著，刘琳、刁忠名、舒大刚、尹波等校：《宋会要辑稿·蕃夷七》，上海古籍出版社，2014年，第9965页。
③ 〔宋〕徐梦莘：《三朝北盟会编》卷九十七，文渊阁《四库全书》第350册，台湾商务印书馆，1983年，第753页。
④ 〔宋〕文天祥：《文山先生全集》卷十七，四部丛刊景明本。
⑤ 河北省文物研究所：《宣化辽墓1974—1993年考古发掘报告》，文物出版社，2001年，第206页。
⑥ 河北省文物研究所：《宣化辽墓1974—1993年考古发掘报告》，文物出版社，2001年，第256页。
⑦ 〔宋〕程大昌：《演繁露》卷十五，文渊阁《四库全书》第852册，台湾商务印书馆，1983年，第195页。

托盘上为空心杯形，孙机先生在《唐宋时代的茶具与酒具》一文中对二者的区别已有详述。白沙宋墓二号墓墓主夫妇中间桌子上摆放的就是一副注碗及一副台盏[①]。与之对应，汤瓶一般与茶托同时出现，“成套的茶器与酒器各成体系，互不混淆”[②]。这也为分辨备酒、备茶图像提供了参考，进而为茶酒图像的解读奠定基础。宣化辽代张恭诱墓墓室西南壁画中，桌后右侧侍者手捧盘盏，左侧侍者行叉手礼，桌上摆放着盘盏，桌旁的小童煽着火，火上是正在温酒的注子，整幅画面描绘的应是备酒的情景。《文会图》中宴会桌上摆放的是注碗和台盏及盘碟等，桌上并无茶托等茶具，虽然前景有侍者备茶的图像，但总体描绘的是雅集时饮酒正酣吟咏飞毫的情景，这也与图上宋徽宗“儒林华国古今同，吟咏飞毫醒醉中”题款相契合，而备茶并非画面表现的重点。以此为基础，类似的茶酒图像可以被重新解读，进而开展深入探讨。

在对注碗的认识中也有一些特殊的现象值得关注。宣化辽张匡正墓、张文藻墓桌上所陈列的供品基本保持原样，左侧摆放一副注碗，右侧摆放的却是茶托，与壁画中注碗与盘盏的酒具组合不同，同一墓葬随葬的实物为何会存在这种差异，将注碗与茶托一起摆放在供桌上，是象征意义上的茶酒供奉，还是其他意味。宋代道教斋醮仪轨书籍《无上黄箓大斋立成仪》中“十方天尊位”的供器有“茶汤盏托果碟十副、汤瓶一副”，“三宝位”供器有“茶汤盏托果盘三副、汤瓶一副”[③]，汤瓶是否也会与碗组合而成套制茶具，还值得进一步研究。

---

① 宿白：《白沙宋墓》，文物出版社，2002年，图版九。

② 孙机：《唐宋时代的茶具与酒具》，《中国历史博物馆馆刊》1982年第6期。

③ 〔宋〕蒋叔舆：《无上黄箓大斋立成仪》卷五十，《正统道藏》威仪部，文物出版社、上海书店、天津古籍出版社，1988年，第659页。

泰国铜鼓文化的个性化研究

——以黑格尔Ⅰ型铜鼓纹饰为例

广西民族博物馆 梁燕理

摘要：铜鼓是中国南方和东南亚地区特有的青铜器，铜鼓文化相似相通。泰国是黑格尔Ⅰ型铜鼓的重要分布区，但不仅仅是简单的外来文化。从平面纹饰内容、造型艺术以及立体装饰可以看到泰国黑格尔Ⅰ型铜鼓明显异于华南和越南铜鼓，具有较为鲜明的个性化特征。泰国黑格尔Ⅰ型铜鼓纹饰的个性化是在本地青铜文化的物质技术基础上，在本地地理环境、生产生活等物质文化，以及祈丰心理、灵魂再生等精神文化的影响下，人们对外来铜鼓纹饰内容和造型艺术的接受、创新和创造过程。铜鼓纹饰个性化不仅凸显了本地特色文化，也丰富了铜鼓文化本身。

关键词：泰国；铜鼓；纹饰；个性化

铜鼓是中国南方及东南亚地区特有的青铜器，19世纪奥地利学者弗朗茨·黑格尔对黑格尔Ⅰ型铜鼓的定义是“差不多都是大型或特大型鼓，它们通常都烙有年代深远的印记（如严重氧化，存在各种各样的缺损等），鼓面中心星体一般是十二道芒，鼓面边沿大都有向上凸出的四只单个的，或者图案装饰化程度高低不一的青蛙”[①]。根据黑格尔对Ⅰ型鼓的定义，我国的石寨山型、冷水冲型铜鼓和越南的A、B、C型铜鼓可归为黑格尔Ⅰ型，年代在公元前3世纪至公元前6世纪。事实上，在2000年，泰国东北部乌汶府暖农活铜鼓铸造遗址发掘前，无论是西方学者、中越日学者，还是泰国本土学者都认为泰国铜鼓是外来的，因为泰国出土的黑格尔Ⅰ型铜鼓数量不是很多，无论是鼓形还是纹饰与东山铜鼓十分相似。随着暖农活遗址的发掘，人们逐渐认识到泰国铜鼓与众不同，如蝴蝶纹和相对的鸟喙纹在东山铜鼓上从未发现。[②] 尽管意识到泰国黑格尔Ⅰ型铜鼓纹饰的个性化和独特性，但目前还没有深入的比较研究，故研究泰国黑格尔Ⅰ型铜鼓纹饰的个性化及其原因有助于进一步发掘泰国铜鼓文化内涵，对东南亚铜鼓文化的发展和演变也是一个必要的补充。

① ［奥］弗朗茨·黑格尔著，石钟键等译：《东南亚古代金属鼓》，上海古籍出版社，2004年，第11—16页。

② ［泰］素甘雅·包娜、瓦申·贴素丽亚暖：《共同保护和发展莫拉限府尼空堪细县那乌东村的文化遗产》，艺术厅乌汶府第11艺术厅出版，2010年，第26页。

一、泰国黑格尔Ⅰ型铜鼓概述

泰国是古代铜鼓重要分布区，同时泰国泰族是目前仍在使用铜鼓的民族之一，铜鼓文化历史悠久，内涵深刻。结合国内外对黑格尔Ⅰ型铜鼓的定义和笔者的田野调查，目前，泰国黑格尔Ⅰ型铜鼓已经达到近50面，主要出土于泰国东北部莫拉限府、乌汶府、乌隆府，北部清迈府，中部的北碧府、素可泰府，以及南部的春蓬府、洛坤府、那空是探玛腊府等。泰国黑格尔Ⅰ型铜鼓鼓形、纹饰等与我国石寨山型、冷水冲型铜鼓以及越南东山铜鼓A型、B型和C型相似。东南亚历史研究专家，新西兰大学的Charles Higham曾推断泰国翁巴洞出土的铜鼓是沿河居民通过水陆与北方交换而来的物品，因为铸造如此大型的青铜器需要有高超的技术。[①] 北方指的就是越南东山文化，因此他认为泰国铜鼓是外来品。如果泰国黑格尔Ⅰ型铜鼓是华南和越南铜鼓直接传入的，那么纹饰应该相同，但笔者却发现泰国黑格尔Ⅰ型铜鼓纹饰有异于华南和越南同时期铜鼓的个性化特点。纹饰是青铜器的血肉，是反映铜鼓铸造民族相关文化和审美心理的重要标志，笔者尝试从纹饰角度去探析泰国黑格尔Ⅰ型铜鼓的个性化及其原因。

二、泰国黑格尔Ⅰ型铜鼓个性化纹饰

（一）平面纹饰个性化

泰国黑格尔Ⅰ型铜鼓平面纹饰即铜鼓表面的二维纹饰，其个性化主要体现在纹饰内容和纹饰造型两个方面。

1. 纹饰内容

泰国黑格尔Ⅰ型铜鼓的平面纹饰包括几何纹饰、写实图案和抽象图案，几何纹饰主要有N形纹、栉纹、圆圈纹、圆点圆圈纹等，一般装饰在鼓面、鼓胸和鼓腰等处。写实图案主要有翔鹭纹、羽人纹和划船纹，抽象图案主要有变形翔鹭纹、变形羽人纹与变形船纹，主要饰于鼓面、鼓胸和鼓腰处。

与华南和越南的黑格尔Ⅰ型铜鼓相比，泰国黑格尔Ⅰ型铜鼓的个性化主要体现在写实和抽象图案上。首先是鼓面主晕的纹饰内容，如泰国中部桐艾府翁咖节1987年出土的两面铜鼓，出土地点相距约10米，均在距地面30—40厘米发现，出土时鼓足朝上，并且有一块巨大的石头压在上面，铜鼓内伴出铁制斧和刀具，从铜鼓的形制和纹饰基本上可以断定两面铜鼓是黑格尔Ⅰ型铜鼓，泰国学者根据伴出物和铜鼓形制分析推断这两面鼓的年代在公元前六七世纪至公元2世纪。[②] 其中一面已经被熔铸佛像，另外一面铜鼓鼓面主晕为鱼纹（图一）。一般华南和越南黑格尔Ⅰ型铜鼓鼓面主晕为逆时针翔鹭纹或羽人纹，翔鹭纹和羽人纹或写实或趋于抽象。公元前后华南的石寨山形铜鼓鼓面主晕均未发现有除了翔鹭纹、羽人纹以外的其他纹饰。而公元前后越南的A型铜鼓鼓面有翔鹭纹、羽人纹等图案，但未发现有鱼纹为主晕的铜鼓。只在A—Ⅳ型铜鼓鼓面发现有足卷尾兽纹为主晕的现象，如和平省A—Ⅳ—1号（图二）和富川省A—Ⅳ—2号，但有足卷尾兽纹并非唯一主晕，而与翔鹭纹一起组成两晕主晕。以鱼纹为鼓面唯一主晕的铜鼓尚未发现。可见泰国出土的这面只有顺时针方向的三只鱼纹作为鼓面主晕的铜鼓是特殊的，个性化的。

① ［新］查尔·海厄姆.《早期泰国：从史前到素可泰》，新西兰出版社，2012年，第176页。

② ［泰］迈提妮·吉拉瓦塔娜：《泰国铜鼓》，泰国艺术厅出版社，2003年，第79页。

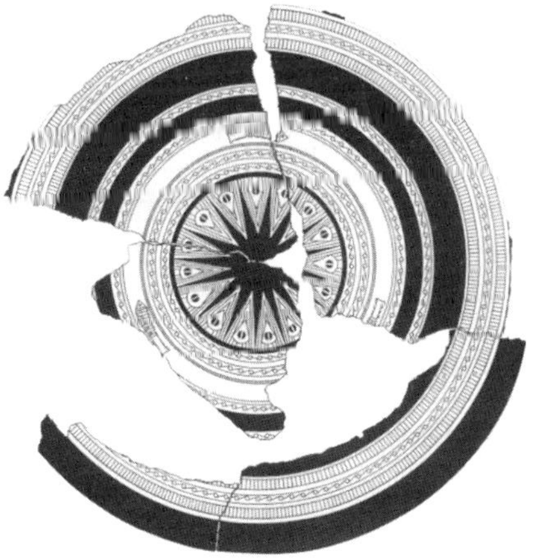

图一 泰国桐艾鼓
（选自《泰国铜鼓》）

图二 越南和平省 A—Ⅳ—1 号鼓
（选自《在越南的东山铜鼓》）

再以泰国南部洛坤府查旺县出土的 7 号铜鼓（图三）为例，这面铜鼓仅存鼓面，面径 44 厘米，鼓面单弦分晕，共 8 晕，中心饰 12 芒太阳纹，芒间饰箭头形翎眼纹，向外依次为素晕、栉纹、勾连雷纹、写实翔鹭纹间孔雀纹、栉纹圆圈切线纹带，据泰国专家考察，这面铜鼓年代在公元 1—5 世纪。[①] 这面铜鼓与越南农贡鼓（图四）和广西桂平理村鼓等一批黑格尔Ⅰ型铜鼓相似。农贡鼓和理村鼓的年代大约在东汉时期。[②] 从艺术手法上看，这几面鼓都有一个共同点，即鼓面的纹饰均采用了阴刻的手法，鼓面纹饰和图案呈现凹入的效果，这种鼓面纹饰阴刻有可能是东汉某一时期比较流行的艺术手法。但考察纹饰内容却发现有较明显的区别。首先，广西理村鼓和越南农贡鼓芒间的翎眼纹是心形的，而泰国洛坤府 7 号鼓芒间的翎眼纹有小尾巴，更趋于箭头纹。其次，广西理村鼓和越南农贡鼓鼓面主晕有两晕，一晕为变形羽人纹，一晕为写实行走鹭纹间定胜纹，而泰国洛坤府 7 号鼓鼓面仅一晕主晕，即写实翔鹭纹间一对相向的孔雀纹。同时期（公元 1 至 5 世纪）同样的纹饰艺术表现手法却有着不同的纹饰内容，泰国洛坤府 7 号鼓芒间箭头形翎眼纹和主晕孔雀纹的出现是同时期铜鼓纹饰个性化的体现。

图三 泰国洛坤府 7 号鼓
（选自《泰国铜鼓》）

图四 越南农贡鼓
（选自《在越南的东山铜鼓》）

2. 纹饰造型

同一时期黑格尔Ⅰ型铜鼓的纹饰内容基本是相同的，但同一时期同一纹饰的造型却不尽相同，从中可以看到泰国黑格尔Ⅰ型铜鼓纹饰个性化的痕迹。以洛坤 TSK. 78/41－36111051 号鼓为例，这面铜鼓仅存鼓面残片，出土于泰国南部洛坤府亭子码头县，鼓面双弦分晕，共 8 晕，鼓面中心饰 12 芒太阳纹，芒间饰复线三角纹，向外依次饰圆圈切线纹两晕、翔鹭纹、栉纹、圆圈切线纹、栉纹。尽管泰国学者推断该鼓铸造年代

① ［泰］迈提妮·吉拉瓦塔娜：《泰国铜鼓》，泰国艺术厅出版社，2003 年，第 216 页。

② 农学坚：《桂平理村铜鼓研究——兼论其他有关问题》，《铜鼓和青铜文化的新探索——中国南方及东南亚地区古代铜鼓和青铜文化第二次国际学术讨论会论文集》，广西民族出版社，1991 年，第 55 页。

与东山文化同期，约公元前5世纪至公元1世纪，[①] 但笔者认为该鼓的翔鹭纹已经趋于抽象而非写实，年代应该没有这么早，这面铜鼓应该与越南B型鼓属同一时期，即公元1世纪以后。而华南目前没有发现这种仅以抽象翔鹭纹为主晕的中小型铜鼓鼓面。这种黑格尔Ⅰ型铜鼓有个特点就是图案抽象化，纹饰简单，鼓面主晕一般只有翔鹭纹。尽管图案抽象化，但越南此类铜鼓的翔鹭纹造型多为尖嘴，有眼，有冠，细长颈，近似矩形的填以直线纹的鸟身，鸟身张翼作飞翔状，呈三角形的尾部填以直线纹，还是比较写实的。而笔者发现泰国洛坤TSK.78/41－36111051号鼓鼓面主晕翔鹭纹与越南东山鼓上的翔鹭纹差别较大，翔鹭头部呈三角形，鸟身则是一种由内向外旋出的线条纹，类似涡纹（图五）。这种涡纹为身的翔鹭纹造型也仅见于泰国，体现了泰国黑格尔Ⅰ型铜鼓纹饰造型的个性化。

图五 泰国洛坤TSK.78/41－36111051号鼓鼓面
（选自《泰国铜鼓》）

（二）立体装饰个性化

年代稍晚的黑格尔Ⅰ型铜鼓开始在鼓面装饰青蛙等立体装饰，在我国，这种鼓面边沿饰有青蛙、乘骑等立体装饰的铜鼓被称为冷水冲型铜鼓，年代在东汉至南北朝，公元1世纪—6世纪，在越南则被称为C型鼓。泰国出土的黑格尔Ⅰ型铜鼓也有好几面鼓面边缘装饰青蛙等立体装饰。除了青蛙立饰，泰国黑格尔Ⅰ型铜鼓的鼓面上出现了独立的田螺立饰。这在上述华南冷水冲型铜鼓和越南C型铜鼓中均未发现。如泰国北部程逸府中出土了四面铜鼓，并伴出铜壶、铜锣等，泰国学者认为其年代在公元前6—前3世纪，[②] 但是在华南，鼓面最早出现立饰的是云南省晋宁石寨山遗址出土的M10：3号鼓，故这四面铜鼓的年代值得商榷。其中一面编号国博1号铜鼓（图六）现藏曼谷国立博物馆，这面铜鼓鼓面双弦分晕，共10晕，鼓面中心饰12芒太阳纹，向外依次饰圆圈切线纹两晕、栉纹、变形羽人纹、翔鹭纹、栉纹圆圈切线纹带，四只单独的田螺立饰间隔均匀地分列在铜鼓鼓面边缘，田螺是写实的，与真田螺般大小，造型无异。另外，在泰国南部普吉出土的38/32/21（320）号铜鼓鼓面边缘也均匀分布四只单螺（图七）。目前，仅在我国广西平南县发现一面鼓面饰有田螺的冷水冲型铜鼓，但是这面铜鼓的鼓面除了装饰田螺，还有均匀分列边缘的四只单蛙，而且田螺也不是均匀分布在鼓面，而是三个组合成一组立体装饰。鼓面立体装饰以田螺为母题的目前仅见于泰国。

图六 泰国国博1号鼓鼓面
（选自《泰国铜鼓》）

图七 泰国普吉鼓鼓面
（选自《泰国铜鼓》）

① ［泰］迈提妮·吉拉瓦塔娜：《泰国铜鼓》，泰国艺术厅出版社，2003年，第201页。
② ［泰］迈提妮·吉拉瓦塔娜：《泰国铜鼓》，泰国艺术厅出版社，2003年，第45页。

二、泰国黑格尔Ⅰ型铜鼓纹饰个性化的文化背景分析

（一）本地青铜文化的物质基础和条件

既然泰国黑格尔Ⅰ型铜鼓纹饰已经个性化，那么它们很有可能是根据本地文化和审美铸造生产的，而是否能本地铸造生产，取决于是否具备铸造的物质基础和条件。考古发现泰国青铜文化历史悠久，其中最有代表性的非班清文化莫属。班清遗址位于泰国东北部的乌隆府，是泰国新石器时代晚期至铁器时代早期的重要遗址，出土了大量青铜器以及富有地域特色的彩陶。其中，出土青铜器包括斧、刀、靴形钺、戈、矛等兵器和工具，铜鼓、小铃等乐器，戒指、手镯、项圈、脚镯等饰品，人像、牛、象等铜俑以及铜鼓形杖头饰、长柄勺等青铜器，[①] 还发现了冶金用的坩埚和浇铸用的石模。[②] 20 世纪 70 年代，班清遗址首次亮相便引起轰动，宾夕法尼亚大学对班清遗址的一个陶片做热释光测年的结果是公元前 4630 年，班清遗址出土的青铜器也被认为是当时世界上最早的青铜器，后来因地层干扰问题受到质疑。经专家重新科学发掘和测定，班清的青铜时代大约在公元前 2000 年。[③] 悠久的班清文化是泰国本地早期青铜文化的代表，从一百多座墓葬出土的丰富青铜器器型以及冶炼、铸造工具可以推断班清文化已具备较成熟的青铜冶炼和铸造技术，这客观上为铜鼓的铸造和个性化纹饰创造提供了物质和技术的基础及条件。事实上，班清遗址已经出土了铜鼓和铜鼓形杖头饰，至少可以说明铜鼓本地铸造是有物质和技术可能性的，而这也是泰国黑格尔Ⅰ型铜鼓个性化的客观原因之一。

（二）本地物质文化的影响

物质文化是文化最基础的部分，它不单指“物质”，更重要的是强调一种文化或文明状态。铜鼓作为文化的物质载体，能及时客观地反映使用者或使用民族的文化信息，尤其是纹饰所蕴含的文化信息，因此，泰国黑格尔Ⅰ型铜鼓纹饰的个性化与本地物质文化的影响密不可分。上述泰国黑格尔Ⅰ型铜鼓出现了有别于华南和越南同时期铜鼓的纹饰内容，如鼓面主晕饰鱼纹的“桐艾鼓”，以及鼓面边缘均匀装饰四只田螺的“国博一号”和“普吉鼓”，以孔雀纹取代定胜纹的洛坤府 7 号鼓等，笔者认为这些纹饰的出现应该是受到本地物质文化的影响，鱼、田螺和孔雀等这些当地常见的物种成为当地居民艺术文化创作的新素材。

以鱼纹和田螺立饰为例，这些个性化的纹饰应该是受水边生产生活文化的影响。从铜鼓出土地点看，桐艾鼓出土地点位于泰国中部泰国湾沿岸，国博一号和普吉鼓均出土于濒临海洋的普吉岛，这些纹饰个性化的铜鼓分别出自中部和南部临江沿海之地。地理位置上，泰国中部水系发达，河流纵横，贯穿着湄公河、湄南河等重要河流，桐艾府还紧邻泰国湾，而泰国南部更是与印度洋相接，海洋资源丰富。丰盛的水产资源为当地的生产生活奠定了物质基础。人们傍水而居，生产生活围绕着水而展开，所形成的思维、所创造的文化自然受到水边生产生活方式的影响，这种影响在史前时代就有体现。如泰国东北部乌汶府湄公河沿岸的巴添岩画，在一幅长约 200 米的单体岩画中，绘有红色的鱼、龟等水生动物和多个鱼篓等工具，周围还有大象、人类手印等图案，表现了古人捕鱼的画面（图八）。水边的生产生活赋予当地文化艺术独特的灵感和选择，鱼纹取代鹭纹，作为鼓面主晕纹饰，田螺取代青蛙，成为鼓面边缘的唯一立体装饰，鱼和田螺从客观上体现了人们与水生动物的密切关系以及二者在本地物质生产生活文化中的重要性，也体现了本地水边生活方式对于

---

① 王大道：《云南青铜文化及其与越南东山文化、泰国班清文化的关系》，《考古》1990 年第 6 期。

② 段立生：《泰国文化艺术史》，商务印书馆，2005 年，第 13 页。

③ 乔伊斯·怀特等著，陈玮译：《东南亚青铜技术起源新论》，《南方民族考古》（第 7 辑），科学出版社，2011 年，第 59—112 页。

铜鼓使用族群的影响。

图八 泰国乌汶府巴添岩画

（三）本地精神文化的融入

精神文化是文化的内核部分，思维、观念和信仰等就属于精神文化的范畴。铜鼓有祭祀礼器、葬具的功能，它承载着丰富的宗教文化。原始人的宗教观念、宗教仪式及艺术方式都为两种生产方式所制约，即生活资料的生产和人类自身的生产，他们的思维、行为都围绕这两种生产而展开。[①] 除了物质文化的影响，泰国本地思维方式和宗教观念也在一定程度上融入到了泰国黑格尔Ⅰ型铜鼓中，使铜鼓纹饰出现个性化。

1. 鱼纹映射的祈丰心理

桐艾鼓上的鱼纹取代鹭纹居于鼓面主晕位置，这从一定层面上体现了鱼的重要性，为何当地对鱼有特殊的崇拜？笔者认为这不仅仅是水边物质生产生活的体现，更是与本地特殊的思维观念、原始信仰有关系。泰国的文字出现得较晚，但民间传说从民俗学层面给我们一些启发。在泰国的民间传中，鱼与稻谷的发现和丰收息息相关。在稻谷未被发现前，鱼受神仙点化引导谷物女神寻得谷种，并在人类遭遇灾难稻谷歉收的情况下自告奋勇去求助和接回谷物女神。[②] 从这个民间传说中可以看出，鱼对谷种的发现和丰收有着重大功劳，它给人们带来希望和丰收，鱼在农耕起源的文化环境下是富饶和丰裕的象征，对鱼的崇拜就是祈丰心理的映射。鱼作为丰收的象征一直延续，在公元13世纪，标志着泰文诞生的兰甘亨石碑记载了本地政治经济、社会历史等等，其中“水中有鱼，田中有米”的古老碑文反映了本地生活富足的面貌，也是当地对物产富饶的定义和标准，可见鱼和米同样重要，同样是反映人们对于丰收和富足生活的向往。

2. 涡纹为身的翔鹭纹体现灵魂再生观念

上述泰国洛坤TSK.78/41－36111051号鼓鼓面翔鹭纹的身体是由内向外旋出的线条，这是写实翔鹭纹抽象化的表现。但是华南和越南的抽象化翔鹭纹中并没有这种造型，为什么要采用这种类似涡纹的图案与翔鹭结合成为抽象化的翔鹭纹呢？笔者认为这是本地灵魂再生观念的体现。首先，这种涡纹造型艺术形式在泰国青铜时代就已经出现，如班清彩陶以涡纹陶器居多，农武洛遗址中有遗骸头顶位置有旋涡式青铜头饰（图九）。涡纹大量出现在墓葬当中，应该与人们的死亡观念有关。其次，涡纹由内向外旋出，没有终点，对于

---

① 蒋述卓：《宗教艺术论》，文化艺术出版社，2005年，第10页。

② 刀承华：《泰国民间故事选译》，民族出版社，2007年，第249－252页。

乐生惧死的古代人来说，这种永续没有终点的纹饰正是永恒和再生的表达。英国人类学家爱德华·泰勒在《原始文化》中认为，原始人信仰死后灵魂继续存在，其中灵魂迁移说认为人的灵魂在另一个人的躯体中的新生或再生，实现永恒的转化。[①] 而在公元前后，黑格尔Ⅰ型铜鼓不仅作为陪葬品，有的更直接作为葬具，盛装人骨。故不难理解，人们选择以类似涡纹的图案来作为翔鹭纹的身体，不仅是对涡纹造型艺术形式的延续，也是对灵魂再生观念的继承。

图九　泰国农武洛遗址出土旋涡形青铜器

（选自《我们土地上的祖先》）

四、余论

公元前3世纪至公元6世纪，泰国黑格尔Ⅰ型铜鼓纹饰呈现个性化，异于华南和越南同时期铜鼓的纹饰，具体体现在纹饰内容和纹饰造型的个性化。纹饰内容上，出现鱼纹和孔雀纹等动物平面纹饰，以及田螺立体装饰，鱼纹还作为鼓面主晕纹饰。纹饰造型上，出现以涡纹为身的抽象翔鹭纹。泰国黑格尔Ⅰ型铜鼓纹饰的个性化反映了当地特有的物质及经文化背景：一是本地青铜文化为铜鼓纹饰的个性化提供了物质基础和技术条件；二是由于本地物质文化的影响，如在水边生产生活方式的影响下产生对纹饰内容新的审美选择；三是本地精神文化的融入，如在本地祈丰心理和灵魂再生观念的影响下，人们对铜鼓纹饰内容和造型艺术进行创新和创造，这不仅凸显了本地文化，也丰富了铜鼓文化。

附记：本文为广西壮族自治区学位委员会2019年研究生教育创新计划项目“泰国铜鼓文化研究”（YCSW2019125）成果。

① ［英］爱德华·泰勒著，连树生译：《原始文化——神话、哲学、宗教、语言、艺术和习俗发展之研究》重译本，广西师范大学出版社，2005年，第411页。

石窟寺造像表面妆彩清洗技术研究

——以四川地区为例

四川博物院 张孜江 刘 宇 韦 荃 巩梦婷

摘要：四川地区石窟寺石刻造像存在着大量人为妆彩病害，很多造像表面被涂刷了现代油漆材料，严重影响了岩石与外界的水分交换通道，造成岩石风化加剧。针对这种表面污染物，项目组研制了以苯甲醇、苯甲醚、双氧水等为主要成分的清洗剂，并在巴中、南充等地石窟寺进行现场试验，取得了较好的效果。

关键词：石窟寺；表面污染物；人为妆彩；清洗技术

一、前言

四川地区的石窟寺造像开凿起源于北魏，兴盛于唐宋，是我国晚期石窟寺及摩崖造像遗存数量较多的地区之一。根据第三次全国不可移动文物普查资料和四川省石窟寺专项调查工作，截至 2021 年，四川省共发现石窟寺及石刻类文物 2136 处①，数量位居全国首位。其分布范围广，但分布分散，且以中小型石窟为主，文物保护管理有一定的难度。据四川省文物局 2018 年调查发现，四川省有 500 余处石刻文物存在人为破坏现象，主要表现为妆彩重塑。根据前期研究，人为妆彩大量使用了市售油漆，经简单调色后涂刷于造像或洞窟表面，在岩石表面形成致密的膜状物质，堵塞岩体正常的水气交换通道，导致岩石表层风化剥落现象加剧。本技术研究为四川省科技厅立项的“四川省石窟寺及石刻文物表面油饰装彩清洗成套技术研究”（立项编号：2021YFS0349）的阶段性研究成果，在前期调查研究及检测分析的基础上，主要针对石窟寺造像表面的油漆材料开展清洗技术研究，提供了一种新的清洗技术和方法，为今后石窟寺造像保护提供一种新的解决思路。

二、石窟寺造像表面污染物清洗研究现状

石质文物表面污染物的清洗方法从原理上可分为物理清洗、化学清洗、特种清洗等②。

---

① 四川省石窟寺专项调查领导小组：《四川省石窟寺专项调查工作报告》（内部资料），2021 年，第 24 页。

② 张秉坚、铁景沪：《大型石质文物表面清洗技术的现状和发展趋势》，《石材》2007 年第 11 期。

1. 物理清洗

物理清洗指的是不引入任何化学试剂，采用手工的方法，通过小型工具的辅助，将表面污染物和文物本体剥离的方法。这种技术方法操作简单便捷，在文物清洗中运用较为广泛，但只能用在小面积污染物的清除上，对于大面积的污染物操作费时费力，不易完全清除，且手工操作不易控制力度，容易在文物表面留下机械伤害[①]。

2. 化学清洗

化学试剂清洗又包括酸清洗、碱清洗、酒精丙酮等纯溶剂清洗等，针对成分复杂的污染物，也可以筛选到合适的化学清洗剂。曾中懋曾采用复合清洗剂对石质文物表面的油烟污染物进行清洗，并在广元皇泽寺摩崖造像和大足宝顶山摩崖造像中进行了应用[②]。王成兴等介绍了石质文物表面墨汁、有机黄斑和隐花植物等污染物的清洗方法[③]。荆海燕等介绍了化学清洗方法在一件石像保护修复中的应用[④]。化学清洗方法的优势在于清洗具有较强的针对性，清洗效率高，但也存在一定的隐患，如残留的化学试剂或许会对文物的长期安全保存造成不良影响；此外，在石窟寺这类游人密集区使用化学试剂，可能对周围人员的健康以及环境造成一定程度的不良影响。

3. 特种清洗

特种清洗指的是采用特种设备对文物表面污染物进行清洗去除，常用方法有蒸汽清洗、粒子喷射清洗、激光清洗等[⑤]。这些清洗方法能很好弥补传统方法的不足，尤其是微观层面，对于小颗粒的污染物具有非常好的应用效果。特种清洗效果虽好，但机器设备往往比较笨重，难以在野外露天垂直石壁上进行操作，因此操作具有局限性，也限制了该技术的发展和应用。

三、清洗剂选择

基于目前石质文物表面污染物清洗研究现状，对四川地区石窟寺造像表面的油漆污染物可采用化学清洗方法，但试剂的选择上应做到不与岩体发生化学反应，且环保、无残留。油漆为高分子材料，由热塑性树脂交联固化所得，具有网状交联结构，这类聚合物通常可以被合适的溶剂溶解或者溶胀。漆类聚合物分子中的活性基团，如酯键、醚键和酰胺键，可以与亲核类试剂的共同作用下发生反应，通过溶解、渗透、溶胀、反应和剥离等一系列物理、化学反应，使得漆膜分子的空间结构发生破坏，与基材的结合力降低，达到去除的目的[⑥]。溶剂型漆膜清洗剂应包括主溶剂、助溶剂、表面活性剂、促进剂、增稠剂等[⑦]。

1. 主溶剂：分子量小、渗透力强的物质，其作用是渗透至漆膜分子链段中，破坏漆膜的空间结构或漆膜与基材的结合力，使漆膜软化、溶胀和剥离。在今年来的研究中，N－甲基吡咯烷酮类[⑧]、苯甲醇类[⑨]、酯类

---

① 赵林娟：《几种常用清洗方法的清洗效果对比讨论》，《中国文物科学研究》2014 年第 3 期。
② 曾中懋：《石质文物上油烟污物清洗材料的研究》，《文物保护与考古科学》2000 年第 1 期。
③ 王成兴等：《石质文物表面几种污染物的化学清洗研究》，《清洗世界》2016 年第 8 期。
④ 荆海燕等：《意大利文物化学清洗方法在一件石像保护修复中的应用》，《文博》2016 年第 3 期。
⑤ 张秉坚、铁景沪：《大型石质文物表面清洗技术的现状和发展趋势》，《石材》2007 年第 11 期。
⑥ 周雅等：《金属表面环氧聚氨酯涂层的去除机理研究》，《表面技术》2009 年第 3 期。
⑦ 董颖女等：《环境友好型脱漆剂的研究进展》，《电镀与精饰》2014 年第 10 期。
⑧ 李咏等：《一种新型无毒脱漆剂的研究》，《四川化工》2012 年第 3 期。
⑨ 葛娣等：《溶剂型脱漆剂脱漆效率影响因素的探讨》，《涂料工业》2011 年第 1 期。

如丁二酸二甲酯[①]等。N－甲基吡咯烷酮类脱漆剂是早期二氯甲烷类脱漆剂的替代品，该溶剂对很多种漆膜均有脱除效果，但具有一定的毒性，因此其应用领域很难进一步扩大；苯甲醇对金属、木材表面的聚酯漆、醇酸树脂漆、环氧漆等有较好地去除效果在石质文物表面漆膜清洗领域尚无应用；

2. 助溶剂：助溶剂与主溶剂共同作用形成二元共沸物，协同主溶剂分子充分渗透漆膜，降低漆膜与基材的结合力，提高各组分间的相容性和脱漆剂的溶胀性，提高脱漆效率。常用的助溶剂有有机酸及其钠盐、酰胺类化合物、醚类等；

3. 促进剂：有利于主溶剂分子的迅速渗透，破坏漆膜的大分子链，强化并加速主溶剂的渗透和溶胀作用，一般为亲核类溶剂，主要有有机酸类、胺类和酚类；

4. 表面活性剂：具有亲水亲油基团，在溶液表面定向排列，降低溶液表面张力。协同主溶剂分子的渗透作用，提高脱漆剂的分散性。常用表面活性剂有非离子如烷基苯基环氧乙烷、阴离子型如十二烷基磺酸盐、阳离子型如十六烷基三甲基溴化铵等。

5. 增稠剂：增加脱漆剂的黏度，减少脱漆剂的流动性和降低脱漆剂挥发速率，使其适用于特殊部位涂刷或垂直面上而不滴流和挂流。常用如有机玻璃、纤维素、乙烯树脂等。

四、试验过程及讨论

（一）实验试剂

本清洗技术研究采用的试剂为：苯甲醇（AR）、苯甲醚（AR）、30%双氧水（AR）、十六烷基三甲基溴化铵（AR）、甲基纤维素（AR）。市售油漆如表一所示。

表一 试验所选油漆

序号	涂料种类	颜色	商品名称	生产厂家
1	聚酯漆	蓝色	古象聚酯彩色漆	上海华生化工有限公司
2	环氧树脂漆	棕红色	水性木器漆	宁波宣威彩色世界涂料有限公司

（二）试验方法

1. 漆膜试样制备：为保证漆膜样品的均匀性，采用刮涂法来制备[②]。先将油漆搅拌均匀，选取适量置于试板上，拿起另一试板，施加一定压力，匀速滑过试板，油漆即可在试板上形成均匀的薄膜。将试板放入恒温恒湿箱，在温度20度、湿度45%－55%环境下干燥48小时后取出，将漆膜从试板上取下，备用。制备的漆膜厚度约30微米。

2. 清洗剂的制备：称取一定比例的试剂，在容器中混合，常温下搅拌10分钟，待其混合均匀后，停止搅拌，备用。

3. 清洗方法：取一定量清洗剂均匀涂刷于漆膜表面，通过漆膜溶胀时间考察清洗剂的清洗效率。

（三）试验结果讨论

1. 清洗剂各组分对漆膜的作用

① 段宁等：《去除食品罐用镀锡钢板表面漆膜的脱漆剂及其使用方法》，CN，102690551A［P］，2012。

② 中华人民共和国国家标准：《漆膜一般制备法》，编号：GB1727－92，国家市场监督管理总局、国家标准化管理委员会2021年8月20日发布。

漆膜能被清除，主要依靠清洗剂配方中各组分协同作用，具有较强渗透力的溶剂渗透至漆膜分子链段中，使其部分化学键断裂，使漆膜溶胀、软化后与基材分离。根据溶剂型清洗剂配方的一般组成，选择苯甲醇作为主溶剂、苯甲醚作为助溶剂、双氧水作为促进剂、十六烷基三甲基溴化铵（以下简称 CTMAB）作为表面活性剂、甲基纤维素作为增稠剂共同组成漆膜清洗剂。以上溶剂组分毒性较低，而且不会伤害石质基材，适合在石质文物表面操作。表二显示了各组成分不同组合对漆膜的溶胀作用，单组分均无法对漆膜产生作用，双组份组合中仅有双氧水＋CTMAB 组合能使漆膜软化，表明对漆膜的溶胀清洗需要各组分的共同作用。苯甲醇＋双氧水＋CTMAB 组合可使漆膜溶胀软化；苯甲醇＋双氧水＋CTMAB＋苯甲醚组合加快了漆膜溶胀速度，说明苯甲醚对溶胀过程有促进作用；甲基纤维素的加入可改变清洗剂的黏稠度。

表二　30 分钟内不同组合对漆膜的溶胀作用

溶剂	聚酯漆	环氧树脂漆	溶剂	聚酯漆	环氧树脂漆
1	—	—	5+3	—	—
2	—	—	1+2+3	不能渗透	不能渗透
3	—	—	1+3+4	可以溶胀	可以溶胀
4	—	—	1+3+5	不能溶胀	不能溶胀
5	—	—	2+3+4	不能溶胀	不能溶胀
1+2	不能渗透	不能渗透	2+3+5	不能溶胀	不能溶胀
1+3	—	—	1+2+3+4	迅速溶胀	迅速溶胀
2+3	不能渗透	不能渗透	1+2+3+5	不能渗透	不能渗透
4+3	表面软化	表面软化	1+2+3+4+5	可以溶胀	可以溶胀

注：1：苯甲醇；2：苯甲醚；3：CTMAB；4：30%双氧水；5：甲基纤维素；—：表示没有反应

2. 各组分配比设计

漆膜能够溶胀，是因主溶剂分子的渗透、膨胀和溶解等过程发挥了重要作用。苯甲醛分子量小、渗透有机物大分子链段间隙的能力很强，导致漆膜高分子材料体积增大，网状结构破裂，从而产生内应力，使漆膜产生形变从而与石材分离。苯甲醚能增加配方中其他物质的溶解性，提高清洗剂的稳定性，协同主溶剂分子深入漆膜，加快溶胀速度[①]。图一显示了苯甲醇与苯甲醚不同比例时对清洗效率的影响，随着苯甲醚占比增大，漆膜溶胀时间逐渐缩短，可见苯甲醚对漆膜溶胀有促进作用。但用量超过苯甲醇以后促进作用不明显，说明苯甲醚并非漆膜溶胀的主要因素。

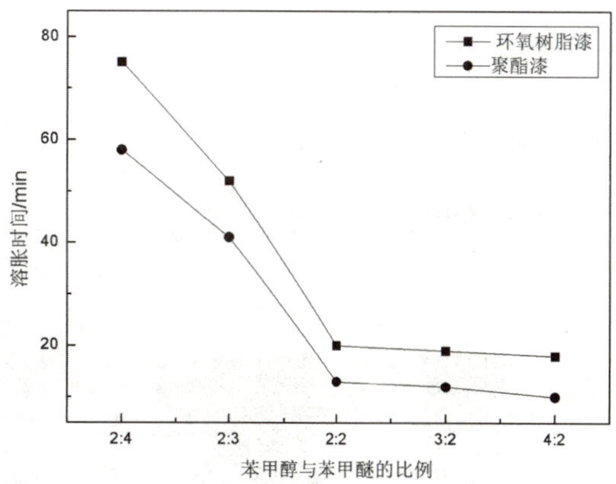

图一　苯甲醇与苯甲醚比例对漆膜清洗效率的影响

促进剂一般选用亲核试剂，能与主溶剂结合产生较强的协同效应，加速和强化主溶剂的渗透和溶胀作用，从而提高清洗效率。双氧水正是一种分子量较小的亲核试剂，分子中含有孤对电子，对高分子聚合物中的酯键等的水解反应起到催化作用，促使其断裂、降解[②]。不含促进剂时，其他溶剂难以对漆膜产生溶胀作

① 王春明：《脱漆剂》，《电镀与环保》2000 年第 4 期。
② 周雅等：《低挥发性脱漆剂的开发》，《材料保护》2000 年第 12 期。

用，从图二来看，双氧水含量越高，溶胀时间越短，清洗效率越高，但双氧水不稳定，受热见光易分解，长时间放置易分解，使其含量降低，故配置清洗剂时，双氧水的含量以 25%—30%为宜。

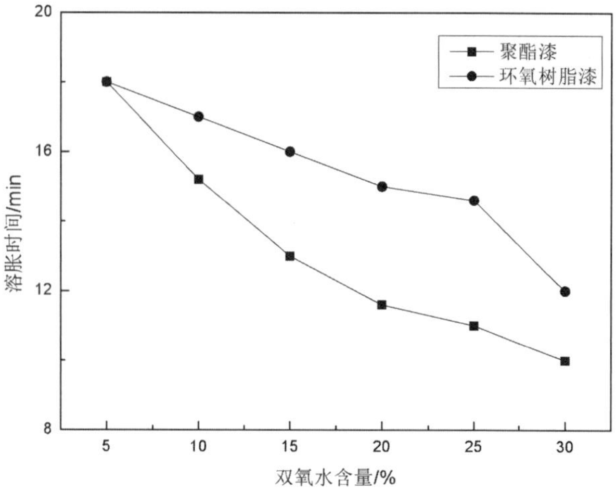

图二　双氧水含量对清洗效率的影响

表面活性剂不仅有利于漆膜的溶胀和脱落，也有利于清洗剂的稳定。当表面活性剂含量较低时，就能使溶液的表面张力大大降低，改变体系的界面状态，使原本不相容的试剂能均匀地混溶或分散[①]。从图三可以看出，CTMAB 在含量为 5%时，漆膜溶胀时间最短，清洗效率最高。

甲基纤维素是一种长链取代纤维素，呈白色纤维状，常温下难溶于水或有机溶剂，在表面活性剂的作用下，可作为增稠剂加入清洗剂中，增加清洗剂的粘稠度，使清洗剂能在石质造像的垂直面进行操作，对漆膜的溶胀时间并无影响，配置时加入 1%—3%即可。

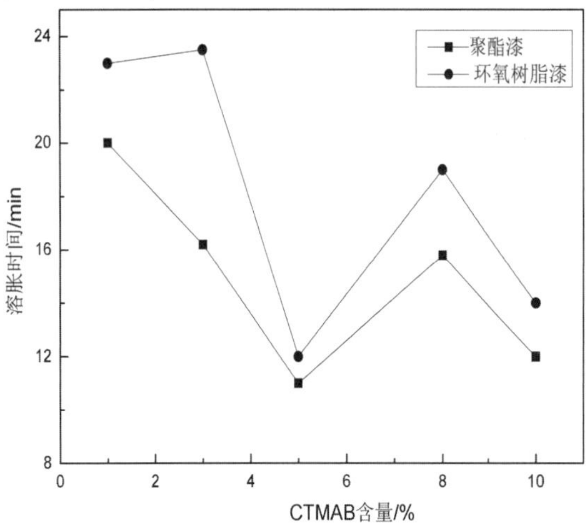

图三　CTMAB 含量对清洗效率的影响

综合以上试验结果，清洗剂组成及配比如下：苯甲醇 31%—35%；苯甲醚 31%—35%；双氧水 25%—30%；CTMAB 5%；甲基纤维素 1%—3%。

3. 清洗剂应用

使用上述清洗剂对巴中市赵巧岩石窟的聚酯漆和南充市文昌宫石窟的环氧树脂漆进行清洗试验。先在石窟寺隐蔽处选取试验区域，将配置好的清洗剂用棉签均匀涂抹于试验区域，静置 10—20 分钟，待漆膜溶胀后，使用干净的棉签将其去除。图四、图五为清洗前后对比图，可以看出，本次所研制的清洗剂对于石窟寺造像表面的油漆具有较好的清洗效果。

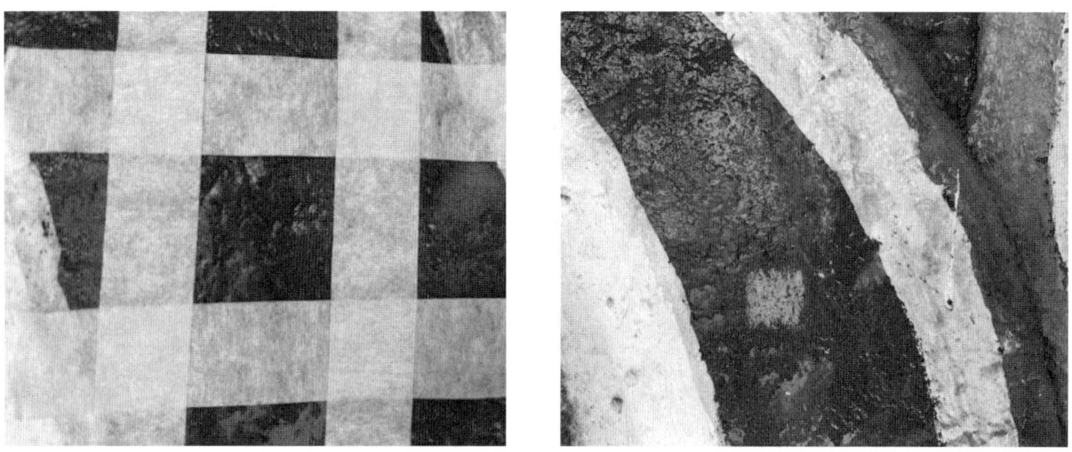

(a) 清洗前　　(b) 清洗后

图四　巴中市赵巧岩石窟造像表面油漆清洗效果

---

① 徐宝财等：《工业清洗剂配方与工艺》，化学工业出版社，2008 年，第 33—34 页。

(a) 清洗前

(b) 清洗后

图五 南充市文昌宫石窟造像表面油漆清洗效果

五、结论

经试验，成分配比合理的以苯甲醇、苯甲醚、双氧水等为主要成分的溶液型石质文物污染物清洗剂可以去除石质文物表面以油漆为主要成分的污染物。本项工作为四川省石窟寺及石刻表面妆彩清洗技术研究项目的阶段性成果，可为石窟寺保护和石质文物表面污染物清洗提供科学支撑。

附记：本文为四川省科技计划项目“四川省石窟寺及石刻表面油饰妆彩清洗成套技术研究”(2021YFS0349) 成果。

博物馆与文化遗产

美国波士顿艺术博物馆及其中国艺术品收藏

——凡诺罗萨和冈仓天心的相关收藏

四川大学艺术学院 常 青

摘要：一百年前，中国的古代美术品开始大量外流，被欧美各国的博物馆和私人机构收藏。波士顿艺术博物馆就是其中之一。该馆在美国颇负盛名，收藏有众多高质量的中国文物，包括著名的唐代名画《历代帝王图》《捣练图》等。这些藏品的获得，与曾在该馆工作的研究员凡诺罗萨、冈仓天心的努力有关。

关键词：波士顿艺术博物馆；《历代帝王图》；《捣练图》；凡诺罗萨；冈仓天心

引 言

1840年的鸦片战争，英国人用炮火打开了中国的通商大门。1868年在日本开始的明治维新，使日本人主动“脱亚入欧”，投入了西方的怀抱。从此，在西方发达国家的文化领域里掀起了一股去遥远的东方探险热潮。他们不仅在其国内兴起了东方文化（特别是中国文化）热，还认为在古代贯通欧亚的丝绸之路上蕴藏着巨大的古代文化宝藏。于是，西方的探险家们沿着古老的丝绸之路，纷纷踏上了中国这片东方神秘的国土，在那寂寞荒凉、杳无人迹的沙漠之中，在那残垣断壁的佛寺之中，在那无人问津的山崖间的石窟之中，去探寻中国古代的文化宝藏。英国人、法国人、日本人、俄国人、德国人、美国人相继登上了历史舞台。这些西方探险家们的所谓壮举，引起了外国收藏家们与古董商们的极大兴趣。于是，在20世纪上半叶，大量的外国收藏家们与古董商们前往中国搜求古代艺术品，而中国的古董商们也要抓紧这些商机不甘落后。还有不计其数的中国本土的没落贵族的败家子们、穷途末路的不法之徒、为图暴利的各阶层人士也纷纷加入了使中国文物流往西方与日本的大军。就在这些中外人士合作谋

图一 美国波士顿艺术博物馆

利的活动中，为了满足西方人对中国艺术的喜爱，数百万件文物流往外国的大小博物馆与个人收藏之中。美国各大博物馆的中国艺术品收藏便是这种大的历史背景之下的产物。

波士顿（Boston）是美国东北部马萨诸塞州（Massachusetts）首府，新英格兰地区最大港口城市，始建于1630年，被称为美国“最古老的城市”。波士顿艺术博物馆（Museum of Fine Arts，Boston，简称MFA）建成于1870年（图一），它的中国与亚洲艺术的收藏基础是收藏家恩内斯特·凡诺罗萨（Ernest Francisco Fenollosa，1853～1908）奠定的。

图二 波士顿艺术博物馆旧馆

1870年，哈佛大学波士顿图书馆美术馆（Boston Athenaeum Art Gallery）和马萨诸塞理工学院为展出它们收藏的艺术品而倡议筹建一座博物馆，最初的收藏主要来自波士顿图书馆美术馆。博物馆于美国建国100周年纪念日的1876年7月4日正式于科普利广场（Copley Square）开馆（图二）。而迁至现址的新馆于1909年11月15日对外开放。迁馆以后，策展人员对新馆艺术品陈列做了大规模的改进，尽量做到种类齐全，使每一个部门都有了非常丰富的收藏。1981年由美国著名华裔建筑师贝聿铭设计的主楼西翼落成并对公众开放。在世界众多著名的艺术博物馆中，波士顿艺术博物馆经过一百多年的发展，成为美国最负盛名的艺术博物馆之一。特别是其亚洲艺术收藏，在世界各大艺术博物馆中占有重要地位。

波士顿艺术博物馆共设有美国装饰艺术和雕塑、亚洲艺术、古典艺术、埃及和古代近东艺术、欧洲装饰艺术和雕塑、绘画艺术、印刷、素描和照片、纺织、现当代艺术等部门，共有178个展室。其中亚洲艺术品的收藏最为丰富，堪与世界各大美术馆媲美。波士顿艺术博物馆的亚洲艺术收藏的重点是日本、中国、印度艺术。其中中国的艺术品时代跨度很大，上自新石器时代，下至现代艺术，种类涵盖陶瓷器、青铜器、绘画、书法、丝织品、雕塑（图三）、玉器、漆器等。可以说，其中国美术的收藏可以讲述一部中国美术发展史①。

图三 波士顿艺术博物馆的中国雕塑展厅

① 该馆收藏的亚洲艺术品精华，参见Museum of Fine Arts，Boston，ed. *Selected Masterpieces of Asian Art*［亚洲艺术精品选］，Boston：Museum of Fine Arts，Boston 1992.

一、凡诺罗萨和亚洲艺术收藏的发展

波士顿艺术博物馆怎么会有如此多的亚洲藏品呢？这还要从该馆成立日本部的初期说起。该馆最初的亚洲藏品得自19世纪美国东方学者爱德华·穆尔斯（Edward Morse，1838～1925）和旅日医生威廉·斯特吉斯·比格洛（William Bigelow，1850～1926）在日本的收藏。1890年，波士顿艺术博物馆成立了日本美术部，并聘请凡诺罗萨来担任首任主任①。

凡诺罗萨是美国著名的东亚美术史学家（图四）。他出生于1853年，他的父亲Manuel Francisco Ciriaco Fenollosa是一位西班牙裔钢琴家。他的中小学时代是在他的家乡马萨诸塞州的Salem度过的，后入哈佛大学学习哲学和社会学，于1874年毕业。随后，他在波士顿艺术博物馆的艺术学校学习了一年。1878年，他受日本政府的邀请，在东京帝国大学（今东京大学）教授政治经济学和哲学等学科，成为了日本明治时代（1868～1912）现代化进程中的一位重要的教育家。在东京帝国大学任教的八年时间里，他对日本美术产生了极大的兴趣，对日本美术在世界的推介与研究起到了举足轻重的作用。他频繁地前往京都、奈良等日本古都参观访问，并与著名的古董商山中商会交往密切。同时，他与他的学生冈仓天心一同对日本寺庙、神社及其艺术品进行了调查，开启了日本“文化财保护法”的前身“古寺社保存法”的制定。另外，东京美术学校（今东京艺术大学）的创办，明治时代日本的美术研究、教育，传统美术的振兴等，都和凡诺罗萨的努力有着密切的关系。他还协助建立了东京帝国博物馆，并在1888年担任馆长。在日本，他皈依了佛教。

图四　亚洲艺术收藏家恩内斯特·凡诺罗萨（Ernest Francisco Fenollosa，1853～1908）

图五　冈仓天心（1863～1913）

凡诺罗萨在日本期间，购置了大量的日本艺术作品。当时的日本正值明治维新时期，社会上下均主张全盘西化，要“脱亚入欧”。正在转型期的日本人把目光都转向了西方艺术，对本国的艺术品并不重视，也无暇顾及市场上价位低廉的日本传统艺术品，这些都给凡诺罗萨带来了极佳的机遇。在搜罗了大量的艺术珍品

---

① Langdon Warner, “Ernest Francisco Fenollosa,” in the *Dictionary of American Biography*, vol. 6. New York: C. Scribner's sons, 1931, pp. 325－326.

之后，一个堪称在日本以外最出色的日本艺术品典藏就在凡诺罗萨的家中形成了。1886 年，凡诺罗萨把自己的艺术收藏出售给了波士顿医生 Charles Goddard Weld（1857～1911），但条件是将来这个收藏必须要进入波士顿艺术博物馆。这个约定最后也实现了。

1890 年，凡诺罗萨回到波士顿，担任波士顿艺术博物馆日本部策展人。此后，他开始着手建立中国艺术的收藏与展览。1894 年，他策划了波士顿历史上第一个中国绘画展。1903 年，该馆的"日本部"更名为"日本中国美术部"，其后又改名为"东方部"。在他任策展人期间，为该馆收购了大量的中国艺术品，而很多珍贵的中国藏品是通过日本渠道流入馆内的。凡诺罗萨在任期间，从日本大德寺购买了十幅南宋名画《五百罗汉图》（全套共一百幅）（见下文）。同时，他对东亚艺术的收藏和鉴赏奠定了亚洲艺术的西方标准，在美国博物馆的东亚艺术界影响深远。他一生出版多部亚洲艺术著作，倡导东方美学。他的著作《中日艺术源流》，让西方人重新了解中国和日本艺术之美。

1897 年，凡诺罗萨离开波士顿，接受了东京师范学校（今筑波大学）英国语言文学教授的职位。1900 年，凡诺罗萨又返回美国，撰写论文，在大学讲授关于亚洲的课程。1908 年，在伦敦大英博物馆调查中的凡诺罗萨因心脏病突然离世。按凡诺罗萨的遗愿，他的遗体在伦敦火化，遗发则送往日本并埋葬在三井寺法明院。第二年，由东京美术学校（今东京艺术大学）出资，凡诺罗萨被重新安葬在琵琶湖的岸边[①]。

二、冈仓天心的收藏

在凡诺罗萨之后，他曾经在东大的学生冈仓天心（1863～1913）继任为波士顿艺术博物馆日本中国美术部主任（图五）。冈仓天心是日本明治时期著名的美术家、美术评论家、美术教育家、思想家，还是日本近代文明启蒙期的重要人物之一。在当时的日本，近代著名的启蒙思想家、教育家福泽谕吉（1835～1901）认为日本应该"脱亚入欧"，而冈仓天心则提倡东方的精神观念应深入西方，亚洲价值观应对世界进步做出贡献。他因此而被誉为"明治奇才"。

冈仓天心 1863 年生于神奈川县横滨的一个藩士家庭。他从小除了学习汉学，还在 7 岁时进入外国人开办的英语学校学习英语。16 岁时，进入东京帝国大学，成为该校首届学生。在那里，他和充分肯定日本文化的凡诺罗萨相遇，成为凡诺罗萨的学生和助手，致力于拯救日本传统文化和艺术品。1880 年，他大学毕业，获得文学学士学位，以后在文部省从事美术教育和古代美术保护工作。在日本全盘西化的潮流中，冈仓天心却主张保护和发展日本传统美术，并且学习西方绘画写实手法，创造新型日本绘画。1886 至 1887 年间，他与凡诺罗萨一起去欧洲和美国考察。回国后，他致力于东京美术学校的建立，同时创办日本著名的美术学研究刊物《国华》。1890 年，他担任东京美术学校第二任校长，并兼任帝国博物馆理事、美术部长等职。从 1893 年起，他多次去中国、印度考察，加深了对亚洲文化的认识。当时的东京美术学校在日本很有名，为日本培育了一大批美术家。1898 年，他受到东京美术学校校内人士排斥，被迫辞职。此后，与一同辞职的几位美术家创立了日本美术院，领导新日本画运动。

1904 年，在凡诺罗萨的推荐下，冈仓来到波士顿艺术博物馆的日本中国美术部工作。为了帮助该馆收集美术品，他奔波于日本、中国、美国之间。1910 年，冈仓成为日本中国美术部部长。此后，他常常前往中国调查古代文物。当时的中国正值辛亥革命前后，政局不定，市场上的文物价格低廉。冈仓天心因此购买了大

① Van Wyck Brooks, *Fenollosa and His Circle, with Other Essays in Biography*, New York: Dutton, 1962; Lawrence W. Chisolm, *Fenollosa: the Far East and American Culture*, New Haven: Yale University Press, 1963.

批古代艺术珍品，包括南宋夏圭的《风雨行舟图》、元代王振鹏的《姨母育佛图》（图六），宋徽宗赵佶（1082～1135）摹唐代画家张萱的《捣练图》卷等。1912年，他将《捣练图》无偿捐献给波士顿艺术博物馆。

图六 《姨母育佛图》卷

三、中国珍宝举例

波士顿艺术博物馆现藏有中国和日本绘画5000余幅，是其亚洲艺术收藏的精华所在。其中的中国部分以唐宋元绘画最为著名，代表作品有唐阎立本（约601～673）《历代帝王图》、宋徽宗摹唐张萱《捣练图》等，都是不可多得的珍品。

该馆所藏最负盛名的中国绘画是《历代帝王图》（图七）。1931年，美国人Denman Waldo Ross购得此图，捐赠给了波士顿艺术博物馆。该画又名《列帝图》《十三帝图》《古列帝图卷》《古帝王图》，传为唐代阎立本画作，绢本设色，纵51.3厘米，横531厘米。画面为横卷，是一幅历代帝王的肖像画①。画面从右至左画有十三位帝王肖像，他们是西汉昭帝刘弗陵、东汉光武帝刘秀、魏文帝曹丕、吴大帝孙权、蜀汉昭烈帝刘备、晋武帝司马炎、陈文帝陈蒨、陈废帝陈伯宗、陈宣帝陈顼、陈后主陈叔宝、北周武帝宇文邕、隋文帝杨坚、隋炀帝杨广等。各帝王图前均有楷书榜题，且均有侍从，人数不等，在全画卷中形成了相对独立的十三组人物，共计四十六人。画中没有作者的题款，拖尾部分有北宋、南宋及清代以来的题跋，可知北宋以来人们就将此画定为初唐阎立本之作。

图七 《历代帝王图》局部

全画卷的十三位帝王所着有正规朝服和便装之分，姿态和侍从的配置有些程式化。有的位于不同时空中

① 弘毅：《（传）阎立本“历代帝王图”研究》，《中国书画》2014年第6期；陈佩秋：《论阎立本〈步辇图〉与〈历代帝王图〉》，《收藏家》2003年第4期。

的帝王还相对而视，既增强了人物个性和历史作用的强烈对比，也使画面在布局方式上形成了一个统一的整体。另外，各帝王与侍从按等级森严的伦理观念，做了形体大小不同的处理，即突出地表现帝王的高大形象。画家既注意到刻划帝王们的共同特性，又根据他们的不同政治作为、境遇命运，意在让后世帝王们“见善足以戒恶，见恶足以思贤”①，起到以史为鉴的作用。

《捣练图》是波士顿艺术博物馆收藏的另一幅具有唐代风格的名画（图八），纵 37 厘米，横 145.3 厘米。《捣练图》系唐代开元年间（713～741）画家张萱的作品，学者们多认为此图系宋徽宗摹本，但仍忠实原作。1912 年，冈苍天心从北京一位清贵族手上购得，于同年入藏波士顿艺术博物馆。“练”是一种丝织品，刚刚织成时质地坚硬，必须经过沸煮、漂白，再用杵捣，才能变得柔软洁白。此图为工笔重彩画，表现的是唐代贵族妇女捣练、缝衣的工作场面，是盛唐时期的一幅重要的具有生活气息的风俗画。在长卷画面上共画了十二个人物，自右向左表现着唐代妇女在捣练、络线、缝制、熨平劳动操作时的情景。作者对这些劳动场面的刻画细致入微，所用线条工细遒劲，设色富丽，人物均有“丰肥体”的造型，是盛唐仕女画的典型风格。《捣练图》还形象地描绘了各种活动中的妇女们的神态，以及人物间的互动关系，使人物的身份、年龄、分工、动作各有不同。但在面部的刻划上，作者则用当时人们所欣赏的美人的典型丰腴面相，用于图中的每一位成年女子，表现出了盛唐崇尚的审美情趣。三位活泼可爱的女童则给这个单调的劳作场面带来了欢快的气氛。

图八 《捣练图》卷

在 8 世纪，盛唐时期精工丰腴型仕女的画家有张萱、周昉等。张萱是周昉的老师，京兆（今陕西西安）人，开元时曾任史馆画职。他对表现亭台、树木、花鸟等皆穷其妙，尤其擅长仕女画。北宋宣和年间（1119～1125）由官方主持编撰的宫廷所藏绘画作品的著录著作《宣和画谱》所载他的绘画作品中，有不少描绘贵族妇女的游春、梳妆、鼓琴、奏乐、横笛、藏迷、赏雪等幽雅闲散的生活场景。他画中的贵族妇女大都具有曲眉丰颊、体态肥硕、服装繁缛华丽的特点，被称作“绮罗人物”。他的作品代表着唐玄宗（712～756 年在位）时代仕女画的典型风格。遗憾的是，由于年代久远，张萱的绘画作品多数已散失无存。现存的《捣练图》《虢国夫人游春图》等为数不多的几幅画虽然很可能是后人摹本，但仍再现着他的绘画技艺与盛唐朝野崇尚丰腴之美的社会风气。

《捣练图》上没有作者和摹者的款印，仅在卷首题跋曰：“宋徽宗摹张萱捣练图真迹。”另有金章宗完颜璟（1168～1208）用瘦金体题“天水摹张萱捣练图”。瘦金体是宋徽宗独创的字体。金章宗爱好书法，曾效法徽宗字体，几可乱真。由此推测，金章宗曾经是《捣练图》的收藏者，应是金灭北宋后掠夺皇室书画收藏而来。金章宗题中的“天水”，原系地名，在今甘肃境内，是赵氏郡望。有人认为此二字指代宋徽宗赵佶。但也有学者认为此图是由宋代画院的画师代笔的，仍不失为名画作。

① 见于张彦远《历代名画记》卷一《叙画之源流》，俞剑华注释：《历代名画记》，上海人民美术出版社，1964 年，第 4 页。

波士顿艺术博物馆还有丰富的中国佛教艺术收藏。如一尊身高2.49米的石雕立姿观世音像具有北周遗风：双肩披挂着复杂的长璎珞，窈窕的身段也与西安地区出土的一些北周白石菩萨像相似。但它的腹部挺起，以强调女性般的身姿（图九），展示着隋代长安地区新时代的新风格。隋代长安的造像风格也影响到了山西、河南、河北等地。

图九 隋代石雕观世音立像

图十 隋开皇十三年（593）鎏金铜阿弥陀佛及其协侍组像

另有一套位于坛上的鎏金铜造像也是其收藏中的精品，该像也表现着典型的隋代造像新风格（图十）。据其铭文题记，这组像由范氏家族出资铸造于开皇十三年（593）。这套像的总体风格与西安发现的隋开皇四年（584）董钦造像有相似之处[1]。主尊结跏趺坐佛所穿大衣样式表现为印度右袒装与汉式褒衣博带装的结合形式，在中国佛教造像史上不多见。与董钦像二菩萨相似，范氏像的二胁侍立菩萨也具有窈窕身材，只是不扭动身体，更似北齐菩萨像的直立之姿。二力士也与董钦像力士相似，只是在比例上略小一些，也是扭动着身体。但此二力士的头部更显大，与北齐的力士像更接近一些。不同于董钦像，范氏像主佛还有二弟子与二辟支佛胁侍，四像均着僧装，辟支佛头顶有螺形发髻，与现存最早的龙门石窟北魏晚期开凿的路洞门券处浮雕辟支佛的基本图像一致，可见前朝的图像传统[2]。

图十一 唐代石雕四天王像

① 中国美术全集编辑委员会：《中国美术全集·雕塑编4·隋唐雕塑》，人民美术出版社，1988年，图版1。

② 中国石窟雕塑全集编辑委员会：《中国石窟雕塑全集4·龙门》，重庆出版社，2001年，图版79。

波士顿艺术博物馆还收藏了一组四天王浮雕像，约造于公元 8 世纪的唐代（图十一）。四大天王是佛教中的重要护法神，其信仰多见于佛经。天王图像在南北朝时期就已出现，但到了唐代才开始流行。唐代的天王像多成对出现，即只在佛的说法图中表现两身天王像，以代表四大天王。因此，唐代制作的一组四天王造像就显得稀有可贵了。

南宋时期，义绍住持东钱湖惠安院时，他邀请明州车轿街（现宁波市海曙区车轿街）的两位佛像画师周季常、林庭珪绘制了一百幅《五百罗汉图》，历时十年，每幅图中表现五位罗汉，以及与情节相关的人物等。就整套《五百罗汉图》轴而言，它是目前世界上现存数量最多、阵容最大、制作最精美的宋代佛教题材作品，特别是在图中穿插描绘了佛教历史事件、佛教故事以及当时寺院僧人的生活场景等内容，客观上反映了中国佛教史和宋代明州地区的佛教生活画卷。例如，在有些图中可以看到当时的政府官员、寺院住持甚至画家本人的影像，其中的舍利塔至今还能在宁波阿育王寺看到。画中还绘有当时僧人们使用的香炉、案几、罗汉椅等，很多用品的形制已经失传。其中的大部分画作有用金泥写成的题记，记载着当年的捐献者、画家的姓名以及作画年份等信息。这套作品最初被供奉在惠安院内。后来，前来南宋国游学的日本僧人在天童禅寺求法，其真诚之心感动了义绍，义绍就将百幅《五百罗汉图》赠予日本求法僧。这些画作先保存在镰仓寿福寺，后转藏箱根早云寺，又于 1590 年移藏京都丰国寺，再转藏奈良大德寺。途中有 6 幅遗失，日本僧人木村德应在 1638 年补齐。1894 年，在波士顿艺术博物馆举办了一场中国古代绘画展览，展出的是这套罗汉画中的 44 幅。起初，这批画作是作为抵押品，因为大德寺僧人们以此向费诺罗萨认识的一位日本收藏家借钱，用来修缮寺院，而费诺罗萨则将这些画作运往美国，在纽约和波士顿展出。展览结束后的 1895 年，其中的十幅画被直接出售，五幅卖给了波士顿艺术博物馆，五幅卖给了哈佛大学教授、博物馆赞助人丹曼·罗斯（Denman Waldo Ross，1853～1935），但这五幅画最终也赠予了波士顿艺术博物馆。还有两幅进入了佛利尔美术馆的收藏。

图十二　《五百罗汉图轴：施饭饿鬼》

波士顿艺术博物馆收藏的《施饭饿鬼》便是这百幅中的一幅，由林庭珪绘制于 1178 年（图十二），也是丹曼·罗斯捐赠给该馆的五幅之一。画面描绘的是在山谷之中，苍松之前，正中坐着一位地位与身份较高的罗汉，他手托饭钵，周围围绕着四位罗汉和一位侍从，画面上方有云雾缭绕，带给人们一些神秘气氛。整体画面的上部使用着对角线构图，是当时南宋宫廷画院流行的山水画构图方式，为南宋人喜见。此外，还可以看到南宋画家们惯用的晕染和斧劈皴法。然而，该画面的聚焦主题却是在主体中心罗汉的右下方，一个体量矮小的饿鬼，眼睛注视着罗汉手中的饭钵，起到了人鬼之间的艺术传情效果。

另一幅传为南宋的画作也很有名，它就是《〈诗经·小雅〉六篇书画卷》，传为宋高宗（1127～1162 年在位）书、马和之画（图十三），该手卷画绘制于 12 世纪下半叶，一侧有明代著名画家文徵明（1470～1559）和清朝乾隆皇帝（1736～1795 年在位）的题字。马和之，生卒年不详，钱塘（今浙江杭州）人。宋高宗绍兴（1131～1162）年间登第，一说官至工部或兵部侍郎。他是南宋宫廷画院中官品最高的画师，居御前画院十人之首，擅画佛像、界画、山水，尤其擅画人物画。他的人物画师法唐代画家吴道子（约 680～759）和北宋画家李公麟（1049～1106）。他模仿吴道子的笔法，创用柳叶描（一作马蝗描），用笔起伏、线条粗细变化明显，着色轻淡，笔法飘逸流利，活泼潇洒，富有韵律感。于是他在师法前代大师的同时又能自成一家。因为他的绘画风格与唐代吴道子相仿，被当时人称“小吴生”。从波士顿艺术博物馆收藏的这幅画作中，似乎就能领略到马和之的用笔神妙。

图十三 《〈诗经·小雅〉六篇书画卷》局部

《诗经》作为儒家经典，一直备受古代帝王们的推崇。宋高宗曾亲自书写《毛诗》三百篇，再命马和之为每篇画一图，然后汇成巨帙。惜当时仅成五十余幅。这组画在明末清初曾被官员与书画收藏家梁清标（1620～1691）拥有。后归入清廷收藏，为乾隆、嘉庆皇帝（1760～1820）拥有。清朝灭亡后，该画由末代皇帝溥仪（1906～1967）带到长春。1945 年二战结束后，这组画被分散售往世界各地①，这幅作品归一名日本收藏家所有。1951 年，该画又归入美国纽约著名画家与书画收藏家王已千（C. C. Wang，1907～2003）的收藏。在同一年，由王已千出售给了波士顿艺术博物馆，售价 12000 美元，资金来自该馆的 Marshall H. Gould 基金。

波士顿艺术博物馆收藏的这幅图卷表现的是《诗经·小雅》中的六首诗与配图，它们分别是《南有嘉鱼》《南山有台》《蓼萧》《湛露》《彤弓》《菁菁者莪》，在卷首题“龙光写盛”。整个作品以图画形式使诗歌的内容形象化，借此宣传儒家礼教。例如，《蓼萧》是《诗经·小雅》中的一首典型的祝颂诗，表达了诸侯朝见周天子时的尊崇之意，通篇表现对君主的祝颂之情，带有明显的臣下语气，因为它是诸侯颂美天子之作。西周初年，国势昌盛，诸侯纷纷来朝，表示归附。周王常设宴招待来朝诸侯。此诗就是在宴会上歌颂周王的乐歌。与诗相配的，是画家所作的图画，表现周王坐于大殿正中，正在与分列两旁的众诸侯欢宴的情景（图十三）。殿外是众诸侯的侍从与他们乘坐的车马，表现他们千里迢迢赶来赴宴的场景。大殿为树木环抱，左侧还绘有水草与云气，暗示着周王的神圣。此诗画合璧之作，以含蓄、形象的手法巧妙地点明了诗旨所在，即周天子恩泽四海，众诸侯有幸承宠。

波士顿艺术博物馆收藏的中国文物种类齐全，时间跨度大，尤其艺术珍品丰富，这些艺术珍品在中国美术史中具有重要的地位。

---

① Xu Bangda, “The Mao Shih Scrolls: Authenticity and Other Issues,” in *Words and Images: Chinese Poetry, Calligraphy, and Painting*, ed. Alfreda Murck and Wen C. Fong. New York, 1991, pp. 267—268.

考古遗址阐释路径的探索与思考

——以金沙国家考古遗址公园春节文化活动为例

成都金沙遗址博物馆 郑漫丽

四川长江职业学院 赖啸月

摘要：“金沙太阳节”是成都市重要节日活动之一，该活动的主题内容以其举办地所在的商周金沙遗址的历史文化内涵为蓝本进行创作策划，既是新时代文旅融合的创新思路，也是传统文化在当下延续的时代回响。本文以金沙国家考古遗址公园实施的春节文化活动“金沙太阳节”为例，通过梳理考古遗址文化因素在文化节庆活动中的整合运用，分析其在考古遗址阐释方面的做法、特点与存在问题，提出考古遗址的阐释应以考古研究与科学分析为基础，适应不同背景人群的认知基础和知识背景，通过制造人与遗址的互动和联系来达到公众理解和尊重考古遗址的目的。

关键词：考古遗址；阐释；展示；金沙太阳节；文旅融合

考古遗址公园是国家大遗址保护的一种范例，随着越来越多国家考古遗址公园的建成开放，大遗址保护与利用也得到更为全面的运用。作为见证了我国古代文明起源发展的重要物证，大遗址所蕴含的重要价值，在发挥教育展示、游玩休憩等功能方面，是文旅融合的典型代表，应具有引领示范意义①。然而，由于大遗址保护与研究的专业性强，对于缺少相关基础知识的普通公众来说，在进入考古遗址公园后无法轻易获取遗产信息和感知遗产价值。这样就对大遗址价值的传播造成一定程度的阻碍②。文本拟以金沙国家考古遗址公园实施的春节文化活动“金沙太阳节”为例，探讨考古遗址在遗产阐释方面的做法及其存在的问题。

一、基本概念

2008 年，国际古迹遗址理事会第 16 届大会在加拿大魁北克城通过了《关于文化遗产地阐释与展示的宪章》，这是目前 ICOMOS 唯一针对遗址阐释的官方文件。该宪章将“阐释”定义为“一切可能的、旨在提高公众意识、增进公众对文化遗产地理解的活动”，并指出这些活动可包含：印刷品和电子出版物、公共讲座、现场及场外设施、教育项目、社区活动，以及对阐释过程本身的持续研究、培训和评估等。国内文博相关法规及准则等虽然没有对“阐释”一词给出明确的定义，但在许多地方都有提及，其中，《国家考古遗址公园

① 国家文物局：《大遗址利用导则（试行）》第十三至十五条，2020 年。

② 王璐、刘克成：《中国考古遗址公园中遗址展示的问题与原则》，《建筑学报》2016 年第 10 期。

创建及运行管理指南（试行）》将文字、图片、音频、视频、讲解、沙盘、模型、情景体验、数字体验、文化景观、雕塑小品、博物馆全面解读等方式都视为“阐释”的具体形式[①]。《中国文物古迹保护准则（2015）》则指出“阐释”主要是针对文物古迹的价值做出真实、完整、准确的阐释，包括基于对文物古迹全面、深入的研究，针对不同背景的群体采用易于理解的方式[②]。

“阐释”一词源自英文的“Interpretation”，“Interpretation”最早出现在环境解说或旅游解说研究领域[③]，常被翻译为“解说”，博物馆与遗产研究领域则多使用展示（Presentation）一词[④]，随着文化遗产研究领域的扩大，20世纪90年代以来，阐释和展示两词开始在不同宪章中被混用[⑤]，直到《关于文化遗产地阐释与展示的宪章》的颁布，两词才较为明确地被区分开来。尽管两词均可以理解为对遗产形态、价值以及遗产地精神的演示、解读和传播，学术领域中关于阐释的定义和研究，更倾向于如何与人更好的互动，包括游客分类及心理分析、如何激发（Provocation）游客好奇心和求知欲，而非单纯的教导（Education）和传递信息[⑥]。

可见，“阐释”具有以下几方面的特点：

第一，阐释的对象是一切承载遗产价值的物质或活动，既可具有物质性，也可具有非物质性特征[⑦]。阐释可运用在遗产的所有领域当中。

第二，阐释的内容围绕文化遗产的内涵及其价值进行，即已有的考古发掘及其过程、相关科学研究和技术方法、数据资料与研究成果等，以及由此延伸出来的更为广泛的文化与社会背景、意义和价值，具体包括对遗产形态和价值，遗产地精神的演示、解读和传播，以及阐释效果的研究与评估等。

第三，阐释的具体形式丰富，甚至可以将展示也看作是阐释的一种形式[⑧]。

第四，阐释的目的在于通过实物和知识等传递文化遗产保护的重要性，激发公众对遗产体验和探索的兴趣，并建立起他们与遗产地有意义的联系，但凡能够实现此目的的一切活动均可认为是对遗产的阐释行为，包括对游客的分析。

第五，阐释的目标是在维持多种阐释的过程中增进公众对考古遗址的理解与尊重。

因此，一个完整的遗产阐释流程包括了遗产阐释对象的明确，遗产文化内涵与价值的挖掘与提炼，遗产阐释方式的确立与呈现，游客满意度分析，遗产阐释效果的研究与评估，任何一个阶段性工作的开展都可被

---

① 《国家考古遗址公园创建及运行管理指南（试行）》第4.3.2.2条“展示项目”：遗址展示应注重价值阐释，通过文字、图片、音频、视频、讲解、沙盘、模型、情景体验、数字体验、文化景观、雕塑小品、博物馆全面解读等方式，全面揭示遗址的历史、艺术、科学、文化、社会等多方面价值。

② 《中国文物古迹保护准则（2015）》第42条：鼓励对文物古迹进行展示，对其价值做出真实、完整、准确的阐释。展示应基于对文物古迹全面、深入的研究。要避免对文物古迹及相关历史、文化作不准确的表述。展示应针对不同背景的群体采用易于理解的方式。

③ 刘雄伟：《解说系统研究》，《中国博物馆》2014年第1期。

④ 《保护世界文化和自然遗产公约》将文化和自然遗产的“展示（presentation）”与“保护（protection）”“保存（conservation）”等并列为国家的责任。《关于适用于考古发掘的国际原则的建议》第7条建议：“向民众展出考古遗产是促进了解现代社会起源和发展的至关重要的方法。”原文为：The presentation of the archaeological heritage to the general public is an essential method of promoting an understanding of the origins and development of modern societies.

⑤ ICOMOS1990年于洛桑国际古迹遗址理事会全体大会第九届会议通过的《考古遗产保护与管理宪章》第四条：“展示（Presentation）和资料信息应被看作是对当前知识状况的阐释（interpretation）即通俗解释。”原文为：Presentation and information should be conceived as a popular interpretation of the current state of knowledge, and it must therefore be revised frequently. ICOMOS1999年于墨西哥通过的《国际文化旅游宪章》在目标中提出鼓励出台详细的规划和政策来阐释（Interpretation）和展示（Presentation）地方文化遗产及地方文化活动。ICOMOS2008年于加拿大魁北克城通过的《文化线路宪章》中，方法部分第四条指出文化线路要协调和整合基础设施、旅游活动、阐释（Interpretation）和展示（Presentation），并将遗产价值真实而完整的转达给游客。

⑥ 陈曦：《“阐释”与“展示”概念的溯源与辨析》，《中国文物报》2012年8月17日第7版。

⑦ 黄琼、周剑虹：《大遗址阐释系统构建初步研究》，《江汉考古》2014年第2期。

⑧ 魏敏：《博物馆展览中考古文物的阐释模式》，《东南文化》2021年第1期。

看作是阐释体现与呈现。

考古遗址的阐释基础是考古遗址本体及其考古研究，阐释方式包含对考古遗址中保存的遗迹和遗物的解读，以及遗址所反映的价值的呈现。因此，常见的考古遗址阐释方式就包括了考古遗址本体的独立展示，如甘肃阳关遗址；考古发掘的遗迹展示和遗址景观再现结合阐释历史景观，如唐桥陵国家考古遗址公园的规划[①]；数字化技术复原阐释考古遗址的历史风貌，如圆明园遗址的数字复原展示[②]；考古遗址的文字阐释等。上述阐释方式均立足于考古遗址本身，除此之外，考古遗址也通过教育活动、讲座、出版物、表演、活态展示等形式进行更为灵活的方式阐释考古遗址的内涵与价值。

二、金沙国家考古遗址公园的遗产阐释实践

金沙国家考古遗址公园是以保护、展示和研究金沙遗址的重要考古发掘现场、重要遗迹和遗物为目的，传播和弘扬古蜀文明为宗旨的文化场所，其遗产阐释的对象为金沙遗址，并围绕以金沙遗址为主的古蜀文明的文化内涵和价值进行挖掘与提炼。金沙遗址是成都城市史的开端，将成都的建城史从距今2300年向前推至距今3000年左右，因此，金沙国家考古遗址公园对遗址的阐释还涵盖了对成都城市早期文明的展示与解读。作为公园内的博物馆陈列展览，主要是对金沙遗址文化内涵的展示与解读，为此，深入、细节和宏观层面的阐释将无法透过一个展览得到全面细致的呈现，“金沙太阳节”作为金沙遗址遗产阐释的载体由此应运而生。

太阳节是金沙国家考古遗址公园的品牌活动之一，早在2009年即已启动实施。其策划实施的目的是实现大遗址保护成果“文化共享”与“惠及于民”，营造喜庆祥和的节日气氛，丰富市民观众的文化生活。“金沙太阳节”以金沙遗址为阐释对象，即让太阳节的所有可见的、可感的、可触的，均与金沙遗址及其文化内涵发生联系，扩大观众对金沙遗址考古与研究成果的感知。其遗产阐释活动集文物展示、彩灯展示、花艺展示、演艺互动、美食体验等于一体，遗产阐释形态并不拘泥于传统博物馆的静态文物展示，而是与室外的动态、活态展示相结合，与金沙遗址的研究成果相结合，以及成都城市历史文化和人文风貌相结合，建立起公众与遗产地有意义的联系。

金沙太阳节的遗产阐释体系分成两个层面，基础层面的阐释即是对金沙遗址本身的遗产形态、价值以及遗产地精神的演示、解读和呈现，其对象构成主要是金沙遗址的遗址本体与出土文物，包括祭祀区考古发掘现场的遗址原址、金沙遗址范围内考古发掘出土的所有遗迹遗物，它们是遗址展示与阐释的物质基础与价值载体，其阐释的重点是基于已有的考古遗址及其发现再现3000年前的某个历史场景：古代人群的社会生活场景、经济生活场景、祭祀仪式过程等，试图让今天的人能置身于当时的历史场景理解过去。第二层面的阐释即是将金沙遗址置于更大的时空背景之下的历史背景、社会形态、宗教思想和文化交流等，甚至将四川地区的神话传说、传统特色文化等包含其中，力图通过对历史长河中成都城市的发展变迁，以及展现某个历史时段的古人活动场景，由此引申出对商周时期中华文明多元一体的形成，对成都城市的形成演变的重要影响以及由此带来的一系列重要价值和意义的深层次演示与解读（表一、二），以促进今天的人对过去历史演进的理解。为此，每年举办的太阳节都从“太阳崇拜”“蜀地文明”“传统民俗”“文明对话”四个方面来拟定主题。

① 宋莹：《国家考古遗址公园阐释与展示体系规划——以唐桥陵国家考古遗址公园为例》，《中国人口资源与环境》2015年S2期。
② 尚晋：《再现建筑遗产数字复原圆明园》，《中国文化遗产》2013年第3期。

表一 对金沙遗址本身的物质基础和价值进行的阐释

遗产类型	阐释方式
重要遗迹	利用金沙遗址祭祀区九柱洞的复原研究成果①，以视觉重建的形式用彩灯展示古蜀祭祀建筑的复原研究成果，并通过场景相衬的形式阐释古代祭祀活动的庄严与神圣。 利用金沙遗址已有考古发掘成果②，以视觉重建的形式在彩灯展示中阐释古代居住条件与居住环境。
重要遗物	金沙遗址出土了两件金面具，根据其形制、用途等研究，在舞蹈节目中使用古蜀文化中的面具作为主要演员的表演道具；用彩灯形式对比展示不同地域、不同时期的面具。 在花艺展示中将金沙遗址出土的文物做艺术化处理后成为花艺展示的主要元素呈现。 金沙遗址出土的"太阳神鸟"金饰，印证了《山海经》中"金乌负日"的传说，在特定表演和彩灯展示中均运用了鸟和太阳的元素，以突出古人"太阳崇拜"的思想观念。 金沙遗址祭祀区内出土了两件石磬，使扬雄"不晓文字，未知礼乐"的记载成为过去。在表演中使用仿制石磬为道具，在表演开始和结束的时分别敲响，成为祭祀表演活动的重点声音符号，阐释石磬在古代礼乐制度当中的重要地位。 用彩灯展示古人采玉、制玉和祭玉的过程与场景，阐释玉在古人心中的神圣地位。

表二 将金沙遗址置于大的时空背景之下进行的提炼与阐释

遗产类型	阐释方式
神话传说	将古蜀五祖神话传说作为古蜀文化的重要内容，用传统彩灯的叙事表述手法视觉上重建古蜀五祖的个人神话故事。
宗教思想	以金沙遗址出土的与太阳崇拜有关的器物为点，扩大至本地、中国甚至全世界有关太阳崇拜的遗址或遗物，用传统彩灯、表演展示手段来解读太阳崇拜在各地的兴盛状态。
城市文化	从成都城市演变的历史长河当中，节选能够突出成都城市文化特点的点，并适当考虑与金沙特技相融合，突出成都在丝织业、水利技术发展、农业发展等方面做出的成绩，以表演、彩灯展示、花艺展示等不同阐释形式呈现，从不同的角度来解读金沙遗址作为成都城市之根在文化溯源当中所反映的重要价值。
文明对话	使用文明对话的形式阐释不同文明之间的联系与区别，包括丝绸之路上的成都及其扮演的角色，秦汉成都与古罗马帝国在东西方历史上的地位与作用，古蜀文明与玛雅文明的宗教思想对比等，进一步凸显古蜀文化的特质。阐释方式包括表演、彩灯展示、花艺展示及教育活动。
传统民俗	将传统民俗中常见的十二生肖、春节文化习俗等内容植入到活动当中，阐释方式包括表演、彩灯展示、花艺展示及教育活动。

三、金沙国家考古遗址公园的遗产阐释特点

金沙遗址用"金沙太阳节"做出的考古遗址阐释是一种全新的尝试，让原本静态展示的考古遗址走向了动态的阐释，在遵循《关于文化遗产地阐释与展示的宪章》的阐释原则时也实现了与公众的沟通与交流，具有可达性、深入性和真实性特点。

1. 遗产信息的可达性促进公众对遗产内涵的理解

阐释一直被看作是公众考古实践中进行沟通的一种重要手段③，通过恰当的考古阐释可以达到在公众和考古、考古学家之间进行有效沟通的目的。金沙遗址充分利用祭祀区地点已有发掘资料和研究成果所揭示的金沙先民对山川、河流、土地及太阳等自然神祇的崇拜思想④，以及祭祀区内出土的大量祭祀用品，将"祭祀"这一金沙先民曾经的宗教仪式活动演化为公众能够理解的"祈福"活动，作为每年太阳节初一中午12点的固定表演项目，表演内容主要是以金沙遗址出土的象牙、面具等创制演出道具和服装，通过祭祀舞蹈表

① 杨鸿勋：《古蜀大社（明堂·昆仑）考——金沙郊祀遗址的九柱遗迹复原研究》，《文物》2010年第12期。

② 成都文物考古研究所：《成都市金沙遗址"兰苑"地点发掘简报》，《成都考古发现（2001）》，科学出版社，2003年，第1—32页。

③ 郭立新、魏敏：《初论公众考古学》，《东南文化》2006年第4期。

④ 周志清：《古蜀祭祀传统观察——以金沙遗址祭祀区为例》，《中华文化论坛》2019年第5期。

达对大自然的敬畏以及对农业丰收的期望，其核心表现了对太阳的崇奉。演出还将两件按金沙遗址出土石磬形制、声色仿制的石磬与演出结合，在祭祀表演开始和结束时分别敲响，成为祭祀表演活动的重点声音符号，也用表演阐释了两件石磬在古代礼乐制度当中的重要地位。每年的表演在演员数量、舞蹈形式、表演流程等方面均存在一定的变化，但使用的象牙、面具、石磬等道具均作为程式化的用品被固定下来，即是以此建立公众自己对于过去的见解，这种充满情感和体验的叙事方式，和一些展览的文字叙述方式一样[①]，暂时摒弃了考古学家们枯燥、模棱两可且严肃解读考古遗产的态度，含蓄地让观众从他们所看到的信息构建他们自己认可的故事和对遗产本身的理解，从而实现遗产价值与遗产地精神的演示与解读。

2. 遗产阐释的深度与广度满足了不同类型学习者的知识获取需求

当代教育研究认为，人们是天生的学习者，学习是一个自然的伴随一生的过程，同时学习最基本的成果是个人意义。对于学习的深度与层次，博物馆研究人员认为，学习既有聚光灯模式——密切关注点，明确区分了相关与不相关，并密切关注那些将解决现代问题的观景因素，也有泛光灯模式——低关注点，开放的和易包容的，虽然他的光照更暗淡，但能探测到更广泛的模式与联系[②]。博物馆和遗产地处于开放的、非正式的、灵活的学习环境中，公众对展览内容、展示形式展品知识的兴趣都较为广泛，其学习的方法和过程等是多变和多样的，并取决于公众的需求、意愿和安排，金沙遗址祭祀区中出土的“太阳神鸟”金饰、铜带柄有领璧形器，以及头戴太阳帽饰的青铜小立人像可以说都是中国古代太阳崇拜和太阳神话的实物记录，体现了金沙遗址最为重要的历史价值和艺术价值。这些元素也成为传统彩灯设计中阐释和突出“太阳崇拜”思想最为常见的因子，也是表演中最为凸显的舞台元素，如博物馆园区内以“太阳神鸟”金饰图案为主要元素的中国文化遗产永久纪念雕塑地一直是集中阐释和演示古人太阳崇拜思想的场地。考虑到太阳崇拜的思想并不仅出现在金沙遗址，在全世界都曾出现过太阳崇拜，因此，无论彩灯或演出都时常将不同遗产中的太阳元素纳入其中，如中国上古神话《山海经》中“金乌负日”的故事、夸父追日的传说、汉画像石（砖）中的伏羲崇拜以及国外与太阳崇拜有关的神话、考古发现等。这种以知识关联阐释的形式扩充了遗产阐释的深度与广度，满足了不同类型学习者的知识获取需求。

3. 遗产阐释的真实性为公众认知遗产价值提供可靠依据

《文化遗产地阐释与展示宪章》就指出：“文化遗产地的阐释与展示必须遵守《奈良文件》（1994）中关于真实性的基本原则。”《中国文物保护准则》对“真实性”给予的解释既包括了考古遗址本体及其所反映的相关信息的真实性，也覆盖了考古遗址保护信息及其来源的真实性，以及与考古遗址相关的文化传统延续的真实性。“太阳节”的所有遗产阐释行为均建立在金沙遗址乃至其他相关已有考古发现之上，主要是对考古遗址的真实信息以及与考古遗址相关的文化传统真实信息的阐释，用“有根据的想象”态度来建构金沙遗址与公众的交流，包括节庆活动中展示的各种“太阳纹”图案，金沙遗址出土的各种遗物，考古发现的汉代织机模型、汉代陶楼等，解决了信息源的真实性问题，其传达的相关信息也以考古研究为基础，如金沙遗址出土石磬的用途、成都城市的特点及其在历史中的作用等。所有的阐释行为都发生在金沙国家考古遗址公园范围之内，但与遗址本体及出土遗物的展示空间有明显的分割，既与金沙遗址建立起紧密的联系又形成相对的隔离。在金沙国家考古遗址公园内举办这样的活动，让公众无不联想到二者之间的文化关联，能够帮助公众更好地去理解真实以外的背景、感觉和精神信息。这种遗产的阐释上的“实”与“虚”的分离与联系，妥当处理好“实”以外的扩展和延伸，帮助公众在接触到真实的考古遗址之后，在欣赏和娱乐当中理解历史和遗

① ［英］尼克·梅里曼（Nick Merriman）著，黄洋、高洋译，陈淳校：《让公众参与博物馆考古》，《南方文物》2012年第1期。

② Claxton，G.，Wise Up：The Challenge of Lifelong Learning，Bloomsbury. London，1999. 转引自［英］艾琳·胡珀-格林希尔（Eilean Hooper-Greenhill）著，蒋臻颖译：《博物馆与教育：目的、方法及成就》，上海科技教育出版社，2017年，第33页。

产在当代做出的新的诠释。

四、问题与反思

回顾金沙太阳节活动中所阐释的遗址内涵，不难发现，这其中也存在一些问题和难点。首先，价值主体的视角不同造成对考古遗址价值阐释存在不同见解。价值是主体与客体之间的一种关系，在面对同一对象时，主体之间的差异性在其自身所秉持的价值倾向的不同会导致不同的价值观念。这些又会进一步影响到不同主体对遗产价值与遗产地精神的演示与解读。因而，我们可以看到，民俗学、人类学、经济学、艺术学等学科的学者多是在依托自己的知识背景，从自身所擅长的学科视角来审视文化遗产的价值①，遗产价值被人为地划分为历史、科学、艺术、社会、经济、情感、文化等多重属性。由此可见，不同价值主体对考古遗址的价值阐释侧重方向存在不同见解，这也是文化遗产的价值具有多样性和衍生性的原因所在。遗产管理者看到的更多是遗产的历史、艺术和科学价值，而其他人群从其专业角度看到的可能又是其他价值。如此一来，金沙太阳节中的考古阐释是否真的能促进公众对遗产内涵的理解以及遗产价值的全面解读?

拥有不同背景的人群对于遗产的理解却有不同，人们总是把提供给他们的东西跟他们自己的情况相联系之后，才重新获取意义②，在这也正是《中国文物古迹保护准则（2015）》提出的需针对不同背景的群体采用易于理解的方式进行阐释。考古遗址本体展示的以遗产的历史、艺术和科学价值为主，但价值需要建立在遗址与人的互动之上来实现，在遗址本体实现了对遗产基础价值的输出后，实现让公众对文化遗产其他价值的理解和感悟则需要和新的物质载体进行架接，正因如此，才推动着越来越多的博物馆、遗产地开始尝试以更为丰富的体验加强观众对考古遗址的回忆和记忆，创造共属于遗址和公众的价值与意义，如西安城墙博物馆的西安城墙灯会③，南京中国科举博物馆的江南贡院灯展④，成都武侯祠博物馆的成都大庙会⑤，西安大明宫国家遗址公园的盛唐灯会⑥等，这也进一步促成了遗产旅游的兴盛，娱乐成为继学习之后最重要的动机之一⑦。对于金沙遗址“太阳节”这一遗产阐释行为，经济、旅游、营销、文创产业、文化传播与品牌等方面均给予肯定的评价⑧，可见，考古遗址的多元价值正通过这种多元的阐释方式得以实现。因此，要促进公众对考古遗址内涵的理解以及实现对遗产价值的解读，考古遗址的价值阐释应首先考虑到以人作为价值的主体因素影响，立足于不同背景人群的认知基础和知识背景，在不断扩大遗产信息的深度与广度基础之上，与不同背景的人群形成共鸣，并通过积极制造人与遗址的互动、联系，创造不同人群在考古遗址的参与和体验的机会。

---

① 吴兴帜、彭博：《论文化遗产的价值分层》，《中南民族大学学报（人文社会科学版）》2021年第2期。

② ［美］尼克·麦瑞曼著，周晖译，方辉校：《公共考古学的多样性与非调和性》，《南方文物》2007年第2期。

③ “西安城墙新春花灯绽放小年夜”，西安城墙博物馆 https：//www. xacitywall. com/zoujinchengqiang/zuixinhuodong/2021－02－19/4113. html

④ “今年秦淮灯会即将亮灯！江南贡院灯展区美照抢先看!”，南京中国科举博物馆 http：//www. njiemuseum. com/index. php/Index/Index/art/a _ id/22. html

⑤ “武侯祠成都大庙会”，成都武侯祠博物馆 http：//www. wuhouci. net. cn/cddmh. html

⑥ “西安大明宫国家遗址公园打造盛唐灯会 民众‘进宫’过大年”，中新网 http：//www. chinanews. com/cul/2020/01－13/9058483. shtml

⑦ 李艳：《符号互动论下文化遗产旅游体验价值生成研究——以西安城墙为例》，西北大学博士论文，2019年，第121页。

⑧ 金兰、耿丽娜：《以博物馆为龙头 培育区域特色文化产业的思考——以成都市青羊区为例》，中国博物馆协会城市博物馆专业委员会、上海市历史博物馆：《城市记忆的变奏——中国博物馆协会城市博物馆专业委员会论文集（2013－2014）》，上海交通大学出版社，2014年，第70－76页；薛佳：《新常态下成都文化创意产业与多业态旅游融合发展研究》，《经贸实践》2015年第13期。

但由此又会引发新的问题，即公共考古与公共史学一样，其实都是面对一群并不特别了解历史与遗产信息的人群，当公众的历史知识及格率仍然极低[①]的时候，以金沙太阳节为代表的考古遗址阐释方式是否已被市场左右而趋于娱乐化？这又是否背离了考古遗址价值阐释的初衷？

遗产和传统被包装成商品“出售”给缺乏鉴别力的大众，这曾经是遗产产业批判的重点[②]，他们认为这些形式展现了虚假的历史并且没有能够真实地反映过去的社会生活方式，充其量只是一种“舞台的真实”[③]。然而，政治和经济转向将博物馆推向了市场化的境地[④]，20 世纪 70 年代遗产旅游的增长，从某种程度上来讲，也刺激了“新博物馆学”的出现，尽管博物馆和文化遗产管理者一面担忧多元化的遗产阐释是否最终会沦为娱乐和演出的载体[⑤]，但另一方面，他们在面对遗产旅游不断增长、市场化趋势不断加强的现实时，依然选择了通过丰富展品的呈现、阐释的方式和技巧等来吸引观众。填补公众的知识空缺，满足公众的文化需求是遗产管理者的责任。因此，有研究者就提出，以科学性为前提的史学娱乐化，不但不会损害史学的品格与尊严，反而会为史学赢得更多的尊重和支持[⑥]。正是史学的娱乐化，让公众将遥远的过去与当下的生活发生了紧密的联系，甚至成为其生活的一部分，这恰恰是遗产阐释的初衷与愿景。

为此，考古遗址的阐释，还应立足于考古遗址，依靠考古学和考古学家的参与，以考古研究与科学分析为基础，在遗产走向娱乐化和走近公众的过程中，用考古遗址的物理存在来展示遗产内涵和价值的真实性，用以科学性为前提的“非真实的”阐释方式，弥补严谨的考古学和历史学在陈列展览当中的欠缺与不足，引导公众对遗产价值和意义的建构是建立在考古的科学性和考古专家的建构基础之上，创造共属于遗址和公众的价值与意义，如此一来，“一切可能的、旨在提高公众意识、增进公众对文化遗产地理解的活动”才将成为《关于文化遗产地阐释与展示的宪章》中“阐释”的最好注脚。

结　语

从“展示”到“阐释”，文化遗产的解读与传播经历了从静态到动态，从单一到多元，从简易到复杂的过程。考古遗址及其出土文物是承载历史信息的重要载体，考古遗址公园则是展示和阐释的考古遗址价值与意义的重要场所。考古遗址的阐释应立足于考古遗址，以考古研究与科学分析为基础，考虑到以人作为价值主体因素的影响，注意到不同背景人群的认知基础和知识背景，以科学性为前提开展考古遗址的多元阐释，并通过积极制造人与遗址的互动、联系，创造不同人群在考古遗址的参与和体验的机会，激发公众对历史和遗址的强烈情感，创造共属于遗址和公众的价值与意义，维系重要考古遗址的长效保存和价值传承。

附记：本文为四川省文物局 2022 年文物博物馆领域科研课题“公众考古视域下的国家考古遗址公园遗产活化路径研究”（SCWW2022B18）阶段性成果。

---

① 韩俐彦：《历史知识社会化与公共史学》，《淮阴师范学院学报（哲学社会科学版）》2011 年第 2 期。

② Tim Strangleman, *The Nostalgia of Organizations and the Organization of Nostalgia: Past and Present in the Contemporary Railway Industry*, Sociology, Vol. 33, No. 4, 1999, pp725－746.

③ Staged Authenticity, *Arrangements of Social Space in Tourist Settings*, American Journal of Sociology, Vol. 79, No. 3, 1973, pp589－603.

④ Max Ross, *Interpreting the new museology*, Museum and Society, No. 2, 2004, pp84－103.

⑤ ［澳］劳拉·简·史密斯（Laura Jane Smith）著，苏小燕、张朝枝译：《遗产利用》，科学出版社，2020 年，第 155 页。

⑥ 尤工学：《史学可以娱乐化吗？——兼论史学的社会化问题》，《新华月报》2011 年 3 月上。

博物馆儿童绘本创作探讨

——以“良良的世界”系列儿童科普绘本为例

良渚博物院 贾 艳

摘要：由于博物馆儿童绘本的专业性较强、创作难度较大、出版周期较长，加之海外博物馆主题绘本的影响等因素，导致我国原创的博物馆儿童绘本产出不理想，无论是数量还是质量上，都还有很大的发展空间。本文以“良良的世界”系列儿童科普绘本的开发创作实践为例，总结探讨博物馆儿童绘本的创作理念和方法，抛砖引玉以推动博物馆教育事业的前行。

关键词：博物馆；儿童绘本；创作；儿童本位；科普

少儿群体一直是博物馆重要的客源和服务对象。近年来，由于绘本在儿童早期教育中的重要意义和绘本在图书市场上的重要地位，博物馆开始涉足儿童绘本领域。由于博物馆儿童绘本的专业性较强、创作难度较大、出版周期较长，加之海外博物馆主题绘本的影响等因素，导致我国原创的博物馆儿童绘本产出不理想，无论是数量还是质量上，都还有很大的发展空间。

目前所见的博物馆儿童绘本，题材内容多为馆藏文物和传统建筑，考古遗址领域相对空白。自 2019 年起，良渚博物院开始进入这一领域，由专职社教人员自主策划编纂出版了首套良渚文化儿童科普系列绘本——“良良的世界”（已出版一套 5 册，包括《良良的陶器世界》《良良的古城世界》《良良的玉器世界》《良良的申城之旅》《良良与汶汶》）。该系列绘本以鲜明的主题和独特的表达方式，生动展现了五千年前良渚先民的精致生活，将小众而高冷的考古学文化——良渚文化亲切、精准、科学地传达给读者，让他们更直观地感悟认知世界遗产的魅力，受到了广大读者的喜爱和好评；连同配套的宣教活动，在浙江省乃至国内博物馆界具有一定的创新性和领先性，先后斩获若干专业奖项。

与博物馆同行一样，良渚博物院在开发“良良的世界”系列绘本时，亦注重专业人员的主导和参与、馆藏文物资源的充分挖掘和研究成果的吸收利用等因素。除此之外，主创团队基于考古学科学普及和遗产教育的理念，坚持儿童本位，创新内容表达，或可借鉴。

一

苏秉琦、王巍等先生均指出，中国考古学追求两个最重要的方向——科学化与大众化。大众化即包括考古学的科学普及，尽管后者所体现的考古学与公众的关系主要是单向度的，公众是受众而不是参与者，但它仍具价值意义：公众拥有了解、接触和利用考古遗产的权利，考古研究的成果只有尽快转化为社会知识，专业的学术研究才真正具有社会价值[①]，中国考古学才能集科学化、大众化而行稳致远。作为一家考古遗址博物馆，良渚博物院向公众宣传普及考古学文化和考古科学，责无旁贷。

恰逢2019年7月6日，良渚古城遗址列入世界遗产名录，海内外游客观众对良渚的空前热度与遗产自身的“高冷”形成强烈反差。5000年前的良渚文化具有天然的距离感，让公众理解起来亦有一定的难度，青少年尤甚。因此，秉持“遗产教育从娃娃抓起”的理念，为普通民众尤其是祖国的未来编写简明、通俗、有趣的科普读物，提供接近文物藏品和考古知识的方便，无疑是最佳地普及良渚文化的方式之一。

该系列绘本在开发之初，主创人员就以考古学的科学普及与世界遗产教育为宗旨，并在创作中认真践行这些理念，使得成品处处表现出考古学的特质和遗产科普的导向。除了考古主题的设定、在正文故事中穿插良渚文化遗址和良渚文化器物的简介外，最突出的一个表现是考古流程版块的设置。该版块紧跟在正文故事之后，对读者较难理解、较为好奇或者容易产生认知偏差的考古知识进行了图文并茂的介绍。第一册《良良的陶器世界》主题是良渚陶器，因而设置了“陶器的旅行”，把一件陶器在公开展示前的经历，即地层发现——淘洗——晾晒——整理——拼接——黏合修复——展出的工作流程清晰地传达给读者（图一）。第二册《良良的古城世界》由于涉及良渚古城遗址内的多个考古遗址，因而设置了“考古流程”，将系统的考古发掘流程（大致包括调查、钻探、布探方、发掘、室内整理、移交）呈现给读者，努力改变公众“考古就是挖墓”“考古就是挖宝”的固有见解，也让公众体悟考古工作的艰辛。第三册《良良的玉器世界》主题是玉器，因而设计了“地质考古流程”，关注多学科合作的考古学，进一步体现考古的科学性。

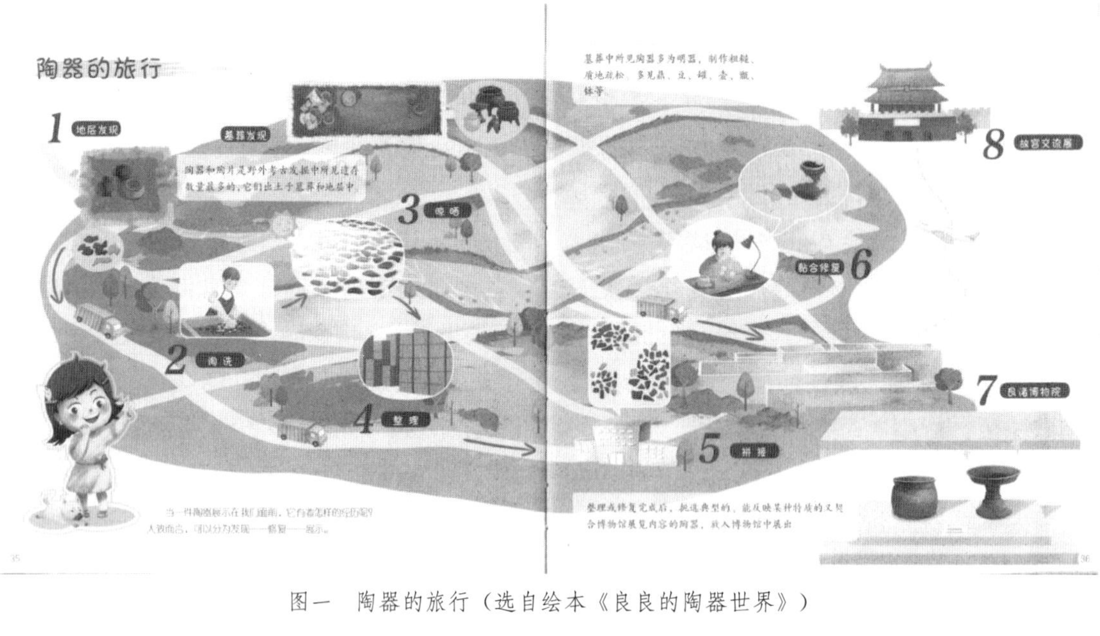

图一　陶器的旅行（选自绘本《良良的陶器世界》）

另一个表现是良渚古城遗址的科学解读，这在第二册得到了增强。编者通过直观生动的画面，真实再现了良渚古城的规划格局、营建技术和风格特征。另外，在尾页专门设置了“辉煌的良渚古城”科普板块，对良渚古城遗址申遗范围三大功能区所涉及的遗址点进行了集中而细致的文字介绍；并配以各遗址点当时的发掘场景和如今的展示场景，向读者阐释遗产展示的具体手段和目标愿景。

---

① 杭侃：《公共考古学推动考古学发展》，《人民日报》2016年9月26日第20版。

二

博物馆儿童绘本是博物馆输出的文化产品，也是成人写给儿童的作品。成人如何做出儿童喜爱、儿童读得懂的绘本？笔者认为，一部以儿童为读者对象的绘本，应当是符合儿童心理学与儿童行为学特征的。创作者坚持儿童本位是关键。“儿童本位”是指从儿童的立场思考问题，以儿童的利益为根本和出发点，用轻松、愉悦、快乐的主题落脚点，让绘本充满童心。

1. 对目标受众的细化研究是绘本创作的前提

皮亚杰的儿童认知心理学、加德纳的儿童审美感知发展阶段论、瓦伦汀的儿童审美偏爱研究、孔起英的儿童审美教育模式、屠美如的儿童美术欣赏发展阶段论等是博物馆绘本创作的理论基础，刘绪源[①]、梁芳[②]、赵菁[③]、缪慧玲[④]等学者已有相关论述。儿童与成人有着完全不同的认知方式与心理结构，儿童的认知心理和学习行为有着明显的阶段性。所以，在绘本开发时要做好产品定位，进行充分的调研，设定适龄儿童，才能保证绘本的成功率和教育的有效性。

良渚博物院社教人员基于此，认真分析了学龄前与学龄期儿童的差异，并结合宣教工作实际，平衡兼顾博物馆儿童教育的效果与家长主观的接受认可程度，将绘本的目标受众放在学龄期儿童。鉴于普通公众对于史前文化遗址与史前文明的理解难度，我们无法要求其像专业工作者（包括考古学者、博物馆从业者、有历史考古方面教育背景者等）一样可以准确读懂良渚古城遗址。事实如此，即便是学龄期儿童及其家长，也可能无法理解诸如玉器文明、区域性早期国家等良渚遗产的抽象概念，更不用说处于“前运算阶段”的学龄前婴幼儿——逻辑思维能力没有生成，渴望自由乃至狂野的想象，尚不能接受并消化理性或思想。而进入“具体运算阶段”（7～11岁或12岁）的孩子，心理和思维相对来说与成人更为接近，我们可以通过绘本向他们传递璀璨的中华文明和真实的人生滋味。与此同时，考虑到绘本的图文特性和文物、遗址完整真实呈现的必要性，这与加德纳所称的“写实主义高峰期”（7～9岁）[⑤] 较为贴合。因此，我们将绘本定位进一步缩到小学中低年龄段，即7～10岁。相较于目前所见的博物馆儿童绘本，它的受众定位更具针对性、更为细化。

此外，“良良的世界”系列绘本在创作之初，就设定书中的主角“良良”为一个八九岁的小女孩，虽然生活在5000年前的良渚时期，但跟现在的同龄人一样，具有聪明好学、淘气调皮、善良勇敢等性格特征，以便更好地拉近与儿童的距离，同时贴近目标受众的心理和认知水平。良良的形象设计大致采用“二头身”的比例，以凸显她的机灵可爱，这种“不成比例”的产物反而受到现代孩子的喜爱（图二）。

图二 绘本主角“良良”

2. 努力建构儿童视角下的叙事结构

儿童绘本的阅读是孩子们获得游戏性体验的重要方式之一。通过绘本阅读，儿童产生了感性的“参与

① 刘绪源：《论儿童的两个关键期及与之对应的文学——“前运算阶段”与“分裂时期”》，《文化学刊》2015年第1期。
② 梁芳：《博物馆儿童绘本的创作策略和发展趋势》，天津师范大学硕士学位论文，2021年，第16—17页。
③ 赵菁：《博物馆元素融入儿童绘本创作方法研究》，《中国博物馆》2019年第4期。
④ 缪慧玲：《探索博物馆儿童绘本读物文创品实践研究》，《文物鉴定与鉴赏》2019年第9期。
⑤ 处于这一阶段的孩子习惯用是否真实完整地呈现来评判美术作品和欣赏对象。

感”和“亲历感”，仿佛看见了一个从来没有去过的“第二世界”，好奇心和探究欲都获得了极大的满足①。而博物馆绘本大多属于文物考古历史科普类，科学性与故事性、教育性与趣味性之间的平衡尤为重要。较为常见的叙事逻辑是历史时间线和文物主体线，都是按照成人的思路和视角来开发绘本的，过于强调教育功能，忽视了儿童的认知水平和阅读理解能力，游戏精神的体现不足。因此，必须转变观念，以儿童的视角来建构绘本的叙事结构。关注儿童的心理和情感需求（如爱、勇气、成长、友谊、生气等），强化文物历史绘本讲故事的能力，设置合理又富有想象力的人物角色和情节发展；重新审视和筛选文物信息，保留最有特点、最有价值同时又贴合故事情节的信息点，较为平滑地融入绘本的故事中，才能减弱说教意味，让儿童兴趣盎然地阅读。

“良良的世界”系列绘本在开发编写时，每册首先确立一个主题和主要表现内容，再构思故事线，而后在故事发展中埋设需要科普的信息。如，编者依照与读者建立生活联系的原则，首先确立了绘本选题——良渚文化陶器，于是决定开发第一册《良良的陶器世界》。通过梳理研究良渚陶器的种类、器型、功能、纹饰风格、制作技艺等，选择最具代表性的黑陶作为主要表现内容。故事分为八个章节，在良良和爷爷一起制作大鼎、捕捉老虎的过程中，将良渚时代的环境、先民制陶的工艺、黑陶的常识向读者娓娓道来，亦向儿童播撒成长与爱的种子。

即便如此，绘本故事仍显单调，情节发展和衔接仍显生硬，语言风格偏成人化、书面化，整体可读性不够强，存在“为了科普而科普”的尴尬。因此，在后续的开发中，编者做了许多改进和努力，强化了绘本的故事性。如预设合理的人物动向和行进路线，以减少儿童的阅读障碍；增强绘本的文学性，让故事情节的发展舒缓有致，有意识地调整科普内容的分布密度，培养并提高小读者的专注力和兴奋点；增强人物性格和表现的设定，让角色更鲜明；加强文字表现力，让章节标题更具想象空间、更吸引人；在保证文字语言准确输出、兼备文化底蕴和审美张力的基础上，增强口语化、趣味性，在行文中体现童趣……

在第二册绘本的故事架构上，考虑到儿童对良渚古城的空间布局较难理解（尤其是尚未参访良渚博物院和良渚古城遗址公园者），主创团队对主角人物进出良渚古城的路线进行了合理设置，并与现实中参访遗址公园的常规路线相吻合，有助于读者阅读理解和探究学习。第二册绘本的“探亲之旅”、第三册的“治玉之旅”，整本故事更加流畅，但并未削弱其科普功能。至第四册《良良的申城之旅》、第五册《良良与汶汶》，编者在故事情节发展的偶然性与必然性之间，更强调后者；在小主人公的旅途中增加了一些曲折和反转，通过不同人的差异化表现赋予人物更鲜明的性格特征，因此更具可读性。

在整套系列绘本的故事编排上，编者自第一册开始，就有意识地在故事结尾埋设伏笔，为后续绘本故事的展开打下基础。如第三册以第二册故事结尾出现的玉璜为引子，来讲述良渚玉器的故事；第五册以第四册铺垫的彩陶背壶，来引出主角良良的山东之行，向公众传播良渚同期的大汶口文化。需要说明的是，这一操作并不影响单册绘本的阅读。因为该系列每一册的故事相对完整，即使与它册割裂开，亦能自圆其说；每一册相对独立的故事不仅让儿童获得知识，也让他们收获成长的智慧。

3. 采用多种互动以激发儿童的主动体验

博物馆儿童绘本的研发要充分考虑儿童的生活方式、学习习惯，做到“阐释—关联—揭示”，以主动体验来替代被动灌输②。“良良的世界”系列绘本在创编时，十分注重各种设计，努力让儿童读得懂、看得明白，并激发他们进一步接触和探索博物馆与良渚古城遗址。这种设计，不仅包括前述的叙事结构的建构，也

---

① 姜莉：《中日两国儿童绘本的比较研究——以丰子恺图画书奖和日本绘本获奖作品为例》，华中师范大学硕士学位论文，2019 年，第 71 页。

② 缪慧玲：《探索博物馆儿童绘本读物文创品实践研究》，《文物鉴定与鉴赏》2019 年第 9 期。

包括衍生知识板块设计、图文版式设计、互动设计等。

就互动设计而言，对比故宫博物院、上海博物馆等大馆的同类产品，该系列绘本做得其实不够好，但仍有可圈可点之处。一方面，在有限的经费之下，运用了贴纸、地图导览、刮画纸等较常见的互动方式，努力激发儿童的想象力与创造力。如《良良的陶器世界》主要以儿童喜爱的动物和熟悉的吃食为切入点，进行贴纸设计，难度相对较小；《良良的申城之旅》主要以福泉山遗址带有精美繁复纹饰的黑陶和良渚文化最具代表性的玉琮为设计灵感，并指导画师根据发掘报告中的相关线图进行了模拟复原，让儿童的刮画体验更有挑战性。另一方面，积极拥抱数字新时代，在传统出版物上添加数字新体验。如在扉页植入了喜马拉雅二维码，以真人版“良良”的口吻，通过不定期的绘本小课程音频，向读者传播良渚古城遗址的知识，拓展了绘本的阅读体验；在封底，将良渚博物院展厅视频二维码嵌入良渚文化器物之中，让绘本的“面子”更有设计感又浑然一体，同时更将绘本与博物馆的展览巧妙地联系在一起，为读者了解良渚博物院、认识良渚遗产打开了一扇窗（图三）。

图三 《良良的陶器世界》封面封底，封底框内所示为良渚博物院基本陈列中的“良渚陶器”视频融入良渚文化鸟形陶盉的设计

三

绘本丰富的图像语言遭遇严谨科学的文物考古题材，对于创编者而言，可谓不小的挑战。良渚古城遗址尽管已是世界文化遗产，但目前仍有很多未解之谜，如良渚先民的服饰、饮食与休闲、房屋的构造与内部陈设、语言与文字、祭祀与战争、文化的衰落与消亡等问题仍有很大的探讨空间。而这些如何在绘本中予以表现，或是表现至何种程度，又或是怎样规避？主创团队一直在思考、碰撞与研究。尽管有诸多不确定性，但仍有可行之路。从某种意义上讲，正是这样的不确定性，才激发了创作者的热情，也拓展了绘本表达的空间，在一定程度上培育了读者的学习探究力。

1. 画面表达兼顾科学性与传播性，协调专业性与艺术性

我们以现有资料和研究成果为基础，积极利用良渚博物院的基本陈列内容（包括文物展品、图版、场景、模型等），力求画面有出处、有原型，表意准确。认真翻阅考古发掘报告，零距离接触新近发掘的遗址并观摩出土文物，向业内前辈同行学习讨教，努力提取有价值又利于画面表达的信息。由于良渚文化遗址的数量之众、信息之庞杂、研究之深浅不一，绘本主创人员往往是边查资料边学习研究，并有意识地对信息进行筛选和提炼，努力将晦涩难懂的考古学文化知识转化表达给公众。对于未定的内容，加入适度、合理的推理和想象，来进行画面创作。如此，有力地保证了该系列绘本画面的准确性与真实性。

另一方面，我们非常重视绘本画面的美感与艺术性。诚如一些国外学者所言，在儿童绘本中注入艺术，不仅能提高阅读兴趣，还能提高人们对博物馆的认识。我们非常注重对于儿童审美的培育——这一国产童书中往往被忽略的问题，在首册绘本酝酿之初，就得到了重点关注。再者，笔者注意到近年来的新发现新成果尚未充实到大众旧有的认知系统里，导致很多人对于良渚文明的认识相对落后，即便是插画行业、新闻出版行业也不能幸免。因此，我们在创作和推广该系列绘本期间，一直强调画面精准表达的同时，更要兼顾良渚应有的美——读者看到的良渚先民不再是人类蒙昧混沌期的茹毛饮血、衣不蔽体，而应该是文明国家阶段的饭稻羹鱼、衣麻之族；画面的整体基调不是灰暗、邋遢的，而是明亮、多彩的……可以说，绘本中的一花一草、一果一蔬、一人一物，不但藏着良渚时代的秘密，也藏着中华文明审美的密码。如第三册《良良的玉器世界》，画面因良渚玉器原本的碧绿色而显得雅致，结合种类丰富、制作复杂高超等多个页面展示，恰如其分地传达了良渚玉器的艺术美感，突显了良渚的神圣与精致。

2. 文字内容运用三层文字表达的方式，力求通俗易懂

绘本文字方面，我们在保证专业、准确的前提下，努力让学术问题通俗化、理性内容感性化、知识信息趣味化，增强可读性。这不仅体现在考古与文物专业概念术语的阐释表达与有限度规避上，也反映在文风和生僻字注音方面。值得一提的是，正文部分全部采用了三层文字表达方式。以一个大的跨页为例，文字内容分为故事文字、对话文字、科普文字等三个层级（图四）。故事文字以主要人物为核心，展开故事的起因、发展和结局，文字风格最具文学性和感染力；虽然字数不多，但言简意赅，它让图画传达的众多信息得以聚焦，告诉和引导读者图像中值得注意的地方。对话文字一般通过主角的问答来表达故事文字之外的有趣的内容，问答多以小读者较为感兴趣的话题来设计，如文物名称、功能特点及制作技艺，为其解疑答惑；文字短小精悍，风格相对活泼。有时，对话文字也偏向生活化的主题，以小主人公为人处世方面的思考与解答，让读者感悟成长的智慧。科普文字是对画面中涉及的内容做背景介绍和专业知识解读，文字风格相对严肃，数量一般是150—200字。三者相对独立，又互为补充，使得绘本传达的信息较为丰富，又利于读者阅读理解。

图四　三层文字表达：左下角方框内为故事文字，中间小方框内为对话文字，右下角方框内为科普文字（选自绘本《良良的申城之旅》）

极少数情况下，在整张画面中另辟一个区域，用图文结合的方式，对较难理解或需要强调表达的内容予以阐释说明。这是三层文字表达方式的额外补充，让读者能获取更明澈详尽的知识。比如，第二册 15－16 页右侧对草裹泥的制作工序进行了分解展示，不仅让良渚古城遗址外围水利系统的解读更纵深，也向读者传播实验考古的知识（图五）；第二册 19－20 页右下方通过玉镯的制作流程图和抛光的文字简介，来概括环状玉器乃至玉器的精加工技艺，则有梳理和强调之意。

图五　特别的文字内容表达示例（选自绘本《良良的古城世界》）

3. 图文融合设计丰富多样，整体视觉更协调更美观

美国凯迪克奖曾界定绘本的标准：“儿童图画书与其他图文并茂的图书不同，它旨在为儿童提供视觉的体验。它依靠一系列图画和文字的互动来呈现完整的故事情节、主题和思想。”① 可以说，绘本的图文关系十分复杂多变。主创人员在这方面进行了一些有意义的实践和探索，努力增强了绘本的外在表现力。

始终坚持博物馆儿童绘本的图像优先性，以丰富生动的图画元素来指涉和示意特定的内容，在内容的传递中感染孩子。采用精细手绘、模拟复原、文物照片等方式，多运用大场景、满版画面，结合细部特写，充分调动儿童的视觉。常用俯视、平视等视角，结合不同的人物动向，来表现较大的场景较多的信息。当然，也会增加新的视角和布局，来丰富画面表达。如第四册中有一张画面从太湖水下仰视人物的角度，通过太湖的独特生物来表现良渚文化遗址无法绕开的天然环境，不仅让绘本画面风格更多样，也增添了画面的美感。在第四册、第五册，采用类似四格漫画的手法，将页面分为四幅小图，通过不同的场景和动作浓缩表现人物经历的波折，让故事更丰满。

利用头像叙事、色彩叙事②等手段，吸引儿童的关注。如在主角人物“良良”、小王子的形象方面刻画很细腻，特别是面部表情，如眼睛、嘴巴的变化，很好地传达出了人物心理、情感状态，让小读者不自觉地代入角色。由于儿童对暖色调及鲜艳的颜色颇有偏爱，绘本的上色采用全彩模式，多用鲜艳的、明亮的色调，让小读者在阳光、愉悦的氛围中阅读。

在图文融合方面，本系列绘本运用了图文共同叙事、图文分别讲述及二者结合等三种技法。以《良良的申城之旅》为例，全书正文故事共 20 个大跨页，共有 14 个跨页为图文共同叙事，图画与故事文字描述的内容一致，多是对故事文字进行详述、扩充、延展，形成美妙的图文合奏；2 个跨页为图文分别讲述，即图画

① 周尤：《儿童绘本文图关系研究》，《美术大观》2021 年第 1 期。
② 宋俊娟：《从儿童认知心理学角度看图画书的叙事方式》，《文学教育（上）》2019 年第 8 期。

与故事文字内容不是直接对应的关系，而是形成差异和补充，画面一般为故事文字字面内容的后续发展，有力地丰富了故事内容表达；剩余的4个跨页为二者结合的方式，故事文字内容既包含画面的前序情节，又有与画面保持呼应呈现的地方。在后面两种情况下，文字重视“线性的描述”，图擅长“空间的描绘”[①]，二者从不同的角度默契配合讲好故事。

在图文布局方面，将文字有机巧妙地植入画面。比如，故事文字、科普文字大多直接叠压在画面上，位置一般在页面的角落或者图画中的空白处，当然也会随着画面的构图和情节的需要做一些调整，避免破坏大画面的整体美感。一些文字标注，如山体、遗址等，采用与画面主色调相近的颜色，放在读者相对不容易注意的位置，以保证整体的协调和美感（图六）。

图六　图文融合示例（选自绘本《良良的申城之旅》）

总而言之，关于博物馆儿童绘本的创作，无论是故事的编写、文字的表述，还是画面的呈现、互动的设计，笔者都认为：专业知识的转化至关重要、科普之路任重道远。正如北京大学考古文博学院副教授秦岭所言，“知识的产生和信息的传递表达，本身并不完全是前后步骤，更不能互相割裂。作为基础学科的研究者，我们常常口出豪言说是在为人类积累知识，而知识能不能有效传递、能不能真的‘古为今用’，需要得到传播学、教育学等很多学科的支撑”[②]。而博物馆面对数量庞大又独特复杂的儿童群体，如何在绘本创作中体现童真关怀和游戏精神，也尚需更多的研究和实践。

① 周尤：《儿童绘本文图关系研究》，《美术大观》2021年第1期。

② 李婷：《上海出品纪录片〈何以中国〉将首开先河以实地考古探源中华文明》，《文汇报》2021年9月28日第1、10版。

关于创新博物馆策展模式的初步思考

——基于策展人制度的研究与实施

西北大学博物馆 陈理娟

故宫鼓浪屿外国文物馆 豆亚茹

摘要：本文基于博物馆策展人制度的研究与实施，对现有策展机制进行初步思考，结合国内博物馆发展现状对展览策划模式进行创新摸索，以期推动博物馆展览质量提升，进而推动博物馆资源共享、平衡发展、公共服务均等化等社会文化目标的实现，为博物馆策展模式的发展提供有利借鉴与参考。

关键词：博物馆；策展机制；策展人制度；联合策展人

2021 年 5 月，九部委联合发布《关于推进博物馆改革发展的指导意见》，提出："提高展陈质量，支持联合办展。探索独立策展人制度，优化展览策划制作流程，推出更多原创性主题展览。"近年来，博物馆策展人制度的探索推动着策展模式的更新。但策展人制度在探索过程中出现发展不均衡的问题，实力较强的博物馆能够利用自身优势探索策展人制度，发展较弱的中小博物馆囿于自身资源不足，没有足够的能力进行策展机制创新，以致展览出现强者愈强、弱者愈弱的现象。在推动博物馆展览高质量发展的时代要求下，从博物馆展览机制入手推动博物馆整体发展平衡，提高其公共服务能力，不失为当下推动资源共享的有益探索。

一、博物馆策展人制度研究概述

博物馆策展人制度自引入以来，学界对其进行了长时期的研究探索，研究成果主要集中于 curator 译法、策展人资质、职责、团队人员结构、制度运行模式、制度运行保障等方面。甄朔南、张婉真、段勇、李慧君、宋向光、尹凯、黄莹莹等学者对"curator"译法进行研究，探讨其在不同展览模式下的职能差异并找寻合适的中文对应。果美侠、卫艳、张昱、沈辰等学者对国外博物馆"curator"工作范畴进行研究，梳理出岗位职责内容及角色定位。卫艳、曹丽秋、张昱等学者对国外博物馆"curator"团队人员结构进行概括，梳理出策展人团队的人员构成及关系网络。张颖岚、屈志仁、段晓明、庞雅妮、陈晨等学者针对国内博物馆发展现状，提出博物馆策展人应是具备专业策展、组织协调等各项能力的全能型人才。胡锐韬、陈晨、付万坪等学者提倡策展人制度在实行之时应适应我国博物馆自身体制机制，进行本土化改造。段晓明、赵梅、潘志鹏等学者提倡博物馆策展人制度的实行应有相应的制度保障体系，从而推动制度的顺利实施。

从以上研究成果可知，目前学界对博物馆策展人制度的研究重点集中于对博物馆策展人制度运行模式、制度保障、工作职责、任职资质等方面的研究。对成立博物馆联合策展团队的研究，提及不多，且未深入展开。近年来，随着社会的蓬勃发展，我国博物馆事业发展迅猛，然而展览同质化严重、优质展览少、展览资源分配不均等问题不断凸显，借鉴策展人制度推动现有策展机制创新，调动各方资源推动博物馆展览高质量发展及公共服务均等化是现下首要考虑的问题。

二、策展人制度发展现状

国内策展人行业的兴起，最早可追溯到“八五美术新潮”，1985—1989年，以范迪安、高士明、卢杰、皮力、陆蓉之、侯瀚如为首的一批艺术家开始以自己的艺术理念和价值标准着手策划了多次现代意义上的艺术展览，是为国内最早的一批策展人。1991年，时任上海博物馆馆长的马承源提出学习欧美博物馆的业务体制，并在该馆改革时从调动知识分子、专家积极性出发打破了原有行政建制[①]。国内博物馆行业正式接触和系统了解策展人制度源于由美国梅隆基金会（The Andrew W. MellonFoundation）赞助，中国国家文物局合作开展的中国博物馆馆长培训项目，为了解策展人身份与制度打开了窗口[②]。自此，策展人制度在国家政策引导及各博物馆的探索实践下逐步发展。

1. 政策引导

2011年12月，国家文物局印发《博物馆事业中长期发展规划纲要（2011—2020）》[③]，明确指出“建立策展人制度，强化学术研究对陈列展览的支撑”。2012年12月，国家文物局印发《关于加强博物馆陈列展览工作的意见》[④] 进一步强调：“借鉴国内外先进经验，创新运行机制，探索实行策展人制度。”2015年1月，国家文物局发布《关于提升博物馆陈列展览质量的指导意见》[⑤]，指出：“要借鉴建立博物馆陈列展览策展人制度，加强策展团队建设，构建有利于发挥策展人和策展团队学术水准、业务能力、创意水平的内部环境机制。”2021年5月，九部委联合发布《关于推进博物馆改革发展的指导意见》，意见提出：“提高展陈质量，支持联合办展。探索独立策展人制度，优化展览策划制作流程，推出更多原创性主题展览。”系列政策的引导说明博物馆策展人制度在我国博物馆质量提升进程中是可值得借鉴的策展机制，也从侧面反映出传统的策展机制急需改善，展陈活力有待提升。

2. 制度探索

20世纪90年代初开始，我国博物馆开启了陈列改革运动，至2000年，南京召开陈列改革座谈会，重点讨论了陈列展览的经验和领导者的素质要求。此后，湖南省博物馆、首都博物馆等一些大型博物馆为扭转展览业务运行由行政科室负责的局面，努力探索推行策展人运作模式。策展人制度的引入，为博物馆策展模式增添新机制，部分博物馆以策展人制度为基础进行创新，激发展陈工作活力，走出了一条策展人制度本土化的探索道路。如南京博物院的“一位主创+一个团队”策展模式、广东省博物馆的展览项目主持人制度、湖南省博物馆的策展人项目负责制、苏州博物馆的项目负责制、中国农业博物馆的项目负责人制等都是对策展人制度进行有效吸收借鉴，结合本馆发展现状摸索出的适合自身发展的策展模式。

---

① 马承源：《上海博物馆工作汇报提纲》，《中国博物馆》1991年第3期。

② 段晓明：《中国博物馆策展人制度本土化的历程与发展》，《东南文化》2018年第5期。

③ 国家文物局：《关于印发博物馆事业中长期发展规划纲要（2011—2020）的通知》，《文物博函》2011年第1929号。

④ 国家文物局：《关于加强陈列展览工作的意见》，《文物博函》2012年第2254号。

⑤ 国家文物局：《关于提升博物馆陈列展览质量的指导意见》，《文物博函》2015年第25号。

3. 探索中出现的问题

策展人制度的引入，为我国博物馆策展工作引入新机制，相比传统三部一室制的策展模式，其系统连贯的展览流程为沉闷的传统模式增添活力，为策展机制创新提供借鉴。系列政策的出台也说明策展人制度作为目前相对较好的模式，在推动我国博物馆事业发展过程中也起到促进作用。然而，作为舶来品，在探索过程中也出现或多或少的问题。

首先，机制不健全。策展人制度在实践过程中并未有完全规范的制度保障体系，地区不同，策展要求也不同。策展人职责范围界定、任职资质标准、团队组织架构、评价机制都未有明确的指标及规范，导致制度实行之时路径指向不清晰，工作指向不明确。且制度实施没有充分的资金保障，探索过程中受限多，展览方案施展不开，贯彻不到位。其次，发展不平衡。对于策展人制度的探索，多是实力较强的博物馆在本馆之内选拔人才试行，相比实力较强的博物馆展览资源比较充分，可以基本满足策展团队人员构成需要的外在条件，发展较弱的中小博物馆囿于专业人才紧缺、展览经费不足、藏品资源匮乏等原因，探索过程困难重重，与大馆相比，展览水平更是出现两极分化、失衡失调的态势。最后，资源不充分。展品、经费、人才等方面的不足成为我国博物馆展览质量提升过程中面临的常态化问题，在实际操作过程中，实力强或弱的博物馆都面临着不同程度资源紧缺的问题。

三、策展模式创新的探索与思考

博物馆公共服务均等化的发展目标是以博物馆整体质量提升为前提的，针对当前博物馆发展过程中人员、展品、资金等资源不足的发展现状，以策展人制度为出发点进行制度改进，推动博物馆资源共享是机制创新的选择路径之一。

（一）机制创新必要性分析

1. 推动文化资源共享

中共中央办公厅、国务院办公厅 2015 年 1 月颁发《关于加快构建现代公共文化服务体系的意见》，提倡“要以文化共享为原则，将全面统筹、各司其职、责任明确、优化配置资源作为指导思想，重视人才的作用，从而提高博物馆的总体效益，为各个博物馆的互动交流指明方向”[①]。文化资源共享是现阶段我国文化事业平衡发展的突破点、着力点，也是推动博物馆资源分配平衡的路径选择。以展览为媒介整合区域内藏品、人才、技术、资金等资源，使国家级、省级博物馆利用自身丰富的文化资源发挥示范引领及辐射带动作用，改善中小型博物馆展览资源不足的困境现状，是策展机制创新的首要目标。

2. 促进人才资源整合

国家文物局在 2012 年 12 月印发的《关于加强博物馆陈列展览工作的意见》中指出：“要促进馆际交流与合作，支持省级博物馆特别是中央地方共建国家级博物馆发挥示范引领和辐射带动作用，整合区域藏品、展览、人才、技术、资金等资源，策划优秀展览项目巡回展出，弥补中小型博物馆展览资源的不足。”[②] 展览策划机制创新的着力点在于将各馆优秀人才聚集，通过相互学习交流，取长补短，调动策展人员的工作积极性。加之展览过程中伴随着宣传教育、文创研发等工作，更能拓宽博物馆人员之间的沟通渠道，为博物馆展览策划工作注入新鲜血液，丰富陈列展览内容，发挥集体优势，给展览策划以足够的发挥空间，达到双赢乃

① 中共中央办公厅、国务院办公厅：《关于加快构建现代公共文化服务体系的意见》，《中华人民共和国国务院公报》2015 年第 3 期。

② 国家文物局：《关于加强陈列展览工作的意见》，《文物博函》2012 年第 2254 号。

至多赢效果。

3. 建立合作机制

近年来我国博物馆建设取得了丰富成果，博物馆数量不断增加，展览数量也日益增多，但也出现较多问题，“突出表现在不能为受众提供完善的服务，导致了博物馆知名度普遍不高，也缺乏应有的专业性。为了克服这一问题，各个博物馆必须实现联合，互通有无，取长补短，力求在最短的时间内提升整个博物馆的整体水平”①。各馆之间在举办展览之时，为突出各自特色优势之时采取了较多措施，甚至形成竞争之势。然而，博物馆之间是竞争关系还是合作关系，需要进行明确。在博物馆发展进程中，各博物馆从来都是互相进步，互相借鉴，互相成长的。馆际之间是合作伙伴，更要建立合作机制，打造精品博物馆线路。策展机制的创新旨在通过展览交流合作，打破各馆文化交流壁垒，为博物馆增添更多合作渠道。

（二）机制创新可行性分析——以“海国微澜”展为例

“海国微澜”作为故宫鼓浪屿外国文物馆常设展览，集中展示故宫博物院收藏的外国文物，旨在以享有历史国际社区之称的鼓浪屿，将历史风貌建筑、人文历史底蕴和其他自然景观融为一体，在当下实施“一带一路”全球化战略的时代背景下展现明清时期中西文化交流的历史成果。展览于 2017 年 5 月开展，首次展出文物 216 件，共有文物来源、科技典范、万国瓷风、生活韵致、典雅陈设、域外神工六个部分。2020 年 12 月，常设展览首次大规模换展，万国瓷风、域外神工两部分展品更换为釉彩光华、美美与共两部分，新展出 126 件展品。含括陶瓷器、玉器、漆器、玻璃器、珐琅器、金属器、科技仪器、钟表、雕塑、家居、织物、绘画、书籍等类别的外国文物，展品分别来自英国、法国、德国、瑞士、俄罗斯、意大利、奥地利、美国、保加利亚、日本、朝鲜等国家和地区。

作为跨地区建立总分馆的文化交流项目，“海国微澜”展在整个展览制作过程中体现出资源共享的总思路。首先，文化资源共享。展出文物均为故宫博物院所藏，且均为首次对外展出，对于文物资源相对薄弱的厦门而言，展览为丰富当地社会公众文化需求提供切实保障。其次，人才资源共享。展览策划之时故宫策展人员在对文物全面了解的背景下负责总体展陈内容把关，分馆人员结合当地地域文化提供关键资料，对展览内容进行相应补充，在策展经验丰富的故宫专家带领指导下，分馆人员对展览制作过程进行系统学习，双方在策展过程中密切沟通，分馆人员既有效学习了理论知识，又在实践中得到充足锻炼，总馆人员也在策展过程中对闽南地区地域文化有了进一步的认识。再次，文物双重活化利用，场馆选址于全国重点文物保护单位“救世医院及护士学校旧址”，以保护为主，利用为辅的思路对旧址进行改造，在保持原有建筑风貌的前提下进行展馆形式设计，深藏在库房中的文物与历史建筑的双重活化利用，促成了“海国微澜”展览的诞生。

“海国微澜”展览在制作之时虽没有明确的策展人及联合策展团队的概念，但跨区域成立总分馆的模式是文化交流的直接表现方式，资源丰富的博物馆资源向薄弱一方倾斜，既帮扶了地方公共文化事业，也推动着本馆文物资源活化利用，让深藏在库房中的文物走向社会，可谓一举多得。展览制作之处，策展工作由故宫人员主导，故宫外馆全员配合，2020 年大规模换展则由故宫人员指导，故宫外馆全员参与完成，策展主体的变化也反映出分馆人员在总馆的带领下逐步成长，点对点的扶持模式对当下博物馆尤其是中小博物馆寻求实力较强的博物馆帮扶，进而推动展览质量提升提供借鉴。

（三）联合策展人制度构建分析

展览策划机制创新应从以下方面进行分析：人才资源整合、展品资源整合、经费渠道拓展。策展人制度的首要因素是人，因而机制创新应以人才资源整合为出发点，联合同一区域有资历、策展经验丰富、有话语

---

① 周男：《办好“（博物馆）馆际交流”，走好“联姻之路”》，《大众文艺》2018 年第 9 期。

权的专业人士组建联合策展团队，围绕资源共享、多方参与及多维度视角的拓展等方面构建立体化的策展机制，机制构建应涵盖以下几点。

1. 构建立体化策展机制

立体化策展机制的构建着重解决博物馆发展不均衡的问题，人、财、物是展览制作过程的基本要素，现阶段展览资源的分布不均影响着博物馆展览的整体水平提升，相较于大馆丰富的展品资源、充分的人才储备及专项展览经费，中小博物馆处于资源劣势。近年来虽然联合办展、交流展览的形式推动了博物馆对外交流，但博物馆之间的交流互动并不频繁。因而，机制构建的首要目标是构建立体化策展机制，前期资源重点向中小博物馆倾斜，为中小博物馆搭建与大型博物馆沟通互动的平台，加强不同级别博物馆之间的交流，使中小博物馆借助大型博物馆资源进行自我提升，推动博物馆发展平衡。策展机制的创新应是资源共享的直接表现，建立含括人才、展品等信息的资源库，在展览策划时实时查找所需资料，推动人、财、物的互相流通，社会文化机构之间才能真正做到文化资源共享、人力资源整合，最终形成一个资源互通的展览策划机制。

2. 成立联合策展人

新的策展机制侧向独立性、自主性、话语权，以人才聚集、独立于所属博物馆、共同策展的模式实践。博物馆联合策展人的初步构想为聚集同一地区文博系统下的博物馆资源，通过筛选各馆资历较高，策展经验丰富、具备文博专业协调知识的人员组成策展团队，并选取三个以上主要策展人，负责策展工作部署及资源分配协调。团队构成涵盖展陈、宣教、文创、安保等岗位人员，层次确保丰富。相应项目节点任命一位组长，负责逐一环节的布置构成，策展团队独立于各馆，策展过程中直接由策展人负责，每年设定展览任务，以当地文化特色、居民需求为出发点策划展览，并根据展览主题在相应博物馆展出。联合策展人模式以社会博物馆之间合作为试点，之后可延续至与学校、其他企事业单位进行合作，并在合作过程中融入相关行业知识，使博物馆展览更能适用于不同观众需求，做到博物馆与观众之间的供需平衡。

3. 构建验收评估机制

联合策展人制度实行期间，应对展览全程跟踪评估，美国博物馆界将展览评估体系分为：前期评估（Front-end evaluation）、过程评估（Formative evaluation）、总结性评估（Summative evaluation）三个部分，“前期评估着重于展览筹备过程中对选题可行性、目标观众、预期影响等各方面评估；过程评估着重于展览策划、施工过程中来自专家、设计团队本身以及受邀观众的建议；总结性评估则发生于关于展览开放后是否会产生出预期效果的评判”①。策展创新机制评估标准可以此为借鉴，以全国博物馆精品展览推介评估标准为参考，结合当地博物馆实际情况制定展览评估标准。在标准制定完毕后，应选取业内具有相应资质的专家组成评估小组，定期对展览进行评估，敦促制度在执行过程中能够不断反思，不断进步。一项制度的实行需进行科学的评估，行业内专家的评审认定、小范围的实践试行，经历以上阶段后方可大范围开展，在此过程中，试行各项数据需全透明式公开，确保真实度，使得业内人士对制度实施过程中优劣之处有充分的了解，从而对联合策展人制度的实行有充分的认同感，以此保证制度后续实施的顺利进行。

（四）机制创新路径分析

以联合策展的方式促进文化资源共享、人员资源整合、公共服务体系创新，建立博物馆与博物馆之间、与其他社会文化机构之间的长效合作机制，为博物馆发展及传播优秀文化提供思路与方法是机制创新的根本目标。但新的制度的推行需要各方的支持与理解，不仅需要各博物馆间积极参与，也需建立制度运行保障机

① 韦玲：《试论博物馆陈列展览评估体系的构建》，《中国博物馆》2015 年第 3 期。

制，获得业内认可。

1. 扩大参与主体

“博物馆与外界必须加强团结协作，走公共创新的发展之路，将受众的需求放在首位，互相取长补短，创建出新的公共文化的运行机制、管理机制和改革机制。”[①] 单霁翔概括了博物馆与其他组织机构的相互合作，“在博物馆与其他组织机构相互合作方面，包括科研部门、教育设施、文化机构、社会组织、企业单位、新闻媒体、民间团体、社会公众等都拥有可为博物馆所用的资源，为使这些资源能够成为博物馆发展的积极力量，博物馆应与这些组织机构建立合作共享机制，使合作双方能够取长补短，各取所需，实现双赢”[②]，新的制度的推行依靠多类型参与主体的积极踊跃加入，博物馆可依托馆藏资源与其他组织机构展开合作，不仅为展览形式开创多样性，更能开拓展览思路，充分挖掘展览资源，创造更多成果，为社会公众提供多样化的展览。

2. 建立运行保障机制

为使博物馆联合策展人制度能够有序推行，必须建立制度运行保障机制。首先，以文博主管单位为依托，制定制度实施标准，确保制度施行之时工作流程、财务标准、人员归属等有明确的工作规范。其次，需健全人员流动机制，联合策展人团队要进行年度考核，择优选取人员，为优秀人才提供平等沟通交流的机会。各馆之间也可以互相学习、借调、访问等。“博物馆间可以加强对话，让各个博物馆的精英人士就博物馆的发展进行研究讨论，注重实效，各馆之间畅所欲言，共同交流。”[③] 再次，因博物馆联合策展人制度未曾在国内博物馆界大范围实施过，还处于实践摸索阶段。因而，在实施过程中，需要规范管理制度，相关职能部门需出台相应的工作管理制度或试行办法，将更有利于新制度的规范和管理。

3. 建立激励机制

如何推动大馆主动带小馆是联合策展人前期需要解决的问题，要保证新制度的顺利开展，在前期需做好准备铺垫工作。各文博主管单位应做好充分的宣传，向下属单位介绍联合策展人的创新之处，阐释机制创新的必要性。基层博物馆面向的社会公众群体基数最大，中小博物馆实践经历对于文博从业人员是必可不少的实践环节，前期文博主管单位应积极选拔优秀人才加入，为文化交流提供必要的物质支撑。应设立激励机制，鼓励各馆踊跃参与，将基层博物馆实践经历作为考核博物馆业绩、从业人员工作能力、职称评定的重点参考项。联合策展人制度的推行依靠所有参与主体的积极踊跃加入，中期如何保持中小博物馆工作人员积极用心参与是挑战之一，鉴于我国博物馆管理体制的特殊性，博物馆人员工作积极性不高，多数人以完成工作指标为标准，并未自发地参与到提升自我的业务之中。因而，中期应加强中小博物馆人员业务培训，制定人才培养计划，促进从业人员对外交流，为参与人员提供上升空间，激发其积极性、创新性。后期博物馆与其他社会机构的合作，文博主管单位应逐步放开，鼓励社会其他机构积极参与，为中小博物馆对外联动提供物质支撑。

结 语

随着公共文化服务体系机制的日益成熟，博物馆文化服务体系也在逐渐发展。展览作为博物馆发挥教育

① 周男：《办好“（博物馆）馆际交流”，走好“联姻之路”》，《大众文艺》2018 年第 9 期。

② 单霁翔：《博物馆的社会责任与社会发展》，《四川文物》2011 年第 1 期。

③ 周男：《办好“（博物馆）馆际交流”，走好“联姻之路”》，《大众文艺》2018 年第 9 期。

功能的主要手段，在博物馆发展中起着不可替代的重要作用，我国博物馆展览工作在近年来取得的成果有目共睹，展览内容日益丰富，展览手段日益多元，展览交流日益密切。市县博物馆联合策展人的提出能够丰富博物馆馆际交流方式，为博物馆专业人才搭建一个互相学习、共同进步的平台，推动博物馆平衡发展、公共服务均等化的目标。

附记：本文为2020年国家社科基金资助项目“中国高校博物馆制度创新研究”（20XKG002）成果。

日本建筑遗产的传承与活用

成都金沙遗址博物馆　明文秀

摘要：广义的日本建筑遗产，不仅涵盖了古代传统木构建筑和近现代建筑实体，也包括各种建筑构件、遗迹、模型、绘画、图纸、影像、文献、民俗、口述材料等多种形态，内容丰富，风格多样，时空跨度大。其中很多实体建筑遗产已成为地方景观或城市象征，是重要的旅游与教育资源，是地方振兴的核心存在。同时，建筑遗产作为日本文化的主体，也是该国民众文化自信和民族归属感的强大支撑。其多元化的保护活用模式，皆来源于日本政府与民众多年来在政策、制度、意识、技术、理念等多方面的努力探索和实践，在国际上享有一定影响力，对建筑遗产，甚或给不可移动文化遗产保护与活用提供了借鉴。

关键词：日本；建筑遗产；保存；活用；模式

一、前言

二战期间，我国古建大家梁思成先生从全人类文明大局出发，建议美国盟军对日本轰炸时应避开古建筑密集的奈良、京都两地。因此义举，日本民众尊梁为“古都的恩人”。

“日本建筑并非是在日本列岛独自发展而来的，它是在中国大陆高度发达的建筑文化的压倒性影响下产生的样式。也就是说，其住宅建筑、佛教建筑都起源于中国大陆同一系统的木结构样式……日本人认为从外面引进的新事物总是比日本国内所继承的有品位、上档次，这种建筑观的形成与中国建筑的引进不无关系。”[①] 现今，日本建筑遗产呈现多元化态势，已是日本历史发展的一个缩影，从而成为日本文化的主体，是该国民众文化自信、民族归属感和自豪感的强大支撑，保护活用的很多举措在国际上享有一定影响力。

基于两度日本建筑遗产研学考察之旅，就该国建筑遗产保护活用的所获所思深入分析，期冀能为大家提供参考。

① ［日］藤井惠介、玉井哲雄著，蔡敦达译：《图说日本建筑史》，南京大学出版社，2017年，第243页。

二、多元化保护活用模式

作为日本主体文化遗产的建筑物，基本涵盖了具古代传统建筑和近代建筑，有木、石、砖和混搭等构筑方式，从古至今就是信仰和日常生活的场所，与民众有着密切的联系。现大部分已成为地方景观，或城市象征，是重要的旅游和教育资源，是地方振兴的核心存在。其保护与活用同等重要，每处建筑遗产一般都有一份完善的保存利用计划，并强调计划是实施的基础。近年来，地域创生与活性化已成为文化遗产的重大课题，建筑遗产的特殊作用得到进一步凸显。

以往，有学者总结了日本古建筑保护、利用和更新的几种方式：伊势神宫（式年迁宫）、法隆寺（整旧如旧）、明治村（集中迁建）、中京邮局（外保内动）、金色堂（覆罩式）、神户博物馆（功能调整）、横滨大厦（保外立面）、神户“洋人区”（微缩模型）等[①]。《巴拉宪章》（1999）提出“保护性利用”概念，认为“延续性、调整性和修复性利用是合理且理想的保护方式”[②]。笔者将在此基础上做进一步补充。

从信息学角度而言，除实体外，日本建筑遗存还有古建筑构件、遗迹、模型、绘画、图纸、影像、文献、民俗、口述材料等多种形态。建筑遗产在使用中延续生命，最为有效的方式就是与人发生关系，才能体现价值。即“应当尊重、保存、而不是抹杀人类和遗产地之间的重要关联。应当探寻并利用各种机会以诠释、纪念并颂扬这种关联”[③]。基于此，我们可将日本建筑遗产分以下几类：

图一 法隆寺梦殿

图二 川越市江户古街

第一类：原址保留，即建筑实体与周遭人文和自然环境是原生统一的，包括名胜、古城与古村落，是区域重要又稀缺的旅游和教育资源，具有极好的集客作用，是区域发展极强的推动力。前者有宗教神庙、殿宇楼阁、名人住宅等，具有经典和独特性，纪念意义较大，是日本建筑遗产的精英代表，多数为国家行为、社会上层、宗教信仰或重大历史事件遗产，属于日本国宝或

① 尹培桐：《日本古建筑的保护、利用和更新》，《世界建筑》1993年第2期。

② 国家文物局等编：《国际文化遗产保护文件选编》，文物出版社，2007年，第168页。

③ 国家文物局等编：《国际文化遗产保护文件选编》，文物出版社，2007年，第168页。

重要文化财，如法隆寺（图一）、唐昭提寺、东大寺、平等院凤凰堂、姬路城、桂离宫等，其中不乏世界文化遗产。其保护主体责任人是建筑遗产的所有者，保存原则为原址保存，整旧如旧，延续使用。部分建筑古迹为满足民众与社会需要而进行了功能调整或增建，变为展示馆或博物馆，如法隆寺的宝物库，原东大寺的正仓院。此类名胜类似于我国各类名胜古迹。古城与古村座主要是建筑遗产呈片区集中分布，类似我国历史文化名城、名镇和名村，几乎涵盖了该区域内不同等级、功能、材质等各类建筑，如奈良、京都、川越市江户古街（图二）、白川乡和五屹山历史村座等，保护主体责任虽说也是所有者，但政府相关机构统一指导规划，全民参与性较强。

这类建筑遗产比较符合古迹保护的国际通用原则，即原真性、完整性、最低限度干预等，基本格局和单体外观保存较好，原功能延续性利用是最好的保护方式。有些建筑，尤其是古城和古村座建筑内部空间会根据所有者实际生活需要而进行改变，日本人称之为“动态保存”。但此类建筑遗产保护过程中仍有不少遗憾，最大的问题是遗产主导权在法定权属机构、团体或个人，建筑遗产的原生性会受到不断发展的使用功能的严峻挑战。如何平衡保护与发展仍是一个艰巨的问题。

第二类：异地迁建，集中保存，即将零散的代表性建筑遗产迁建集中一处，以博物馆模式管理运营，最大特点是非原址性、极强干预性和不可逆性，即将建筑等同于可移动文物，离开原生环境进入博物馆藏品系列。调整性保存活用为主体，建筑经历多角度转换：权属转换，私产变公产居多；空间转换，生产（生活）空间变展示空间；性能转变，产品变藏品或展品；资源转换，生活或生产资源变旅游、公务和教育资源。此举肇始于1850年瑞典斯堪森博物馆（Skansen）。对于国土资源有限的日本来说，为缓解社会发展与大体量建筑遗产保护传承之矛盾，这不失为一种有效之法。古建筑虽脱离了原生环境，但却保留了原材料、原结构、原工艺和原传统，古韵犹在。在这里，每座建筑可能是博物馆的藏品、展品与体验品，也是一座小型博物馆，讲述自己的本身故事。游客踏进每一座建筑，实现零距离沉浸式参观体验，一股真切的时空穿越感油然而生。人与建筑是相互交融的，人在建筑里，且就是其中的一份子。此类建筑遗产保存，体现了现代博物馆收藏新趋势：从可移动到不可移动文物，从单一到体系收藏，从精英到普世收藏，博物馆的各个功能都得以很大限度地发挥。但其缺点也是相当明显的：

1. 建筑与原生环境的有机联系被完全剥离，遗产背后人与自然的信息大打折扣。

2. 迁建或复建有篡改的行为，导致对建筑遗产的二次伤害。

3. 建筑遗产的迁建需要解决拆建的相关技术难题和博物馆有限空间的制约。

4. 如果博物馆没有经过先期目标任务和主题规划，各个不同风格的建筑进入同一场地，可能会显得极其杂乱，进而与观众的观展心理相违和。

根据迁建情况，此类建筑类主题博物馆大体有两种：

1. 部分迁入，即外地古建筑迁入原地古建筑或旧博物馆之列，如江户东京建筑园和三溪园。前者由原武藏野乡土馆发展而来，移建、展示在旧址难以保存且极具文化价值的古建筑30套，从江户至昭和初期，重现了下町（一般百姓居住的城市低洼地带）和山手（多指华族士族居住的城市高岗地带）的街道风情，有礼殿、名人故居、农家、写真馆、高仓、茶室、灵屋、派出所以及酱油店、居酒屋、裁缝店、和伞批发店、子宝汤（浴室）、旅店等各式商铺，其间还穿插诸如炮台、居址、古坟、供养塔、造像、灯具、灯笼、电车、汽车等古物或遗存。除展示外，博物馆还充分运用园内的资源，举办“博物馆漫谈”“一年四季的活动昨日重现”“志愿者民房熏烟”等系列活动，将古建筑知识、保护与传承贯穿其中（图三）。后者原为横滨企业家原三溪（富太郎）的住宅——鹤翔阁，迁移了原京都、镰仓等具有历史价值的16座古建筑，有佛塔、佛殿、茶室、农家、天授院、名人住宅等，其中三重佛塔、灯明寺佛殿较为古老。目前，鹤翔阁还可对外出租，作为婚礼、日式茶话会、会议、派对的场所，使用方式多样化（图四）。

图三　民房熏烟

图四　三溪园鹤翔阁

2. 全部迁入。博物馆有明确的主题，数量也较多，注重整体环境与建筑藏品的和谐相融，如明治村、民家集落博物馆、飞弹民俗村等。明治村野外博物馆将国内及美国、巴西等地的建筑真迹搬迁至此，有近代建筑 67 栋及附属的民俗和实物资料上万件，为日本主题公园第三名，涵盖名人住宅、饭店、商铺、汤屋、宾馆、茶室、学校、银行、邮局、剧院、医院、教堂、县官署行政大楼、兵营、派出所、监狱、灯塔、铁桥、电车以及明治天皇和皇后的御用车等，其中 11 栋为国家重要文化遗产，是明治时期日本社会的缩影。除了展示外，博物馆还充分运用了这些历史建筑的原有空间开展多种形式的体验活动，如在商铺或宾馆吃饭喝咖啡、在邮局寄信、在监狱一日体验、乘坐付费电车等。日本民家集落博物馆以日本传统乡村木建筑为主，整体风格具有自然之美，乡野之趣，营造了一个旧式日本的山野乡村，稀疏的古建筑依傍在山林、田地、水塘间，小径通幽，翠竹葱葱，风车野花，鸟鸣山涧，野鸭嬉戏（图五）。

图五　日本民家集落博物馆民房

第三类：考古遗址博物馆，即在考古发掘出来的建筑遗迹上或周边复建仿古建筑，如奈良平城宫遗址、吉野里遗址公园等。基于考古发掘、名胜古迹、文献、建筑绘画图纸、式年迁宫习俗等材料，参与的专家、团队或机构会对古建筑的构造、意匠、技法开展深入研究与再分析，以及相关技术理论的探讨，摸索出了与遗构相宜的形态而进行复建。此举可以说是对古代建筑极限的挑战。平城京几乎完全写仿中国唐朝长安城，现平城宫遗址将遗迹重新掩埋保存，利用各种手法进行复原展示，用遗迹模型，或以土堆或植物表示建筑物的位置，或将建筑物的基部乃至一部分的壁面加以复原。大极殿、朱雀门、东院园林也按照发掘成果进行了复原（图六）。从传播学角度而言，古建筑复原也许能给公众一个形象的知识传达，却具有极大的不可逆性，也可能干扰和破坏遗址本体，严重挤压其他争议点或纠错点的空间，同时也为后续深度研究和公众普及造成一定困扰。因此，古建筑复原当是一件慎之又慎的举措，与其盖棺定论，不如留有余地。

图六　平城宫遗址之大极殿复建

第四类：综合性或专题类博物馆以建筑构件、遗迹、模型、史料、绘画、图纸、影像等可移动收藏品为主，通过实物、场景、体验、多媒体等展示手段诠释建筑遗产的方方面面（图七）。这类博物馆对古建筑的收藏与保护是极其有限的，但却可突破时间、地域、人群、等级、材料、环境等因素困扰而变得选题灵活与宽泛，良好的展示效果同样会给观众带来满意的体验感和获得感。但如果缺乏良好的展示手段，透过玻璃，观众对建筑遗产展品的获得感和体验感是极其有限的。

图七　东京国立博物馆建筑遗产展示

三、保护事业多方面的探索与开拓

日本长期积累的建筑保护理念与实践已取得了很多成就。如与建筑遗产有关联的 17 处被列入世界文化遗产；全民参与古物保护意识普及率极高……最显著的成就莫过于一份重要的国际性文物保护文献的诞生，即《奈良真实文件》。文件对文化遗产“真实性”进行突破性解读，强调文化的多样性，打破了“欧洲模式”在国际文物古迹保护领域的长期统领地位。国际古迹遗址理事会《木结构文物建筑的保护与维修原则》和 2007 年《北京文件》均在此基础上得以深度发展，《北京文件》更为东亚地区文物古迹的保护实践提供了科学的指导意见。这系列成就在很大程度上是源于政府与民间多方面地努力探索与实践：

（一）政府搭建古物保护宏观体系架构

首先是制度保障。日本文化遗产管理制度起步早，始于 1871 年《古器物保存法》。19 世纪末，文化遗产保护得到实质性地发展，相继产生《古社寺保护法》《古迹名胜天然纪念物保护费》《国宝保存法》《国宝·

重要文化财开放管理原则》《文化艺术推进基本计划》《旅游立国推进基本计划》。第一，1950年《文化财保护法》则极大地推动了本国文化财保护。在古物保存中，建筑遗产工作成为重中之重。第二，成立东京文化厅文化财部、奈良文化财研究所等国立文化财保护职能部门负责相关的法律法规、调研、方案审批、人员培训以及地方古物保存调查与规划等工作。第三，创新的发展理念，如“文化立国”“旅游立国”等国家政策实施，凸显建筑遗产巨大的旅游价值和社会价值。第四，实施专业认定，将遗产分国宝、重要文化财、地方指定文物和登记文物四级，基本涵盖了不同时代、地域、人群、材质、类型的文化遗产。同时，结合遗产的实际情况，运用多种管理运营模式，开展深度调查与研究，挖掘建筑遗产价值，提升建筑遗产的社会关注度。如联合6个国家17处柯布西耶近代建筑申遗成功。第五，采用补贴、税收、教育等措施给文化财所有者或社区民众系列惠利保障。

（二）全民参与

“民族自尊心促使其对本土文化传统更加热爱，更执着地守护着祖先流传下来的文化遗产。”[①] 地震、台风、战争、新旧更替以及传统技工和工艺流逝，导致日本古建筑趋于快速消失，民族文化自觉被唤醒。该国古建筑几乎都是私产，所有者（寺庙、神社、团体、个人）较为全面保留建筑资料及基本状况，因此，他们对修缮方案有很大的主动权和决定权，也愿意主动参与其中：如何修复、恢复到何种状态，基本都是由业主跟公立机构、专业公司商讨决定。政府、所有者、民众三者的关系在古物保存方面基本上是和谐。“（明治村）把日本明治初期的建筑迁建在这里，供人参观，对日本国民进行近代建筑的启蒙教育起了巨大的作用。人们在这里参观，会联想到自己所在的城市也有类似的建筑，回去之后就积极投入保存运动，因此它对近代建筑保存运动也起了重要的作用。”[②]

（三）传统习俗、工匠培训、建筑遗产重点技艺等技术层面的调查、研究与实践

如伊势神宫有“式年迁宫”的传统，即每隔一定周期，在原址上利用新材料对原建筑进行完全复制重建，周而复始，神宫至今仍很好地保持奈良式样。但该习俗长时间备受西方诟病，因为它与原“真实性”文化遗产认定标准是相悖逆的，被认为是“假古董”。“神社的文化意义即在于重建过程本身，同时还包括重建必需的技艺、神社所处的整个境域，以及供应重建所用木料的森林等所组成的系统。……倒是将这一区域整体描述为遗产分类中的文化景观似乎更为贴切。”[③] 就木构建筑而言，原形制、原结构、原工艺的传统工艺的保存价值可能远大于木材以及历史肌理本身。这也满足《奈良真实文件》（1994）“文化遗产的多样性存在于时间与空间之中，需要对其他文化及其信仰系统的各个方面予以尊重。在文化价值出现冲突的情况下，对文化多样性的尊重则意味着需要认可所有各方的文化价值的合理性”[④]。

掌握古建筑保护技术的专业团体或个人通过严格考核可获得国家相关资质认证，并接受政府资助的专业培训。高松建设株式会社子公司——金刚组，创办于公元578年，现存最古老的家族建筑企业，曾主持修建了法隆寺、四天王寺和大阪城堡等建筑遗产。企业保存了传统的木匠工艺，主营日本木制建筑、寺庙、神社的复原工作，秉承专注、精进的“职人技”精神，以“道生之、德蓄之、物形之、势成之”为企业生命法则，强调木构技术的传统传承，只接纳终生入职且通过严格技术考核的人员，不接受对外培训或兼职。公司员工有极强的归属感和自豪感。关西木造住文化研究会是特定非营利活动法人团体，以京都“京町家”等木构传统建筑为基础，将研究与成果转化紧密结合，在防震、防火、防灾等建材与技术、木构建筑修复再生等

① 齐一聪、张兴国：《中日建筑遗产对比视野下的中国建筑遗产机制研究》，《现代城市研究》2013年第11期。

② ［日］藤森照信：《日本近代建筑史研究的历程》，《世界建筑》1986年第6期。

③ ［日］益田兼房、［西班牙］亚历杭德罗·马丁内斯著，温静译：《从国际观点看日本木结构建筑遗产的保护与传承》，《建筑遗产》2017年第2期。

④ 国家文物局等编：《国际文化遗产保护文件选编》，文物出版社，2007年，第141页。

方面进行了大量的研究与实践，并承担高技能木工培养的工作。

经过多年的调查、总结和研究，地震、台风、雷电等自然灾害是日本建筑主要的破坏因素，因此，建筑遗产的保护工作也主要集中在加固、消防等方面。同时强调适当的日常管理和周期性的保护修理是必不可少的，如日常清洁、薰烟、定期更换屋顶茅草和整体修理等。

（四）新理念发展驱动建筑遗产保存，让原住民继续留守当地，守望家园，延续历史文脉

新潟县越后妻有，现已成为国际瞩目的艺术之乡，“大地艺术节”在尊重自然与当地民众的基础上，艺术家对其公共空间和公共活动进行美化建设，复兴地域文化，激活当地经济，追踪历史痕迹，让几近荒废的乡镇萌发新生，久远的建筑得以延续。在这里，乡村不再代表落后与落寞，而成为艺术创作的灵感，旅游的主要亮点。这是一种全新的保护模式，从整体出发，而不局限于建筑本身。

结　语

目前，中国建筑遗产也正面临如日本同样的情况，经济飞速发展，拆旧建新，农村空心化、巨大的保护成本、盗窃等诸多因素导致老建筑拆建、改建、失守、失修或坍塌毁掉，经过历史洪流淘洗下来的老建筑正面临快速消失的窘境，建筑遗产的空白期愈加增多，保护愈加刻不容缓。对此，我国也做了很多积极努力与探索，使很多危在旦夕的古建筑得以保存。一些博物馆或个人也加入其中，如湖北明清古建筑博物馆、武汉李庄古建筑博物馆、江南明清古建筑博物馆、赵文龙荟珍屋等。但就这些努力，对于我国复杂的建筑遗产保护还是远远不够，尤其是文保力量薄弱的偏远地区一些尚未登记的老建筑，以及城市发展淘汰待拆的部分近现代特色建筑。在此，日本为我们提供很好的借鉴与反思。

随着新理念、经济和科技的发展，我们也有力量去推动我国建筑遗产保护事业。新的发展理念让新旧不再走向二元对立，老屋不再是留守老人无奈的选择，不再是故土，更不再是贫富等级分化的物象表征。祖国的每一寸土地都该由我们自己去守护，而建筑就是这片土地上别样的风景。现代文保技术也会为老城区、村镇、偏远地区及名胜建筑遗产提供较为理想的方案，谨慎拆迁，应保则保，以延续历史文脉，拥有历史肌理的古建筑总好过仿古假古董。现代博物馆可利用自身优势，有条件，更有义务为前述保护困难的建筑遗产寻找一个延续生命的理想之所。我们也可将相机、录像机、三维扫描等现代信息采集技术手段，获取建筑遗产本体以及依附的自然与人文环境的信息数据，并应用于保护、展示、研究、宣教、活用等系列工作中，进而推动我国古建筑保护与传承。

梁思成言：“建筑之规模、形体、工程、艺术之嬗递演变，乃其民族特殊文化兴衰潮汐之映影；一国一族之建筑适反鉴其物质精神、继往开来之面貌……该建筑活动与民族文化之动向实相牵连，互为因果者也。”[①] 我们在保护传承中要传达“中国建筑之个性乃即我民族之性格，即我艺术及思想特殊之一部”[②] 之理想，方能寻找我国建筑遗产发展演进的灵魂之根。

---

① 梁思成：《中国建筑史》，生活·读书·新知三联书店，2011 年，第 1 页。

② 梁思成：《中国建筑史》，生活·读书·新知三联书店，2011 年，第 1 页。

"旅游凝视"视角下云南大理诺邓古村的民居建筑

四川博物院 郭雨

摘要：诺邓古村是一座千年白族古村，村内保留大量明清到民国时期的民居建筑。自从《舌尖上的中国》中关于诺邓火腿的介绍在全国范围内为人们所知，诺邓古村迎来旅游业快速发展的时期，依托于原有民居建筑而修建的各种客栈成为的一个亮点。笔者试图通过参与观察与访谈法，用"旅游凝视"理论，从"政府凝视""当地人凝视"和"游客凝视"这三个角度，展示诺邓古村中民居建筑在旅游中受到的影响。

关键词：诺邓；旅游凝视；符号；民居建筑；文化旅游

凝视作为一种感知世界的方式，依托于人的视觉器官并无处不在。人们通过凝视这一途径来获取视觉图像，并通过大脑对于视觉图像的处理来获得知识。游客在旅游的过程中，目光随着与自己日常生活相异的事物而不断移动，获取视野范围内的被展现的当地知识。凝视中充满着"看"与"被看"，随着行动主体的不同会产生不同角度的凝视。提出旅游凝视理论的是英国社会学家约翰·厄里，其在序言中指出自己的理论来自福柯著名的"医学凝视"理论[①]。福柯认为凝视象征着一种权力关系和一种软暴力，而这种力量能规约人的行为。厄里的"游客凝视"理论中，认为凝视背后是社会结构和社会权力在起作用，而在凝视中游客相较于东道主具有更大的权力。刘丹萍对福柯的凝视理论和厄里的凝视理论的内容做过梳理与比较，认为厄里的凝视理论存在不足，如他所主张的"视觉感觉处于旅游体验中的核心地位""追求差异性是游客的旅游动机和行为与游客在凝视中的支配地位"等观点需要再讨论，而主客之间的关于凝视与被凝视的权力的争夺关系的阐述不够清晰，对于凝视的积极作用缺乏理论和案例支撑[②]。针对游客凝视的行为主体仅涉及游客，一些学者从不同的行为主体出发，探索不同角度的凝视，形成一种"旅游凝视"。成海认为游客与东道主之间存在一种相互凝视，而这种凝视实际上受到旅游规划者限制，受到政府主管部门监管。而在市场经济和相关利益团体的权力变化中，东道主的文化成为一种迎合游客想象的符号被消费，文化失去其本来的含义成为一种"甜蜜的悲哀"[③]。其进而提出一种多向度的旅游凝视理论，认为旅游凝视包括游客凝视、东道主凝视、旅游规划者凝视及政府凝视，而后面两个凝视角度少有人提及[④]。吴茂英则将凝视扩展到凝视动作的双方，认为

① ［英］尤瑞著，杨慧等译：《游客凝视》，广西师范大学出版社，2009年。

② 刘丹萍：《旅游凝视：从福柯到厄里》，《旅游学刊》2007年第6期。

③ 成海：《甜蜜的悲哀——旅游凝视理论新思考》，《黑河学刊》2010年第12期。

④ 成海：《"旅游凝视"理论的多向度解读》，《太原城市职业技术学院学报》2011年第1期。

“旅游凝视”是一个多利益主体参与互动的复杂系统，注重凝视行为中凝视者与被凝视者之间的互动，重视其中的权力悬殊与变化的结果，认为“旅游凝视”还包括“当地人凝视”“专家凝视”“游客间凝视”“隐性凝视”[①]。而随着凝视理论在旅游中的广泛运用，李拉杨主张对“旅游凝视”的本质进行反思，从对旅游中社会性、权力关系等的关注转向旅游者通过自己的心智力量对于他者产生关注或注意，从对视觉的强调转向多感官的综合体验的强调[②]。随着全球化时代的到来，互联网络成为人们生活中不可缺少的一部分，并影响到游客的行为与学者的研究方式与对象。庞兆玲关注到旅游网站中游客的评价所表现的游客凝视，通过收集“携程攻略社区”中关于宏村的游客评论，整理其文本中涉及的时间性名词和空间性名词，分析不同角色在旅游过程中体现出的时间性凝视和空间性凝视，构建游客凝视的行为模型[③]。张淑华、苗彩霞和王红则关注到网络直播在旅游中的作用，因游客凝视的主体涉及收看直播的不在场观众，其认为旅游直播作为一种旅游宣传的新手段，对于“游客凝视”产生了影响[④]。王华和徐仕彦则关注到公共平台对于图像的留存作用，进而对凝视的时间及其作用进行思考，将游客凝视的时间从旅游行为发生的时间段，扩展到旅游行为发生之前与之后的时间，将凝视的主体扩展到潜在的旅游者，通过在公共平台暴露个人的“不文明”旅游行为，进而使处于不同时间段的游客之间形成一种“道德式”凝视，实现对旅游行为的规范和管理[⑤]。

诺邓古村位于云南省大理白族自治州云龙县城北偏东部，历史上因村内盐井的开采而获得大量的经济收益，村内鳞次栉比的各式房屋建筑便是当时兴茂发达的见证。由山顶至山脚，依次可见兴建于明代嘉靖年间的玉皇阁建筑群，始建于乾隆年间的文庙，保留有明代嘉靖丙辰提举李琼题修祝寿寺碑文的万寿宫等。村内还保留有较为完整的“三坊一照壁”“四合五天井”“一颗印”及四合院式的民居建筑样式。诺邓民居建筑占村中建筑比例的64.99%，大部分是二层，极少是三层，建造年代多为明清至民国期间，约有60%的建筑结构保存较好[⑥]。2002年1月24日，诺邓村被云南省政府公布为省级历史文化名村。为了更好地保护诺邓的民居及古建筑，部分民居及古建筑又被列为县级文物保护单位[⑦]。

随着2012年《舌尖上的中国》中诺邓火腿节目内容的播出，来诺邓旅游的人飞速增多，带动了诺邓当地的旅游产业的发展。而最近几年，旅游产业陷入发展的困境，旅游经济呈下跌趋势，之前前往诺邓开设客栈的外地人逐渐退出，当地人开设的客栈却在逐渐增加。面对这样的情况，笔者以“旅游凝视”这一理论为依据，从“政府凝视”“当地人凝视”和“游客凝视”三方面出发，介绍当下民居建筑因为旅游业的发展而受到的影响。在这里，“政府凝视”指政府为保护民族村落文化，兼顾对诺邓古村建筑所做出的管制；“当地人凝视”则主要指当地人在兴建客栈时，对客栈环境、景观等的改造；“游客凝视”则主要包括游客的旅游动机、旅游目的与旅游行为。

---

① 吴茂英：《旅游凝视：评述与展望》，《旅游学刊》2012年第3期。

② 李拉扬：《旅游凝视：反思与重构》，《旅游学刊》2015年第2期。

③ 庞兆玲：《古村落型世界文化遗产地的游客凝视差异——以黄山市宏村为例》，《泉州师范学院学报》2016年第6期。

④ 张淑华、苗彩霞、王红：《凝视理论视角下的旅游直播理论研究》，《新媒体研究》2018年第4期。

⑤ 王华、徐仕彦：《游客间的“道德式”凝视及其规训意义——基于网络博文的内容分析》，《旅游学刊》2016年第5期。

⑥ 徐坚、李冰、周盛君：《云南民族聚落垂直梯度景观格局分析——以白族村诺邓为例》，《华中建筑》第2010年第5期。

⑦ 文物构成主体：玉皇阁、盐井、龙王庙、文庙、武庙、棂星门、题名坊、黄家宗祠、盐局、万寿官、银匠家民居院落、黄家瑞民居院落、杨义民民居院落、杨艳芳民居院落、杨梅枝民居院落、黄占前民居院落、杨斌全民居院落、杨汉民民居院落、李世俊民居院落、黄必英民居院落、黄生民居院落、徐发胜民居院落、杨叶香民居院落、徐树民居院落、李鹏程民居院落、徐天成民居院落、杨汝杰民居院落、杨丽梅民居院落、孙复兴民居院落、杨德清民居院落、黄建国民居。（资料参考村公所内部资料，《诺邓白族乡土建筑群——全国第七批全国重点文物保护单位》一文）。

一、"政府凝视"下的建筑矛盾

2007年5月，大理白族自治州的云龙县诺邓镇诺邓村以其悠久的历史和丰富的历史文化遗存，被评选为中国历史文化名村。2013年被列入国家级传统村落保护名录。诺邓古村的标志性外观便是其传统的民居建筑，三坊一照壁、四合五天井在这里随处可见。依据山势起伏，红色的泥墙和翘起的飞檐相得映彰，成为外来人对这里的第一视觉印象。当地政府在保护千年白族古村文化，加强旅游管理方面，最重要的做法是保护当地民居建筑。但政府保护民居建筑过程中却遇到来自村民的阻力，经过博弈，当地政府只得退而求其次，对民居的建筑进行保护。

"政府凝视"下的建筑矛盾，主要有以下几方面表现：一是随着近几年人工价格的增加，外出打工的人数增多，部分村民经济水平的提升使得他们对自己的居住条件有所追求，钢筋混泥土建筑成为其修建或翻新房屋的首选；二是随着旅游的发展，当地居民及外地人纷纷在此开设客栈，老房子的装修和改造与新房子的建立，成为开设客栈的前期准备；三是政府加强对于村庄建筑外观的管制，对于改变建筑外观的民居建筑予以强制拆除。

对于当地居民而言，木结构的房子在居住体验的某些方面，比不上钢筋混泥土建筑。老房子，特别是典型的四合院建筑，以前为避免匪盗，常将屋子外围的四面墙修得高而平整。诺邓居民以前以煮盐为生，为生活方便大家聚居在盐井附近，家家户户比邻而居，建筑之间空隙很少，有些建筑甚至以邻居家的屋墙作自己家的围墙、照壁等。在这里，土地十分金贵，一丝一毫也要算清楚。高高的墙壁，有限的建筑面积，造成的结果就是一些居民家中的天井高而小，阳光通过天井照射进屋子的时间十分有限。屋子光线不足，白天得开灯才能看清屋子里的状况。如果想要将自己家再修高一点，通过窗户来透光、透气，也是不太可能实现的。在密集的建筑群中，一间房子的高度，往往会影响到周围其他建筑的采光、通风情况，如果因为自己家居住便利而肆意建房，就会引起周围邻居的不满，甚至引起争吵。如果周围的邻居中有长辈提出意见，若屋主人不予理睬，会违背村里"尊敬长辈"的风俗，成为人们的谈资。既然房屋的高度无法轻易改变，那么将建筑的墙壁，修成落地窗，也是一个改善房屋采光与通风的好办法。但这种方式会改变民居建筑的原有样貌，与政府想保护建筑原貌的意愿相矛盾。

诺邓旅游业的发展对当地的传统民居建筑带来影响。因为交通不便，2002年开始有外国背包客前来探索。到2012年《舌尖上的中国》正式播出，诺邓火腿在全国范围内打响了知名度，国内游客量与日俱增。部分村民看到商机，开始开设客栈以供游客食宿。为提高竞争力，满足游客对卫生、洗浴等硬件设施的需求，客栈老板纷纷对自家的房子进行翻新、改建。而政府要求必须不改变房屋的外观，外墙必须仍是红泥混稻草的样式，房屋也得是木结构搭梁架、再盖上瓦片的形式。当我来到村庄的时候，正好有一户人家在对自己的老房子进行翻修，并将之前的菜园子、猪圈等部分的建筑拆掉，重建一个小的房间。当我问及其他居民是否都在观望而这里却在"大兴土木"时，主人说，他家房子修建与翻新，通过了政府审批，且获得了相关施工许可。同样对于修房建房，部分村民则有隐忧。有人谈到，之前有村民辛辛苦苦积攒了十几年的钱，修建的房子因为被归为违章建筑而被拆掉；也有人贷款建房，现在房子被拆欠了一屁股债。还有个旅游公司想在这边建一个根据地，老板带着文案、设计和旅游领队来这里考察，确定一家本地人新修的客栈，发动自己的人员对其庭院进行改造，初步设计是再建一个观星台和一个吃饭的观景亭，但观星台也因被判为"违章建筑"而拆毁。

保存诺邓民居建筑的外观，是政府保护诺邓白族文化的一个重要举措，而这种方式常引起当地居民的不满。随着经济条件的改善，当村民在有能力改善自己居住环境时，对自己的房屋进行修整，这一做法无可厚非。为提高家庭经济收入，开设客栈，对自己的房屋进行改修，这一做法也在情理之中。而诺邓当地发展旅游业，除因火腿和自然环境以外，其最大的特点在于其保存较为完好的白族传统建筑。诺邓古村内开设的众多客栈，也因其独特的建筑格局和数百年的历史，才成为游客入住的重要因素。因此，在民居建筑之中存在着多种矛盾。未开设客栈的人，为追求自己的居住环境更好，而与政府对当地民居建筑的保护形成矛盾。开设客栈的人，为追求更高的经济效益，也与政府对当地民居建筑的保护形成矛盾。

二、“当地人凝视”下的建筑改造

“当地人凝视”是在“游客凝视”的基础上发展起来的，“游客凝视”被认为是一种游客对当地人的单向凝视，游客居于关系的主导，当地人被动地承受游客意愿对其的影响；“当地人凝视”则是将目光投向当地人，认为当地人同样握有权利，能决定在游客面前的呈现内容[①]。但本文中提到的“当地人凝视”是指当地人在旅游的影响下，为了更好地装修自己开设的客栈以吸引游客而做出的相应行为。

诺邓传统的民居建筑主要是三坊一照壁，包括大门、左右厢房与正房。正房一般为依据山势坐北朝南，面向大门。正房一楼为厅堂，厅堂背后有一房间，称为“屏障房”或“中卧房”，以前多为老人的住所[②]。厅堂两边的房间，被称为“大卧房”，为卧室。厅堂两边设有楼梯通向正房二楼和左右两边的厢房。正房二楼房间内部不设柱，通常做储物、宴客之用；北面墙上由东向西设立三个神龛，分别供奉灶王爷、佛祖和祖先；南面窗台设香炉，为天地堂。正房两边的厢房通常为一到两层，每一层通常设有一到三间房不等，楼下常选一间作为厨房，二楼多为起居室。大门上有的人家建有一个房间与左右厢房相连，有的没有建。正房、左右厢房和大门之间的四角空间为天井，设有水缸。这里是家中清洗衣服、蔬菜等物品的场所。厕所一般在屋外单独修建，有时与饲养牲畜的地方直接相连。

随着旅游业在诺邓的开展，诺邓村内开设有许多各种式样的客栈，从村脚到村顶，密集地挤在一起。依托于地方民居建筑，其主要有两种装修方式：一种是改建自己家的老房子来满足游客对客栈硬件设施的需求；一种是在自己的老房子旁边的空地上，新建一栋至几栋建筑。而对于客栈内在景观的布置，一部分人因受本地文化或自身旅游经历及兴趣的影响而选择自行设计；另一部分人则选择与外来设计师共同设计。

“小青树客栈”是新建房屋并采取与设计师共同设计的例子。新客栈旁的老屋未做改动，保留完好，以作为老人的日常起居和“黄遐昌家庭生态博物馆”的陈列空间使用。老人的儿子们在老屋右边的空地上新建几栋建筑作为客栈。客栈的主体建筑完工以后，客栈和一家主营亲子游业务的旅游公司合作，将这里建设成“大理－诺邓－沙溪－丽江”这一旅游路线的根据地，每年收取一定的租金，免费接待该公司旅游团。而公司老板则带着文案、美术设计和领队，对客栈的庭院部分进行装修。建设了一个观景的小棚，兼吃饭、制陶、拓本制作等功能为一体。在小棚旁边设有一个灶台，可以用来烧烤、烘干陶器和架锅熬盐。客房中间的一块白色墙壁，为晚上放露天电影时的投影墙。庭院的花台中栽种有玉米、南瓜等蔬菜，力求营造一种回到自己的“家”、自己的“院子”的氛围。整个客栈的格局不再以传统的白族民居建筑格局为蓝本，而是以现代建筑的观赏性为主。庭院不再是简单的观景区，而是成为人们旅游项目的活动区和菜园子。

---

① 吴茂英：《旅游凝视：评述与展望》，《旅游学刊》2012 年第 3 期。

② 黄金鼎、李文笔：《千年白族村——诺邓》，云南民族出版社，2004 年，第 5 页。

屋主改建老房子并自己设计庭院等景观的例子很多。以“复甲流芳苑”为例，该客栈附有一间藏品陈列室，名为“杨黄德家庭生态博物馆”。原来的老房子在建设客栈之前就被推掉改建，整个正房（当地称正房）的位置往后移动，留出的位置青砖铺地，和之前天井的位置连在一起，拼成一个大的庭院。右边的厢房被改建为客房（带卫浴），厅堂两边的卧室则被改建为床位房（不带卫浴）和储物间。庭院中间设假山流水，水中喂养有几条锦鲤。庭院周围设有花台，栽种一些花卉植物。除此之外，在建筑的左侧，还新建了一个院子，内有一栋二层的砖混建筑，以及单建的几个做客房、主人卧房、厨房、储物间等使用的小木屋。新院子中央有一棵二十多年的核桃树，枝繁叶茂，覆盖院子的大半位置。新院子角落还设有一片多肉植物陈列区。整个客栈的建筑格局，一方面最大限度地保留了各个房间的原始结构，并在此基础上改建为适合客人居住的客房；另一方面，客栈的结构仍然以三坊一照壁的传统布局为主，增设了一些比较规整的花台、假山流水等景观。

除此以外，还有一家打算翻修自家的老房子建客栈。最初打算请设计师来设计，但是因为设计费用太高了，转由自己设计。主人家常四处旅游，非常推崇丽江古城给人带来的旅游体验，所以最开始装修房子时打算向丽江古城里一些特别高端的、有禅意的客栈的装修风格看齐，之后因为资金预算过高而放弃，转为“修旧如旧”，尽量保存原有房屋的建筑形式。主人认为，这样的建筑样式，加装玻璃门会很奇怪，还是保持原样比较合适。而受这种建筑格局的限制，也很难在装修风格上有所改变。不过一些装修细节和人工服务项目可以进一步完善优化，如客房浴室设置干湿分离，居住体验中增加火腿配红酒、品鉴普洱茶等元素等。

在这三个客栈改造实践中，客栈主人对于自己的客栈建筑格局的布置是不一样的。“小青树客栈”脱离原有的建筑格局，以亲子旅游活动项目的需求为导向，将“家”的概念的想象等作为庭院装修的标准。“复甲流芳苑”家主人凝视的焦点，是游客对于传统白族民居建筑的想象，因此对于庭院等空间的布置则以三坊一照壁的居住结构为主。正在修建的客栈，以客栈主人对于周边其他旅游城市，特别是丽江中高端客栈的装修风格作为自家客栈装修风格的想象。当地人对于客栈空间的布置来自对自己所建构的客栈风格的想象，而这种想象不仅是游客带来的，还受到客栈主人自身经历、兴趣和经济基础等方面的影响。

三、“游客凝视”下的建筑空间

“游客凝视”常涉及游客的旅游动机、旅游目的与旅游行为，游客在旅游中追求一种“反向的生活”性，追求与自己日常生活所不同的生活方式与景观，并将旅游作为一种收集符号的过程①。尤瑞认为，旅游者追求一种独特的旅游凝视，这样的凝视保障旅客在其中能体验到独一无二的与日常生活截然不同的愉悦。要实现这样的凝视，首先要保障观看的目标是独一无二的，然后是保障观看的是当地所有的拥有独特文化内涵的特殊标志，最后是使游客在那些被认为是熟悉的视觉环境中感受到其中所展现的与自己日常生活所接触的不同②。

在诺邓，吃诺邓火腿、观看诺邓的民居建筑与庙宇，前往与诺邓不远的天然太极图、天池、大浪坝等自然景观游玩，是游客在此度假常选择的活动项目。而在这个过程中，人们停留时间最长的地方，其实是其居住的客栈。有客人强调，选择居住客栈时，最重要的标准就是看公共空间的布置情况。以老房子为基础开设客栈的老板，为了更好地迎合游客的需求，而改变了自家老房子部分空间的使用功能。

---

① 刘丹萍：《旅游凝视：从福柯到厄里》，《旅游学刊》2007年第6期。

② ［英］尤瑞著，杨慧等译：《游客凝视》，广西师范大学出版社，2009年，第18—19页。

房屋从以家庭居住为主的私人空间，转变为游客居住为主的公共空间，白族民居建筑中多用来储藏杂物、宴饮宾客、供奉神灵之用的正房二楼，也随之变成为游客服务的主要场所。因为地势原因，古井客栈的正房二楼的背后，正好是村庄标志性景观“大青树”。客栈主人于是将二楼原本供奉神灵的那一面墙破开，安装上木门，再搬来些玻璃柜子，装上饮料小吃等，开起了小卖部。人来人往间，有客人进来歇脚、买东西，顺便观察小卖部货物旁边玻璃展柜中摆放着一些老物件，感叹这边的地方文化。“杨黄德生态博物馆”则将正房二楼作为其博物馆的展厅，将展品布置在房屋四周，以供游客参观。游客在参观博物馆之余，从二楼的窗口往外看，正好可以看到对面的青山。有时低头查看展品，抬头见炊烟渐起，正好笼罩群山，这独特的景致往往能引发游客对当地文化、环境、生活方式的感叹。

随着《舌尖上的中国》的播出，诺邓火腿开始为大众所知，各种媒体平台与团体都加大了其介绍与推广的力度。前来诺邓旅游的人，在品尝过诺邓火腿以后，往往会给亲朋好友捎带一些作为礼物。物流行业的发达，也使得游客不用自己将特产背回家。售卖火腿处附带的快递服务，使得游客对火腿的购买更加方便。即使游客回家后需要再次购买，也能很方便地通过微信进行交易。信息网络技术与物流行业的发展，为诺邓火腿远销四方提供了保障。以往，家里制作的火腿只用供给自家食用，不对外售卖，放置在正房二楼，需要时再取用。现在，随着外地人对诺邓火腿需求的日益增长，当地部分居民提高了自家制作火腿的数量，还在家中单独建或者改装一个或几个房间，作为放置火腿的地方。后来这些地方成为某些村民售卖火腿、展示火腿制作方式的展示区。游客来此参观，常会被房间悬挂着的层层叠叠的火腿所震撼。游客们新奇地拍照、录视频，迫不及待地和家乡的亲戚朋友分享自己看到的火腿房的场景，转述从村民口中了解到的关于火腿的制作方法，展示自己吃到的现切生火腿肉，在亲戚朋友不断追问与感叹之下，和村民商量购买火腿的事宜。

在对来往游客进行询问的过程中，我们发现来诺邓旅游的原因，主要有以下两种：

一是宣传。有一家上海人，在朋友圈看到云龙的旅游宣传片，于是当下决定来诺邓旅游；有一对法国夫妻，在旅行杂志上看到过对一些比较原始的村落的介绍，正好自己觉得大理、丽江一带太商业化了想找一些偏僻的村子，带着自家的孩子来体验生活。《舌尖上的中国》播出后，许多旅行者慕名而来。除此之外，朋友宣传也是一种重要途径。“素心若水”客栈的老板，在大理还经营有另外一家客栈，就会将诺邓的客栈推荐给在大理游玩的游客。

二是因缘际会。有一位来自广西的女孩，来云南腾冲找朋友玩，路过了诺邓好几次。刚好这一次朋友有事不在家，她正好趁此机会来诺邓及周边转转。另有一个本身比较爱吃会吃并会做的家庭出游，在集市上偶尔吃到过一次诺邓火腿，从此之后念念不忘，以至于寻味而来。

种种原因促使众人来到诺邓，临走时，人们对此地感叹最多的，还是在于这里的建筑、美食和环境。有游客提到，更倾向于选择本地人开设的客栈，住在具有特色的房屋之中，品尝本地人烹饪的美食，坐在院子里往外看山、看星星，他们觉得这样的环境才是适合人居住的，城市里的忙碌生活只是讨生活，在这里的这种慢节奏的生活才是真正的生活。

在游客的观点中，出门旅游总是寻求一种愉悦的体验，寻求一种自己日常生活以外的放松。在旅游网站上，游客对诺邓的评价离不开这样几个要素：传统的民居建筑，好吃的诺邓火腿，骡子驮货的运输方式，宁静平和的自然环境。而以传统民居建筑为基础开设的客栈，为了更好地满足游客的感官需求，改变了自身原有的建筑空间和传统的功能分区，使得游客能在自己熟悉的拥有完备设施的居住环境中短暂生活。既能在配备有沙发、茶具、夜灯的观景台中感受自然风光，还可以在修整好的餐厅里品尝当地美食。这里的建筑、食物、自然风光，都转化成为一种符号以供游客消费。游客在获取这些符号以后，积极地在社交媒体上晒照片、晒视频，展示自己在不用考虑日常生活琐碎时的快乐。这些照片、视频也成为一种宣传途径，加深人们对诺邓旅游符号化的认识。

结　语

诺邓古村的民居建筑是其标志性景观，政府在保护白族传统文化的目的下对其实行强制保护，这样的保护一方面与人们改善自身居住条件的愿望产生矛盾，另一方面与当地发展旅游业开设客栈的需求产生矛盾。当地拥有数百年历史积淀的民居建筑、全国闻名的诺邓火腿、农家自种的食物和宁静的环境是当地旅游的几大卖点。因为经济条件的限制，部分客栈以自身的老房子作为基础，通过改装重修的方式来建设符合游客需求的客栈；部分客栈老板则在自己的老房子旁边，修建新的建筑作为客栈的主体，以迎合游客的审美。在这个修建的过程中，有外来人的参与，也有本地人的整体把握。其修建的核心目的是提升其客栈特色，增强市场竞争力。随着客栈主人为满足游客的需求而改造房屋的建筑空间和使用功能，屋内原有的居住秩序、风俗习惯等也受到一定的影响，客栈主人一家的生活习惯、生计方式也发生着变化。而游客来此，感受这边的美食美景，感受自己想象中的白族文化，消费当地居民所提供的文化符号，在社交媒体上展示自己，实现自己对日常生活压力的释放。在全球化和信息网络技术高速发展之下，诺邓的部分民居建筑受到政府、当地人、游客三方的凝视和市场经济的多重影响，已呈现出与以往不同的形态，而这种改变将持续下去，经久不衰。

试论张謇“三心”情怀与“三牛”精神的时代价值

南通博物苑 曹玉星

摘要：张謇在为学明道、见诸行事，兴实业、办教育、做公益等各项事业中折射了浓郁炽热的理性。“爱国之心”、职掌担当“精进之心”、兼济天下“民本之心”的“三心”情怀，以及勇于开拓、敢为人先拓荒牛精神，埋头苦干、艰苦创业老黄牛精神，务实勤勉、心系百姓孺子牛精神之“三牛”精神[①]。从其思想渊源和社会实践出发，分析并探讨其“三心”情怀和“三牛”精神的历史意蕴及其价值传播。

关键词：张謇；“三心”情怀；“三牛”精神；价值传播

对于张謇，博物馆界人应不会陌生。南通博物苑作为中国第一座公共博物馆，就是张謇先生在1905年亲自创办的。在南通大家都知道，但是在南通以外的地方，对张謇其人其事能耳熟能详的人恐怕不多。其原因是：张謇所有业绩差不多都是在江海一隅的南通地区经营产生形成。张謇的名字几次被毛泽东、江泽民等国家领导人提及，尤其在2020年11月12日，习近平总书记在江苏考察时，特地到南通博物苑参观张謇先生的事迹陈列，总书记指出：张謇的事迹很有教育意义，要让更多人特别是广大青少年受到教育，坚定“四个自信”[②]。

为什么几代党和国家领导人都几次提及并推崇张謇？关于张謇的研究，通常考察其商业事迹和政治社会活动，如胡适先生指出张謇在中国早期现代化进程中是“伟大的失败的英雄”[③]，严翅君有专著《伟大的失败的英雄——张謇与南通区域早期现代化研究》[④]，还有罗一民《张謇：他是与众不同的企业家》[⑤]。黄正平、赵明远等南通5位学者换了一个视角，开始把张謇的企业家精神列为专门课题来研究，编写了通俗性历史读物《大情怀 大世界——张謇企业家精神》[⑥]，并由人民日报出版社出版。赵明远主要以张謇企业家精神传承和创新为研究对象，编写出版了《通商与通商精神》[⑦]一书，反映通商历史和通商文化。在《大情怀 大世界——张謇企业家精神》一书中，张謇的企业家精神集中体现在“包容会通、敢为人先”“强毅力行、通达天下”

① 新华社评论员：《发扬“三牛”精神，奋斗开创新局》，中国政府网 http：//www.gov.cn/xinwen/2021－01/02/content_5576171.htm.

② 张晓松、朱基钗：《民营企业家的先贤和楷模》，新华网 https：//baijiahao.baidu.com/s?id=1683204939905227186&wfr=spider&for=pc.

③ 张孝若：《南通张季直先生传记》，中华书局，1930年，第3页。

④ 严翅君：《伟大的失败的英雄——张謇与南通区域早期现代化研究》，社会科学文献出版社，2006年。

⑤ 罗一民：《张謇：他是与众不同的企业家》，江海明珠网 https：//www.ntjoy.com/html/lunbotu/2021/0110/242865.shtml.

⑥ 黄正平：《大情怀 大世界——张謇企业家精神》，人民日报出版社，2018年。

⑦ 赵明远：《通商与通商精神》，南京大学出版社，2018年。

和“厚德、崇文、实业、创新”几方面，更多侧重政治意义上论述张謇“家国情怀”和“企业家精神”。

然而张謇的情怀和精神内涵总特征是什么？本文试从其思想渊源和社会实践分析，探讨“三心”情怀和“三牛”精神，并探讨其情怀和精神的历史文化意蕴及其价值传播路径。

一、张謇的“三心”情怀

情怀指含有某种感情的心境，是“情之怀”。情是“感情”“情理”，怀乃“心胸”“胸怀”之意。在中国优秀传统文化语境下，情怀的内涵指对价值共同体持有的一种高度认同，并促使认知共同体朝着积极、正面、良性的方面发展的思想和理念。张謇的情怀，起源于士大夫的人文信仰和人文精神，是近代特殊社会历史的产物，“知责任者，士大夫之始也；行责任者，士大夫之终也”（梁启超语），张謇的情怀精髓集中体现在允执厥中、炽热而理性的“爱国之心”、职掌担当为国计、办实业做“精进之心”、兼济天下为民生、行慈善的“民本之心”。

（一）爱国之心

1. 理性爱国之心

章开沅教授在《学习张謇的理性爱国主义》[①] 一文中讲道：张謇的爱国之心与近代其他的慷慨忧国之士一样，经历了从忠君爱国到“不民胡国”的转变历程，他们认识到必须凭借民间的精神与物质资源才能从根本上改造自己的国家，实现救亡图存。在近代中国长期遭受帝国主义侵略欺凌的处境中，民心、民气、民力极易与民族义愤相结合，这种义愤值得珍惜，但如果不提升为理性认识，也容易被误导成为笼统排外主义。张謇的可贵之处正在于他认识到了这种危险，并始终坚守理性务实的精神，将理性爱国之心落到教育、经济、政治改革的实处。

2. 中正爱国之心

《周易·乾卦·象传》曰：“天行健，君子以自强不息。”张謇打小受到传统文化的浸染教化，一直把“天行健，君子以自强不息”奉为励志箴言。他日常所用的花押用篆刻“自强不息”大字勉励自己。张謇十二岁那年，聘请了西亭镇的宋蓬山先生授课，“检视前所读书，音训句读多误”“授令重读，既背更授，自日三十行，渐增至六七十行或百行”[②]。十九岁时，张謇师从海门训导无锡赵菊泉学习《四书大全》和宋明理学。儒家诸经之中，张謇对《易经》使劲、运用最多，并著有一生唯一的学术著作——《周易音训句读》，称自己“一生得力于易”。

张謇的一生都注重儒家哲学的思考和学习，深受“经世致用”思想的熏陶和影响。他用心学习，对现实抱有反思和批判精神，他明公理不苟简，常常在演讲中要求大家像越王勾践那样励精图治，将来不管是行士为民，还是经商为工，勉励学生们要为救国做出踏踏实实的贡献。

张謇深知礼是社会稳定的根本。知礼、懂礼、明礼、好礼、用礼，人的这种社会性是区别于动物兽类的根本特征。“禽兽犹有仁者，礼则止于人。故谓之不仁，无宁谓之不礼。”《传》亦有言：“人有礼则安，无礼则危，为一人言之耳。”[③] 对于治理国家，张謇认为：“富贵是虚荣，本无足轻重。”《周礼》一书中对于调剂贫富的方法，显著可见，足以根除社会上的不平等。“将来国家尚能明定法令，使富人帮助穷人，则尽善矣；

---

① 章开沅：《学习张謇的理性爱国主义》，《华中师范大学学报（人文社会科学版）》2006年第2期。

② 张謇：《啬翁自订年谱》，李明勋、尤世玮编《张謇全集⑧》，上海辞书出版社，2012年，第989页。

③ 张謇：《告六校营教练诸生》，李明勋、尤世玮编《张謇全集⑧》，上海辞书出版社，2012年，第498页。

然非可一蹴而几也!”[①] 张謇尤为称扬颜习斋“学问固不当求诸冥想，亦不当求诸书册，惟当于日常行事中求之”[②] 的思想，看重的是士人对于社会和国家的担当，应该抱定“天下事皆吾儒分内事，吾儒不任事，谁任事耶”[③]。张謇特别推崇君子的为学是明道救世“载诸空言，不如见诸行事”[④] 的道理，一生践诸克己奉公，胸怀“天下兴亡、匹夫有责”，有着很高的历史担当和“允执厥中”中正爱国情怀。

（二）精进之心

1. 求进为国计

张謇一生一心，从22岁到70岁一直自订日记，直至去世前三年，成书于民国十二年（1923）的《年谱自序》中记有：“謇曷为自订？记一生之忧患示训子孙乎？忧患士之常，非也。记学问乎？学殖薄而无专长，粗窥文字而不足离古人自立，亦非也。记出处乎？本于亲训，夙无宦情，迫而强从，前不足三月，后不过二年，不足记，尤非也。然则曷为自订？夫今之世，非中国上下五千年绝续之会乎!”[⑤]“謇年二十有二始有日记，至于七十，历四十有八年，视读古史殆易数姓。此四十八年中，一身之忧患学问出处，亦尝记其大者，而莫大于立宪之成毁，不忍舍弃，撮为《年谱》，立身行己，本末具矣。系日于年，固有事在，以供后之作史而论世之君子，倘亦有所取裁。”[⑥] 从这些字里行间，可以看出张謇一心为国立宪，久久牵念于心。

张謇的理想，并非一蹴即至，而是迂回游幕从军务起家，一生对“实务”非常坚决，并且努力为之。他发起预备立宪公会，成为立宪运动的领袖；参与维新运动、东南互保，还亲自草拟了清帝退位诏书并在幕后主持了南北议和，成为民国的“助产士”“接生员”。然“世固不能皆舜禹也”“不能舜禹而欲其公，固莫如宪法”[⑦]。

从革命党到清代朝廷，以张謇先生领头的立宪派发挥了重大的作用。张謇当时虽然费劲心血与苦心经营，但依然无力回天之时代悲剧[⑧]，虽始终“不忍舍弃”，然“固有事在”“供后之作史而论世之君子，倘亦有所取裁”。张謇精进之心，从他为所办多所大学的校训，如南通纺织学校校训：“忠实不欺、力求精进”，南通医学专门学校“祈通中西，力求精进”，多次力求精进，其心其行也昭彰。

2. 锐意办实业

1894年，中日甲午战争以清王朝的失败为结局。张謇先生在震悚之余陷入了痛楚的深思，深刻地感到“当道者不足与有为”，只有大力振兴实业，革新教育，才是中国的“求活之道”[⑨]。为了挽救国家危局，张謇职掌担当，一马当先；毅然决然，舍身饲虎；千方百计筹建大生纱厂，克服了千难万险，得以投产，之后发展得十分顺利和迅速，先后又建办了冶铁厂、油厂等20多家企业，并带动了第三产业的互动发展，形成了较为完整的产业链条。张謇说：“工业的发展，必须要有农业提供充足和优质的原材料。”[⑩] 农业的产品则是各种工业制造品的原料。“不有以增值之，则工商业的发展永无可望”[⑪]。大生纱厂建成后不久，通海垦牧公司成立，大力种植发展优质棉花及其产业。1904年，又办了二厂、三厂、八厂等。第二、第三产业的良性互

---

① 张謇：《告六校营教练诸生》，李明勋、尤世玮编《张謇全集⑧》，上海辞书出版社，2012年，第499页。
② 张謇：《暑假讲习会第二次演说》，李明勋、尤世玮编《张謇全集④》，上海辞书出版社，2012年，第626页。
③ 张绪武：《我的祖父张謇》，上海辞书出版社，2008年，第205页。
④ 张孝若：《南通张季直先生传记》，中华书局，1930年，第319页。
⑤ 张謇：《年谱自序》，李明勋、尤世玮编《张謇全集⑥》，上海辞书出版社，2012年，第564页。
⑥ 张謇：《年谱自序》，李明勋、尤世玮编《张謇全集⑥》，上海辞书出版社，2012年，第565页。
⑦ 张謇：《年谱自序》，李明勋、尤世玮编《张謇全集⑥》，上海辞书出版社，2012年，第565页。
⑧ 潘岳：《张謇是谁》，《文化纵横》2018年第6期。
⑨ 王相钦：《中国民族工商业发展史》，河北人民出版社，1997年，第198页。
⑩ 虞和平：《张謇与民国初年的农业现代化》，《扬州大学学报》2003年第4期。
⑪ 虞和平：《张謇与民国初年的农业现代化》，《扬州大学学报》2003年第4期。

动，推动了南通沿海多门类产业的快速发展。

20世纪20年代初，南通建成了以大生纱厂为核心的有关经济、社会方面的37家企业集团，形成了当时中国著名的大生资本集团，涉及工业、农业、渔业、交通运输、水利、盐垦、金融、通信等领域，是当时国内最大的民族资本集团；并形成了大批文教、图博、公益设施构成的包括370多所各类文教学校，以及各类社会保障体系，使一个落后的小县城，变成了一个“模范城市”。这些“有用事业”集中体现张謇职掌担当事业之心，高尚而超脱。

（三）民本之心

1. 泽被民众办民生

教育是最大的民生工程，是面向未来的事业，“父教育，母实业”是张謇先生的名言。教育的发展有利于社会的稳定。在社会稳定的前提下，经济、文化才能更好地向前发展，家国才能天下太平、长治久安。张謇曾说“非人民有知识，必不足以自强，知识之本，基于教育”。教育和实业是张謇先生救国富国、安民强民的鸟之双翼，唇齿相依。为此，他把实业的利润大多用于推进教育，创办学校。先后创办或带动兴建了层次充分、品类齐备、体例完整的370多所各类学校。还有北大、南大、复旦等国内多所百年高校的创办都与张謇有密切关系。据统计，从1902年到1926年，张謇仅仅为兴办各种教育事业便注入个人资金257万元。为中国近代教育事业的发展做出了杰出贡献。

除投资于教育、新企业外，张謇还将利润不断投向公益事业。张謇将慈善事业作为治理地方的重要组成部分。此外，他还着力创办各类公益文化事业，如图书馆、博物馆、公园、公共体育场等，开社会教育之风气。张謇一生创造无数财富，但是没有留给自己的子孙，都奉献给了社会。在他看来，“夫世界今日之竞争，农工商业之竞争也。农工商业之竞争，学问之竞争”①。他大声疾呼：“救亡之策，莫急于教育”“图存救亡，舍教育无由”“一国之强，基于教育”“今求国之强，当先教育”。他还断言，“有礼教有学问之国，即亡亦必能复兴”。历史早已经证明任何一个强盛的朝代或国家，不可能建立在凋敝的民生与背离的民心之上，强国先富民，是社会发展的客观规律。一心为民生是张謇泽被民众的民本之心。

2. 兼济天下行慈善

张謇曾说：“以国家之强本于自治，自治之本，在实业教育；而弥缝其不及者惟赖慈善。”② 他认为，国家的强大，除了靠实业发展经济外，同时要办好教育，启发民智，提高国民科学文化素质，而慈善事业是不可缺少的补充。他曾在《家书——致孝若》中对儿子张孝若说：“慈善虽与实业、教育有别，然人道之存在此，人格之成在此，亦不可不加意。儿须志之。”③ 张謇从小在矜贫救厄的家庭中长大，既有慈爱思想观念，又有慈善行动业绩。因而，他投入了大量的财力精力建办图书馆、博物苑、公园等文化公益设施外，还创建了养老院、残废院等慈善公益机构并努力撑持。他一方面使用个人分红及企业利润，另一方面请社会各界进行捐献，迫不得已就鬻字贴补。张謇每日挤出两小时写字作书，直到70岁高龄，仍然为筹款作书鬻字一个多月来撑持事业。其忘我坚守，谨行俭用，啬己达人，感人至深！

---

① 张謇：《敬告全国学生书》，李明勋、尤世玮编《张謇全集④》，上海辞书出版社，2012年，第439页。

② 罗荣祥主编：《创业、抗争、开拓近代中国民族企业家述评》，山东大学出版社，1993年，第57页。

③ 张謇：《家书》，李明勋、尤世玮编《张謇全集③》，上海辞书出版社，2012年，第1537页。

二、张謇的“三牛”精神

精神是指人的意识、思维、神志活动等生命体征和一般心理状态。哲学意义上，精神的内涵指过去事和物的记录及此记录的重演。张謇在100多年前以一己之力，推动了一个相对系统的综合性“社会实验”，这一实验的记录及此记录的重演，最终形成了“张謇精神”。张謇精神的总特征体现为：勇于开拓、敢为人先拓荒牛精神；埋头苦干、艰苦创业老黄牛精神；务实勤勉、心系百姓孺子牛精神。

（一）张謇的“拓荒牛”精神

张謇高中状元次年，就毅然决定弃官从商，投身实业。他创办的大生纱厂就曾聘过英国的汤姆斯、忒纳和玛特，为其安装机器；他经营的同仁泰公司还曾聘用过日本的盐工技师；在水利方面，他聘用荷兰水利专家奈格、贝龙猛、特莱克，瑞典的施美德，英国的葛雷夫，比利时的平爵内；在医学方面，聘用德国医学博士夏德门到医科学校和南通医院授课，并施行外科手术；勘探铁矿方面聘用过法国的梭尔格博士、瑞典的安特森博士，等等。张謇这种借才异域的见解和实践，直至今日仍有直接的借鉴意义。

南通大学张廷栖教授对张謇所创“中国第一”或“全国之最”做了科学考订，认为张謇所创业内认可为全国第一的有：第一个公共博物馆（南通博物苑）；第一所民立师范学校（通州师范学校）；第一所戏剧学校（伶工学社）；第一所纺织高等学校（南通纺织专门学校）；第一个农业股份制企业（通海垦牧公司）；最早民营资本集团（大生企业集团）；第一所水利高等院校（河海工程专门学校）；第一所培养盲哑师资的学校（南通盲哑师范传习所）；第一所盲哑学校（狼山盲哑学校）。有待进一步论证全国第一但是肯定领先的有：军山气象台、公立通州女子师范学校、港闸公路、中国影戏制造股份有限公司、唐家闸的大生职工医院，以及南通女工传习所、南通育婴堂、大生纱厂、南通公共体育场等。

南通博物苑的创办，被文博界广为称赞，2019年6月28日，“博物馆的历史”——国际博物馆馆长论坛南通分论坛在南通举行，法国亚尔拉坦博物馆前馆长多米尼克·赛雷拉·阿利尔先生以及布鲁肯塔尔艺术博物馆的馆长亚里山德卢·索诺克先生，感叹道：“这是我们见过18世纪到19世纪保存得最完整、最好的博物馆!”当时博物馆最先进的理念在南通博物苑，张謇把办馆理念、陈列方式和教育功能，多样化进行了传承和发扬。1903年，张謇赴日考察，日本的博物馆给他留下了深刻印象，并深受触动。回国后，他写了《上南皮相国请京师建设帝室博览馆议》和《上学部请设博览馆议》[①]，然犹杳如黄鹤，未有任何反应，张謇并没有丧气，而是投身实践，赴日回来的第二年，就决定把在规划建设中的南通公共植物园，改建成为南通博物苑，并最终实现了自己的意望。占地2.33公顷的博物苑于1905年建成，后扩大到7.18公顷，建立了东馆、南楼（博物楼）、中馆、北馆。园内有4个陈列馆，陈列天产、历史、美术、教育四个部分的自然标本和历史文物。苑内有假山、池沼及亭台楼榭、斋阁廊桥等园林建构筑物与景观景点。馆外陈列种植树木花草，各种植物按类栽植，以药材居多，专设有药圃、菊花圃、竹坛、列外竹坛及花卉等共苑植植物307号；饲养的动物有460号，俨然一个小型植物园和动物园。除活体引进引种引养外，展品也不断广收博征，到1930年，所谓天产部即自然部分的展品即达近万件之多：矿物有岩石1000余种，金类矿1400余种，非金类矿700余种，土壤400余种，矿物标本10余座，矿床7座；植物计有显花、隐花4000余种；动物标本中，哺乳类100余种，鸟类300余种，两爬类和鱼类共500多种；无脊椎动物1400余种。它是国内首座实现“现代

① 张謇：《公文》，李明勋、尤世玮编《张謇全集①》，上海辞书出版社，2012年，第113—118页。

博物馆与古典园林相结合，室内陈列与室外活体展示并举，既有民族特色又有科学内涵”[①] 的博物苑。从早期展品来看，显然是中国最早的自然历史科学类博物馆。我们都说博物馆是从西方引进的，但是从张謇创办的博物馆来看，一开始就有自己的特色，站在一个很高、很好的起点上。张謇将博物馆取名为“苑”，苑内设有“博物馆”楼，园林有动物、植物陈列，有这么大的空间，创新了一个模式，形成了一个标本。而这些路径与经络正是张謇这种不畏险阻破冰前行的“拓荒牛”精神，也是中国博物文化的样品和范例。

（二）张謇的“老黄牛”精神

张謇的“老黄牛”精神集中体现在“强毅力行、通达天下”的通商精神：持之以恒、锲而不舍的精神。张謇是艰苦奋斗“老黄牛”精神的典范。无论在建工厂，还是修海堤、江堤，或者开垦盐碱滩地，张謇遇到的来自客观或是庸官社会的困难，不是一般的困苦，他便与自然困苦、庸官贪官势利小人坚决做斗争。

如张謇当年在位于黄海之滨一片原野荒滩上办通海垦牧公司，荒滩海涂上的基建工程十分艰难，饮食、住宿条件均异常艰苦，还多次遭受风潮袭击，光绪三十一年（1905）八月一场连续五昼夜的狂风和海潮，将刚刚建成的各条长堤全部摧毁，牧场羊群失散，新开垦的土地被冲毁，几乎是前功尽弃。但是不管困难有多严重复杂，张謇勉励同仁：“毋馁，以办事人之心血，士夫之肩皮，与海潮相搏战。……毋躁，须十年规模乃粗定，更五年规模备，更五年功效成。”想方设法筹款项，购买棉衣、粮食实行“工赈”，组织劳工修复被摧毁干堤。经过两年的努力，堤岸基本修复，招佃开垦得以进行。前后经过十年的艰苦卓绝的努力，在昔日荒凉的滨海原野荒滩上陆续建成各种房屋、道路、中心河闸、小学校、商店、自治公所等，正是他的强毅力行斗争精神，终成大事。回望当年的南通，张謇先生领导乡绅、创业者们，践行着许多本来该由政府来实施的职能，开展较大规模的南通城市社会经济建设，使南通在短时期内就实现了一次大的兴起，成为一个“模范城市”，张謇为之付出了一生血汗，是用持之以恒的“老黄牛”精神来实施的。张謇是艰苦奋斗“老黄牛”精神的典范。不仅意味着在物质层面坚持克勤克俭、勤俭节约的生活作风，更是在精神层面保持着战胜一切艰难曲折、勇往直前的精神态度。在南通的城市社会事业建设发展之时，他终生执持俭朴、撙节、任劳任怨之美德，晚年自号“啬庵”，体现了他对“啬”的理解和推崇，也体现了他一生对“啬”的追求和坚守，做到一生俭朴勤俭。“为世界牺牲”“为世牛马”“吾观于此，乃知勤勉节俭任劳耐苦诸美德，为成功之不二法门”[②] 是他的人生追求与精神境界。

（三）张謇的“孺子牛”精神

张謇的“孺子牛”精神，集中体现在“厚德、崇文、实业、创新”新苏商精神：务实苦干、善于作为、抓铁有痕、踏石留印、用心谋事、用心成事，“知责任者，士大夫之始也；行责任者，士大夫之终也”。

张謇自始至终体现在“为通州民生计，亦即为中国利源计”[③]。所以，他选《易经》中“天地之大德曰生”中“大生”，来为第一个工厂命名。其意昭焯：工厂的使命就在于帮助当地老百姓生活下去。“大生”的背后隐蕴大爱，承载了这个晚清状元“为生民立命”的雄图高远大志。也正因为此，当大生纱厂效益日增之时，他首先考虑的不是扩大规模增长收益，而是创办各类学校场所，育智扶志，提高民族和国民的素质。尤其是对待弱势群体的关怀，如建盲哑学校帮助盲哑孩子；为流浪乞丐建栖流所；为残疾人群建残废院；帮助孤独伶仃的贫民子弟有一技之长，能独立谋生，而建贫民工场、平民学校；对不良妇女建济良所，帮助其改邪归正、自力谋生、自食其力，培育良好的社会风气。凡此种种，体现了他的以人为本的仁爱之心和“孺子牛”精神。

---

① 宋伯胤：《博物馆人丛语》，陕西人民出版社，2002 年，第 154 页。

② 马斌主编：《张謇职教思想研究文集》，东华大学出版社，2007 年，第 205 页。

③ 张謇：《厂约》，李明勋、尤世玮编《张謇全集⑤》，上海辞书出版社，2012 年，第 6 页。

张謇先生一生创造了无数的财富，但是却没有留给自己的子孙一点一滴，都为社会服务，在张謇心目之中，有一个理想社会，即如他所说“新世界雏形”。正如他在垦牧公司股东大会上说：“而即借各股东资本之力，以成鄙人建设一新世界雏形之志，以雪中国地方不能自治之耻，虽牛马于社会而不辞也。”[①] 为了理想社会的实现，他尽其所有，其思想境界是“儒商”之热忱的“孺子牛”精神情怀，值得当今的企业家学习。

三、张謇“三心”情怀与“三牛”精神的价值意蕴

（一）“三心”情怀与“三牛”精神的历史文化渊源

1. 挺起时代脊梁

在当时的艰苦年代，张謇所怀“三心”情怀与“三牛”精神，在新与旧、中与西、保守与前进的历史撞击中走出了一条自己的路，用实干挺起了时代的脊梁。他的一生是一个爱国志士谋求国家兴盛的艰苦曲折的历程，他的实践与探索践行了自己的“三心”情怀与“三牛”精神。

张謇在南通的伟大探索和实践，敢于突破传统，超越现有，勇于走前人没有走过的路，做前人没有做过的事，体现了勇立时代潮头、引领时代风骚、善开风气之先、敢于争创一流的胆识魄力，也体现了张謇胸怀宽广、包容万物、兼收并蓄、融会贯通的胸襟气度和生存发展的智慧，是南通城市精神“包容会通”“敢为人先”历史价值之所在。

2. 助推南通早期现代化

在当时的历史年代，张謇所怀“三心”情怀与“三牛”精神，通过一系列的包括政治、经济、教育以及其他社会改良措施来改变传统中国城市与乡村的现状，以达到改造和振兴中华的目的。在南通区域内所进行的民生改善、社会文明程度的改良等，创造了一种中国早期城市化发展的典范，吴良镛称之为“中国近代第一城”，吴先生说“张謇经营之南通，是中国早期现代的产物，它不同于租界、商埠、列强占领下的城市，是中国人基于中国理念、自觉、创造性地全面规划建设经营的第一个有代表性的城市”。在近代中国那样一个动荡不安的年代，张謇的成就无疑证明了一个从传统士绅阶层分化出来的实业家以其独特的“三心”情怀与“三牛”精神在中国城市现代化的篇章中写下了浓墨重彩的一笔。

（二）“三心”情怀与“三牛”精神的现实价值

1. 丰富了英雄精神谱系

胡适评价张謇是中国近代史上一个很伟大的失败的英雄，古人云：“莫以成败论英雄。”既是英雄，必有英雄的才能品质和精神，张謇所怀“三心”情怀与“三牛”精神，有其鲜明的特点个性，爱国仁民是其情怀精神的根本特征和重要内容；敬业尽职是其情怀精神的核心要素和主要部分；忠实诚信是其情怀精神的基本元素和显著特色；友善有爱是其情怀精神的坚实根基和逻辑起点。中华民族是崇尚英雄的民族，不论集体英雄还是个人英雄，不论是失败的英雄，还是成功的英雄，从唯物主义辩证思维看，张謇所怀“三心”情怀与“三牛”精神是中华民族英雄谱系中重要一支，融合并丰富了民族精神和时代精神内涵。

2. 契合了核心价值体系

爱国、敬业、诚信、友善是社会主义核心价值体系在公民个人层面的价值准则，爱国仁民、敬业尽职、忠实诚信、友善有爱是张謇的“三心”情怀与“三牛”精神的精髓所在，这些“看上去似乎只是张謇个人的

---

① 张謇：《垦牧公司第一次股东会演说公司成立之历史》，李明勋、尤世玮编《张謇全集④》，上海辞书出版社，2012年，第183页。

态度、情操、品质和价值趋向，而实际上折射的是那个颓废的社会里追求进步的先进分子所激扬的时代精神与价值追求，具有进步性、高尚性，它也是那个时代社会的、大众的变革、进步与发展的普遍要求，因而具有草根性、广泛性"①。二者在特征内容、元素特色、根基逻辑、风骨品格、思想渊源等方面内容实质相当契合，它是一个民族赖以生存和发展的精神支撑，在五千年历史演进中，中华民族形成了以爱国主义为核心的团结统一、友善和平、勤劳勇敢、自强不息的核心价值体系；在改革开放新时期，中华民族形成了勇于改革、敬业诚信的时代精神价值体系。二者相互交融，已深深熔铸在中华民族的生命力、创造力和凝聚力之中，共同构成中华民族自立自强，推动中华民族伟大复兴的精神动力和正确的价值体系。张謇精神根植于中国传统文化，有其深厚的传统文化的思想渊源，而张謇的"三心"情怀与"三牛"精神已融入中华传统文化，积极地汇入时代洪流，在精神文明建设中发挥着不可低估的作用。

（三）"三心"情怀与"三牛"精神的践行路径

在张謇先生百年后的今天，恰是当今世界正经历百年未有之大变局，如何正视张謇先生的"三心"情怀与"三牛"精神，挖掘弘扬其核心价值？应该坚持"双创"方略，按照时代特点和要求，赋予新的时代内涵和现代表达形式，创造性地转化；按照时代的新进步新进展，不断增强其影响力和感召力，创新性地发展。学习总书记赞扬的"爱国企业家的典范""民族企业家的楷模""民营企业家的先贤"张謇先生，倡导科学传播与文化沟通，在文化创新与公共服务，引领文明进步，推进中国特色主义事业和经济社会可持续发展，推动中华民族伟大复兴的进程中，价值践行，奋勇前行，做出贡献。

1. 研究是践行张謇情怀精神路径的前提

研究是运用有计划、有系统的资料收集、分析和解释的方法，解决问题的过程。首先，研究可以为张謇情怀精神的传承奠定坚实的理论和物质基础。首要工作就是要明确张謇情怀精神的价值蕴含和传承意义，而明确这个问题，就需要做大量的基础研究工作。通过对大量的张謇相关资料的收集、整理、辨析，提炼出符合当代社会需求的张謇情怀精神内容。其次，研究还可以为张謇情怀精神的传承提供不同的方法途径。在张謇研究过程中，出于不同的研究目的和不同的研究素材，必然会采用不同的方法，而且随着社会的进步、科技的发展，研究方法也在不断地演进。研究方法的演进一方面会带动研究本身的深入发展，另一方面也会给传承提供新的方法思路。

2. 文保是践行张謇情怀精神的路径基础

张謇从 19 世纪 90 年代开始，为实现其"建设一新新世界雏形"的救国理想和区域现代化宏伟蓝图，对南通进行了全方位的苦心经营，留下许多绿色文化遗产珍宝。张謇同时还以一种诗人情怀经营南通，这些都使得南通在当时就已成为全国著名的"模范县""理想的文化城市"，外国人眼里的"中国的人间天堂"。城市建设环境宜人、自成体系，是留给南通的绿色文化遗产。

南通城和唐闸镇、天生镇、狼山镇之间酷似三鼎护香炉状，香炉（南通城）居中，三鼎均布在外，彼此之间自然分布着绿色的田园，城乡相间，各自可以合理发展，但又相距不远，中间有河道及公路连接，在城市功能上浑然一体，形成了一城三镇独特的城镇空间布局。社会事业注重崇教扬德，谋求协调发展，也是留给南通的绿色文化遗产。把这些绿色文化遗产保护好、传承好，创造性转化、创新性发展是践行张謇先生的"三心"情怀与"三牛"精神的必由路径。2009 年，南通市荣获国家历史文化名城称号，2020 年喜获"国家生态园林城市"称号，也是对先贤情怀和精神的传承创新的最好注解。

3. 理解增进命运与共是践行张謇情怀精神的路径方法

张謇当年博物苑建苑之初，国秀坛内所种植牡丹盛开之时，相邀文人雅士增进共赏，并赋诗一首《邀客看

① 马斌：《张謇精神与核心价值观的契合及引领》，《江苏工程职业技术学院学报（综合版）》2015 年第 6 期。

国秀坛牡丹》："早与蕙兰标国秀，更与芍药灿天葩。有风不害都围竹，无鸟常鸣莫摘花。倚杖每愁云锦脆，当怀惯看日轮斜。诸君要惜方春好，放过重寻一岁差。"这首诗是雅士增进理解的最好注解。1922 年，中国科学社第七次年会在江苏南通博物苑举行。包括蔡元培、马良、张謇、汪精卫、熊希龄、梁启超、严修、范源濂、胡敦复九人组成的第一任董事，以及竺可桢、胡明复、王琎、任鸿隽、丁文江、秦汾、杨杏佛、赵元任、孙洪芬、秉志、胡刚复等理事，均是中国科学社的核心人物，在南通博物苑共商中国科学社之大事。张謇当年在传播人类共同利益和共同价值的路径上，发挥着重要作用。如今，我们对人类自身与自然环境的可持续发展担当着极为重要的责任，应该通过自己的专业活动，引导人类清醒意识到自身行为对环境所产生的后果，强烈意识到改变经济和社会发展模式的刻不容缓，从而在倡导和推动经济、社会的可持续发展方面扮演无以替代的角色。理解增进命运与共，传播人类共同利益和共同价值，也是路径先贤情怀和精神路径的良好方式。

4. 价值传播是践行张謇情怀精神的主要途径

张謇情怀精神是南通弥足珍贵的精神遗产，南通致力于挖掘张謇文化，研究张謇思想，传承张謇情怀精神，形成了各级各类张謇学院、张謇研究所、张謇研究中心。为进一步做大做强张謇研究，培育一批具有"爱国情怀、开放胸襟、创新精神、诚信品格、社会责任"的"张謇式"新一代企业家群体，激发企业家社会责任意识与担当，2021 年 1 月，在南通市委党校又正式成立了"张謇企业家学院"，中央社会主义学院在南通设立教学基地。学院以习近平新时代中国特色社会主义思想为指导，围绕传承和弘扬张謇企业家精神，按照"立足南通、面向全省、服务全国"的定位，以培训民营企业家为主，兼顾国有企业领导人员，开展企业家教育培训工作，打造新时代企业家队伍教育培训基地、张謇企业家精神研究中心、民营经济人士理想信念和爱国主义教育基地，致力张謇情怀精神研究不断价值传播。

5. 实践是践行张謇情怀精神的有效途径[①]

实践是强化张謇情怀精神的有力途径。有效的精神传播途径应该是多维立体的，具有建构性的，而实践活动的多样化可以实现这一目标。结合学校、家庭、博物馆、社会甚至网络空间不同的环境特点，设计形式灵活多样的实践项目将助力于有效践行张謇情怀精神。

实践是发展张謇情怀精神的有益途径。张謇情怀精神的产生有其特殊的社会时代背景，因而也有其局限性，但如果在实践过程中能将新的时代因素融入张謇情怀精神中，那么，这种践行将是建构性的，是有生命力的，是有效有力有益的。

结　语

当年张謇说"天之生人也，与草木无异。若遗留一二有用事业，与草木同生，即不与草木同腐，鄙人之办事，亦本此意"[②]，新时代我们走在中华民族伟大复兴的征程上，今天再读张謇，体会这位伟大先贤和楷模的"三心"情怀与"三牛"精神，先贤为鉴，立足岗位，反躬自省，惟当坚定信心、主动担当，惟仁惟谨、悟张謇之大情怀向上、向远方、向世界的思想内涵和精神风貌，投身中国特色社会主义伟大事业，续写和创造更丰富、更当先的新时代精神，传承优秀传统文化，建设中国特色社会主义先进文化，走在越来越靠近世界舞台中央的现代化道路上，张謇留下的"三心"情怀与"三牛"精神文化财富，定当激励我们继续奋勇前行。

---

① 胡梅、王晓燕：《张謇精神的当代价值和传承路径》，《南通职业大学学报》2015 年第 4 期。

② 张謇：《第三养老院开幕演说》，李明勋、尤世玮编《张謇全集④》，上海辞书出版社，2012 年，第 508 页。

学术争鸣

四川博物院藏
嵌错宴乐水陆攻战纹铜壶图像探研

四川省社会科学院　向野
四川博物院　郭军涛

摘要：四川博物院藏宴乐水陆攻战纹铜壶出土于成都百花潭十号墓，其纹饰分为四层，分别描绘了习射、采桑、宴乐、弋射、战争、狩猎等不同场景。对于这些纹饰，已有不少学者进行了细致研究。本文尝试在前人论述的基础上，尽可能结合传世文献与出土文物资料，对铜器纹饰所反映的社会生活场景进行全面而深入的考察，并就战国时代同类装饰图案的风格特色与工艺技术加以探讨，从而发掘器物背后所蕴藏的丰富内涵。

关键词：宴乐水陆攻战纹铜壶；人物画像纹；图像考释

四川博物院藏嵌错宴乐水陆攻战纹铜壶（图一），出土于成都百花潭十号墓。根据发掘简报，该墓为战国早期船棺葬，是当时发掘的同一批墓葬中等级最高、最具代表性的一座。墓中随葬有数量繁多、种类丰富的青铜器，嵌错宴乐水陆攻战纹铜壶即为其中最精美的一件。该壶造型规整，壶体口部微侈，长颈，鼓腹，腹最大径居中，下腹内收，肩上有两衔环兽耳，圈足；上有穹隆弧顶盖，盖面嵌错三个同心圆组成的纹饰带，里圈为卷云纹，中圈留白，外圈十二个兽纹组成的纹饰带，由等距分置的三个惟妙惟肖的鸭

图二　百花潭十号墓出土嵌错宴乐水陆攻战纹铜壶纹饰摹本

图一　百花潭十号墓出土嵌错宴乐水陆攻战纹铜壶

形钮分为三组。壶身满饰嵌错图案，以三角云纹的凸箍为界带，生动刻画了两百多个剪影式人物，再配以走兽、飞禽等纹饰，真实地再现了东周时期社会生活的画面，使我们得以了解当时的生活风俗、生产状况及各种礼仪规范。图像由上至下可分四层，分别描绘了习射、采桑、宴乐、弋射、战争、狩猎等不同场景（图二）。这些场景不时见于同时期的其他青铜器上，反映出春秋战国之际各种人物画像纹图案的兴盛。关于此类图案，已有不少学者对其进行了细致的研究。我们在此将采用白描加考释的方式，对百花潭十号墓出土嵌错宴乐水陆攻战纹铜壶的纹饰逐层、逐主题进行介绍。由于考释中需要引用故宫博物院藏宴乐渔猎攻战纹铜壶、上海博物馆藏镶嵌画像纹壶的纹饰图像，以资比较，因此也将此二器纹饰摹本附于文中（图三、图四）。

图三　故宫博物院藏宴乐渔猎攻战纹铜壶纹饰摹本

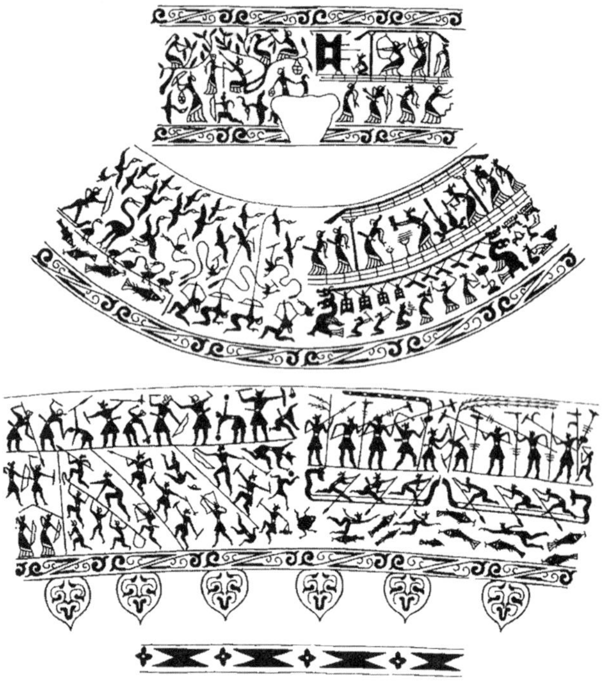

图四　上海博物馆藏镶嵌画像纹壶纹饰摹本

一、纹饰图像分析

第一层纹饰

分为两组，右为采桑图，左为习射图。

采桑图，图上方有树木两株，枝叶茂盛，左面一株，枝间有一女子采叶，另一女子作攀登状；右面一株，枝间一男一女，皆以手援枝。树下有男子六人，女子五人，姿态各异：前方六人，中一男子形体高大，腰佩剑，双手作挥舞状，其余四人皆面向此男子，左侧人仅见头部；左后一男子单手持弓，正抬头仰望树上女子；右后一男子用手牵住女子的双手；两树之间，一顶筐女子将枝柯状物递于男子。图中可见数个采桑所用的筐。

采桑图所描绘的桑林间场景，其所反映的主题历来争议不断。原发掘者认为，图像表现的乃是采桑的情景。简报上说，图案“上部有桑树两株，枝叶茂盛，每枝上各有两人用篮采桑，下有十二人用篮运桑，另有一人歌舞助兴"，"为我们重现了当时采桑的情景"。[①] 此说一出，便为多数人所接受。一般提到这件铜壶，也都把这一部分图案称为"采桑图"。

李学勤先生反对"采桑"的说法。他认为画面中的树可能是古代专门用来造弓的"柘桑"，[②] 并注意到图像中居主要位置的是男子，而不是携筐采叶的妇女。李先生进而指出，"画面中的男子，有的以手中的弓示于树上的妇女，有的用手或口扯弦"，这都不能用采桑加以解释。所谓"采桑图"中，男女攀援于树，主要不是为了采摘桑叶，而是为了选取枝条用于造弓。[③] 这样的说法不仅新颖，也极有说服力，因而也得到不少学者的认同。

图五 辉县琉璃阁出土的铜壶盖顶图案

今试做分析这一图像，首先必须承认，图像中确实包含有采桑的主题。此主题的盛行当与中国古代丝织业发达有关。本器画面的左方，一女子于树上，一手捧叶，一手采摘，可见原报告所谓采桑无误。同样题材可见于辉县琉璃阁 M76 出土的铜壶盖上[④]（图五）和纽约古董商 J. J. Larry 收藏的一件战国图像纹铜方壶腹部纹饰（图六）。[⑤] 前者图案中的人物正从桑树上采摘桑叶，其前方的地上，放有一个篮筐，当是盛放桑叶所用；后者图像为我们更加生动地展现了采桑的主题。画面上方并列三棵桑树，中间和右边的桑树仍然枝叶繁茂，而左边的桑树上，桑叶已被完全采光了。诸器彼此参证，尤足以证明采桑母题的纹饰在东周时期十分盛行。

图六 J. J. Larry 所藏方壶上的采桑图

不过，诚如李学勤先生所说，图像表现的主题绝不限于采桑。首先，图像中的人物确有男女之别。我们仔细观摩图像，纹饰中的男子头顶多戴有不同形式的冠或帻，而女子则或挽髻，或垂辫，与男子有所不同。李先生指出的那位画面中心的人物，双手高举，腰间佩剑，确是男子无疑。而画面中其他着冠、佩剑的人

① 四川省博物馆：《成都百花潭中学十号墓发掘记》，《文物》1976 年第 3 期，后文所引简报内容，若无特殊说明，皆出于此，不再注明。

② 《周礼·考工记·弓人》说，造弓的木材以柘最好，檍（菩提树）次之，檿桑第三，都是桑科植物。引自〔清〕阮元：《十三经注疏》(附校勘记)，中华书局，1980 年。本文考释中所引《论语》《尚书》《周礼》《诗经》《左传》《礼记》《仪礼》及前人注疏，均引自阮本《十三经注疏》，不再注明。

③ 杜恒：《试论百花潭嵌错图象铜壶》，《文物》1976 年第 3 期。按：杜恒是李学勤先生笔名。

④ 郭宝钧：《山彪镇与琉璃阁》，科学出版社，1959 年，图版壹零肆，2。

⑤ 国庆华：《试说新见两对流散西方青铜器上的建筑和图像》，《中国建筑史论汇刊》第六辑。作者指出，该方壶于 2006 年在纽约"中国古代艺术展"(Arts of Ancient China) 中首次展出。与之类似的，还有布鲁塞尔古董商 Gisèle Croës 所藏的一件铜方壶，其年代经测定为西汉时所造。

物，也都是男子而非女子。李先生指出图像中男女错杂，是其眼光锐敏之处。其次，所谓“采桑图”的图像中，也确如李先生所言，表现了与弓有关的题材。撇开含义不明的“扯弦”图案不谈，我们从画面中的确可以明显看到：一男子单手持弓，正抬头仰望树上的女子；而在其他同类的纹饰中，往往绘有一男子持弓半跪，像在献弓，例如故宫博物院藏宴乐渔猎攻战纹铜壶（图七）、上海博物馆藏宴乐纹铜壶、襄汾大张村出土采桑竞射纹铜壶等，其纹饰中均有此类人身影。足见李先生的观察的确十分精当。

图七　故宫壶上的采桑图

然而，假若我们就此认为，图像所表现的主题便是拣选弓材，则又太过简单了。实际上，李先生已经指出，画面中“不但有一个顶筐的女子正在把一件枝柯形物递予男子的‘授受’情景，还有一个男子用手牵住女子的双手”。李先生认为，这在竭力鼓吹“四勿”的孔子门徒看来，乃是一件“大逆不道”的事。但问题是，以“拣选弓材”为主题的图像中，为什么会有这样的场景呢？

对此我们的解答是，画面中之所以出现男女错杂、私相授受的情景，是因为图像所要表现的，正是“桑间濮下”男女幽期密会的主题。古代，桑林本是男女幽会的场所。《诗经·鄘风·桑中》描写的便是一位士人同他心仪的女子相约在桑林中会面的情景。[①] 实际上，直到春秋战国时期，桑间作为男女聚会的场所，“桑中”作为一种有关情爱的隐喻，仍为当时之人所熟知。[②]

关于桑间的隐喻，我们还可以从汉代流传的一些故事和画像砖中去感受。刘向《列女传》中记录了几则不同的故事，如陈辩女的故事、秋胡戏妻的故事、陌上桑的故事等，故事均描写男子见色心喜，发生的地点或背景都与桑林、采桑有关。四川博物院藏东汉“桑林野合”画像砖，绘男女二人于桑树之下自由交合的情景，画面一角还绘有采桑所用的篮筐，可知图中艳情的发生也是和桑林联系在一起的。

以上种种自然不是一种巧合。实际上，桑在古代常与私通一类的意象相关联，男女由幽会而相通，其地点通常都在桑林之内。[③] 故而，桑林对于古人实有一种特殊的意味，每一提及便足以让人产生遐想。这也是《列女传》中，男子为何都对采桑女见色起意的原因所在。

那么，桑林何以会成为这种特殊的象征呢？这大概与古人祭祀高禖的习俗有关。高禖是古代一种神职，而且当为生育之神。[④] 据《周礼·地官·媒氏》文，“媒氏”之官，“司男女之无夫家者而会之”，“令男

① 《诗经·鄘风·桑中》诗中反复歌咏说：“期我乎桑中，要我乎上宫，送我乎淇之上矣。”诗中男女先在桑林中会面，然后一同前往上宫，最后乃在淇水边分别，是一首优美的爱情诗。《诗序》解释此诗，则以为“刺奔也”，“卫之公室淫乱，男女相奔。至于世族在位，相窃妻妾，期于幽远。”把幽会当成淫奔，完全误解了诗的主旨。

② 《左传·成公二年》记楚大夫申公巫臣因为垂涎夏姬的美色，唆使夏姬前往郑国迎回亡夫的尸首，自己则趁着出使齐国的机会来到郑国，与夏姬私奔。当其出使时，于半道上遇见申叔跪，申叔跪发现巫臣神色有异，于是说：“异哉，夫子有三军之惧，而又有桑中之喜，宜将窃妻以逃者也。”这里，申叔跪把“桑中之喜”和“窃妻以逃”联系起来，其含义是十分明确的。《吕氏春秋·音初篇》认为音乐反映了人的内心中最真实的想法，所举的例子便是：“郑卫之声、桑间之音，此乱国之所好，衰德之所说。”按：郑卫之声、桑间之音，何以会是“乱国之所好”“衰德之所悦”？对此，班固在《汉书·地理志》中作了解释，他说：“卫地有桑间、濮上之阻，男女亦亟聚会，声色生焉，故俗称郑卫之音。”可见，郑卫之声、桑间之音之所以成为“乱国之所好”“衰德之所悦”，和当地有“桑间、濮上之阻”“男女亦亟聚会”有着密不可分的关系。

③ 《楚辞·天问》记述大禹治水的传说，有云：“禹之力献功，降省下土四方。焉得彼涂山女，而通之于台桑？”王逸注：“言禹治水，道娶涂山氏之女，而通夫妇之道于台桑之地。”（朱熹：《楚辞集注》，上海古籍出版社，2001 年。）这里的“台桑”，闻一多先生说，即“桑中之类，男女私会之所也。”闻一多：《天问疏证》，《闻一多全集》第五卷，湖北人民出版社，1993 年，第 566 页。

④ 《礼记·月令》：仲春之月，“玄鸟至，至之日，以大牢祠于高禖”。郑玄以为：“高辛氏之出，玄鸟遗卵，娀简吞之而生契，后王以为媒官嘉祥，而立其祠焉。变媒言禖，神之也。”这说明高禖之“禖”，原本和“媒氏”之“媒”同义，其所以“变媒言禖”者，是为了表示尊崇。而高禖的神职，我们根据郑玄注中所说“玄鸟遗卵，娀简吞之而生契”的故事，可知其为一种生育之神。

三十而娶，女二十而嫁”，其于仲春之月，则“令会男女，于是时也，奔者不禁”。这在古代本是一种特别的风俗，主持其事的“媒氏”，其实就是古代高禖之神的象征。而男女相会同游的场所正是桑林。[①] 更进一步说，我们发现，桑林往往还和云雨联系在一起。古人求雨，往往需要祭祀桑林。[②] 在古人心中，桑林能够“兴云致雨”，而云雨之喻，通常又与男女之情联系在一起。[③]

了解到这一层，则桑林中包含的种种象征意味就基本清晰了。本器图像中所谓“采桑图”，实则就是古人为了“蕃育民人”，祭祀高禖之神的场景；也是仲春之月，男女在桑林相会的古老习俗的景象，因而图像中何以出现男女错杂、私相授受的情景，也就不难理解了。这里还有一个消极的佐证，即图像中出现的持弓元素，李学勤先生将其解释为“拣选弓材”。我们前面已经说过，桑林的背景很可能是与祭祀高禖的风俗相联系的。《礼记·月令》记述郊祀高禖的仪式，说：“以大牢祠于高禖。天子亲往，后妃帅九嫔御。乃礼天子所御，带以弓韣，授以弓矢，于高禖之前。”据此，则高禖之祠原本就与弓矢有关。而画面中男子持弓的场景，大概未必是在拣选弓材，而更可能是如《月令》所说，“带以弓韣，授以弓矢，于高禖之前”。

习射图，图上方有一建筑物，有五人，皆左向。其中两人并射，一人引弓待射，一人刚刚发弦；檐外立一佩剑人，双手举旌，当为箭射中时高声唱获的“获者”；建筑物左部阶上，跽坐一人，为计算胜负的“释获者”，手中所拿是计数用的算筹；射者右侧有一人立于檐下，双手持弓而立者，是指挥竞射的执事者。图下方另有五人，有执弓挟矢者，有徒手者，当为准备竞射的候射者；再往下三人跽坐于地，其前分别置鼎、俎等，其为专司膳食的仆从。此图最左侧缺少了射侯。

古代列国之间战争频繁，君主和贵族为了维护统治，向外扩张，都离不开武力的支持。君子出身的贵族阶层，遇有战事每每需要亲临战场。因此，君子所习的“六艺”中，射、御均占有重要地位，乃至与礼、乐相并称。作为“至圣先师”的孔子曾自谓：“吾何执？执御乎，执射乎？”[④] 是其足以成名者，射也、御也。《礼记·射义》记孔子射于矍相之圃，“盖观者如堵墙”，亦足以见其射艺之精。

由于射的作用如此重要，所以古人自小入学所修习的科目之一便是射礼。据金文《静簋》，王命静“司射学宫”，“小子眔服、眔小臣、眔夷仆学射”（集成[⑤] 4273）。可见，在西周时期古人所谓“学”，其重点就是

---

① 《墨子·明鬼下》说：“燕之有祖，当齐之社稷，宋之有桑林，楚之有云梦也，此男女之所属而观也。”这里明白把“宋之桑林”同“燕之祖”“齐之社稷”“楚之云梦”相并列，作为男女“所属而观”的处所。据《周礼·地官·州长》郑玄注“属犹合也、聚也”，则“所属而观”，其实就是相会而同游的意思。〔清〕孙诒让：《墨子间诂》，中华书局，2001 年版，第 539－540 页。王引之说亦见于此书；下引《墨子》均出此书，不再注明。

② 《吕氏春秋·顺民篇》云：“昔者汤克夏而正天下，天大旱，五年不收，汤乃以身祷于桑林，曰：‘余一人有罪，无及万夫。……’于是翦其发，鄜其手，以身为牺牲，用祈福于上帝，民乃甚说，雨乃大至。”这则故事又见于《淮南子·主术篇》：“汤之时，七年旱，以身祷于桑林之际，而四海之云凑，千里之雨至。”可见成汤因为大旱，曾经“以身祷于桑林”，最终“雨乃大至”。又《左传·昭公十六年》：“郑大旱，使屠击、祝款、竖柎有事于桑山，斩其木。不雨。”郑国因大旱而祭祷桑山，结合《淮南子·修务篇》：“汤旱，以身祷于桑山之林。”可见，桑山由于有林，所以称为桑林；郑国祭祀桑山，曾经“斩其木”，可证其确是桑林。可见古人求雨，往往需要祭祀桑林。（许维遹：《吕氏春秋集释》：中华书局，2009 年，第 200－201 页）

③ 宋玉《高唐赋》，讲述巫山神女和楚先王间的一段情事，其文曰：昔者楚襄王与宋玉游于云梦之台，望高唐之观。其上独有云气，崪兮直上，忽兮改容，须臾之间，变化无穷。王问玉曰：“此何气也？”玉对曰：“所谓朝云者也。”王曰：“何谓朝云？”玉曰：“昔者先王尝游高唐，怠而昼寝，梦见一妇人曰：‘妾，巫山之女也。为高唐之客。闻君游高唐，愿荐枕席。’王因幸之。去而辞曰：‘妾在巫山之阳，高丘之阻，旦为朝云，暮为行雨。朝朝暮暮，阳台之下。’旦朝视之，如言。故为立庙，号曰朝云。”这一故事发生的背景位于楚国的云梦，当地有所谓“高唐之观”，其上云气变化，是楚先王与巫山神女间欢爱的一个见证，所以楚先王特为其立庙以崇祀焉。这里，“旦为朝云，暮为行雨”是故事的一大关键。我们想起《墨子·明鬼下》中宋之桑林与楚之云梦并列，便能明白，高唐神话中朝云、行雨的意象是和桑山之林能致云雨的传说完全一致的，二者都与男女之情存在某种隐秘的关联。参见〔梁〕萧统编，〔唐〕李善注：《文选》，上海古籍出版社，1986 年，第 875－876 页）

④ 《论语·子罕篇》。

⑤ “集成”即《殷周金文集成》（修订增补本），中华书局，2007 年；数字为原书器物编号。下文所引皆出此本，不再注明。

习射。古代州、乡之学称序，就是得名于“习射”而来。[①]

古人演习之射礼大体分成“主皮之射”和“礼射”两种。前者以兽皮为箭靶，要求所发之箭一定要贯穿兽皮，重实用技能，为战争、狩猎的需要。后者则重在行礼，其过程中的一举一动都要合乎礼仪的规范；至于射者力量的强弱，反而不问。[②] 从“主皮之射”到“礼射”有一个发展过程，这个过程也是射脱离实战功能，逐渐礼仪化，演变成“六艺”之一和君子修养之道的过程。[③]

礼射从“主皮之射”中完全脱离出来，成为一种独特的礼的形式，应该是在西周礼乐大盛之时，这也是“礼射”发展的重要阶段。当时能够修习这些礼仪的都是贵族阶层，他们把射礼当成一种待人接物的方式，力求应对周旋，无所爽失，礼节极为繁琐。[④] 礼射一般分为大射、宾射、燕射、乡射四种，[⑤] 其中大射是国君为祭祀而举行的射礼，射的目的在于“择士”；宾射是有国君接待宾客时，为宾客举行的射礼；燕射是国君宴享时举行的射礼；乡射是州、乡一级的地方举行的射礼。

我们认为，本器第一层“习射图”描绘的射礼，应该和第二层纹饰中的“宴饮乐舞图、习射图”有关，表现的是同一主题——燕射。[⑥] 射礼一般具有相对固定的程序，以《乡射礼》为例，射礼前先要戒宾、迎宾，做种种准备工作；宾客入座后即开始举行宴饮，待宴饮的基本环节完成后，则进入正式的射礼活动；射礼结束后，还要继续宴饮。

礼射的场所称为“射宫”，射宫又可简称为“射”。[⑦] 有学者认为，射宫其实就是辟雍或射庐，是天子、诸侯举行大射的地方。我们反对此说，认为射宫并非某一宫室的专称。早在晚清时，孙诒让就已指出：“凡礼射所在之宫即谓之射宫，射宫非宫之定名也。”他列举了很多证据证明这一点，而后下结论说：“以此推之，则宾射在朝，即以治朝为射宫；燕射在寝，即以路寝为射宫，举可知矣。”[⑧] 这一说法十分精当。我们认为，本器“习射图”所绘的建筑正是路寝，因为射礼在此举行，所以也称“射宫”。其主体为前堂后室的一栋建筑，堂和室位于台基之上，二者同戴一座屋顶。堂的东、西侧各有一道台阶伸向中廷，于是行礼时便产生了堂上、堂下的区分。[⑨] 本器“习射图”中的建筑由于省略了台阶，不太容易看清这种关系。而在上海博物馆收藏的水陆攻战纹铜壶和襄汾西张村出土的采桑竞射纹铜壶上，就可以分明地看到台阶。

古人行射礼时，并非一人独射，而是由两人相配，组成“射耦”，以此为单位进行射箭，谓之“耦射”。[⑩]

---

① 孟子论古代学校之制说：“设为庠序学校以教之：庠者，养也；校者，教也；序者，射也。”把“序”作为讲习射艺的场所。《仪礼·乡射礼》：“豫则钩楹内”，郑注：“豫者，谓州学也。读如成周宣榭灾之榭，《周礼》作序，今文豫为序。”可知豫、序、榭古音并同，可以通用。而榭、射古音又同。《周礼·地官·州长》：“以礼会万民而射于州序”，郑注：“序，州党之学也。”尤可证序为习射之所。

② 《论语·八佾篇》：“射不主皮，为力不同科，古之道也。”说的正是礼射的原则。

③ 杨宽先生就认为，“主皮之射”先于“礼射”。杨宽：《“射礼”新探》，《古史新探》，中华书局，1965年。我们认为，孔子之所以说“射不主皮”是“古之道”，是因为孔子生活的春秋时代战争频繁，当时盛行的射礼反而是“主皮之射”或“贯革之射”。孔子有心改革时弊，其所谓“古之道”，乃是西周之“古”，而非上古之“古”。

④ 根据《仪礼》中的《乡射礼》和《大射仪》，礼射的登降之礼、趋翔之节，可谓繁琐至极。

⑤ 见《诗经·小雅·宾之初筵》中的郑玄《笺》、孔颖达《正义》，二者可以相互补充。

⑥ 关于《燕射》之礼的程序，文献无载。今本《仪礼》中存有《乡射礼》和《大射仪》两篇，讲述乡射和大射的种种程序。我们对比《乡射》和《大射》的内容，可知两种射礼在基本程序上乃是大体相同的，只是由于行礼的等级、对象不同，所以细节上存在差异。因此，下文我们在分析燕射的过程中，会时时采用《乡射》和《大射》中的材料进行说明。

⑦ 《礼记·射义》说：“已射于泽，而后射于射宫。”《周礼·夏官·诸子》：“春合诸学，秋合诸射，以考其艺而进退之。”郑玄注：“学，大学也。射，射宫也。”

⑧ 〔清〕孙诒让：《周礼正义》，中华书局，1987年，第2481页。

⑨ 孔子所谓“拜上”“拜下”之争，见《论语·子罕篇》：“子曰：‘拜下，礼也；今拜乎上，泰也。虽违众，吾从下。’”也都缘此。

⑩ 《左传·襄公二十九年》“射者三耦”，杜注：“二人为耦。”古代所谓“耦耕”，即二人并耕，可为旁证。

耦射的相关文字记载，至少可以早到西周早期的柞伯簋。[①] 上海博物馆藏有一件宴乐画像纹铜椭盉，其上所画的射礼图，描绘的正是二人相耦同射一侯的情景（图八）。[②]

组成引耦的两人，一般由司射从射艺相差不大的两人挑选出来，这个过程称为“比耦”。比耦之数，三耦大概是古代礼射的一种通则，后世礼制增繁，才有了四耦、六耦的分别。[③] 故宫所藏宴乐渔猎攻战纹铜壶上的“习射图”，堂上绘射者二人着长裳立于两楹之间，一人引弓待发，一人则持弓抽矢，在作继射的准备。此二人即三耦中的“上耦”（图三）。堂下四人并排站立，皆右向、着长裳，正要登堂继射（图中省去了台阶）；这四人中，凡二人垂手，二人执弓抽矢，依次间隔排列，很可能就是三耦中的“次耦”和“下耦”。而在《仪礼・乡射礼》中，上耦升堂时，次耦、下耦都在堂下等待，这和画面中表现的情景完全相符。可见图像中所描绘的情景，确实当为三耦射。百花潭出土的这件铜壶，于堂上射者身后、楹外屋檐之下，绘有一人释弓而立（其他诸器通常也绘此人），其身份当为司射。根据《仪礼・乡射礼》的说法，在射礼的第一番射中，先要由司射指导射箭的动作，称为“诱射”。图像中描绘的，正是竞射开始后，上射已经射毕，而下射正要张弓待射的情景，此时司射已完成示范教学，正退在一旁监督射礼的进行。画面的下方，除“次耦”“下耦”外，还有一人双手前举，回头一顾，像在引导次耦、下耦。我们推测此人可能当为司马，是整个射礼过程中总管各项事务的人员。

图八　上海博物馆藏宴乐画像纹椭盉上的射礼图

图九　洛阳战国铜匜上的纹饰

古人习射时，还须有人观察和统计射中的情况，作为决定胜负的标准。而负责观察和统计的人员，便称为“获者”和“释获者”。竞射开始前，司马先命获者“倚旌于侯中”，为全场指示箭靶中心的位置。待射者做好准备后，由司马命令获者“执旌负侯”，司射引导射者升堂俟射。图像中，判定获者的标志是获者所执的旌，《周礼・春官・司常》：“凡射，共获旌。”郑注：“获旌，获者所执旌。”洛阳战国铜匜上，射侯前方绘有一名执旌者（图九），此人即获者。[④] 百花潭铜壶上同样出现了获者，但故宫、上海博物馆

① 柞伯簋铭文记周王举行大射的典礼，其文称：“王命南宫率王多士，師酉父率小臣”，即把射者分成两组进行习射，此器一般认为是西周早期康王时所铸，足见耦射的产生是很早的。（钟柏生等：《新收殷周青铜器铭文暨器影汇编》，台北艺文印书馆，2006 年，76 器。后文简称“新收”，不再注明。按：甲骨文中也有一些旁证，此处不具引）

② 陈佩芬：《夏商周青铜器研究》，上海古籍出版社，2004 年，六一三器。

③ 静簋（集成 4273）铭文记周王命静司射学宫，“王以吴𣁋、吕犅，会豳𦬊自、邦君射于大池”，有学者认为，这里的“豳𦬊自”指的是豳自、𦬊自的君长，他们同“邦君”为一组，而与周王、吴𣁋、吕犅进行会射，据此，则西周时天子习射是三耦。刘雨：《西周金文中的射礼》，《考古》1986 年第 12 期。又《左传・襄公二十六年》记范献子聘鲁，襄公享之，“射者三耦，公臣不足，取于家臣”，这是诸侯备三耦之证。然《周礼・夏官・司马》：“以射法治射仪：王以六耦……诸侯以四耦……孤、卿、大夫以三耦……士以三耦。”可见，比耦之数依等级身份的高低而不同，是后世礼制的增繁。

④ 徐禅菲、姚智远：《浅释洛阳新获战国铜匜上的刻纹图案》，《中原文物》2007 年第 1 期。

所藏的铜壶中则都没有获者，而只有释获者。这可证同一主题的图像，其画面中出现的人物也会随器物空间的安排而有所增损。

整个竞射的过程分成三轮，称为“三番射”。其中第一番射属于示范的性质，射者射中时，获者虽唱获，而释获者则并不计算其射中之数，是谓“获而未释获”。到了第二轮、第三轮射的时候，则由司射先升堂，向宾客“请释获”，得到宾客的允许后，即命令释获者设置盛“算”的“中”。释获者将八枚“算”置入“中”内，以备计数之用。待射者发箭后，获者根据射中的情况唱获，扬旌时唱声要高，偃旌时唱声随之降低，即所谓“举旌以宫，偃旌以商”。射者若射中，则由释获者取出一枚“算”，放在地上。上射射中的放左边，下射射中的放右边，称为“释算”。待三耦全部射完，由司射监督释获者统计射中的次数，并把胜负的结果报告给宾客。以上为竞射的基本过程。

图十　陕西凤翔高王寺出土铜壶之一纹饰摹本

现在来看百花潭出土的这件铜壶。图像中，堂外站立者着长服，腰间佩剑，双手执“旌”，当是“获者”，行射时负责观察、报告射中的情况。原发掘者认为此人“双手执竿，竿端有长带，似为引导后面的习射者”，其说不确。又，堂上跽坐者着短服，手中执“算”，当为“释获者”，行射时负责计算射者射中的次数，以定胜负。其手中所执的，乃是计数用的算筹，原发掘者认为此人“手执短剑”，也是错误的。此外，值得一提的是，国内现存的画像纹铜壶，由于画面安排的缘故，在“习射图”的部分，通常只有释获者而没有获者。陕西高王寺出土的宴享狩猎纹铜壶之一，用了整整一排画面描绘竞射的场景，所以人物的安排也最为完备（堂下甚至多出一组射耦）（图十）。百花潭出土的铜壶，虽然因为空间的原因而少了箭靶（射侯），但对于获者和释获者则都做了细致的描绘，这在同类器物十分难得，因而很可宝贵。

第二层纹饰

> 主要分二组，左面一组为宴饮乐舞图像，右面一组为弋射、习射图像。
>
> 宴饮乐舞图像，左上为一宏阔的建筑物，堂内悬挂一弓，左二人右向，后一人为执长柄扇的侍者，前一人凭几而坐，一手伸出作接物状；右四人皆左向站立，第一人前置二觚，双手持觯进献，第二人前置禁，禁上置圜壶，一手举觚一手执勺斟酒，另两人侍立。建筑物下方，左边悬编钟四件一组，右边悬编磬五个一组，每组各二人执桴敲奏，另有四人与之交替间隔，吹奏笙、箫。建筑物右边四人分两排执矛作舞，动作舞姿一致，右下置一建鼓，左右各一人执桴敲击；舞者下可见三人跽坐，其中二人共抚一物；旁置一鼎。

古人宴饮，依礼当有不同的规格。我们认为，图像中表现的并非一般的乡饮酒礼，是级别更高的飨燕礼，飨和燕分别代表两种不同的礼仪。[①] 二者的区别在于：飨的级别比燕为高，其仪节也更加形式化；在用

① 《周礼·春官·大宗伯》：“以飨燕之礼，亲四方之宾客。”飨（饗）通作“享”，其本义是乡人饮酒，引申为一种高级的饮酒礼。燕，其字又作“宴”，有“宴安”“息宴”的意思。

酒、饮酒、用牲上都有不同。飨礼所用的是一种特殊的酒即甜酒糟，称为“醴”，[①] “啐”（小口啜）之而饮，并不真喝；飨礼有牛、羊、豕三者具备的“太牢”，行礼时将牲体剖开盛于俎上，称为“体荐”，并不真的食用；飨礼仪式更为庄重，故行礼时取的是站姿，称为“立饫”。而燕礼所用的则是一般的酒，主、宾对饮时例当“卒爵”；燕礼则只用狗牲，行礼时将牲体节解，连骨带肉盛于俎上，谓之“折俎”，可由宾、主共食之；[②] 燕礼讲求宾主尽欢，因此通常都是坐饮。在实际举行的时候，则视宾客的身份等级之不同，或先飨而后燕，或只燕而不飨。这在《左传》《国语》等书中都可以得到证明。

当然，即便存在这些差别，二者也仍和乡饮酒一样，是一种关于行酒的礼仪，其仪节的中心同样都是献宾礼。而整个献宾的过程中，又以主、宾之间的“献”“酢”“酬”最为重要。[③] 具体来说，“献”就是主人取酒爵，到宾席前进献；“酢”是宾取酒爵，到主人席前回敬；最后，则由主人取觯自饮，然后劝宾客随饮，称为“酬”。整个“献”“酢”“酬”的过程，合称“一献”。[④] 无论乡饮酒还是更高级的飨燕，都是以“一献”为中心加以扩充的，其区别仅在于天子或诸侯所行的飨礼，最高可达“九献”之多，其中每一献都有相应的酬币作为赠礼；而燕礼或乡饮酒礼，则往往只行“一献”，且无酬币，其于仪式上实有繁简的不同。

百花潭出土的这件铜壶，其纹饰第二层的“宴乐图”，表现的正是一献之礼中宾酢主人的阶段。图像中主人凭几而坐，似乎正要起身，其后为一执长柄扇的侍者；主人前方，一人持爵进献，其身后一人执勺注酒，另有两人垂手侍立。画面十分生动。

西周有铭铜器如师遽方彝（集成 9897）、穆公簋盖（集成 4191）、鄂侯驭方鼎（集成 2810）；应侯视工簋（新收 78、79）中也有类似的献酢情景。根据金文记述，周王举行飨礼，在飨礼过程中，都特别强调受飨的大臣对周王所行的“侑”。这是因为“侑”在燕飨中确是一个体现宾主关系的重要环节。[⑤] 金文中的“侑”，实际就是“酢”，[⑥] 以上诸器铭文中表现的，无一例外都是王飨器主，而器主报之以酢侑的过程。这和铜壶上描绘的情景基本是相同的。

值得注意的是，本器“宴饮图”中，主人前方的墙上挂有一张弓。这暗示我们，图中所绘的宴乐场景，很可能还与射礼有关。文献中有举行射礼，先燕而后射的记载。[⑦] 进而我们认为，古代射礼并不独立于宴享，而是处在宴享中间阶段的一种礼仪。[⑧] 这在西周金文中也有所反映，如令鼎（集成 2803）、长由盉（集成 9455）、鄂侯驭方鼎（集成 2810），此三器年代有早有晚，而其铭文所记，则都是以饮酒始，而后继之以射，在行礼的次序上是完全一样的。而鄂侯御方鼎中，王与御方会射之后，又复继之以宴，足证射礼确是宴

① 西周金文、《左传》《国语》中常见“飨醴”之说，指的就是这种酒。徐元诰：《国语集解》，中华书局，2002 年。下文所引皆出此本，不再注明。

② 此即《左传·宣公十六年》所谓“享有体荐，宴（燕）有折俎”。

③ 古文献如《诗·小雅·楚茨》“为宾为客，献酬交错”，及《大雅·行苇》“或献或酢，洗爵奠斝”，都以“献”“酢”“酬”相并称，为一组对待的名词。

④ 《诗·小雅·瓠叶》描述一献之礼的经过，先说：“君子有酒，酌言献之”，次说：“君子有酒，酌言酢之”，又说：“君子有酒，酌言酬之”。

⑤ 《尔雅·释诂》云：“酬、酢、侑，报也。”（中华书局，2016 年）可见“侑”和“酬、酢”，本身并无区别。《左传·僖公二十五年》，晋侯朝王，“王飨醴，命之宥”。《国语·晋语四》同记其事，而谓之“命公胙侑”。按：宥，韦昭以为“侑币”，杜预则谓“以币帛助侑”。其说均误。实则“胙侑”连文，“胙”（酢）即是“侑”。

⑥ 王国维认为：“侑之义与酢同。……此不云酢而云侑者，以诸侯之于天子，不敢居主宾献酢之名，故虽酢天子而其辞若曰侑之云尔。”王国维：《释宥》，《观堂集林》，中华书局，1959 年。

⑦ 《礼记·射义》：“古者诸侯之射也，必先行燕礼。卿大夫士之射也，必先行乡饮酒之礼。”《诗·小雅·宾之初筵》亦首先叙述宴饮，其曰：“宾之初筵，左右秩秩。笾豆有楚，殽核维旅。酒既和旨，饮酒孔偕。钟鼓既设，举酬逸逸。”而后描写大射的过程，诗云：“大侯既抗，弓矢斯张。射夫既同，献尔发功。发彼有的，以祈尔爵。”

⑧ 《仪礼》之《乡射礼》《大射仪》，两篇内容中都包含很多宴饮的节目，其区别于乡饮酒礼和燕礼之处，仅在于射礼中的宴饮，仪式上更为简单。例如：主、宾献酢之后，主人不必与介相酬，郑玄云：“虽先饮酒，主于射也，其序宾之礼略。”

饮的中间阶段，这和古代礼书的记述是基本相符的。

古人于宴饮之时，还要奏乐以娱宾。据《礼记·乡饮酒义》，乡饮酒礼中奏乐分成四个环节：一升歌，二笙奏，三间歌，四合乐，每一环节都有相应的乐章需要演奏。[①] 飨燕之礼的等级更高，其在升歌之前还有一个"金奏"的阶段，用于迎送宾客。金奏就是以钟镈进行演奏，[②] 是一种高等级的奏乐。据说，只有天子飨燕诸侯的时候，才能"金奏《肆夏》之三"。[③] 若一般州、乡举行乡饮酒礼，则有悬磬而无编钟，这是乡饮酒礼和飨燕的不同之处。本器宴乐图中的奏乐场景，则明确出现了一组编钟，可知其表现的应当不是乡饮酒礼。除了金奏之外，飨燕的过程中还增加了"管""舞"等项目。"管"是吹管，"舞"是乐舞，表演时也都有相应的乐章。这些都是飨燕比乡饮酒礼隆重的地方。

下面我们来说说陈乐。陈乐在礼制中是有所讲究的。前文已述，乡饮酒礼的奏乐，其中第一个环节是升歌，即由乐工四人登堂歌唱（其中二人为歌者，二人为瑟工）。除此而外，则钟磬笙鼓，全都陈设于堂下。《仪礼·大射》对于举行大射时陈设乐器的方式有很清楚的叙述。[④] 大射、宾射、燕射之类的射礼，其过程基本一样，只是由于接待宾客的身份不同，而在礼制的细目上有一些差异。

细较百花潭出土铜壶与故宫、上博铜壶的陈乐画面，我们会发现百花潭铜壶上画面中，编钟、编磬陈于两个楹柱间的室内，楹柱上端斗拱清晰可见，给人以编钟四枚、编磬五枚直接悬于两层建筑之楼下屋顶的感觉；悬间共八人，其中立者四人，手中各执一桴，双手高举；左二人击钟，右二人击磬；余四人跽坐于地，正吹笙奏簧；右方楹柱之外树一建鼓，建鼓左右各有一人，正相对击鼓。而后二者的陈乐方式大体相同，图像中宴乐的场景分成堂上、堂下两部分，乐器均陈放于台阶之下（图中略去了台阶），钟磬悬挂在鸟兽形的笱簴上。我们再将上述三壶与美国陕西凤翔高王寺出土铜壶之二（图十）、华尔特美术馆藏铜豆（图十一）、河北平山三汲出土铜豆宴乐场面作对比，发现后三者陈乐方式与故宫、上博铜壶相同，与百花潭铜壶相异。

图十一　美国华尔特美术馆藏铜豆宴乐图像

诸铜器的图像出于同一母题，百花潭铜壶与其他诸器在陈乐方式出现如此大的差别，与礼制不合；且楼上宴饮而楼下奏乐，于理实有不通。一般而言，宴乐场景当分为堂上、堂下两部分，实有台阶通往堂上中廷（图十），奏乐的场所均位于堂下，绝不会有楼上、楼下的分别。

---

① 根据《礼记·乡饮酒义》可知，乡饮酒礼把奏乐分成升歌，笙奏，间歌，合乐四个环节。而且每一环节都有相应的乐章需要演奏，例如升歌时要奏《小雅》中的《鹿鸣》《四牡》《皇皇者华》，届时由乐工四人升堂，在堂上歌唱《鹿鸣》等诗，同时用瑟伴奏。其后的笙奏、间歌、合乐，也都有相应的乐章。这是乡饮酒礼中的"正歌"。

② 《周礼·春官·钟师》："掌金奏。凡乐事，以钟鼓奏《九夏》……凡祭祀、飨食，奏燕乐。"郑注："金奏，击金以为奏乐之节。金谓钟及镈。"又《仪礼·燕礼》郑注："以钟镈播之，鼓磬应之，所谓金奏也。"

③ 《国语·鲁语下》说："夫先乐金奏《肆夏》《樊》《遏》《渠》，天子所以飨元侯也。"足见其礼甚隆。

④ 《仪礼·大射》云："乐人宿县于阼阶东，笙磬西面，其南笙钟，其南鑮，皆南陈。建鼓在阼阶西，南鼓，应鼙在其东，南鼓。西阶之西，颂磬东面，其南钟，其南鑮，皆南陈。一建鼓在其南，东鼓，朔鼙在其北。一建鼓在西阶之东，南面。簜在建鼓之间，鼗倚于颂磬西纮。"

究其原因，我们认为当是百花潭出土铜壶画面安排出现错误所致。我们进一步推测，大概画师在为图像绘制底本时，原本是想描绘一种立柱式的钟架，而陶匠制范的时候，则因画面上方已有楹柱，于是便将此处钟架的立木误解成了两楹，遂出现了楼上宴飨而楼下奏乐的场景，因而便有了前文所说的错误。就我们目前收集的铜器中，似乎只有保利艺术博物馆所藏的两件铜壶，和百花潭出土的这件情况相同。而二者在其他一些细节上也基本一致，足证其同出一个范本。在某种程度上也说明，铜器铸造过程中纹饰会受空间限制而作减省，甚至会出现较为明显的错误。

我们前面说，本器中整个宴享的画面其实是和射礼相联系的。其实，不仅宴饮需要奏乐，射礼的过程中也同样需要奏乐。我们分析第一层图像时已经说过，礼射的整个过程可以分为“三番射”，其中的第三番射，需要奏乐以节射，即所谓“用乐行之”也。[①] 射者按照“乐节”以射箭，否则即使射中也不计入成绩，称为“不鼓不释”。[②] 因此，图像中关于奏乐的描绘，同样适用于射礼的过程。

宴饮图的右侧表现的是乐舞情景。古人于奏乐之余，往往伴有乐舞表演。舞，本来也是乐的一部分。[③] 而且，古人还将乐舞当成修习礼乐的重要环节，贵族阶级从小接受教育，便要学习舞乐；[④] 贵胄子弟，只有经过系统、刻苦的乐舞训练，到其成年的时候，方能俯仰周旋于宗庙朝堂之上。[⑤]

明白了这一点，再来看铜壶上的乐舞图。首先需要指出，这一部分图像本是左侧宴饮图的一个延伸。前文已述，美国华尔特美术馆所藏铜豆上可以看到，堂上宴饮区台阶向下延伸进入乐舞的部分。百花潭出土铜壶省略了台阶，但是右方奏乐图中，敲击建鼓的人却出现在了乐舞的下方。可见，这里图像中的乐舞乃是宴乐图的一部分。乐舞图像中人物分为两行，其中左侧四人执矛起舞，[⑥] 右侧两人则驻足观看。李学勤先生指出：“图像中的舞蹈既不是执干戚的《武》舞，也不是执翟籥的《大夏》。这种执矛的舞，在礼制中是没有典据的。”[⑦] 我们认为，李先生的说法十分正确。图像中描绘的乐舞，既是前边宴饮的一部分，所表演的自然不会是《武》舞或者《大夏》那样正式的曲目。春秋时期，宴饮中的舞是以《诗》为基础的，但舞时所用的究

---

① 《礼记·射义》曰：“射者何以射？何以听？循声而发，发而不失正鹄者，其唯贤者乎！”

② 以乡射为例，正式射箭时，先由司射升堂，向宾客请用乐；宾客许可后，即下堂命乐正奏《驺虞》，而射者即依太师所奏的鼓节而射，称为“射节”。若是大射，则所奏的乐章不是《驺虞》，而是《貍首》。《礼记·乐记》说，武王克商之后，“散军而郊射，左射《貍首》，右射《驺虞》”。《貍首》和《驺虞》都是节射所奏的乐章。而根据射者等级的不同，其所用之乐也是有所差异的。《周礼·春官·乐师》说：“凡射，王以《驺虞》为节，诸侯以《貍首》为节，大夫以《采苹》为节，士以《采蘩》为节。”其中《驺虞》《采苹》《采蘩》都见于《诗经·周南》之中，独《貍首》之诗则亡而不存（一说其佚文仍在《射义》中）。凡此均可说明，礼射进行的过程中，是少不了奏乐这一环节的。这和燕礼的举行，有其相同之处。因此，图像中关于奏乐的描绘，同样适用于射礼的过程。此所据郑玄说。其佚文即“诗曰：曾孙侯氏，四正具举”以下八句。今此诗又见《大戴礼·投壶》，其文句略有差异，可以并参。

③ 《礼记·乐记》说：“钟鼓管磬，羽籥干戚，乐之器也。”把羽籥和干戚通通归入乐器之中。其实，古代武舞执干戚，文舞执羽籥，干戚和羽籥正是起舞所需的基本道具。

④ 《礼记·文王世子》曰：“春夏学干戈，秋冬学羽籥，皆于东序”，则是把《礼记·月令》详细列出四季习舞的内容，包括“命乐正入学习舞”“乐正入学习吹”等，还有“大合乐”“大合吹”之类的演习，规模十分浩大。如此繁杂的训练，假若不从童年开始，自然难于掌握。所以《礼记·内则》说：“十有三年，学乐、诵《诗》，舞《勺》；成童舞《象》，学射御；二十而冠，始学礼，可以衣裘帛，舞《大夏》。”把始学乐舞的年龄定在十三岁，此后成童、及冠，都有相应的舞蹈需要学习。

⑤ 贵族阶层所学的均是正式的祭典之舞，非一般宴饮中用来助兴的歌舞。按《礼记·内则》中提到的《勺》《象》《大夏》，都是祭祀所用的舞乐。《祭统》说：“夫大尝禘，升歌《清庙》，下而管《象》；朱干玉戚以舞《大武》，八佾以舞《大夏》。”其中明确提到了《象》和《大夏》。而《勺》于《诗经·周颂》中原写为“酌”，本是《大武》中的一个乐章。参见王国维：《周大武乐章考》，《观堂集林》，中华书局，1959年。

⑥ 有人主张图像中舞者所持的，不是矛，而是箭，并引《周礼·春官·乐师》为证，其文曰：“燕射，帅射夫以弓矢舞。”这对于我们的论证大有帮助。但是我们仔细观摩图像，发现图中舞者所持的，很难说是弓矢（可对比“习射图”中的弓箭）。因此审慎起见，我们暂不采用此说。

⑦ 杜恒：《试论百花潭嵌错图象铜壶》，《文物》1976 年第 3 期。

竟是何诗，则要根据环境来作决定。①

有学者把图像中的乐舞和铜壶出土地点联系起来，认为其是文献中的“巴渝舞”。原发掘者就是如此认为：“此壶出于四川，可能这一武舞造型，即取材于本地固有之‘巴渝舞’。”② 今按，此说甚牵强。实际与百花潭铜壶乐舞图像相同者，并不仅仅见于四川，例如河北平山中山国墓出土铜豆一件、保利艺术博物馆收藏的两件铜壶、美国华尔特美术馆收藏的两件铜豆，以及近年四川宣汉罗家坝 M33 也出土了一件铜豆，其纹饰中所见乐舞图也都和本器图案中的完全一样。除宣汉出土铜豆外，其它诸器均与四川无涉，而且这些器物几乎全都表现出鲜明的中原文化特征，很难说是按四川的主题进行铸造的。

有关“巴渝舞”的传说，见于《后汉书·南蛮西南夷传》③，其中说到刘邦为汉王的时候，曾经征发当地夷人以平定关中。这些夷人“天性劲勇，初为汉前锋，数陷阵”，刘邦观看他们的舞蹈，叹之曰：“此武王伐纣之歌也。”于是乃命乐人演习，因而有了“巴渝舞”的称谓。④ 再按，《尚书·牧誓》记载，武王伐纣主要有庸、蜀、羌、髳、微、盧、彭、濮参与其中。而巴人作为姬姓国家，理应是昭王南征以后封到汉水流域的“汉阳诸姬”之一，商末时是否参加伐纣之役，本是很可疑的问题。⑤

实际上，把夷人的舞蹈，同“武王伐纣”时的歌舞联系起来，只是刘邦个人的一时联想，并没有什么特别的根据。学者因为刘邦的一句话，而把歌咏武王伐纣的“大武”联系到“巴渝舞”，又通过出土地点的原因而牵连及于本器。这一说法经不起推敲，必须重新加以考虑。

> 弋射图像，图左为短装射者四人，用矰缴仰射飞鸟，空中向右飞翔鸟群，已有数只贯矢下坠。其右边下为一穹顶帷帐，中立都柱，上有斗拱支撑帐顶；帐内六人，中有着长裳三人，皆左向立，一人持弓，一人垂手伫立，一人于壶边执勺取饮；另三人着短服，跽坐于地；屋内下部摆放猎获的禽鸟，帐外有一禽鸟飞过。

“弋射”又称“缴射”，是古代狩猎的一种方式，文献记载：“以缴系矢，仰射高鸟，谓之弋射”。⑥ 其狩猎对象是飞鸟，即将丝绳（缴线）系在短箭（矰矢）上，用于仰射飞鸟。⑦《诗·郑风·女曰鸡鸣》“将翱将翔，弋凫与雁。”凫是野鸭，雁是大雁，可见弋射的对象应该是以候鸟为主。故有学者认为弋射是一种季节性很强的狩猎活动。⑧

---

① 《左传·襄公二十六年》记晋侯与诸侯宴于温，而使诸大夫舞，曰：“歌诗必类。”《左传·襄公十年》：“鲁有禘乐，宾祭用之。”鲁国因为周公的缘故，所以得用天子之乐，按《礼记·仲尼燕居》，则鲁国之礼，于“升堂乐阕”之后，接着用管吹奏《象》，继而舞《武》、《夏籥》，都该是天子所行的礼乐，是特例。像宋公那样，动辄以《桑林》之舞享晋侯，则是失礼之举。其他贵族举行宴饮，如两君相见，则歌《文王》《大明》《緜》，见《国语·鲁语下》所记叔孙穆子之言，这一过程中应当也有乐舞，可惜由于书阙有间，今已不可考了。

② 四川省博物馆：《成都百花潭中学十号墓发掘记》，《文物》1976 年第 3 期。

③ 〔宋〕范晔：《后汉书》，中华书局，1965 年，第 2842 页。

④ 关于“巴渝舞”的更早材料，见于三国时谯周所著的《三巴记》中。其书今已不传。范晔作《后汉书》，当即取材于此。见《艺文类聚》卷四三《乐部·歌舞》所引。

⑤ 参见《左传·昭公十二年》，楚共王有宠妃名“巴姬”，足证巴为姬姓国。《华阳国志·巴志》云：“昔武王既克殷，以其宗姬封于巴。”此说大不可信。按，周初行封建，本有镇抚地方之意。巴国若参与伐纣，则是周人友邦。何以克殷之后，竟悍然废其君统，而封宗姬于巴，其事不近情理。

⑥ 《汉书·司马相如传》：“……微矰出，纤缴施，弋白鹄……”颜师古注曰：“以缴系矢，仰射高鸟，谓之弋射。”〔汉〕班固：《汉书》，中华书局，1962 年，第 2542—2543 页。

⑦ 《淮南子·说山训》说：“好弋者，先具缴与矰”，高诱注：“缴，大纶。矰，短矢。缴所以系者。缴射，射注飞鸟。”可见“矰”是一种短箭，而“缴”是一种丝绳。何行：《淮南子集释》，中华书局，1998 年，第 1148 页。

⑧ 宋兆麟：《战国弋射图及弋射溯源》，《文物》1981 年第 6 期。

依据文献记载[①]和相关图像资料，我们可以大致复原弋射的过程：弋射之时，将缴线一端缠缚于箭矢的中部，[②] 由于缴线较长，另一端绕于放置在地面的缴线轴上，射中飞鸟之后，缴线缠绕，从而将之捕获。

百花潭出土铜壶上的弋射图中，我们可以清楚地看到，弋者射出的短箭并非射中飞鸟，而是越过凫、雁，以箭身所系缴线缠缚在凫、雁的脖颈之上，使之坠落。这在本文所涉其他诸器上出现的弋射图中，也是如此。除此而外，随州曾侯乙墓出土衣箱、[③] 林巳奈夫著《殷周青铜器综览・三》所收弋射图（图十二）[④] 表现得尤为明显，缴线沿射出的方向往后折回，套住了飞鸟的脖颈。同样，汉代画像石中也可见，南阳靳岗曾出土的一块东汉时期的画像石（编号 HN—NY—189），也为我们清晰地展现了弋射的瞬间，[⑤] 弋者援弓射中一只大雁，缴线缠绕在大雁的长颈上，而弋者似乎还在用力拖拽（图十三）。

图十二　《殷周青铜器综览》所收录的弋射图

图十三　南阳靳岗出土的弋射画像石

通过上述图像，我们不仅了解古人弋射的过程，也修正了人们对于弋射中缴线作用的认识，除可以用来回收射出的箭矢外，缴线更重要的作用是为了缠缚飞鸟。又，弋射所用之缴，材质上也有讲究，通常是由很轻的丝缕制成，而且缴线制作是一项技术性很强的工作；[⑥] 同时，缴线还须具有相当的强度，方能缚住飞鸟，一般都是丝线合股搓成，如当阳曹家岗五号墓出土一种"绕线棒"，其柱体上缠绕的丝线，便是由三股

① 《新序・杂事篇》说："槛鹄嬉游乎江汉……不知弋者选其弓弩，修其防翳，加矰缴其颈，投乎百仞之上，引纤缴，扬微波，折清风而殒。"据此文义，槛鹄（一种天鹅）不是直接被射落，而是被弋者"加矰缴其颈"，从而"引纤缴"，从空中拽下。刘向撰、石光瑛校释、陈新整理：《新序校释》，中华书局，2017 年。

② 班固《西都赋》"矰缴相缠"，说明缴线与矰矢相缠缚。今按：缴线之"缴"（读 zhuó）。严可均：《全上古三代秦汉三国文朝文》，中华书局，1958 年，第 604 页。

③ 湖北省博物馆：《曾侯乙墓》，文物出版社，1989 年，第 357 页，图二一七。

④ ［日］林巳奈夫：《殷周青銅器綜覽・三：春秋戰國時代青銅器の研究》，吉川弘文館，1989 年，第 340 页，图 8—15。（原图见 Revue des Arts Asiatiques，Vol. XII，4，p. 137，fig. 4.）

⑤ 王清建、朱青生：《汉画总录》（20，南阳卷），广西师范大学出版社，2013 年。

⑥ 《说文解字注》："繁，生丝缕也。谓缕系矰矢而以谁射。"段玉裁：《说文解字注》，上海古籍出版社，1988 年；下文简称《说文》，所引内容均出自此本，不再注明。《汉书・苏武传》记苏武为匈奴所获，掳至北海，"单于弟于靬王弋射海上，武能网纺缴，檠弓弩，于靬王爱之，给其衣食"。可见缴线的制作，当有一定技巧，并非人人所可为，苏武由于能够"网纺缴"，所以得到于靬王的优容。〔汉〕班固：《汉书》，中华书局，1962 年，第 2463 页。

匀称纤细的丝线搓制而成。[①] 曾侯乙墓出土“纺锤形器”，其陀身中部缠绕的丝线，也是由七八根丝线撮合而成。[②]

由于不以射杀为目的，弋射所用是一种没有锋利镞头的箭矢。在考古发掘中，发现了一些平头或圆头的箭矢，都没有锋利的镞头，有学者认为就是“矰矢”。[③] 秦始皇陵西侧陪葬坑的一号铜车马车舆之中的铜箭箱内发现过 54 枚铜矢，其中有 4 枚铜矢的镞头部分为圆柱体（图十四），[④] 不具杀伤力，有学者就认为是弋射所用的矰矢。[⑤] 此外，也有人认为，弋射所用之矢，“箭头有倒刺，箭铤中有孔槽。前者防猎物逃脱，后者适于系绳”[⑥]。就考古资料来看，此说似乎有待商榷。

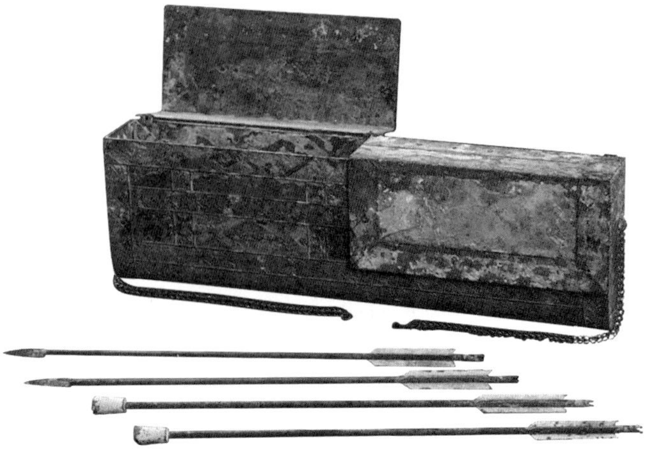

图十四　秦始皇陵一号铜车马发现铜笼箙与铜矢

前文已述，缴线的另一端必须绕于缴线轴上，除了防止弋射中缴线纠缠之外，还需要在地面固定，以防射出的箭、缴被飞鸟带走。法国巴黎私人藏家收藏的狩猎纹铜壶中，射者所执弓矢的下方，通过缴线直接与一种球形之物连接，[⑦] 当即古书所说的“磻”，[⑧] 此图中可能还未出现缴线轴。

图十五　收割·弋射画像砖拓片

考古发掘中，缴线轴亦有发现，如曾侯乙墓东室出土的缴线轴就是和车舆配合使用的，当为贵族驾车田猎时所用。[⑨] 另有一种较为普遍，放置于地面之上，与不同装置配合使用。百花潭出土的铜壶上，缴线下端似与一提篮形装置连接；再结合故宫和上海博物馆铜壶图像中，弋者射出的缴线末端坠有一种绕线用的转轴，我们认为，提篮形装置是将磻与缴线轴结合改进而成。此种装置，更清晰的形象见于四川博物院藏东汉“弋射·收获”画像砖画面中（图十五），两名弋

① 湖北省宜昌地区博物馆：《当阳曹家港 5 号楚墓》，《考古学报》1988 年第 4 期。

② 湖北省博物馆：《曾侯乙墓》（上），文物出版社，1989 年，第 451 页。

③ 相关研究参见丛文俊：《弋射考》，《青果集——吉林大学考古专业成立二十周年考古论文集》，知识出版社，1993 年；何驽：《缴线轴与矰矢》，《考古与文物》1996 年第 1 期；袁艳玲：《楚地出土平头镞初探》，《江汉考古》2008 年第 3 期。但也有不同认识，参见湖北省荆州博物馆：《江陵雨台山楚墓》，文物出版社，1984 年，推测为习射用的志矢；湖北省博物馆：《曾侯乙墓》，文物出版社，1989 年，推测为投壶用矢；陈春慧：《矰矢、恒矢、绕缴轴——兼与何驽先生商榷》，《文博》1998 年第 6 期，认为是射礼所用的恒矢等。

④ 秦始皇帝陵博物院：《秦始皇帝陵出土一号青铜马车》，文物出版社，2012 年，第 352 页。

⑤ 冉万里：《由弋射之矢看秦始皇陵车马坑》，《大众考古》2015 年第 1 期。

⑥ 宋兆麟：《战国弋射图及弋射溯源》，《文物》1981 年第 6 期。

⑦ 李夏廷、李劭轩：《晋国青铜艺术图鉴》，文物出版社，2009 年，第 321 页。

⑧ 宋兆麟：《战国弋射图及弋射溯源》，《文物》1981 年第 6 期。

⑨ 何驽：《缴线轴与矰矢》，《考古与文物》1996 年第 1 期。

者身旁各放有一个篮形盛具，其中并排装设有四个绕线所用的转轴，弋者所持之矢，即通过缴线连接在此转轴上，因此弋者发箭后，可以通过转轴将其回收，是一种滑轮式的弋射装置。[①]

小泽之滨，草木丰美，凫、雁一类的水禽，取食、栖息、迁徙都在此类地方。因此，古人选择将弋射地点，通常都在水滨泽畔。[②] 故宫和上海博物馆所藏的画像纹铜壶，反映的正是水边弋射的实况，图像中不仅绘有池泽鱼鳖，画面左侧还有一人驾舟持弓，可见其必在水滨无疑。平山三汲 M8101 出土的画像纹铜豆，图像中虽未表现池泽之景，但同样描绘了水中的鱼类，可见弋射的地点依然是在泽畔。这充分说明了古代人弋的地点，确实选在水泽之滨。[③] 百花潭出土的铜壶，其弋射的地点同样当在水滨，只是由于画面布局的缘故，没有足够的空间用来表现弋射的背景，所以对于池泽、鱼鳖只好一概从略了。

弋射图像右下的帷帐画面应当与射禽有关，其表现的仍是弋射主题，帐内的排放的禽鸟正是左侧图中弋射所得。帐内站立的三人皆着长服、腰间佩剑，与弋射者服饰差异明显，我们再结合美国华尔特美术馆所藏铜豆的图像，其上弋射图最右方有一男子，也身着长服、腰间佩剑，手提一只弋获的禽，明显是弋射图的一部分。由此可知，弋射主题中出现了服饰、身份地位不同两种人物，着长服者当是身份地位高的贵族，帷帐是专供其更衣休憩用的。

此类穹顶帷帐的渊源尚难考证。根据金文资料，可能在西周时期就已经出现了可以移徙帷帐，并用于周王巡行。[④] 因为移动方便，帷帐也可以张设于离宫别苑、战场等不同的场所。[⑤] 百花潭铜壶所绘的帷帐图像，也是这类帷帐中的一种，但形式可能更简单，因而也更便于搬迁，为我们认识东周时期的帷帐提供了生动的影像。

习射图像主要位于弋射图像之帷帐之上，图中建筑物内五人，皆右向，右第一人引弓待发，第二人一手持弓一手抽矢，第四、第五人于其后，均作校试弓状，左楹柱外屋檐下一人，当为司马；建筑右一人执旌，为获者，其前方张射侯；射侯侧旁一人踞坐于地，手执算，当为释获者。下方帷帐左右均有人站立，对比相关图像可知，均是与习射有关的竞射者、司射等人员，画面已不完整。

本文所涉习射图像中，最为完整者当属陕西凤翔高王寺出土铜壶之一颈部习射图，其分为上下两层（图十）。将之与百花潭铜壶第二层习射图像结合，我们可以确定，后者因增加了帷帐，将下面一层习射场景覆盖，也反映了此类铜壶在铸造过程，纹饰主题是可根据需要调整、增减的。

前文已述，百花潭铜壶第二层宴饮乐舞、习射图像与第一层习射图像共同表现的为燕射主题，我们将之合并一处论述。关于"习射"这一主题，我们在前面分析第一层图像时，已进行了详细讲述，不再赘言。只

---

① 《墨子·备高临》中说："矢长十尺，以绳□□（此处阙字当为"系于"）矢端，如弋射，以磿鹿卷收。"（按："弋射"原文作"戈射"，今从孙诒让校改。）讲到一种连弩车"磿鹿"，可用于发射箭矢，通过矢端所系之绳，而把射出的箭收回来。王引之认为是一种收线用的工具，其引《方言》曰："維车，赵魏之间谓之轣辘。"又引《广雅》曰："維车谓之厤鹿。"又引《广雅》曰："維车谓之厤鹿。"今按《说文》："維，著丝于筟车也。"可知維车原是一种缫丝用的纺车，又称"轣辘"。战国时这种技术已成功运用到了弋射之中。

② 古人对此早有认识，《诗·小雅·鸿雁》称："鸿雁于飞，集于中泽。"郑笺云："鸿雁之性，安居泽中。"

③ 当然，弋射的地点也有不在水滨的。曾侯乙墓衣箱上的弋射图，描绘的可能是神话中的场景，其地点便不在水滨。上海博物馆藏宴乐射猎纹椭盃的图像，弋射可能也不在水滨。但东汉时的"弋射·收获"画像石，描绘的则是水滨的情景。

④ 金文中常见周王巡行某地，即在此地"设应"的记载。（如：杜应、楚应、下減应等。）此"应"字，据陈梦家先生考释，当释为"廙"，《说文》以为"行屋也"。段玉裁曰："行屋，所谓幄也。许书《巾部》无'幄'篆。《周礼》'帷幕幄帟'（引按：见《天官·幕人职》），注云：'四合象宫室曰幄，王所居之帐也。'……帐有梁柱可移徙，如今之蒙古包之类。"陈梦家：《西周铜器断代》，中华书局，2004年，第142页。

⑤ 《史记·秦始皇本纪》记始皇并天下，听卢生之言，"乃令咸阳之旁二百里内宫观二百七十，复道、甬道相连，帷帐、钟鼓、美人充之。"《留侯世家》记刘邦破咸阳，入秦宫，见"宫室、帷帐、狗马、重宝、妇女以千数"。这是离宫别苑中所张设的帷帐。同书《高祖本纪》又记刘邦自述说："夫运筹策帷帐之中，决胜于千里之外，吾不如子房。"则是用于战场的帷帐。参见〔汉〕司马迁：《史记》，中华书局，1959年。

是这里的习射图由于空间布局的原因，画面十分局促，不及第一层中的图像来得完整。例如：图中所绘的射者仅为两耦，且下耦、上耦同升于堂，不符合射礼的规范。此外，画面中也没有出现释获者，仅堂下一获者执旌而立。又，画面右下角有站立者四人，可能为射礼的执事者。唯其中何者为司马、何者为司射，今已无从判断。

尤其值得注意的是，这里的图像中出现了箭靶，也就是所谓的“侯”，① 正好补全了第一层习射图中所缺的射侯。礼射所用的乃是布侯，② 古人具体行射时，依所行射礼的不同，所射之侯是有区别的。③ 习射正式开始前，先由司射命弟子张侯于堂下，射者由堂上朝堂下而射。堂与侯间的距离称“侯道”，④ 其长短依射者的等级而不同。⑤ 侯的大小，又取决于侯道的长短。大抵侯道越长，则侯的面积也越大。百花潭的铜壶上，射礼是在堂上举行的，而张侯之处则位于堂下，其上下之界相对分明，这和文献所述是基本相符的。

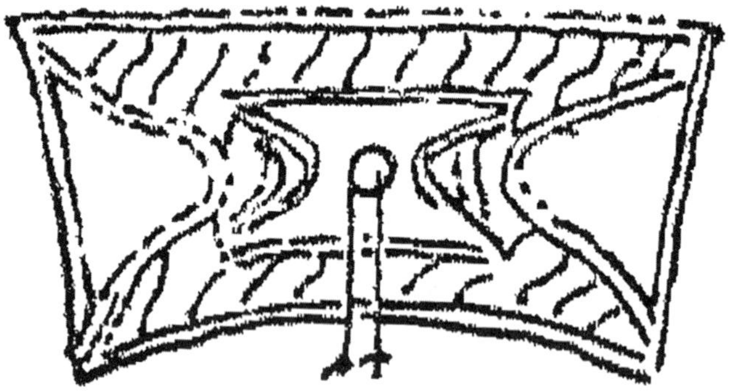
图十六　上海博物馆藏宴乐画像纹椭盃上的侯

古书中，侯的不同部位分别有其不同的名称。关于这些名称，前人历来争论不休。大体来说，郑众、马融等人把侯分为四个部分，由外向内分别是：侯、鹄、正、质。⑥ 我们看上海博物馆收藏的宴乐画像纹椭盃，其上所画的侯，由于经过拉伸固定，四角有如舌张，其内部则很清楚地分为三层，依次是“侯”“鹄”“质”，有一矢正中侯之“质”，另一矢稍偏而犹在“鹄”中（图十六）。⑦ 百花潭出土的铜壶上，侯的图像位于画面第二层的右方，看起来应是简化后的形象，其正中圆形的部分，当即文献所说的“质”，而“鹄”的部分则没有画出。

第三层纹饰

这一层为水陆攻战图像。攻城在左，舟战在右。

攻城图像分上下两层，上层为守方，下层为攻方。城上十一人，第一人执矛下刺；第二人揪第三人

① 《说文》：“矦（侯），春饗所䠶矦也……象张布，矢在其下。”

② 《仪礼·乡射礼》和《大射仪》的郑注都说：“侯，谓所张布也。”

③ 根据文献记载可知，大射所用的为皮侯，宾射所用的为采侯，燕射所用的为兽侯。其区别是：皮侯以皮为饰，其正中的“鹄”为兽皮制成；而采侯、兽侯则通体为纯布，只是前者于侯上施五彩之色，而后者则绘有兽头。进而言之，则兽侯上所画的兽，又依射者的等级而有所不同。又如《仪礼·乡射礼》：“凡侯，天子熊侯，白质；诸侯麋侯，赤质；大夫布侯，画以虎豹；士布侯，画以鹿豕。”郑注：“此所谓兽侯也……熊、麋、虎、豹、鹿、豕，皆正面画其头。”而《说文》则于“矦”字下，罗列天子所射为“熊虎豹”，诸侯所射为“熊豕虎”，大夫所射为“麋”，士所射为“鹿豕”。《仪礼·大射》中更有“大侯”、“参侯”、“干侯”等名目，以为公所射、大夫所射、士所射之皮侯。这些分别未得到实物的证明，暂存而不论。

④ 《仪礼·大射》：“司马命量人量侯道”，郑玄注：“量侯道，谓去堂远近也。”

⑤ 《白虎通·乡射篇》：“天子射百二十步，诸侯九十步，大夫七十步，士五十步。明尊者所服远也，卑者所服近也。”陈立：《白虎通疏证》，中华书局，1994 年，第 247 页。

⑥ 《周礼·天官·司裘》郑玄注引郑司农云：“方十尺曰侯，四尺曰鹄，二尺曰正，四寸曰质。”这是一种说法。而郑玄则根据古书中“正”“鹄”杂言，推论正、鹄当为一物，只是因材质的不同而名称互异。《礼记·中庸》：“失诸正鹄，反求诸其身。”郑玄注：“画布曰正，楱皮曰鹄。”这是又一说。我们从图像上看，射侯确实分三部分。其最外层的部分称为“侯”，又称“侯中”。《周礼·考工记·梓人》：“梓人为侯，广与崇方。”郑注：“高广等者，谓侯中也。”侯中是侯的整体，通常用布缝制，据传当为方形。由侯中向内，则分为长方形束腰的部分和正中心圆形的部分。前者我们认为是“鹄”或“的”，后者我们认为是“质”或“正”。《大戴礼·劝学篇》“是故正、鹄张而弓矢至焉”，《荀子·劝学篇》则作“质、的张而弓矢至焉”，“正、鹄”和“质、的”相对为言。若“鹄”在外而“质”在内，则“的”和“正”可能也是前者在外和后者在内。〔清〕王聘珍：《大戴礼记解诂》，中华书局，1983 年；〔清〕王先谦：《荀子集解》，中华书局，2013 年。《诗·小雅·宾之初筵》“发彼有的”，是说射者朝着“的”而发箭，中或不中尚不可知；而《齐风·猗嗟》“终日射侯，不出正兮”，则是形容射者箭法之准，每一箭都命中靶心。

⑦ 陈佩芬：《夏商周青铜器研究》，上海古籍出版社，2004 年，六一三器。

头发，挥剑下砍；第四人执盾挥戟；第五人将攻方一人首级砍下，尸身已坠城下；第六人执剑，[illegible]抓住人发；第八人俯身投掷擂石，一手捡石一手掷石；第九人执盾挥剑；第十人正在躲避第九人的劈杀，手中武器刺向第十一人；第十一人手执剑，面向第十人作劈砍状。城下，云梯组在左共二人，二人在上，一人在下；踞堙组之一居中，三人，一人坠城（身首异处），二人继之；踞堙组之二五人，两人执盾挥剑作攀登状，右上二人，左侧人作跌倒状，右侧人揪左侧人头发，右下人作倒坠状，无首；左下夹角二人，一弓箭手一人执剑盾，可能为守方。

李学勤先生在论述百花潭铜壶时，认为攻城图上，进攻方并未使用云梯[①]。对比山彪镇 M1 出土铜鉴纹饰，可以看到有一组士兵借助云梯攻城，其中一人推舆，三人举梯，两人冒矢石而上，这一场景在故宫和上海博物馆收藏的铜壶上也有所反映，只是对云梯进行了简化。上述二壶与百花潭出土铜壶主题一致，然后者纹饰精简过甚，仅仅保留了攻城的人物，图中一人位于攻城二人之下，推测当是举梯者，表明该图中也有云梯，不知何故将之直接省略了。《墨子·备城门》在叙述攻城方式的时候，曾将“梯”作为攻城的手段之一，同书《公输》《备梯》等篇也有相关记述，将其称为“云梯”。可见春秋战国时期，云梯确已应用于实战当中。

图中还有两组攻城者，当为借助踞堙进攻。前引《墨子·备城门》中有“堙”为攻城方式之一，《孙子·谋攻》称之为“踞堙”。具体说来，即攻方在城下垒土铺道，形成斜坡，作为登城的凭借。《墨子·备高临》有所谓“薪土具上，以为羊黔”，《杂守篇》中也称为“羊玲”，当为同一种手段。

攻城战中兵器可见戈、矛、剑、盾、弓、戟、擂石等。据考古资料，先秦时期戈柲长度根据使用的需要有长、中、短之分。郭宝钧曾提出：“普通与人站立时的眉端稍等谓之中兵。比中兵长一倍的谓之长兵，隔杀或车战时用之最便，比中兵短一半的谓之短兵，一手执盾用之最便。”[②] 百花潭出土铜壶的水陆攻战图像中，可见不同长度的铜戈。

另外，兵器戈、戟、矛的柲上都可见单独附的觙，觙的本义是指鸡距，《说文》：“距，鸡距也。”勾形，生于鸡爪后稍上，因为角质，亦可写为觝，雄鸡争斗时作为武器；其又见于《左传·昭公二十五年》：“季、郈之鸡斗。季氏介其鸡，郈氏为之金距。”此处郈氏在鸡脚之上加装了金属薄片以为假距，以增强鸡的攻击性。考古资料中可见单独的觙出土，在戈、戟、矛的柲上加装觙是为了增强杀伤力，在一定程度上说明了当时战争激烈程度和残酷性。

舟战，是以左右二舟对抗，舟分上下两层，左舟张帛为旗，右舟析羽为旌，上层各有五人，二舟尾各有建鼓、跽坐执桴敲击者一；下层各有四人划船。两船上层战士作互攻状，前二人持短剑肉搏，后面人执戟、戈、矛互攻助战，两舟之间有一落水者。

春秋中后期，随着吴、越两国的崛起，春秋争霸战场上的战争形式发生了前所未有的变化，由陆上作战变成水陆两路作战，“舟师”开始在文献记载中出现。正如清人顾栋高在《春秋大事表》中所概述的：“传文所载，初年仍古法用车，最后毁车崇卒，吴楚越则用舟师。”[③]

舟战多见于南方，盖因吴、楚、越处于长江一线，水道纵横，便于行舟，故舟师乃是三国常用的作战单位。例如《左传·昭公二十四年》：“楚子为舟师以略吴疆。”又如昭公二十七年，楚军“与吴师遇于穷，令尹子常以舟师及沙汭而还”均可为证。又《左传·昭公十七年》记长岸之战，楚师大败吴师，“获其乘舟余

① 杜恒：《试论百花潭嵌错图象铜壶》，《文物》1976 年第 3 期。
② 郭宝钧：《殷周的青铜武器》，《考古》1961 年第 2 期。
③ 〔清〕顾栋高：《春秋大事表》，中华书局，1993 年，第 2529 页。

皇"，可见战争中会刻意俘获对方战船，进而可证战船的重要性。

春秋晚期至战国，舟战主题作为青铜器纹饰在地处北方的三晋地区流行，当是黄河流域与长江流域文化交流的产物。

战船之上陈设金、鼓，《诗经·小雅·采芑》毛亨传曰："钲以静之，鼓以动之。"可见二者用于节制士兵进退。《左传·庄公十年》记载长勺之战，曹刿在论述取胜的原因时说"夫战，勇气也。一鼓作气，再而衰，三而竭"。可见战争中进攻必鸣鼓；而且，鼓多在主将的战车上，主将必秉桴击鼓，激励士气，足见其重要性。《左传·成公二年》在齐晋鞌之战中记述"郤克伤于矢，流血及屦，未绝鼓音"。最终取得胜利。该图系舟战场面，鼓在舟尾，长戈状鼓架横贯于鼓腹，可能为建鼓。

战中鸣金则停止接触，即所谓"鸣金收兵"也，所之鸣金，一般认为即钲，其在典籍中又称"丁宁"。《左传·宣公四年》记若敖氏之乱，"伯棼射王……著于丁宁"，杜注："丁宁，钲也。"从百花潭铜壶和其他作战图像来看，战国时期阵上用的"金"附于鼓架台座上，有一条盘旋弯曲的杆与之连接，山西潞城潞河战国墓出土铜匜之刻纹中，图像明确可见为钲[①]。另，本器宴饮场景中也有建鼓和钲的组合，证其也可用于宫廷宴享、宗庙祭祀之乐。

战船之上还陈设有旌、麾等，为指示士兵迎敌方向之用。《周礼·春官·司常》载："司常掌九旗之物，名个有属，以待国事。……通帛为旜，杂帛为物……全羽为旞，析羽为旌。"郑注："通帛谓大赤"，"杂帛者，以帛素其侧"，"全羽、析羽皆五彩，系之于旞旌之上，所谓注旄于干首也"。《仪礼·乡射礼》："旌各以其物。无物，则以白羽与朱羽糅，杠长三仞，以鸿脰韬上二寻。"沈从文先生在《中国古代服饰研究》有详论：旌是旗类总称，如不用绸帛，即用红白长羽混杂杠子约长二丈，应即"翿旌"，用来指挥军队左右进退。所谓"通帛"，即整匹绢帛，正合后人释主兵事的蚩尤旗"制如匹帛"相同，也就是麾。图中所见，古人或名"旜""旞"，较后通名"旌""麾"，是用来指挥军事攻击或防御方向的，和金鼓节制进退，同为古代战争进行中不可缺少的工具。[②]

第四层纹饰

可分为上下两组。上边一组为狩猎图像，有禽兽三十一只，四猎人正持矛分别与兽搏斗；下边一组为十三个对兽纹和桃形图案组成的图案一周。这一层图像极其简单，更多是花边装饰的作用。经过比对，该壶盖上的兽纹也应属狩猎纹。

狩猎纹是画像纹的一种，始现于春秋晚期，主要流行于战国时期，内涵以狩猎场面为主，还有不少复杂的图像，如一般都会出现"羽人类"带有神话传说色彩的神物形象[③]。

狩猎纹青铜器特征鲜明，长期受考古学和美术史学者的关注和珍视。早在 20 世纪 30 年代，主体纹饰是狩猎纹的青铜器就已有学者关注[④]，因其纹饰中多见鸟、蛇主题，许多论作以为是吴、楚地区的文化特征[⑤]，现在看来在中原地区也较为流行。

战国早期开始，狩猎纹与采桑、习射、宴乐、战争等纹饰场面搭配使用，但在多数铜器上属于辅助纹

---

① 山西省考古研究所、山西省晋东南地区文化局：《山西省潞城县潞河战国墓》，《文物》1986 年第 6 期。

② 沈从文：《中国古代服饰研究》，上海书店，2002 年，第 75—87 页。

③ 李零：《琉璃阁铜壶上的神物图像》，《文物天地》1998 年第 4 期。

④ 徐中舒：《古代狩猎图像考》，《徐中舒历史论文选辑》，中华书局，1998 年，第 225—293 页。

⑤ 参见陈文华：《几何印纹陶与古越族的蛇图腾崇拜》，《考古与文物》1981 年第 2 期；姜彬：《吴越民间信仰民俗》，上海文艺出版社，1992 年；俞伟超：《关于楚文化形成、发展和消亡过程的新认识》，《中国历史博物馆考古部纪念文集》，科学出版社，2000 年。

饰。在与其他表现社会生活的图像结合之后，狩猎纹去掉了神话色彩的图像，仅保留了写实的狩猎场景。这一变化从侧面说明，嵌错人物画像纹装饰来源于东周时期真实的社会生活，狩猎纹可能是东周时期贵族在苑囿中狩猎的写实图像[①]。《周礼·夏官·大司马》记载，周王有春蒐、夏苗、秋狝、冬狩的四时蒐狩制度，更多地具有兵事和祭事的性质，所获猎物供祭祀、宴乐之用。到了春秋战国时期，狩猎的祭祀功能消退，宫苑狩猎大抵属于娱乐活动，是贵族社会生活的真实写照。

二、关于器物内涵的讨论

成都百花潭十号墓出土的嵌错宴乐水陆攻战纹铜壶，造型华美，工艺精湛，是战国时期青铜器的典型代表，因而一经出土即负盛名，被视为文物中的瑰宝，堪称“教科书级”的历史珍品。

从春秋晚期开始，一系列新技术、新工艺的出现和流行，促使青铜器铸造工艺的飞跃发展；与之相呼应，青铜器纹饰陡然变化，纹饰中种种推陈出新的变革，将中国青铜器的艺术水平推向顶端，造就了中国青铜器发展史上的第二个高峰。

嵌错人物画像纹在这一阶段大放异彩，其出现与流行是中国青铜艺术“整体突变”的表现之一。百花潭出土铜壶所采用的嵌错装饰工艺和内涵丰富的人物画像纹饰，充分反映了战国时期青铜器发生的一系列新变化。

就装饰工艺而言，百花潭出土铜壶是东周时期青嵌错技术的珍贵实物。据学者研究，春秋战国之交，嵌错工艺已经广泛应用于列国所制青铜器。一般认为，该工艺的制作流程可能为：铸造铜器时预先铸好纹饰沟槽，将红铜锤打成薄片或者长条形，压入沟槽中，加以锤打，磨错即成；预铸的沟槽横截面为梯形，上窄下宽，如此嵌入的红铜才比较牢靠。特殊的装饰工艺，使嵌错人物画像纹铜器对器物类型和功用是有选择的，多施于不受热的壶、豆、鉴等器之上。

就艺术风格而言，人物画像纹一改前期青铜器纹饰对称分布的基本特征，在纹饰的空间布局、表现手法上有了创造性的改变，画面构思、形象设计已可归入狭义的绘画艺术的范畴，有学者做过专门的论述[②]。

人物画像纹铜器在纹饰构图上，采用多层次排列和穿插接续的布局方式，在同一器物表面表现多个物象和场景。前者是指器表图像被分为若干层，每一层内表现不同的主题，不同层的纹饰主题可能有联系；后者是指每一层横向穿插描绘，不同场景间并没有明显的界线，而是依靠内容和形式的差异作截然的分隔，不同场景之间不存在共用的层次。需要指出的是，由于没有掌握透视原理，人物画像纹图像均为正侧面剪影式形象，平排放置，前后关系通过上下放置来表现，进而使画面立体感差，没有景深，缺乏生动的实感。这也说明，人物画像纹依然深受传统对称式纹饰的影响，画面带有较强的图案色彩。

以百花潭出土铜壶为例，该器器身装饰的四层图案，每一层都是不同场景的横向穿插，相邻画面在布局上并无相互影响、牵制的现象存在。由于构图、布局的成熟与精巧，使器物表面空间被最大限度地利用，画面排列、穿插自然，散而不乱。人物、鸟兽形象均简洁、动感而富有生趣；剪影式的动态人物造型，通过简单的姿势即可表现其所从事的各种活动，是当时绘画技法中写生能力和表现技法水平的实证。

另外，细较嵌错人物画像纹铜器，相同主题纹饰都有草率甚至错误之处。就本文所涉的铜器中，故宫铜壶第一层纹饰中射宫的高台一直延伸到了采桑图像中，将采桑与分成了上下两层，破坏了画面的完整性，明

① 曹春平：《东周青铜器上所表现的园林形象》，《中国园林》2000年第3期。

② 马承源：《漫谈战国青铜器上的画像》，《文物》1961年第10期；杨泓：《战国绘画初探》，《文物》1989年第10期。

显是一个铸造错误。百花潭铜壶第一层纹饰习射图像中省去了射侯，第二层纹饰中，增加的帷帐叠压在原本的习射图像之上。凤翔高王寺铜壶之一颈部习射图像倒置，腹部宴乐图像中省去了乐舞场景。再如，除华尔特藏铜豆外，其它诸器宴乐图像中均省去了通往堂上中廷的台阶。若将诸器习射场景对比，会发现获者、释获者及射礼的执事人员等，都是可以根据空间减省的[①]……上述草率甚至错误之处，研究者若不细加分辨，则容易陷入误区之中。

我们认为，嵌错人物画像纹青铜器在铸造之前，应该是有以绘画为底本的，而且统筹安排了画面布局。纹饰整体是绘画雕刻化的表现，借用了绘画艺术的复杂构图和线条造型的基本技法。此类铜器是研究我国战国时期绘画艺术的珍贵实物，是战国时期绘画艺术的局部反应。但是，纹饰图像要更多地迁就画面空间，草率甚至错误之处在所难免；纹饰图像的不完美并不影响器物的使用和流传。在很多主题和表现手法上，嵌错人物画像纹青铜器与汉代盛行的画像砖石艺术存在传承关系，开汉代画像砖石艺术之先声。

除了工艺与艺术特色外，嵌错人物画像纹以描绘现实中的社会生活为主题，在一定程度上，再现了东周时期的历史实况。习射、宴乐、弋射、采桑、战争和狩猎等现实主题，相互组合，刻划细致入微，栩栩如生，有学者甚至将之称为“嵌错社会生活图画”[②]。

随着线刻画像纹和嵌错画像纹铜器的陆续出土，学界对此类器物上的纹饰图像及其所反映的社会、历史等做了深入的研究[③]。综合梳理嵌错人物画像纹铜器，可知此类纹饰图像大致包含以下几项内容：

1. 习射：图中有一建筑物（射宫），图左设侯，两人并射，其后又有候射者依次等待，画面中或可见获者、释获者、司马、司射等。画面可与《仪礼·乡射礼》相对照，是东周时期射礼的生动重现。

2. 宴饮：一般是在宏阔的建筑物（如路寝之类）之内，宾主进行飨宴，有侍者侍候，可见取食、斟酒、献酒等画面；堂前可见执矛作舞的场面，下边有编钟、编磬、建鼓、笙、箫等演奏场面，是战国时期贵族“钟鸣鼎食”的奢靡生活的再现。

嵌错人物画像纹铜器上的习射、宴乐两个主题，还原了春秋战国时期贵族在宴乐过程中举行燕射的过程、器用制度、礼仪仪轨等，在一定程度上佐证了文献记载。

3. 弋射：画面一般为四名短射者，张弓向天，用矰缴（系绳的箭）仰射飞鸟，有鸟已经贯矢下坠；有的画面可以看到弋射飞禽的地点为泽。百花潭出土铜壶还可见野外所用的帐幕。

4. 采桑：画面以两株桑树为最显著，枝间有人采摘树叶，此画面为一般采桑主题所必备；树下有男、有女，人数不固定，姿态各异，不同器物上画面会有差别。对于此主题的具体含义认识尚不统一，一般认为是当时青年男女相约会面场景的艺术再现，其可能具有风俗或祭祀的含义。

5. 战争：分为野战、攻城之战和舟师之战。攻城之战中，城池上之士兵抵抗从下而上进攻的士兵，城池下者架以云梯，协作攻城；舟师之战为两艘战船，船分两层，上层载以兵士，下层为奋力划桨者，两船已相会交锋。画面将兵士持武器奋力拼杀、战死者纷然倒下、甚至头颅落地等情景真实地再现，可见战争场面之残酷、激烈。战争图像中多种兵器的组合使用，攻城器械，舟战场景，均是当时战争的如实的记录。战争题材纹饰的出现及流行，与东周时期列国之间频繁的兼并战争有关，是当时社会背景的反映。

6. 狩猎：画面根据分布位置不同，有繁有简，一般均做猎手持剑、盾与野兽搏斗状。狩猎纹作为主题纹饰主要流行于战国时期，其与上述纹饰结合后有所改变，为贵族宫苑狩猎活动的记录。

---

① 王传明、姚娟娟：《战国嵌错铜壶射礼画像的错与对》，《中国文物报》2018 年 7 月 27 日。

② 孙华：《嵌错社会生活图画壶》，《保利藏金（续）——保利艺术博物馆精品选》，岭南美术出版社，2001 年；185—197 页。

③ 相关研究参见杨宗荣：《战国绘画资料》，中国古典艺术出版社，1957 年，图 20；马承源：《漫谈战国青铜器上的画像》，《文物》1961 年第 10 期；沈从文：《中国古代服饰研究》，上海书店出版社，2002 年，第 75—87 页；杜恒：《试论百花潭嵌错图象铜壶》，《文物》1976 年第 3 期；袁俊杰：《两周射礼研究》，河南大学博士论文，2010 年（该文中战国时期射礼研究使用人物画像纹青铜器的相关图像）。

通过上面梳理可知，人物画像纹以社会生活情景为蓝本，极具写实性和现实主义。春秋战国时期，当各诸侯国国力势均力敌之时，维持的格局只能选择。这种均势的分裂，为各思想流派的盛行提供了生存和实验的土壤。这样的社会环境，我们可以借用贾雷德·戴蒙德的“最优分裂原则”[①]来说明，列国在保持鲜明文化个性的同时，又可以开放地接纳其他文化。人物画像纹的出现、流行与当时社会生活方式、思想观念所发生的巨大变化密切相关，是人文主义新潮流在青铜器上的物化；体现了人的个体价值正在被社会所重视，人的形象摆脱了被动与束缚，人的活力得以展现，是中国青铜艺术从神的艺术向人的艺术转变的见证。

结　语

四川地区出土人物画像纹及其相关青铜器，除百花潭十号墓出土嵌错宴乐水陆攻战纹铜壶、宣汉罗家坝M33出土水陆攻战纹铜豆外，还有宣汉罗家坝M2出土狩猎纹铜壶[②]，成都青羊小区工地出土狩猎纹铜壶[③]以及1941年成都白马庙出土狩猎纹铜壶[④]。这些铜器的产地历来有争议。

根据考古资料，嵌错人物画像纹和与之纹饰可系联的青铜器，主要出土于黄河中下游区域，而且以三晋地区最为流行[⑤]。对比嵌错人物画像纹铜器，其纹饰构图、内容、情节等极为相近，应是出自同一母题。另外，山西侯马铸铜遗址曾出土一件嵌错人物画像纹铜器残模[⑥]，画面为采桑场景（图十七），几乎与同类青铜器中常见的采桑场景完全相同。因此，我们认为嵌错人物画像纹青铜器是在特定区域铸造之后流传开来的，其产地应当是晋或者三晋地区，属于晋系青铜器[⑦]。

人物画像纹及其相关青铜器，在战国时期的四川地区，是标识社会地位、身份的“奢侈品”[⑧]。其上的纪实性人物画像纹，是中原文化礼制、文化习俗、社会生活等的具象化的表现，是巴蜀贵族慕尚中原文化，以开放、包容的胸襟吸纳先进文化的实物证据。这些铜器流传到四川地区，是文化交流的实物见证，证明早在春秋战国时期巴蜀地区就与黄河中下游地区存在着密切联系。

图十七　侯马铸铜遗址出土“采桑纹”陶范

以前被认为是“四塞之国”的巴蜀地区，既保持了鲜明的地域文化特色，同时又接受和吸纳列国文化，被频繁纳入与各诸侯国的文化交流之中。并且，正是外来文化因素的不断融入，引发了四川盆地一次次的文化变革，进

① ［美］贾雷德·戴蒙德：《枪炮、病菌与钢铁——人类社会的命运》（修订版），译文出版社，2016年：483－485页。作者在论述在过去的千年里，欧洲超越中国的背后原因时，提到了“最优分裂原则”：伴随着欧洲的始终分裂，导致中国较早统一并保持相对统一的终极地理因素。促成技术、科学的进步，带来推动各国竞争，以可替代的资源支持并提供给发明者，并为他们提供可躲避迫害的庇护所，并由此孕育资本主义的，不是中国的统一，而是欧洲的分裂。

② 四川省文物考古研究院、达州市文物管理所、宣汉县文物管理所：《宣汉罗家坝》，文物出版社，2015年，第55－56页。

③ 现藏成都博物馆。湖南省博物馆：《东方既白：春秋战国文物大联展》，岳麓书社，2017年，第58－59页。

④ 卫聚贤：《巴蜀文化附图说明》，《说文月刊》第三卷第七期，1941年8月15日。

⑤ 郭军涛、向野：《画像生活 礼乐华夏——东周嵌错宴乐水陆攻战纹铜壶》，《国宝中的黄河文明》，大象出版社，2022年，第37－74页。

⑥ 山西省考古研究所：《侯马铸铜遗址》，文物出版社，1993年，第203页，图一〇二，7；图版一二六，1。

⑦ 有学者通过类型学研究，将之归为三晋文化青铜器，参见高崇文：《两周时期铜壶的形态学研究》，《考古类型学的理论与实践》，文物出版社，1989年。发掘简报和有学者认为其为四川本地铸造，参见四川省博物馆：《成都百花潭中学十号墓发掘记》，《文物》1976年第3期；杜恒：《试论百花潭嵌错图象铜壶》，《文物》1976年第3期。

⑧ 江章华：《从考古资料看四川盆地在中华文明形成与发展过程中的地位》，《中华文化论坛》2005年第4期。

而形成了极富地域特色的巴蜀文化。

百花潭十号墓出土嵌错宴乐水陆攻战纹铜壶，生产工艺繁复，形式美观华丽，纹饰极具艺术性，是东周时期物质文化繁荣的表征；纪实性纹饰题材丰富、形象，是研究东周时期社会生活史、军事史的极为珍贵的历史资料。因此，对于该器的研究，有助于我们认识东周时期青铜铸造工艺的发展，社会经济生活的进步，以及各地文化交流的频繁状况，为探索古代社会生活的不同面貌提供可贵的启示。

附记：本文原为《画像生活 礼乐华夏——东周嵌错宴乐水陆攻战纹铜壶》的纹饰研究章节，收入《国宝中的黄河文明》一书时有删节。现将该部分原貌独立成文，呈献于此。

名家絮语

字字记载文博史　悠悠岁月总关情

——《半坡博物馆60年馆史》序言

吉林大学　史吉祥

博物馆最重要、最基础的职能是保存，这一点已经是共识。但是，博物馆有意识地保存自己的历史，每隔一段时间用史志形式记述自己的成长历程，并不是所有的博物馆都觉悟到这一点。所以，我在不同地方说过，如果一所博物馆连自己的历史都不注意进行保存、都不进行反思的话，真有点怀疑这座博物馆能否承担保护人类文明物证的社会使命。

半坡博物馆是中国博物馆的圣地之一，在业内外有着极高的知名度和美誉度，我作为这座圣地的“朝拜者”多次来过这里参观学习，每次都有新的收获。月前接到半坡博物馆原馆长张礼智先生电话，说他写的《半坡博物馆60年馆史》即将付梓，给我发来电子版，我作为这个图书付梓前的首位读者，真有些受宠若惊。

究竟如何写博物馆史？这没有一定之规，可以有各种各样的写法。不管采用何种写法，我认为首先要做到内容详实。毫无疑问，这部博物馆史是一部内容详实的博物馆史著作，这是我第一个读后感受。

该书分上中下三篇，从半坡博物馆1958年如何诞生讲起，一直叙述到2018年。我对半坡博物馆除了膜拜还多少有点“嫉妒”。我的老家在东北松花江上——吉林市，中华人民共和国成立之初的1950年，国家文物局成立以裴文中为首的东北考古发掘团来到我的家乡发掘了西团山考古遗址，最后用这个遗址命名东北第一个考古学文化。然后这个遗址到现在仍旧还是一个遗址，没有以此为基础成立博物馆，尽管很早被列为全国重点文物保护单位。从考古遗址变为遗址博物馆来说，半坡创造了第一。有博物馆史研究者指出，这不单是中国的第一，也是世界博物馆史上的第一。但如果我们仅仅着眼于博物馆类型的新增加，还是低估了半坡博物馆的学术意义。窃以为，以半坡博物馆为代表的这类博物馆的诞生、存在和发展，大大拓展了博物馆学两个核心概念的内涵。博物馆本质有二：一个是保存属性，一个是公共属性。在半坡博物馆诞生之前，人们对博物馆保存的认识还停留在“物”的空间转移层面上，还停留在“宝物”（具有重要经济价值）层面上，把“物”从原生地转到一所建筑里才是保存，价值连城才值得博物馆收集保存。半坡博物馆出现之后，这个认识被拓展深化了，“物”的保存可以用空间转移方式进行，也可以不用空间转移方式进行，原地也保存，对“物”及其所在的环境同时进行保存。一件物件是否值得博物馆保存，不必从是否具有重要经济价值单一维度进行判断。

博物馆仅有保存还不叫博物馆，博物馆只有同时具有公共性才叫博物馆。半坡博物馆的诞生就是见证博物馆公共属性最好实例。半坡考古发掘一直由国家文物局委托北大举办的考古训练班和考古专业实习生参与。1955 年，北大的考古专业学生在半坡田野考古实习时提出举办展览，还建议说成立一个博物馆。主持发掘的石兴邦先生敏锐地认识到这是一个好建议，迅速把这个建议传递给国家文物局的主管领导，而国家文物局的主管领导郑振铎和王冶秋也极具公关能力，趁陪同陈毅副总理来陕西视察参观半坡考古发掘现场之际，将成立博物馆的想法向中央领导汇报，得到陈毅大力肯定支持，于是半坡博物馆就此进入报建程序、方案论证和基建施工阶段，这是来自年轻人的激情而得到专业管理部门关注、最后得到中央首长首肯和大力支持建成的博物馆，跟当下某些新建博物馆全是领导一言堂截然不同。半坡博物馆自 1958 年开馆接待公众参观开始一直到今天，博物馆公共性一直在不断丰富内容，例如 2004 年 4 月开始，向社会承诺：以提前预约的方式，对文物库房实行定时对社会开放，这一举措在全国同行中属于开风气之先。再如 1958 年开馆之前的陈列方案征求意见，分送陕西省委文教部、宣传部、省文化局、北京历史博物馆等 15 家单位，以及贾兰坡、裴文中、夏鼐、郭沫若等 25 位专家学者审阅。各地和诸多名家学人都反馈了许多宝贵的意见，这种集全国同行、专家、学者意见的方式，远比今天有限的几位专家临时组成的论证会要全面得多。还有，2000 年改陈的出土文物陈列，有一个单元叫“隐秘玄机”，介绍了有关半坡人的种种未解之谜，介绍各种观点和假说给观众，我在带研究生来这里参观时当时就跟我的学生说，这就是启迪而不是单一灌输，这才是博物馆应有的教育理念。半坡的这种实践远远突破了遗址博物馆展陈既有格局，对所有博物馆展陈策划都具有启发性。2020 年国际博协博物馆日的活动主题是：“致力于平等的博物馆：多元与包容。”十年前半坡就用改陈后的出土文物陈列告诉我们什么叫博物馆的多元与包容了。

一部记载博物馆机构的史书，是否坚持客观性也很重要。坚持客观性说起来容易，做起来其实很难，尤其是写作者就是这一机构的亲历者。我读过一些具体博物馆史的图书，基本上都是说这个馆“过五关斩六将”辉煌业绩。张礼智先生不然，他能够秉承客观性记录原则，有一说一，不溢美，不掩饰失误，真让我十分钦佩。在这本书里我们可以看到半坡博物馆人一步一个脚印探索遗址博物馆如何发展的足迹，也能看到一些不足和遗憾。例如《史前研究》的创刊与停刊、旬邑县下魏洛遗址中陶窑遗址切割计划的落空等，甚至本单位内的文物遗失未遂事件都记录在这本书里，我担任过一所高校的博物馆馆长，其间也有过工作失误，但是我真没有勇气把这个事情写到史书里。想想看，那些把自己打扮成完美无缺的人，只说成绩不说缺点，不是骗子就是懦夫。而描述一个机构的史书，只有记载全面，公正客观，才能成为信史。

用变焦的叙事方式构建本书也是我读后的心得。出于博物馆学教研的需要，很多博物馆的史志我都读过，一个最大的感受就是都采用定焦方式：作者就事论事，就一个博物馆说一个博物馆，有史实而没有史识。这部记载半坡博物馆 60 年历程的史书不同，作者在叙述半坡博物馆的时候时而把聚焦点放到陕西，时而放到全国。例如讲述半坡博物馆诞生时，作者将一个看似偶然的事件，通过对中国当时社会背景的分析(科学大会，博物馆界的三性二务)、对学界衮衮诸公有关考古和博物馆的关系新主张的梳理，揭示出背后的必然。还有，我对半坡的史前工场这一中国博物馆优秀独创教育案例十分关注，读了这本书之后，我终于明白了半坡博物馆的实验考古是如何演变为史前工场的。

博物馆是由一群人组成的，上到馆长，下到普通馆员，在一般的博物馆史中往往经常看到馆长“大人物”的变化，例如任免调入调出的记载，而普通馆员往往忽略不计。这部书不同，作者变焦叙事，时而聚焦馆长，时而聚焦馆员，甚至是合同制的“小人物”临时工都作为被叙事的主角出现在本书中，这就是“朱伯富”。朱伯富生于 1926 年，浙江省金华市汤溪县人，他是抗战老兵。1949 年回乡务农，1978 年由浙江投亲来到西安，应聘于半坡馆。在传达室这个工作岗位干了 23 年，直到 2001 年以 75 岁高龄离开这个岗位。23 年间，朱伯富无数次受到观众的表扬和感谢，多次被评为西安半坡博物馆先进工作者。2016 年，朱伯富先生离世，西安半坡博物馆馆长专程到家里吊唁。这种记述，实在是别开生面，显示出一种平等精神。

反省和反思也是这部史书的一个特征。半坡博物馆的科研领域很广，从史前学研究、土遗址保护研究到博物馆学研究均有涉及，成果斐然。但是作者冷静地进行反省和反思，在历数半坡博物馆科研的成功经验之后，还分析归纳了不足。我读到这里时突然觉得，这种科研方面的不足不独半坡有，其他所有博物馆都不同程度存在，应当说这是中国博物馆目前在科研方面的共同问题。博物馆是不是科研机构可以在理论层面进行再探讨，但是博物馆要重视科研活动是无疑的。如何加强和促进博物馆的科研活动朝着健康轨道发展，这部书的反思或许能对很多博物馆有所裨益。

字字记载文博史，悠悠岁月总关情。博物馆就是由一群人组成的。从第一代博物馆代表人物茹士安馆长到普通合同工朱伯富的事迹，我在书中三个板块的叙事过程中感到一个大大“情”字贯穿始终。热情、激情和感情，构建了博物馆情怀，一代代、一批批博物馆的人就靠着情怀在做博物馆的事。这些人对博物馆是真正的热爱，他们硬是在无路可走的情况下闯出了一条路，为其他遗址博物馆各项工作打了样，树立了标杆。史前时代的半坡人没有留下他们的姓氏名谁，当代的半坡人有名有姓，但是他们不为名利，默默埋头苦干，认真工作，上下一心用一颗大爱之心经营博物馆。

博物馆在今天当然应当是公共空间，但是博物馆是殿堂说法仍旧要坚持。半坡是中国博物馆的圣地，读完此书，我借此机会表达一下，我要向在这座圣地里工作过的和正在工作的使徒们致以敬礼！

是为序。

苏秉琦先生与三星堆

四川省文物考古研究院 陈显丹

我受教于苏秉琦先生是在1984年3月上旬，那时国家文物局在四川成都锦江宾馆召开全国考古工作会议。会议期间，我从三星堆遗址的发掘工地上回成都，向单位汇报最近的发掘收获，单位也在会上介绍了三星堆遗址发掘的近况。3月10上午，夏鼐先生和苏秉琦先生到四川省博物馆视察。那时四川省考古研究院和四川省博物馆还没有彻底分开，办公都在一栋四层楼的建筑内。当时的考古队和古建队都在三楼办公。考古队的库房在一楼，与博物馆的裱画室相对。当夏鼐先生和苏秉琦先生来到博物馆后，夏先生要去看展厅的文物，苏先生要看三星堆出土的文物。于是，夏先生在当时的省文物管理委员会办公室主持工作的副主任朱秉璋、赵殿增、沈仲常和省博物馆副馆长范桂杰等人陪同前往展厅。苏先生提出要看三星堆遗址出土的文物和陶片，于是我有幸与苏先生相处了半天，当时陪同苏先生的还有童明康先生。

图一 1987年，苏先生（左）在四川省文物考古研究院库房研究2号祭祀坑出土的3号神树

我带着苏先生和童先生来到原省博物馆的一楼，一楼有两间约40平方米的房子是考古队的库房（考古队的库房与省博物馆的库房不在一个地方，所堆放的物品基本上是博物馆库房不收藏的“出土文物”）。我们进到库房，先看摆放在架子上较完整的器型，这些器型主要是比较大的陶器口沿、肩部及较为完整的底部。这些器物标本，我是按地层的顺序摆放的。先生看后又要看装在竹筐里的陶片，于是我拿了三个“马夹子”一人一个，围着陶片筐坐了下来。此时苏先生开始拿起陶片用手摸，而不是看。他一边摸一边问一些问题，为此我将这几年对三星堆遗址的发掘收获及一些粗浅的认识向先生做了汇报，没想到先生给予极大的肯定，并鼓励我要继续努力。先生说：“三星堆遗址是古蜀文化的重要遗址，我们要弄清它的来龙去脉，要从三星堆遗址看到一个区系的文化特征；还要了解

它和中原之间的相互作用，也对于我们探索中华文明的多元化极其重要。”苏先生看完临走时说：“今后发掘期间有任何问题都可以找我或写信给我。”

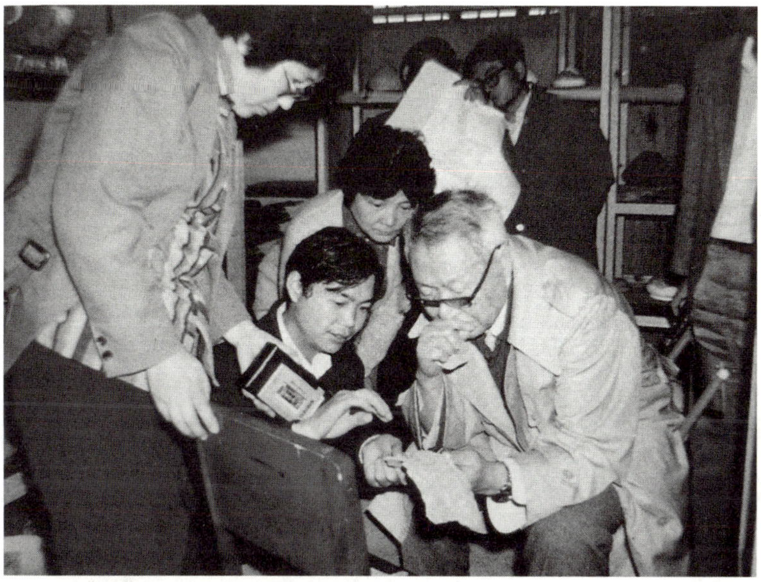

图二　苏先生（右一）在1987年会议期间在察看1986年三星堆出土的陶器口沿，并认为它有5000年左右的历史

1984年西泉坎的发掘由于在发掘开始就遇上了大面积的红烧土堆积，为了确保遗迹的完整性和科学性，对于红烧土的堆积成因、红烧土的性质等都有待今后了解和全面的分析，因此对红烧土遗迹未做任何的解剖和取样。发掘工作也在5月结束，结束之前对红烧土堆积采用河沙与塑料薄膜覆盖保护。

1984年夏，三星堆遗址西泉坎的发掘工作结束后，我们对这次的发掘情况初步整理了一下，我和广汉文管所的敖兴全两人上京汇报这次的发掘主要收获。这也是苏秉琦先生非常关心的事，同时我们也有许多问题要请教苏先生，这次的汇报请教，受益匪浅。现将1984年6月14日去苏先生处汇报请教的若干问题和全部情景录下与大家共享：

1984年6月10日，星期四，天气晴

地点：中国社会科学院考古研究所709室

上午8:30分到达苏先生办公室。首先我问了王克林先生是否还在北京（因我要到山西去，出发前听说他在北京，山西的考古工作站建得较好）、山西考古所有哪些工作站？

苏先生说有三处，一处太谷，一处侯马，一处晋南。苏先生接着说：山西省考古所是名副其实的，他们的方法是：先以建标本库的名义修建了一座五层楼的办公大楼。内设标本室、资料室、图书室。资料室与标本室相通，凡本所发表过的资料标本，在标本架上都有，没有发表的也有。这样便于查阅资料时核对原物，并能看到实物的真正特点，这一做法很好，是开全国先例。

问：对三星堆遗址《简报》的分期有什么看法？

先生说：我看你们的器物时（指1984年年初，全国先秦史学会在成都召开时，苏先生来我院看三星堆出土的陶片，当时由我在库房内给先生汇报发掘相关情况），你所拿给我看的几件标本（不同地层的陶片）不是很有特点吗，这本身就是他们的界线。

关于文化分期的问题，应当给你们指出一些分期的方法：

第一，首先找出具有特征和有代表性的器型，这些器型的大框不等于是不同时期的东西。比如，今天的东西，不一定就不是昨天的东西，他们很可能是属同一时期的东西，但中间亦有个发展过程，这种过程，我们应该纵横之看。事物总是有发展阶段的，由低级到高级，这样以此类推。也可以将那些拿不稳的器型也以此类推。

第二，要弄清楚纵横关系。如这些陶片（指苏先生办公桌上放的十几片陶片），为什么我一看就知道时代早于红山文化呢？内蒙古的同志工作了许多年而没有认识到。前些日子，其他同志也问我。这些陶片质地坚硬，纹饰精美，比红山文化看起来应晚于它，你为什么说早呢？当时我回答：其一，这些文化的发现点已有十几处，具有它自身的特点，而与红山文化、夏家店下层文化有着密切的关系。可见这些文化不是孤立的。其二，从地势来讲，如我的手指而言（先生将自己的一只手举起来形象的比喻），红山文化处在中指，即山腰，夏家店下层文化处在小指，即山底。而这些陶片发现于山顶，即大拇指。为什么用这样的方法去找，这就要从第四纪的地质情况去分析。当时这里完全被黄土时期的黄土所覆盖，后来自然环境起了变化，降雨量增多，河道开始复苏，水源从高到低往下冲刷，逐步形成后来的河床。就在这些河流形成的同时，人类活动也就跟着河床位置的不断下降而下移。如早期水源高，人类自然也就生活于这些高处。随着时间的流逝，流水的不断冲刷，水位愈来愈低，因此人们也就在用水困难时而下迁。我们的考古发现是证明了这一点的。如安特生当时对此问题只想到一半，当仰韶文化的发现后，他认为黄河可能发源于青海，因此跑到青海湖去找，结果未成。现在我们在黄河上游的甘肃、青海一带都找到了早期的仰韶文化，当然，在河南也找到了早期的仰韶文化。有人问，你不是说应当在高处吗？为什么在河南郑州这个低处也有呢？其实，这个问题很简单。因为在一万多年前，郑州是黄河真正的入海处，而不是今天的入海处（山东）。当时山东与郑州之间有一条海峡，并非陆地。山东当时并非属大陆板块，而是岛屿，所以称之为山东半岛，现在的这片陆地属海相沉积陆地，因此这些文化应当考虑是当时沿海地区的早期文化。何况，我们从纵看，这些陶片与红山文化、夏家店下层文化在时代上有直接的先后关系。我们横着看，即从河流的上游到下游看，其文化都是由拇指到中指再到小指的地势关系。

问：说到此，我想之前三星堆遗址发掘是没有找到完整的器型，这次在西泉坎找到了完整的器型，其质地、火候、制作水平都高于晚期。你既然说这是蜀的生长地，那么这次发掘情况和上次发掘情况均显示出早期器型应当还有前身，其前身是否也应当到高处去找？

苏先生回答说：关于这一点是可以这样考虑的，在大溪文化中你是找不到的。我说过三星堆月亮湾是蜀文化的生长点，但这还需要做大量的工作。如成都方池街所发现的遗物，不能轻易放过，它说明什么问题呢？成都是四川盆地的中心，而且是现代城市。因此这里有必要进行仔细的发掘。哪怕是还要盖的楼房，我们搞一点算一点，今后不一定碰得上或找得着。而且这些都显示出是新石器时代的东西，早在秦统巴蜀前，成都已存在一个古国，这个古国就是蜀国。而这个蜀国只能是一个，而不是两个。我们现在所知道的古蜀国所跨越的时间是多长呢？它经历了夏、商、周。三星堆遗址的发掘不是很好的证明了这一点嘛！如果我们不重视他，不去清理，如方池街的情况，以后不一定再碰得上。又如仰韶文化在20年代就已发现，但是我们1958年和1959年在陕西泉护村发现了许多鸟头。这些鸟头从开始出现到最后消失的过程，都是非常清楚的，而且都有实物。现在我的桌上摆的就有这些鸟头。这些鸟根据我的研究就是鸡，即野鸡。说明仰韶文化有一支是以山鸡为图腾的。但它并不是代表整个仰韶文化，而是仰韶文化当中的一个分支。然而这支文化遗存，除这次发现外，在之前和现在再也没有碰到过，发现点就只有这一处，发现次数也只有这一次。因此我们不能

图三　苏先生（左）和作者在四川省博物馆花园的留影

错过任何一个时机，而且还应扩大范围，即要在成都平原的边缘进行探索，到川西较高的地点去找。

问：能不能从陶片的纹饰反映出其所处环境、特殊地理即社会性质、经济、生产力等情况？

先生说：这个问题我也思考过，是不能的，因为仅从这样一件东西来分析社会等问题，是缺乏依据的。目前我正在研究一个“关于考古学文化探索”的问题。其中就有一小段的论述。你们记得前段时间关于社会异化论的问题吗？那就是根据一个问题谈整个社会制度，受到了批判，何况要说明一些社会问题，如上层建筑和经济基础的关系，以及与其他文化的关系。考古是与不会说话的文物打交道。你问这些问题时，这些陶片能回答你吗？尤其是一些相互关系的问题，到底是怎样的相互关系呢？如果说鸦片战争，中国失败了，英国得利了，怎样讲？就是英国通过在中国贩卖鸦片富了，中国则穷了。反过来讲，如果中国没有英国、美国等的侵略，没有日本侵华，中国能推翻清朝，能打败蒋介石而建立新中国？现在又将赶出去的侵略者“请回来剥削”，我国十四个城市的对外开放就是例子。为什么？这就是做生意，因为我们需要科学、需要技术，需要市场，这就是相互关系。因此我们要分析这些问题，要全面着手。首先应当搞清的问题是该文化的分布界限，及其上、下限范围，同时要搞清纵的关系和横的关系。这种关系即类似本国的发展史和本国与国际之间的关系。

上午10:30，另有人来找先生，我的汇报及请教到此结束。临走前，苏先生要我今后给他去信，并希望能给他一份器物分期的草图。同时问我下半年的工作什么时候开始，当听到在十月以后时，先生说，若有时间他将尽可能来现场看一下。后来，苏先生在1987年专门来看和研究三星堆出土的陶片祭祀坑出土的青铜器，由此而发“古城·古国·古文化”是对三星堆遗址高度的概括。

征稿启事

《博物馆学刊》由四川博物院主办，是一本具有鲜明特点的全国性学术出版物，旨在为全国文博界搭建一个相互交流、相互借鉴的高端平台，热忱欢迎各位专家、学者、同仁赐稿。《博物馆学刊》定为一年一辑。

一、本刊常设专栏

1. 历史文化研究
2. 民族民俗研究
3. 文物研究
4. 考古与文物
5. 文物保护研究
6. 博物馆学
7. 博物馆管理
8. 陈列展览
9. 文旅融合研究

二、稿件要求

1. 每篇文章以5000字左右为宜，最长不超过10000字，并提供100—300字的摘要和3—8个关键词。

2. 文章所用图片请注明绘图者、摄影者，如引自其他书刊，请详细注明其来源，保证拥有图片的使用权。如因作者标注不明而引起的版权纠纷，责任由作者自行负责。图片资料要求清晰，JPG格式，请保证图片分辨率达到300×300DPI以上，标明编号、名称、出处、时代等。图表需标明编号、名称、出处。

3. 本刊仅接收Word格式的电子文本。来稿时请详细注明作者姓名、工作单位、职务职称、详细通讯地址、邮政编码、联系电话、电子邮箱。

4. 文章注释统一要求为脚注，引文请核对准确；引用古籍请标注撰写者时代、撰写者、著作名、卷数、页码、版本信息，影印古籍、未经今人整理的古籍亦出页码；引用图书资料，请详注作者、书名、出版社、出版年份、页码；期刊详注作者、文章标题、刊物名、年度、刊期；报纸请详注作者、文章标题、报纸名、日期、版次。

5. 请作者自留底稿，本刊恕不退稿。如被采用，将及时通知作者，若截稿日期3个月后未收到用稿通知，作者可将稿件自行处理。切勿一稿多投。

6. 稿件一经采用出版，即酌致稿酬（以后若电子刊物及数据库收录，不另付稿酬）。同时本刊即获得稿件文本的专有使用权。

7. 本刊刊出论文稍后亦以电子文件形式在网络上发行，若仅同意以纸本形式发表者，来稿时请特别注明。

8. 来稿文责自负。稿件若涉及侵犯他人版权和相关权利的事，由作者负完全责任，本刊概不承担连带责任。

三、联系方式

四川博物院《博物馆学刊》编辑部
地址：四川省成都市青羊区浣花南路251号
邮编：610071
电话：028－65521511
收稿邮箱：scbwyxk@163. com